스포츠 외교의 신화

성공과 실패, 그리고 그 밖의 이야기들

정기웅

THE MYTH OF
SPORT DIPLOMACY:
STORIES OF SUCCESS, FAILURE AND THE REST

박영사

이 저서는 2014년 정부(교육부)의 재원으로 한국연구재단의 지원을 받아 수행된 연구임
(NRF－2014S1A6A4026962)

This work was supported by the National Research Foundation of Korea Grant funded by the
Korean Government (NRF－2014S1A6A4026962)

스포츠 외교의 신화: 성공과 실패, 그리고 그 밖의 이야기들
The Myth of Sport Diplomacy: Stories of Success, Failure and the Rest

책을 읽어주시는 분들께

2018년의 한반도는 격동적이고도 격정적입니다. 분단과 통일, 전쟁과 평화, 분열과 통합, 보수와 진보, 교착과 조화, 민족과 세계라는 대칭적이면서 갈등적일 수 있는 인식과 상징의 부딪힘과 바스러짐이 계속되고 있습니다. 세기의 장면이라 부르기에 부족함 없는 역사적 사건들이 연이어 발생하였고, 한반도는 역사적 현장의 무대로서 주목받고 있습니다. 지금 이 글을 쓰고 있는 이 순간에도 이 땅 한반도를 둘러싼 역사의 수레바퀴는 격하게 움직이고 있습니다.

모든 것의 시작은 2018 평창 동계올림픽 대회로부터였습니다. 과연 성사될 수 있을지에 대해 회의적 전망이 지배적이었던 남북한 단일팀의 구성과 공동응원, 개막식 공동입장이 이루어짐으로써 평화와 통일을 향한 대장정의 시작을 알렸습니다. 남북 간 화해 분위기는 이후 판문점에서의 남북정상의 만남으로 절정에 달했습니다. 남과 북의 두 정상이 손을 맞잡고 군사분계선의 남과 북을 오고 간 그 순간들은 2018년을 기록할 수많은 장면 중 그 절정에 위치할 것이라고 확신합니다. 남북정상의 만남은 판문점 선언을 낳았고, 이어 북미정상회담으로 이어졌습니다. 북미정상회담의 약속과 취소, 극적인 반전에 이은 재성사의 과정에서 남과 북은 긴밀한 협의를 유지함으로써 평창에서 시작된 평화에의 여정이 여전히 진행 중임을 과시하였습니다. 싱가포르에서 이루어진 북미회담과 그 결과로서의 공동합의문은 평화와 통일을 향한 긴 여정에 또 한 번의 추동력을 부여하였습니다. 이러한 일련의 사건들은 비단 한민족에게 뿐만 아니라 세계와 세계평화에 관심 있는 모두에게 의미 있는 순간들이었다고 생각합니다. 어쩌면 많은 시간이 흐른 후 2018년의 어느 한 순간은 역사를 바꾼 "결정적 분기점"이었다는 평가를 받게 될지도 모릅니다. 그렇게 된다면 평창 동계올림픽은 가장 성공한 스포츠 외교의 한 사례로서 기억되고 회자될 것입니다.

이 책은 스포츠 외교에 관한 여러 이야기들을 다루고 있습니다. 제목에서 짐작할 수 있듯이 이 책에 다루어진 이야기들은 스포츠 외교의 성공과 실패의 사례들, 그리고 그와 관련된 여러 다른 이야기들을 포괄하고 있습니다. 책은 크게 네 파트로 나뉘어 있습니다. 첫 번째 파트에서는 논의를 진전하기 위한 이론적 검토를 행하고 있으며, 두 번째 파트에서는 성공의 이야기들을, 세 번째 파트에서는 실패의 이야기들을, 그리고 마지막 파트에서는 성공과 실패의 이야기들에서 다루지 못했던 스포츠 외교 관련 사례들을 다루고 있습니다.

스포츠 외교의 역사에서 대중이 기억하는 가장 유명한 사건은 '핑퐁외교'라고 할 수 있을 것입니다. 아니 어쩌면 '핑퐁외교'야 말로 '스포츠 외교'라는 용어가 널리 쓰이게 된 직접적 계기라고도 볼 수 있습니다. 핑퐁외교 성공의 신화는 정말로 광범위하게 퍼져 있어서 스포츠 외교에 대한 대중의 인식을 흐리게 만들었다고 까지 평가되기도 합니다. 그런 까닭에 '스포츠 외교 = 성공'이라는 미혹이 존재함을 쉽게 발견할 수 있습니다. 그러나 어떠한 시도도 항상 성공으로 끝나지는 않습니다. 실패와 미완의 사례들 또한 존재하며, 이 또한 스포츠 외교의 일부분입니다. 지금까지 스포츠 외교는 그 성공의 측면들만이 너무 강조되어 왔고, 실패의 사례들 및 여타의 상호작용들은 상대적으로 소홀히 다루어져 온 경향이 있습니다. 또 스포츠 외교라는 분야 자체가 학문적 연구의 영역, 특히 국제관계론과 외교정책론의 분야에서 주변부적 취급을 받아왔음을 부인하기 힘들 것입니다. 저자는 스포츠 외교에 대한 체계적 정리가 필요하다고 느껴왔으며, 성공의 사례들만이 아닌 실패의 사례들, 그리고 그와 관련된 다른 여러 부분들을 포괄하는 연구서가 있었으면 좋겠다는 생각을 오래도록 해왔고, 집필에 착수하게 되었습니다.

제가 이 책을 쓰기 시작한 것은 한국연구재단이 주관하는 '2014년 인문사회 분야 저술출판지원사업'에 선정된 이후입니다. 그러나 스포츠 외교에 대한 연구의 시작은 그보다 훨씬 전입니다. 2005년 한국외국어대학교 출신 정치학자들의 모임인 '미네르바 정치학회'는 소규모 분과로서 '스포츠정치외교연구회'를 출범시켰습니다. 세계화된 세상에서 스포츠가 갖는 정치·외교적 유용성과 그 의미, 그리고 작동방식에 대해 탐구하고자 하는 연구목표를 갖고서였습니다. 이후 스포츠정치외교연구회원들은 여러 학술회의에 세션을 구성해 참가하였고, 다양한 학술지에 논문을 발표하였으며, 저·역서를 발간해 왔습니다. 이러한 활동을 통해 스포츠정치외교연구회는 우리 학계에 스포츠 외교라는 유의미한 연구주제를 확산시켜왔다고 자평합니다. 연구를 진행해 오는 도중 느꼈던 여러 아쉬운 점들 중에서 가장 아쉬운 한 가지는 수차례에 걸친 시도에도 불구하고 체육학계 쪽과의 공동 작업을 성사시키지 못했다는 것입니다. 언젠가 기회가 있을 것이라 생각합니다.

이 책에 수록된 글들은 2014년 7월부터 2018년 3월에 이르는 기간 동안 작성되었으며, 현재와 과거의 사건들을 포괄하고 있습니다. 그런 까닭에 시사적인 성격의 주제에서 간혹 현재 상황과 어긋나는 부분들이 발견될 수도 있습니다. 그러한 경우 될 수 있으면 각주를 통해 상황에 대한 추가적 설명을 시도하였지만, 완전하지 않을 수도 있습니다. 이 점 독자 여러분께 미리 양해 말씀 올립니다.

이 책은 다양한 사례들을 다루고 있지만, 이 책에서 다루고 있는 사례들이 '스포츠 외교의 성공과 실패, 그리고 그 밖의 이야기들'의 모든 것을 포괄하고 있지는 못합니다. 다루지 못한 많은 이야기들이 존재합니다. 예로서, 세계 스포츠 무대에서 야구가 차지하는 독특한 위상과 그와 관련된 이야기들, 월드컵과 축구전쟁, 농구와 아이스하키, 스포츠 세계의 새로운 권력자들과 스포츠 외교 갈등, 올림픽과 월드컵의 미래 등 다루어야 할 많은 사례들이 있습니다. 다루지 못한 이러한 사례들에 대한 연구는 나중의 일로 남겨두고자 합니다. 이 책에서는 "스포츠 외교의 이론적 접근은 이러해야 한다."라는 하나의 방향성을 제시한 것으로 아쉬움 가득한 만족에 그치려 합니다.

2018년 하반기부터는 새로운 주제로 연구를 시작할 계획입니다. 연구의 제목은 "남북한 스포츠 교류 결정요인에 대한 연구: 로잔에서 평창까지"입니다. 다행스럽게도 새로운 연구 또한 한국연구재단의 지원을 받을 수 있게 되었습니다. 이 연구를 통해 스포츠 외교 연구의 학문적 깊이를 더하는데 일조할 수 있게 되기를 바라며, 독자 여러분과도 다시 만날 수 있게 되기를 기대합니다.

반드시 감사를 드려야할 분들이 계십니다. 연구의 기회를 제공해 준 한국연구재단에 감사합니다. 재단의 재정적 지원이 없었다면 오랜 시간에 걸친 저술 작업은 쉽지 않았을 것입니다. 미네르바정치학회와 스포츠정치외교연구회의 선·후배 연구자 및 동료 연구자들에게 감사드립니다. 함께 고민하고 토론하는 시간들이 있었기에 사색의 폭과 깊이를 넓힐 수 있었고, 외롭지 않을 수 있었습니다. 앞으로도 지금까지와 같이 함께 할 수 있기를 바랍니다. 사랑하는 가족에게 감사드립니다. 항상 기도와 격려로 함께 해 주시는 어머니와 동생들에게 감사드립니다. 언제나 곁에서 충실한 동반자로서 함께 해주는 아내 박미선과 자주 놀아주지 못하는 아빠에게 불평 없는 사랑과 존경을 보여주는 아들 정민결에게 감사와 사랑을 전합니다.

저자 서문을 쓰고 있는 지금 이 순간에도 한반도와 한반도를 둘러싼 세계의 평화시계는 바삐 돌아가고 있습니다. 남과 북은 체육회담을 통해 아시안게임 단일팀과 통일농구를 논의하고 있습니다. 북미는 정상 간의 전화통화를 기다리고 있습니다. 대한민국 외교부는 종전 선언의 시기와 형식을 검토하고 있습니다. 학자로서 이러한 순간들을 관찰하고 분석할 수 있다는 것은 진정 행운이라 아니할 수 없습니다. 특히 2018년의 한반도를 둘러싼 일련의 외교적 사건들이 스포츠 외교의 역사에 있어 의미 있는 한 순간으로서 기록될 것임을 감안하면 더욱 그러합니다.

그러나 이 모든 것들은 북한이 약속을 지킬 때 진정 의미 있는 사건들로 기록되고 기억될 것입니다. 북한이 약속을 지키길 간절히 바라는 또 다른 까닭입니다. 2018년 평창에서 시작된 평화의 바람이 그치지 않고 계속되어 한반도의 평화와 통일이 현실화되는 그날을 간절히 소망합니다.

감사합니다.

2018년 6월
정 기 웅 올림

　다음의 연구목록들은 저자가 지난 10여 년간 학술지에 투고한 스포츠 외교 관련 논문들이며, 본서에 직·간접적으로 인용되었습니다. 인용된 경우 출처를 밝혔으나, 혹여 누락된 것이 있을 수도 있는 까닭에 여기 밝힙니다.

정기웅. 2008. "스포츠를 통한 국가위신의 고양: 가능성과 한계." 『글로벌정치연구』 1–1.

정기웅. 2008. "스포츠의 정치적 도구성에 대한 재고찰: 2008 베이징 올림픽을 중심으로." 『한국시민윤리학회보』 21–2.

정기웅. 2009. "스포츠와 공공외교 수렴 가능성의 모색: 한국의 경우를 중심으로." 『동서연구』 21–2.

정기웅. 2010. "남북한 교류에서 스포츠의 도구적 유용성에 대한 검토." 『OUGHTOPIA』 25–3.

정기웅. 2010. "소프트 파워와 메가 스포츠 이벤트: 도구적 관계성에 대한 비판적 고찰." 『국제정치논총』 50–1.

정기웅. 2010. "전두환 정부의 외교정책과 1988년 서울 올림픽." 함택영·남궁곤 편. 『한국 외교정책: 역사와 쟁점』. 서울: 사회평론.

정기웅. 2011. "남북 협상의 전략적 선택 구조와 스포츠: 평창 동계올림픽 남북한 공동개최 논의를 중심으로." 『국제지역연구』 15–3.

정기웅. 2011. "한국의 스포츠 외교와 복합외교: 공존 혹은 수렴?" 『21세기정치학회보』 21–3.

정기웅. 2012. "올림픽의 정치경제와 평창 동계올림픽." 『한국시민윤리학회보』 25–2.

Jung, Giwoong. 2013. "Sport as a catalyst for cooperation: Why sport dialogue between the two Koreas succeeds in some cases but not in others." *International Area Studies Review*, 16–3.

정기웅. 2014. "러시아 메가 이벤트와 소치 동계올림픽의 정치경제: 성공과 실패의 변곡점." 『현대정치연구』 7–2.

Jung, Giwoong. 2014. "Les prochains Jeux d'hviver de Pyeongchang (2018) et la diplomatie du sport sud–coreenne." *Korea Analysis*, 2.

Jung, Giwoong. 2016. "Sport Diplomacy of Korea: Current Status and Future Orientation." 『미래정책연구』 1–2.

정기웅. 2017. "평창 동계올림픽의 정치·외교: 스포츠는 여전히 유용한 도구인가?" 『국제관계연구』 22–2.

정기웅. 2017. "핑퐁외교에의 재방문: 평창 동계올림픽에의 함의." 『국제지역연구』 21–4.

정기웅. 2018. "올림피즘과 글로벌 시민교육: 관계성에 대한 탐색." 『글로벌교육연구』 10–1.

정기웅. 2018. "올림픽과 국제정치: 평창 동계올림픽은 어떻게 기억될 것인가?" 『서울대학교 국제문제연구소 이슈브리핑』 30호.

차 례

— 제1부 —

스포츠 국제관계론

— 제2부 —

스포츠 외교: 성공의 이야기들

— 제3부 —

스포츠 외교: 실패의 이야기들

— 제4부 —

스포츠 외교: 그 밖의 이야기들

10 올림픽과 정치선전: 스미스와 카를로스의 블랙 살루트 _ 257

14 세계 스포츠 기구와 글로벌 거버넌스 _ 340

들어가는 말

I 세계화와 스포츠

지구화 혹은 세계화globalization라고 지칭되는 새로운 지구적 변화의 물결이 그 도도한 흐름을 시작한 이후 세대의 변화라고 지칭해도 될 만큼의 꽤 오랜 시간이 흘렀다.[1] 기실其實 변화의 정도에 차이가 있을 뿐 역사상 어느 시기에나 국제환경의 급격한 변화는 존재해 왔다. 그러나 세계화로 통칭되는 변화의 물결은 그 폭과 깊이, 속도, 그리고 영향력에 있어 유례를 찾아보기 힘들만큼 강력하다는 점에서 차별성을 갖는다(정기웅 2004, 117). 그와 같은 차별성에 주목한 학자들이 나타난 현상의 특질을 규정할 용어를 확정하기 위해, 그리고 그와 같은 새로운 현상이 인류의 삶에 긍정적 효과를 부여할 것인지 아니면 부정적 영향을 초래할 것인지를 놓고 활발한 논쟁을 벌인 이후로도 어느덧 사반세기의 세월이 흘렀다.[2] 오늘날 세계화는 그 방향성과 효과의 실체적 모습이 어떻든 간에 이미 확정된 현상이며 기정사실fait accompli로 존재하고 있다.

세계화는 탈냉전 혹은 냉전의 종식이라고 명명된 세계적 세력균형의 흔들림과 궤를 같이하였고, 그 진전을 바라보며 많은 사람들은 평화롭고 새로운 세상, 공정하고 더욱 살기 좋은 세상을 기대하고 예측했다(Friedman 2005). 그러나 안타깝게도 실제로 우리

---

1 'globalization'에 대한 우리말 번역은 전지구화, 지구화, 세계화 등 여러 가지 표현이 사용되고 있으나 본서에서는 직접인용(예로서 "전지구화 과정의 확대·심화와 함께…")의 경우를 제외하고는 세계화로 통일하여 사용하고 있음을 밝힌다.

2 세계화 현상에 관한 다양한 시각 및 논쟁들에 관해서는 David Held and Anthony McGrew eds. 2003; Holm and Sørensen eds. 1995를 참조할 것.

눈앞에 펼쳐진 세계의 모습은 평화적이고 조화로운 것이 아니었다. 오히려 그보다는 지역의 수준에 머물러있던 온갖 부당함과 부조리함, 그리고 감당하기 버거운 인공적·자연적 재해와 분쟁들이 세계적 수준으로 확대되어 확산된 불안하고 위태로운 세상에 가까운 듯하다. 흔히 글로벌 이슈global issue라고 지칭되는 이와 같은 전 지구적 차원의 문제들은 정치, 경제, 사회, 문화 등 이슈의 영역을 가리지 않고 혼재해 있으며, 이러한 글로벌 이슈의 해결을 위한 국제적 기구들의 조직은 그 어느 때 보다 확대되었을 뿐 아니라 그 역할에 대한 요구는 크고 강력하다.

다른 한편으로 세계적이고 보편적인 것의 확산은 역설적이게도 지역적이고 민족적인 것에 대한 오래 묵은 집착과 새로운 각광을 가져왔다. 세방화glocalization라고 명명된 세계적인 것과 지역적인 것의 결합시도는 혼란스러운 세계적 보편성의 확대와 그에 수반한 부조리들을 해결하고자 하는 시도로서 환영받기도 하지만, 다른 한편으로는 지역의 특수성을 말살하는 전략으로 비판받기도 한다.[3]

세계화된 세상에서도 국가와 민족이라는 개념은 여전히 매력적인 민중 동원의 마법적 언어이며, 국가에 따라 많은 편차를 보이는 경제적 발전 정도의 차이는 경제발전의 층층한 사다리에서 아래쪽에 위치한 국가들의 구성원들에게 이러한 민족과 국가에 대한 감성적 호소가 더욱 큰 호소력을 갖게 하기도 한다. 이는 민족주의에 대한 새로운 조명이나 폐쇄적 민족주의의 발흥으로 이어지기도 하며 이러한 움직임은 때로는 내부적 결집의 수단으로만 작동되지만 많은 경우 외부에 대한 증오와 분노의 표출로 연결되기도 한다.[4]

---

3 글로컬리제이션(glocalization)은 '세계화(globalization)'와 '현지화 또는 지역화(localization)'를 조합한 말로, 세계화(세계를 무대로 하는 경영 활동)와 현지화(현지의 시장에 가장 적합한 경영 활동) 전략을 동시에 진행하는 기업의 경영기법을 의미한다. 다시 말해 세계화를 추구하면서도 현지의 문화에 적응하고 현지 고객의 특성과 욕구를 만족시키기 위한 경영전략을 가리키는 말이다. 글로컬리제이션의 캐치프레이즈는 '사고와 전략은 글로벌하게, 행동과 운영은 로컬하게'라고 할 수 있다.
두산백과 http://terms.naver.com/entry.nhn?docId=2009083&cid=40942&categoryId=31917 검색일: 2017년 6월 1일.

4 국민국가를 중심으로 하는 기존의 전통적·사회적 경계를 초월하는 세계화 과정이 심화되는 시점에서 국민국가의 존재성 기반에 대한 지속적인 의문이 제기되어 왔다. 전지구화 과정이 국민국가 기반을 잠식하고 그 경계를 허물어뜨리는지(Castells 1996; Ohmae 1995) 아니면 국민국가의 경계가 그다지 영향을 받지 않거나 더욱 공고해지는지(Hirst and Thompson 1996; Mann 1997)에 대한 물음들이다. 한편 다른 시각에서 the global과 the local의 관계가 새로운 방식으로 변화 및 재구성되거나(Held, McGrew, Goldblatt, and Peraton 1999) 양자 간의 밀접한 상호 유기적 관계가 더욱 두드러지고 있다는 분석(Tomlinson 1999) 또한 많은 주목을 받고 있다. 즉 글로벌과 지역은 서로 분리된 용기가 아니고 상호 구성적인 사회과정(mutually constitutive social processes)이라는(Tomlinson 1999, 182) 인식이다(김방출·권순용 2007, 76).

폐쇄적 민족주의 혹은 국수주의의 외부적 표출은 명확한 증오의 대상을 갖는 경우도 있지만, 그 대상을 명확히 하지 않은 채 무차별적으로 발산되는 경우도 적지 않다. 그러나 이와 같은 폐쇄성과 국수성의 발흥은 필연적으로 그에 따른 반작용을 초래하며, 타방에 의한 폐쇄성과 국수성의 재생산으로 연결된다. 이와 같은 악의와 악의의 부딪힘이 폭력을 동반한 실체로서 발현될 때 이는 분쟁과 전쟁으로 연결된다. 그러나 악의의 부딪힘이 반드시 실체적 폭력을 통해 구체화되는 것은 아니며, 때로는 상징적 영역에서 그 응축되고 결집된 분노를 해소하기도 한다. 가장 대표적인 것으로 국제적 스포츠 경기에서의 국가 대항전을 들 수 있다. 시합의 전이나 후에 펼쳐지는 국가연주와 국기게양, 메달 획득 수에 따른 국가성적의 비교, 정치·외교·경제적 경쟁국과의 경기에서 유독 뜨거워지는 응원전 등을 직시할 때면 스포츠 경기를 왜 '총성 없는 전쟁'이라고 지칭하는지 쉽게 이해할 수 있게 된다.[5] 특히 올림픽과 월드컵으로 대표되는 메가 스포츠 이벤트의 경우, 세계시민의 축제로서 존재하고자 하지만 그 현실은 응축된 민족감정의 표출지로서, 혹은 국력비교의 현장으로서 작동하는 경우가 적지 않으며, 많은 국가들은 메가 스포츠 이벤트에서의 우수한 성적의 획득만으로 만족하지 않고, 직접 유치와 개최에 나섬으로써 국가적 자긍심을 일깨우고 스스로의 위상에 대한 자기 만족적 점검과 타국에 의한 인정을 시도하기도 한다.

Ⅱ 스포츠의 중립성과 도구적 유용성

스포츠는 고대 그리스 시절부터 오늘에 이르기까지 역사 속에서 언제나 비정치성과 중립성을 표방해왔지만, 역설적이게도 그 표면적 중립성은 스포츠의 도구적 유용성을 극대화하는 결과를 가져왔다. 오늘날 스포츠는 어느 사회에서나 잠재적인 정치적 이슈이며, 스포츠에 내재된 문화적 주제는 언제나 정치적 의미로 전환될 수 있는 이데올로기적 잠재력을 갖는다(Hoberman 1984, 20). 스포츠는 또한 사회적 통합의 촉진, 국가

---

5 '총성 없는 전쟁(war minus the shooting)'이라는 용어가 처음 등장한 것은 오웰(George Owell)이 1945년 12월 14일자 *Tribune*에 기고한 "The Sporting Spirit"이라는 글에서다. 이후 이 용어는 스포츠 경기의 숨겨진 폭력성과 투쟁성을 나타내는 상징적 용어로 인구에 회자되어 왔다.

정체성의 형성, 해외에서의 국가 이미지 고양과 같은 목적 달성에 있어 매우 효과적인 수단으로 간주된다(Houlihan 2007, 215-217). 특히 근대 스포츠는 국가와 자본의 요구에 맞게 구성됨으로써 대내적으로는 정치적 상징조작의 수단으로, 대외적으로는 다양한 외교적 목적을 위해 활용될 수 있는 수단으로서의 역할을 담당해 왔다(정기웅 2010b, 243; Nygård and Gates 2013, 238-241).

스포츠가 수단으로서의 유용성을 갖는 것은 표면적 비정치성과 중립성에 더하여 도구로서 사용되었을 때 수반되는 책임의 경미성에 기인한다. 즉 스포츠가 어떠한 정치·외교적 도구로서 사용될 때 전달되는 정치적 의도에 필히 수반되는 책임이라는 측면에 있어서 스포츠는 공식적 정치 활동에 비해 훨씬 자유스럽게 작동할 수 있기 때문이다(Allison 2005; Boniface 1998; Caffrey 2008; Murray 2013; Tomlinson and Young 2006; 박호성 2003; 양순창 2003; 정기웅 2008b). 스포츠는 특히 외교 분야에서 보다 편리한 정치적 도구로서 사용되고 있는데, 이는 스포츠 활동이 공식적 외교 활동과 유사한 정치적 효과를 가져 올 수 있으면서도, 공식적 외교 활동에 비해 국제법이나 국제관행의 구속을 상대적으로 덜 받을 뿐만 아니라, 전쟁과 같은 무력충돌의 부담으로부터 상대적으로 자유롭기 때문임을 부인할 수 없다.

많은 학자들이 이와 같은 스포츠의 도구적 유용성에 주목하였다. 예로서 스트렝(Strenk 1977, 3-10)은 스포츠가 국제정치에서 활용되는 유형으로 '외교적 승인 또는 승인거부의 수단, 정치이념의 전파수단, 국가위상의 제고수단, 국제적 이해와 평화증진의 수단, 저항수단, 그리고 무기 없는 전쟁수단'의 여섯 가지를 제시하고 있는데, 이와 같은 상징들은 현실 국제정치에서 빈번히 사용되고 있다. 또 앨리슨(Allison 2003, 17)은 국가에 의한 스포츠의 정치적 동원에 주목하면서 "모든 종류의 정부들은 국가(민족) 혹은 정치 '체제'의 시험 장소로서 국제적인 스포츠 경기를 활용해 왔다. 독일의 나찌, 이탈리아의 파시스트, 소련과 쿠바의 공산주의자들, 중국의 마오주의자들, 서구의 자본주의적 민주주의자들, 라틴아메리카의 군사정권들… 이들 모두는 게임을 치렀고, 그것의 효용성을 믿었다."라고 언급한 바 있다.

스포츠의 정치적 도구성은 스포츠 민족주의에 이르러 극에 달한다. 스포츠와 결합한 민족주의는 정치세력의 목적달성을 위한 효과적인 도구로서 사용되어져 왔으며, 스포츠의 정치성과 관련한 논란의 중심에 자리하고 있다. 스포츠의 정치적 도구성에 대해서는 다양한 견해가 존재하지만, 한 가지 분명한 사실은 스포츠가 정치적 영향력으로부터 결코 자유로워질 수 없다는 것이다. 스포츠와 정치는 어떠한 형식으로든 관계를 맺고 있는 것이 부인할 수 없는 현실이다(정기웅 2008b).

이러한 현상들의 복합적 공존이 가장 잘 드러나는 곳은 올림픽과 월드컵으로 대표되는 메가 스포츠 이벤트의 장들이다. 올림픽과 월드컵은 국가가 주관하는 것이 아닌 각국의 올림픽 조직위원회와 축구협회가 주관하는 것이지만, 그 누구도 이 메가 이벤트들을 국가와 무관한 것으로 생각하지 않는다. 물론 올림픽 헌장은 올림픽이 개인들 간의 경쟁일 뿐, 국가들 간의 경쟁이 아니며, 올림픽 깃발이 휘날리는 동안 그곳은 올림피아드일 뿐이라고 강조하고 있지만, 올림픽이 정치·외교적 목적의 달성을 위하여 빈번히 이용되어져 왔음은 부인할 수 없는 사실이다(Pound 2006, 88-89).[6]

심지어 근대 올림픽의 창설자인 쿠베르탱 남작(Baron Pierre De Coubertin) 그 자신도 열렬한 민족주의자였으며, 올림픽을 정치적으로 이용하려고 하였음을 부인할 수 없다. 쿠베르탱은 올림픽 경기가 국제친선을 이룩하는 지름길이라고 주장하고 올림픽의 독립성을 강조하였지만, 그가 올림픽 경기를 부활시키고자 한 근본적인 목적은 스포츠 활동을 통해 프랑스의 젊은이들을 전인적 인물로 교육시킴으로써 프랑스가 보불전쟁에서의 패배의 기억을 잊고 강대국의 위상을 되찾을 수 있도록 만들기 위한 것이었다. 그는 보불전쟁에서 조국 프랑스가 패한 이유를 체력의 열세 탓이라고 믿었고, 영국의 국력이 활발한 학교 체육에서 비롯되었다고 판단했다. 그는 "스포츠는 국가의 건강이 수립될 수 있는 웅건한 정칙定則을 제공한다."라고 주장하였다(Berg 2008, 15). 이러한 믿음 하에 영국적 시스템을 프랑스에 도입하고자 하였으나 그것이 힘들어지자 그 대안으로서 시도된 것이 근대 올림픽의 창설이라는 것은 공공연한 비밀이다. 물론 그가 진정으로 보편적 가치를 꿈꾸는 이상주의자였다는 입장도 존재한다.[7]

---

6 올림픽헌장 제1장 제6조 1항에서는 "올림픽 대회의 경기는 국가 간의 경쟁이 아닌 개인전 또는 단체전을 통한 선수들 간의 경쟁이다. 올림픽 대회에는 해당 NOCs가 이 같은 목적으로 선발한 선수들이 참가하며, 이들의 참가 자격은 IOC가 승인한다. 선수들은 관련 IFs의 기술적 관리 하에서 경쟁한다."라고 밝힘으로써 올림픽이 국가 간의 경기가 아닌 개인의 경기임을 밝히고 있다(IOC 2017, 21).

7 올림픽 정신과 쿠베르탱의 공헌에 관한 긍정적 서술은 IOC 2011을 참조할 것.

Ⅲ 스포츠 외교와 성공의 신화

외교를 정의하는 여러 가지 방법이 있겠지만, 가장 오래되었으며 널리 알려진 개념 정의들 중의 하나는 "외교란 협상에 의하여 국제관계를 다루는 일이며, 국제관계가 대사나 사절에 의하여 조정·처리되는 방법이며, 외교관의 업무 또는 기술"이라는 니콜슨 경(Nicolson 1988, 4–5)의 언급이다. 불(Bull 1977, 156)은 외교를 "국제정치 속에서 – 공식적 대리인들과 평화적 방법을 사용하는 – 국가 간 관계의 행위"로 정의하고 있다.

이와 같이 정의되는 외교의 실제적 전개양상은 매우 다양하다. 외교의 다양한 양상들을 나타내는 용어들로서 '정상 외교, 실리 외교, 통상 외교, 세일즈 외교, 공공 외교' 등 여러 표현들이 사용된다. '스포츠 외교'는 이와 같은 외교의 여러 다양한 양상들을 나타내는 표현들 중 하나이며, 오늘날 매우 당연한 외교적 방법들 중의 하나로서 널리 받아들여지고 있는 듯하다.

머레이(Murray 2013, 12)는 스포츠 외교에 대해 "만약 전통적 외교가 국가의 외교정책적 목표를 위한 수단이라면, 스포츠 외교는 그와 같은 목표 달성을 위한 수단들을 위한 수단들 중의 하나"라고 규정하고 있다. 정기웅(2011, 479)은 "국익달성을 위한, 스포츠를 전면에 내세운 대외정책 혹은 스포츠를 통한 대외관계의 처리"라고 정의하고 있다.

이러한 정의들은 스포츠의 외교적 도구성에 주목하고 있다. 스포츠가 외교적 도구로서 동원되는 이유는 매우 명확하다. 그것은 스포츠 외교가 다른 외교적 방법들과 비교할 때 '위험 부담이 적고, 비용이 적게 들면서도, 놀라운 효과를 가져 오기 때문'이다 (Keech and Houlihan 1999, 109–121).

'스포츠 외교'가 외교의 여러 방법들 중 하나로 받아들여지고 있음에서 알 수 있듯이, 현실에 있어 스포츠의 정치적 상징성과 도구적 유용성은 스포츠가 세계정치의 무대에서 외교적 도구로서 '동원'되는 것을 가능케 하였으며, 20세기 이후의 외교사를 되돌아볼 때 스포츠가 경직된 국가 간의 대화를 촉진시키거나 우호의 증진을 위해 매개체로 사용된 많은 사례들을 찾아볼 수 있다.[8] 이러한 사례들 중 가장 성공적인 것의 하

---

8 몇몇 학자들은 외교를 스포츠의 정치적 동원을 위한 수단으로서만 간주하기도 한다. 즉 외교를 정치의 하위

나로서 자주 인용되는 것은 1970년대 냉전이 한창이던 시절 미·중 간의 외교적 관계 수립을 위해 동원되었던 탁구와 농구의 경우이다. 소위 '핑퐁외교'로 불리는 이 역사적 사건은 스포츠가 국가 간 외교적 교착deadlock의 상태를 전환시키는데 얼마나 효과적 으로 사용될 수 있는가를 잘 보여준다.

　'핑퐁외교'의 성공 이후 세계정치의 무대에서 스포츠의 도구적 유용성은 일면 매우 부풀려 선전되었고, 비정치성을 표방하는 특성으로 인해 국가에 의해 쉽사리 동원될 수 있는 도구라는 스포츠의 유용성은 국가를 필두로 한 다양한 행위자들의 정치적 의 도와 결합함으로써 스포츠 외교 성공의 신화를 탄생시켰다. <표 1>은 스포츠의 정 치적 혹은 외교적 목표 달성을 위한 가장 훌륭한 무대로서 빈번히 선택되는 올림픽 경 기가 정치·외교적으로 활용된 대표적 사례들을 제시하고 있다.

표 1 ▶ 올림픽 경기가 정치·외교적으로 활용된 사례들

연도	내용
1896년	아테네 경기에 독일의 참가를 저지하려고 했던 쿠베르탱의 시도
1908년	런던 올림픽의 개회식 때 에드워드 7세에 대한 미국 팀의 경례 거부
1920년	안트워프 올림픽 경기 때 독일·오스트리아·터키·러시아 팀 등의 불참 사건
1936년	나찌와 베를린 경기가 가졌던 정치성
1948년	런던 올림픽 경기에서 이스라엘·독일·일본의 축출 사건
1956년	네덜란드·이집트·이라크·스페인 등이 영국과 프랑스의 수에즈 침략에 항의하여 1956년 멜버른 올림픽에 불참하였던 사건
1968년	멕시코 올림픽 경기 때 스미스(Tommie Smith)와 카를로스(John Carlos)에 의해 벌어 진 시상대에서의 블랙 파워 시위 사건
1972년	1970년에 일어난 올림픽 운동에서의 남아프리카공화국의 제명과 자격정지 결의
	로디지아(지금의 짐바브웨)가 영연방으로부터 독립을 일방적으로 선언하자 영국이 로디지아에서 행해지고 있는 인종차별정책을 이유로 1972년 뮌헨 올림픽에 참가하지 못하도록 압력을 행사했던 사건
	뮌헨 올림픽 경기 때 팔레스타인 게릴라에 의한 테러 행위
1976년	몬트리올 경기 때 뉴질랜드의 남아프리카공화국과의 스포츠 교류를 이유로 아프리카 20개국이 뉴질랜드를 올림픽위원회에서 축출할 것을 주장하며 몬트리올 올림픽 참가 를 거부하였던 보이콧 사태

분야로서 간주하는 것이다. 대표적 사례로서 Murray 2013; Murray and Pigman 2014를 참조할 것.

1980년	모스크바 경기 때 일어난 미국 팀의 참가거부와 그에 대한 반발로 1984년 LA 경기 때
1984년	일어난 소련 팀의 보이콧
2000년	2000년 시드니 올림픽과 2004년 아테네 올림픽에서 남북한 선수단의 올림픽 개막식
2004년	공동입장
2008년	2008년 베이징 올림픽을 앞두고 중국 당국의 티베트 독립운동에 대한 폭력적 대처와 관련해 몇몇 서구국가와 유명인들이 주도했던 일련의 보이콧 움직임
2014년	2014년 소치 동계올림픽을 앞두고 러시아의 대외정책을 비판하면서 서구 국가지도자 들 및 유명인들의 개막식 참가 불참 선언 및 보이콧 움직임

출처: Cashmore 2005, 433-434를 수정.

이러한 스포츠 외교의 신화에 관한 어슴푸레한 기대감은 우리 국가의 경우에서도 찾아볼 수 있다. 기실 남북한 관계에 있어서도 공식적인 남북대화가 시작되기 전에 남북 간 접촉의 기회를 제공했던 것은 국제 스포츠 경기에의 참가였으며, '핑퐁외교'의 성공 못지않게 '남북한 단일팀 구성' 및 올림픽 무대에서의 '남북한 선수단 공동입장' 등은 스포츠를 통한 국가 간 관계개선 및 평화증진의 성공적 사례로서 자주 인용되곤 한다.[9]

21세기에 들어 스포츠 외교 성공의 신화는 소프트 파워soft power 개념의 등장 및 공공외교public diplomacy의 확산과 함께 결합하여 스포츠의 도구적 유용성에 대한 긍정적 측면의 부각을 극대화시켰다. 국가의 힘이라는 것이 하드 파워hard power만이 아닌 소프트 파워에 의해서도 영향 받으며, 이와 같은 소프트 파워의 증진은 국가 이미지 고양, 정체성의 변화 등을 통해 이루어지고 스포츠는 이와 같은 목적 달성을 위한 훌륭한 도구라는 개념이 등장한 것이다. 박세리와 박찬호, 김연아와 박지성, 박인비와 정현에 이르기까지 스포츠 셀러브리티celebrity들의 대한민국 이미지 고양에 있어서의 긍정적 역할에 대한 반복된 찬사를 언급하는 것은 새삼 진부하기까지 하다.

그러나 지나간 역사를 돌이켜볼 때 스포츠의 도구적 사용이 언제나 용이했던 것은 아니며, 또한 스포츠 외교가 항상 성공의 결과만을 보여주었던 것도 아니다. 스포츠의 세계가 국가들 간의 관계를 패러디하고 있는 것은 전혀 놀라운 일이 아니다. 스포츠의 세계는 이상주의적 통합의 장으로서 작동하기도 하지만, 홉스적 리바이어던의 모습 또한 동시에 표출한다. 고양적 양陽의 순간에 대항하는 절망적인 음陰의 순간 또한 존

---

9 남한과 북한과의 대화에서 스포츠가 접근의 도구로서 사용된 사례들과 그 유용성에 대한 평가에 관해서는 정기웅 2010a를 참조할 것.

재하는 것이다(Murray 2013, 15).[10]

    스포츠는 '평화, 통합, 진보, 전진, 화합' 등과 결합하는 만큼이나 종종 '전쟁, 부족중심주의, 갈등, 분할, 분리, 폭력' 등과 결합된다. 이는 스포츠가 좋은 외교good diplomacy로서 존재하는 만큼이나 그 반대항antithesis으로서 존재할 수도 있음을 의미한다. 이러한 측면에 집중하여 피셔(Fischer 2003, 16)는 "스포츠란 전쟁의 모방"이라고 지적한 바 있다. 스포츠 경기를 시청할 때 우리가 흔히 접하게 되는 '정복, 전투, 쟁패, 전쟁, 파괴, 쟁취, 승리, 인간다움, 존경, 명망, 위신, 권위' 등의 단어들은 이러한 밝음과 어두움의 양면이 뒤섞여 공존함을 보여준다. 결국, 세상사 모든 면에 밝음과 어두움이 함께 존재하듯이 스포츠 외교의 역사 또한 성공과 실패의 경험들이 함께 존재하고 있음을 부인할 수 없다.

Ⅳ   스포츠 외교의 (학문적) 위상

    상기한 바와 같이 스포츠의 도구적 효용성이 널리 인정되고, 실제 외교 무대에서 많은 성공과 실패의 기록들을 남겼을 뿐만 아니라, 스포츠 외교가 공공연한 외교의 한 분야로서 인정받고 스포츠 외교라는 말이 대중에게도 매우 친숙해졌음에도 불구하고, 학문의 세계에서는 아직까지 스포츠가 외교적 도구로서 사용될 수 있다는 주장 그 이상의 논의와 이론화의 노력이 이루어지지 않고 있는 것 또한 사실이다. 특히 스포츠와 그 외교적 사용의 오랜 역사에도 불구하고, 스포츠 외교라는 용어가 학계에서 자리 잡게 된 것은 그리 오래지 않은 시간이다. 스포츠 외교의 탄생은 근대 올림픽의 탄생과 매우 밀접한 연관을 갖고 있지만(Coakley and Dunning 2007), 올림픽에 대한 연구가 활발했던 만큼이나 스포츠 외교에 대한 연구가 적극적으로 이루어졌던 것은 아니다. 결국 이러한 상황은 스포츠 외교의 학문적 위상을 매우 애매한 곳에 자리하게 하였으며, 근대 외교의 한 정립된 분야로서 확고히 인정되는 위치에 까지는 이르지 못하게 하였다.

    예로서 스포츠 외교에 대한 접근에 있어서 스포츠의 위상에 대해서도 매우 다양한 시각들이 존재한다. 머레이(Murray 2013, 12) 등은 스포츠 외교를 정의함에 있어 "스포

---

10 원문의 표현은 "a bleak yin to its aspirational yang"이다.

츠를 정치와 연결시켜주는 역할, 그것이 외교다."라고 언급하고 있으며, 장(Zhang 2013)은 "스포츠는 그 자체로서는 외교적 타결을 위한 충분조건으로서도 또 외교적 전환과 파국의 충분조건으로서도 작동하지 못한다. 스포츠는 국가 간 정치적 타결이 이루어진 후 그러한 외교적 모멘텀momentum을 만들어내고 촉진시키기 위한 도구로서 사용될 수 있을 뿐이며, 스포츠 외교는 이를 지칭한다."라고 주장한다. 또한 정기웅(2010c)은 "스포츠의 도구적 사용 및 스포츠 외교의 성공과 실패를 결정짓는 것은 정치적 결정"이라고 언급하고 있다.

이와 같은 다양한 입장의 존재는 스포츠와 정치, 스포츠와 외교, 스포츠 외교 등과 같은 용어의 사용에 있어서 뿐만 아니라 스포츠, 정치, 외교 각 영역 간의 관계설정 및 개념정립이 아직 진행 중에 있음을 보여준다. 스포츠와 정치, 그리고 외교의 복잡다단한 결합과 관계를 고려할 때, 결국 스포츠 외교는 복합적 차원에서 파악될 수밖에 없다. 용어적 사용만을 놓고 본다면 '스포츠 외교'는 사용자의 필요에 따라 <그림 1>에서 제시되고 있듯이 세 가지 다른 의미로 사용된다. '스포츠 세계 내에서의 외교 diplomacy within sport', '스포츠적 목적 달성을 위한 외교diplomacy for sport', '스포츠를 통한 외교 diplomacy through sport' 등이 그것이다.[11]

그림 1 〉 스포츠 외교의 차원 구분

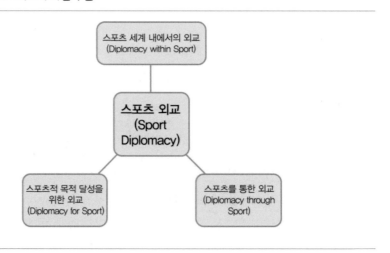

출처: 저자 작성.

---

11 물론 스포츠 외교의 차원과 관련한 다른 접근들도 존재한다. 예로서 Jackson 2013; Murray 2013; Murray and Pigman 2014 등을 참조할 것.

스포츠 외교의 이러한 혼용적 사용은 세계정치 무대의 변화 및 행위자의 다양화와 결합함으로써 더욱 복잡다기해지고 있으며, 이는 스포츠 외교의 개념 자체에 대한 수용 가능한 정의와 더불어 스포츠 외교 작동 기제mechanism 및 성공과 실패의 동인들에 대해 보다 깊이 있는 연구의 필요성을 제기한다.

근래에 이르러 스포츠 외교에 대한 학문적 정립과 이론화의 필요성에 대한 공감대가 형성됨으로써 다양한 학술지와 연구자들이 독자적 학문영역으로서의 스포츠 외교에 대해 언급하고 있음을 발견할 수 있다. 예로서 2000년에 초판이 발행되고 수차에 걸쳐 재발행된 바 있는 *Handbook of Sports Studies*(Coakley and Dunning 2007)는 '스포츠와 정치'에는 별도의 장book chapter을 제공하였지만(Houlihan 2007) '스포츠와 외교'에 대해서는 별개의 장을 제공하지 않았다. 그러나 2013년 발행된 *Oxford Handbook on Modern Diplomacy*(Cooper, Heine and Thakur 2013)는 의제 영역에서 별개의 장을 할애하여 스포츠와 외교에 관해 논하고 있다(Black and Peacock 2013). 또한 2013년 *Hague Journal of Diplomacy* 8호와 *International Area Studies Review* 16-3호는 스포츠 외교에 대한 특별판을 발행한 바 있다.[12]

국내에 있어서도 스포츠 외교를 연구의 주제로 삼고 있는 많은 학술논문들이 존재한다. 스포츠 외교를 연구의 주제로 삼은 기존의 (국내) 연구들의 경우 크게 세 가지 경향성을 노정한다. 첫째, 한국 스포츠 외교 및 정책과 관련된 여러 의제들에 집중하는 것이다(김민선·김영환 2010; 김영환·주형철·강광배·박인실·김민선 2011; 박경호·옥광·박장규 2011; 신현군·안보섭·오경묵 2008; 유호근 2008, 2009, 2010; 이욱열 2010; 조남기 2013; 조성식·이한규·강호정 2002). 둘째, 타국의 사례를 대상으로 그 역사적 맥락과 성공과 실패의 요인을 분석하는 것이다(설규상 2013; 양순창 2007, 2010; 정기웅 2008a, 2008b). 셋째, 스포츠 외교를 외교의 다른 영역과 연관지어 분석하는 것이다(이성문·김영환·김재형 2011; 정기웅 2009, 2010a, 2010b; 정선아·김범식 2010).

스포츠 외교와 관련한 상기한 바와 같은 연구 분야들 중에서 가장 활발한 연구가 이루어지고 있는 것은 외교 및 정책과 관련된 분야이다. 이들 연구들이 한국의 경우에 집중하고 있는 것은 외교정책 연구가 갖는 한 특징으로 간주할 수 있으나, 스포츠 외교라

---

12 이외에도 근래 들어 주요 국제 스포츠 메가 이벤트인 올림픽과 월드컵 및 각종 국제 경기 대회를 주제로 하는 다양한 학술지들의 특별호가 발행되었으나, 스포츠 외교를 특별호의 표제로 제시한 것은 아니기 때문에 본서에서 특별히 소개하지는 않고 있음을 밝힌다.

는 주제에 집중한다면 타국과의 비교 및 사적 고찰, 그리고 변화된 세계정치의 무대 속에서의 의미파악이 필요하다고 여겨진다.

 무엇을 연구할 것인가?

상기한 바와 같은 상황 인식 하에 본서에서는 다음과 같은 연구 질문들research questions을 던지고 있다.

> "스포츠 외교란 어떻게 정의될 수 있을 것인가? 세계정치 무대에서 행위자로서의 국가의 위상 약화, 이슈의 위계(hierarchy of issues)의 붕괴, 정치적 사안들과 경제적 사안들의 결합, 비국가행위자들의 발언권 강화와 같은 현상들은 스포츠 세계와 스포츠 외교에 어떠한 영향을 미칠 것인가? 역사 속에서 이루어졌던 스포츠 외교의 성공과 실패의 원인은 무엇이었는가? 앞으로의 스포츠 외교는 어떠한 방향성을 추구해야 할 것인가? 스포츠 외교의 주된 자원과 행위자들은 누가 되어야 하는가? 스포츠 세계의 새로운 권력자들은 누구인가? 스포츠 국제 기구는 현재의 위상과 영향력을 유지할 수 있을 것인가?"

본서는 이와 같은 질문들에 대한 답변을 통해 변화된 세계에서의 스포츠 외교의 개념을 재정의하는 동시에 학문적 분석을 위한 이론적 틀theoretical framework을 구축한다. 다음, 이러한 이론적 틀에 기반하여 역사 속에서 이루어졌던 스포츠 외교의 대표적인 성공과 실패의 사례들을 검토·분석함으로써 그 원인과 결과를 해석한다. 또한 이러한 분석에 근거하여 향후의 세계정치 무대에서 스포츠 외교가 지향해야 할 방향성을 제시하고 또한 이와 관련되어 발생 가능한 여러 다양한 의제들에 대해 답할 것이다.

따라서 본서의 저술 목적은 다음과 같이 크게 다섯 가지로 요약할 수 있다.

첫째, 변화된 세계정치 무대에서의 스포츠 외교의 개념과 역할을 정의한다.

둘째, 스포츠 외교의 학문적 분석을 위한 이론적 틀을 구축한다.

셋째, 각 국가에 의해 동원된 스포츠 외교의 사례들은 어떤 것들이 있으며, 그것들의 성공과 실패는 어떠한 원인과 결과를 갖는지 탐구한다.

넷째, 스포츠 외교의 성공과 실패 사례들에 대한 분석을 바탕으로 향후 스포츠 외교의 방향성을 제시한다.

다섯째, 스포츠 외교의 주변 영역에 대해 검토하고 정리한다.

이와 같은 저술 목적 하에 본서의 구성은 다음과 같이 이루어져 있다.

먼저 제1부에서는 스포츠 국제관계론이라는 제목 하에 국제관계와 국제정치 혹은 세계정치 전반에 관한 이론적 논의를 진행한다. 냉전의 종식과 세계화의 진전은 냉전 시대 통용되었던 이슈의 위계를 무너뜨리고 국제정치 무대의 대표적 행위자였던 국가의 독점적 위상 또한 변화되게 하였다. 정치와 안보 문제만큼이나 경제와 문화의 문제가 중요하게 다루어지게 되었고, 국가뿐만이 아니라 수많은 정부 간 기구들과 비정부 간 기구들, 그리고 국제 기구, 지방 정부, 시민단체, 초국적 기업, 영향력 있는 개인 등과 같은 소위 비국가행위자들non-state actors의 역할이 중요시 여겨지는 세상이 되었다. 이러한 세상에서 국가들의 관계를 움직이고 고찰하는 규칙은 그렇지 않은 세상과는 반드시 차별되는 경향을 보일 것이라고 본다. 이는 필연적으로 외교정책과 스포츠 외교 자체의 변화를 가져올 수밖에 없다. 제1부에서는 이러한 변화들에 대한 전반적 고찰을 통해 향후 우리가 다루고자 할 스포츠 외교가 배태하고 있는 토양과 그 배경에 관해 살펴봄은 물론 분석의 틀을 제시함으로써 제2부, 제3부, 제4부에서 이루어질 사례 연구를 위한 이론적 토대를 구축하고 제시한다.

제2부와 제3부에서는 스포츠 외교의 성공과 실패의 사례들을 살펴볼 것이다. 여기서 필연적으로 제기되어지는 질문은 '무엇을 성공과 실패의 기준으로 삼을 것인가'이다. 스포츠 외교의 성공과 실패에 관해서는 매우 다양한 기준이 존재할 수 있다. 혹자는 정치적 목적의 달성 정도를 기준으로 삼고자 할 것이고, 또 다른 자는 경제적 이득 달성의 정도를 성공의 기준으로 삼고자 할 것이다. 모든 요소들을 감안하여 그 득과 실

을 명확히 계산하는 것이 힘든 상황에서 주최자의 입장에서는 여러 요인들 중의 어느 하나라도 성공적이라면 그것은 성공이라고 주장하고 싶어진다. 결국 우리가 성공과 실패를 구분하는 기준은 그것을 동원한 주된 행위자들의 제1차적 목표가 무엇이었느냐가 되어야 한다. 만약 예기치 않았던 사태로 인하여 일부에 의해 실패라는 견해가 제기되는 경우라고 할지라도 그 어떤 사건 혹은 스포츠 경기(이때 이 경기는 단일의 경기일 수도 있고, 메가 이벤트의 개최일 수도 있으며, 복수의 경기들일 수도 있을 것이지만)의 결과가 그것을 주도한 행위자들의 목적과 부합하는 결과를 가져왔느냐에 따라서 결정되어야 한다.

본서에서 고찰하고 있는 성공과 실패의 이야기들은 상기한 바와 같은 기준에 의해 선정되었다. 성공의 사례로서 가장 자주 언급되는 '핑퐁외교', 또 다른 성공적 스포츠 외교의 사례로서 세계사 속에 기록된 '1988년 서울 올림픽', 그리고 '1995년 남아프리카공화국의 럭비 월드컵' 등을 성공의 사례로서 분석할 것이다. 실패의 사례로는 많은 화제를 불러일으키고 관심을 끌어 모았으며 성공의 모습을 보여주었지만 결국에는 실패로 돌아간 '남북한 스포츠 협력'의 사례들, 2차 세계대전 패전 이후 전범국으로서의 모습을 떨치고 비상하는 강국으로서의 모습을 보여주고 싶었지만 테러 사건의 발생으로 인해 최악의 올림픽 중 하나로 기억되고 있는 '1972년의 뮌헨 올림픽' 그리고 개최국 스스로는 매우 성공적이었다고 자평하지만 그것을 관찰하는 자들의 입장에서는 그 성공이 오히려 부담스럽게 느껴짐으로써 최종적으로는 목적달성에 실패한 것으로 평가되는 '2008년의 베이징 올림픽'과 '2014년의 소치 동계올림픽' 등이 제시될 것이다.

제4부에서는 제2부와 제3부에 포함시키지 못했던 세계 스포츠 외교 역사 속에서 뚜렷이 그 족적을 남기고 있는 다른 사례들을 다룰 것이다. 인종차별에 대한 세계적 관심과 함께 스포츠의 정치적 사용에 대한 광범위한 논쟁을 불러일으킨 '1968년 멕시코 올림픽', 국가와 도시는 올림픽 개최를 위해 얼마나 많은 비용을 지출하여야 하는가라는 물음을 던질 때마다 항상 제시되는 경제적 실패 사례로서의 '1976년 몬트리올 올림픽'과 올림픽의 경제적 효과, 메가 스포츠 이벤트와 관련된 남북한의 영원한 테마인 '공동개최, 공동입장, 단일팀 구성'의 문제, 개최권을 따내기 위한 3번의 도전과 성공, 그리고 그 성공을 가능케 했던 숨은 노력들에 대한 '2018년 평창 올림픽'과 드림 프로그램, 마지막으로 세계화로 인한 스포츠 세계의 변화와 거기서 등장하는 새로운 권력자들에

대한 고찰이 이루어질 것이다.

결론에서는 상기한 연구들을 바탕으로 스포츠 외교와 세계정치에 대해 포괄적이고 종합적으로 논의함과 동시에 새로운 시대, 스포츠 외교가 지향해야 할 방향성에 대해 논할 것이다.

Ⅵ 어떻게 연구할 것인가?

본서의 연구방법은 기본적으로 개별 사례 연구의 형태를 취하지만, 동시에 국제정치 구조의 틀 속에서 국가의 위상과 집행된 정책의 맥락을 파악하는 형태를 띨 것이다. 어떤 특정한 상황 속에서 국제정치 구조 속에서 국가가 어떠한 형편에 처해 있는가, 또 그 속에서 각 국내적 요소domestic factors들과 어떤 관계를 주고받고 있는가, 그리고 그 결과로서의 스포츠 외교가 어떻게 작동하고 있는가를 고찰할 것이다. 외교정책은 결국 국가행위자와 내부행위자의 상호작용의 결과라고 볼 수 있는 바, 이에 근거하여 논의를 전개할 것이다.

따라서 사례 연구에 해당하는 제2부, 제3부, 제4부의 각 장은 대개 다음과 같은 형식을 띠고 구성될 것이다.

먼저 각 장의 전반부는 국제 구조와 국내정치상황 등을 포함한 상황에 대한 설명이다. 주어진 상황 속에서 국가가 처한 입장과 선택 가능한 대안들, 그리고 왜 스포츠가 외교적 도구로서 선택되었는지를 검토한다. 그 다음으로는 이와 같은 상황에 기반한 행위자들의 상호작용과 진행과정, 결정과정에 영향을 미친 변수와 요인들의 변화양상 등에 관해 살펴볼 것이다. 마지막으로 이러한 검토에 기반하여 그와 같은 외교적 작동이 성공적이었는가, 그렇지 않았는가의 여부에 대해 평가하며 사례로부터 획득할 수 있는 함의를 제시함으로써 결론을 내린다.

따라서 사례 연구에 해당하는 각 장은 다음과 같은 항목들을 분석의 대상으로 포함하고자 노력할 것이다.

환경(environment) - 국제정세 및 국내정세

대전략(grand strategy) - 스포츠 외교의 목표와 추진방향

내부적 과정(domestic processes) - 정부(행정부·의회)와 비정부(시민 사회·시장)의 역할
/중앙과 지방의 역학관계

집행(implementation) - 추진절차와 실제 구현 내용

외부적 과정(external processes) - 상대 국가와의 상호작용

함의(implication) - 정책결과와 역사적 의의 및 한계/조언

정리하자면, 본서는 개별 사례의 검토에 기반하여 총체적 틀 속에서 변화된 세계정치 무대와 스포츠 외교에 대한 개념 정의를 바탕으로, 세계정치의 무대에서 한국을 비롯한 다양한 국가들의 성공과 실패의 사례들을 검토함으로써 기존 연구들과의 차별을 꾀한다. 또한 이러한 연구결과를 바탕으로 앞으로의 스포츠 외교가 추구해야 할 방향성을 제시하고, 더불어 이로 인해 파생될 수 있는 다양한 영역에서의 문제점들을 함께 검토할 것이다.

이러한 연구는 지금까지 이루어졌던 파편적 연구들을 극복함과 동시에 기존의 연구들을 수렴·종합하는 한편, 스포츠 외교 성공과 실패의 동인들을 제시함으로써, 변화된 세계정치의 무대에서 스포츠 외교가 지향해야 할 방향성을 제시하여 앞으로의 연구의 지표를 제공할 수 있을 것이다. 또한 이와 같은 분석과 종합의 노력은 학문적 기여와 더불어 정책적 시사점을 제시함으로써 국가브랜드 이미지 제고와 소프트 파워 확대를 목표로 하고 있는 한국 외교정책의 성공적 수행은 물론 스포츠 외교와 관련한 국가정책결정의 방향성 설정과 정책개발에 기여할 수 있을 것으로 기대한다.

참 고 문 헌

김민선 · 김영환. 2010. "한국 스포츠 외교 인재 양성 교육과정의 문제점과 대안." 『한국체육교육학회지』 15-3.

김영환 · 주형철 · 강광배 · 박인실 · 김민선. 2011. "한국 스포츠 외교 정책에 대한 문제점과 대안." 『한국체육과학회지』 20-5.

박경호 · 옥광 · 박장규. 2011. "한국 스포츠 외교의 태동 - 서울 올림픽 유치의 유산." 『체육사학회지』 16-2.

박호성. 2003. "국제 스포츠 활동과 사회통합의 상관성, 가능성과 한계." 『국제정치논총』 42-2.

설규상. 2013. "긴장완화 도구로서 스포츠의 효과성과 한계: 대미 스포츠 외교 사례를 통해 본 북미관계 변화 전망." 『사회과학논집』 44-2.

신현군 · 안보섭 · 오경묵. 2008. "체육철학: 스포츠 외교 전문인력 양성을 위한 국제 스포츠 전문성 확보 방안 제고." 『움직임의 철학: 한국체육철학회지』 16-1.

양순창. 2003. "스포츠의 정치적 상징성과 상징조작 기제에 관한 연구." 『국제정치논총』 43-3.

양순창. 2010. "중국의 스포츠 외교: 대만의 명칭 문제를 중심으로." 『한국정치학회보』 44-2.

유호근. 2008. "한국 스포츠 외교정책: 분석틀의 모색." 『글로벌정치연구』 1-1.

유호근. 2009. "냉전기 스포츠 외교의 역사적 전개과정: 한국의 사례를 중심으로." 『글로벌정치연구』 2-2.

유호근. 2010. "한국 스포츠 외교의 역사적 전개과정: 탈냉전기를 중심으로." 『글로벌정치연구』 3-2.

이성문 · 김영환 · 김재형. 2011. "체육철학: 태권도를 통한 스포츠 외교와 국제협력의 새로운 패러다임." 『움직임의 철학: 한국체육철학회지』 19-4.

이욱열. 2010. "한국 스포츠 외교정책에 관한 고찰 - 2002 월드컵과 2010 동계올림픽 유치사례 분석을 중심으로." 『한국체육정책학회지』 2.

정기웅. 2004. "세계화 시대, 민족주의의 역설." 『세계지역연구논총』 22-1.

정기웅. 2008a. "스포츠를 통한 국가위신의 고양: 가능성과 한계." 『글로벌정치연구』 1-1.

정기웅. 2008b. "스포츠의 정치적 도구성에 대한 재고찰: 2008 베이징 올림픽을 중심으로." 『한국시민윤리학회보』 21-2.

정기웅. 2009. "스포츠와 공공외교 수렴 가능성의 모색: 한국의 경우를 중심으로." 『동서연구』 21-2.

정기웅. 2010a. "남북한 교류에서 스포츠의 도구적 유용성에 대한 검토." 『Oughtopia』 25-3.

정기웅. 2010b. "소프트 파워와 메가 스포츠 이벤트: 도구적 관계성에 대한 비판적 고찰." 『국제정치논총』 50-1.

정기웅. 2010c. "전두환 정부의 외교정책과 1988년 서울 올림픽." 함택영 · 남궁곤 편. 『한국 외교 정책: 역사와 쟁점』. 서울: 사회평론.

정기웅. 2011. "한국의 스포츠 외교와 복합 외교: 공존 혹은 수렴?" 『21세기정치학회보』 21-3.

조남기. 2013. "패러다임 변화에 따른 스포츠 외교 정책 및 인력 양성에 관한 미래적 방향성." 『한 국체육정책학회지』 11-4.

조성식 · 이한규 · 강호정. 2002. "스포츠 외교 전문인력 양성 및 활용 방안 연구." 『체육과학연구』 13-1.

Allison, Lincoln. 2003. *The Changing Politics of Sport*. Manchester: Manchester University Press. 17.

Allison, Lincoln. ed. 2005. *The Global Politics of Sport: The Role of Global Institutions in Sport*. London: Routledge.

Black, David and Byron Peacock. 2013. "Sport and Diplomacy." Andrew F. Cooper, Jorge Heine, and Ramesh Thakur. eds. 2013. *The Oxford Handbook of Modern Diplomacy*. Oxford: Oxford University Press.

Boniface, Pascal. 1998. "Football as a Factor (and a Reflection) of International Politics." *The International Spectator*, Vol. 23, No. 4.

Bull, Hedley. 1977. *The anarchical society: a study of order in world politics*. New York: Columbia University Press.

Caffrey, Kevin. 2008. "Olympian Politics in Beijing: Games but not Just Games." *The International Journal of the History of Sport*, Vol. 25, No. 7.

Cashmore, Ellis. 2005. *Making Sense of Sports*. 4th ed. New York: Routledge.

Coakley, Jay and Eric Dunning. eds. 2007. *Handbook of Sports Studies*. London: Sage.

Cooper, Andrew F., Jorge Heine, and Ramesh Thakur. eds. 2013. *The Oxford Handbook of Modern Diplomacy*. Oxford: Oxford University Press.

Fischer, Normal. 2003. "Competitive Sport's Imitation of War: Imaging the Completeness of Virtue." *Journal of the Philosophy of Sport*, XXIX.

Friedman, Thomas L. 2005. The World Is Flat: *A Brief History of the Twenty-first Century*. New York: Farrar, Strauss and Giroux.

Held, David and Anthony McGrew. eds. 2003. *The Global Transformations Reader: An Introduction to the Globalization Debate*. 2nd Edition. Cambridge: Polity Press.

Hoberman, John. 1984. *Sports and Political Ideology*. Austin: Univ. of Texas Press.

Holm, Hans-Henrik and Georg Sørensen. eds. *Whose World Order? Uneven Globalization and the End of the Cold War*. Boulder: Westview.

Houlihan, Barrie. 2007. "Politics and Sport." Jay Coakley and Eric Dunning. eds. *Handbook of Sports Studies*. London: Sage.

IOC. 2011. *When sport can change the world*. Lausanne: CIO.

IOC. 2017. *Olympic Charter*, In force as from 15 September 2017.

Jackson, Steven J. 2013. "The contested terrain of sport diplomacy in a globalizing world." *International Area Studies Review*, 16−3.

Keech, Marc and Barrie Houlihan. 1999. "Sport and the end of apartheid." *The Round Table: The Commonwealth Journal of International Affairs*.

Murray, Stuart and Geoffrey Allen Pigman. 2014. "Mapping the relationship between international sport and diplomacy." *Sport in Society*, 17−9.

Murray, Stuart. 2013. "Moving Beyond the Ping−pong Table: Sports Diplomacy in the Modern Diplomatic Environment." *PD Magazine*, winter 2013.

Nicolson, Harold George. 1988. *Diplomacy*. Washington, D.C.: Institute for the Study of Diplomacy, Georgetown University.

Nygård, Håvard Mokleiv and Scott Gates. 2013. "Soft power at home and abroad: Sport diplomacy, politics and peace−building." *International Area Studies Review*, 16−3.

Orwell, George. 1994. "The Sporting Spirit." in *the Penguin Essays of George Orwell*. Harmondsworth, Penguin.

Pound, Dick. 2006. *Inside The Olympics: A Behind−the−Scenes Look at the Politics, the Scandals, and the Glory of the Games*. Canada: Wiley.

Strenk, Andrew. 1977. "Sport As an International Political and Diplomatic Tool." *ARENA Newsletter*, 1−5.

Tomlinson, Alan. and Christopher Young. 2006. *National Identity and Global Sports Events*. New York: State University of New York Press, Albany.

Zhang, Qingmin. 2013. "Sports Diplomacy: The Chinese Experience and Perspective." *The Hague Journal of Diplomacy*, 8.

제1부

스포츠 국제관계론

스포츠 외교의 신화

국가, 국제정치, 세계정치

20세기 말에 시작되어 현재에 이르기까지 인류가 목격하고 있는 가장 큰 변화를 꼽으라고 한다면 신자유주의의 물결과 자본주의에 의한 세계화를 들 수 있을 것이다. 냉전 체제의 붕괴와 사회주의권의 쇠퇴는 자본주의를 지배적인 체제로 등장시켰다. 더불어 신자유주의와 세계화의 물결은 국가와 이념이 아닌 시장과 자본이 우선시 되는 세상을 가져왔고, 세계는 행위자와 장소의 구분 없이 서로 간의 점증하는 의존과 교류를 통해 전일화全一化 되고 있다. 그러나 다른 한편으로는 이와 같은 전일화와 구심적 통합 못지않게 원심적 분화의 경향 또한 매우 강하게 나타나고 있다(임현진 외 2002, 115).

세계화는 1990년대 후반에 들어와 기존의 근대성/탈근대성modernity/postmodernity 논쟁을 대체하면서 사회과학 전반에 걸쳐 정치·경제·문화적 현상을 이해하기 위한 핵심 키워드로 자리 잡았다(Miller 외 2001). 세계화의 개념에 관해서는 다양한 논의가 존재한다. 대표적 논자들 중 하나로서 헬드(David Held)와 맥그루(Anthony McGrew)는 세계화를 크게 다섯 가지로 나누어 개념 정의하고 있는데, 이들에 따르면 세계화란 첫째, 먼 곳의 행동이 영향을 미치는 것; 둘째, 시간과 공간의 축약; 셋째, 상호의존의 심화; 넷째, 세계의 오그라듦; 다섯째, 전지구적 통합과 지역 간 권력 구조의 재구축 등으로 규정된다는 것이다(Held and McGrew 2003). 그런데 이 다섯 가지 개념 규정은 사실 강조점만 다를 뿐 하나의 현상을 지칭하는데 불과하다. 곧 "세계가 좁아지고 국경의 개념이 희미해진다."는 시공의 축약과 지구적 상호작용의 확대라는, 지구 차원의 변화에 대한 인식이라고 할 수 있다(김영명 2002, 370).

본서에서는 이러한 견해들을 참조하여 세계화를 '시간과 공간의 응측(Harvey 1989)' 및 '개인·집단·공동체·국가 등 전통적 사회단위 간의 세계적 상호연결 및 의존의 증가', 그리고 '국경을 초월한 경제·정치·사회·문화관계의 강화'로 개념화하고자 한다.

세계화 과정의 심화는 전통적 사회단위 뿐만이 아니라 개개인의 삶에 깊은 영향을 끼쳤고, 이제 세계 어느 곳에 있든 개인과 집단은 세계화의 영향으로부터 자유롭지 못하다. 세계화의 영향력에 대한 인식이 확고해질수록, 그 영향력의 범위와 파급효과에 대한 논쟁의 강도 또한 강화되어 왔다. 이러한 세계화 논쟁의 정점에는 전통적 사회분석단위로서 오랜 기간 지배적 위치를 확보해온 근대적 국민국가modern nation−state[1]가 향후에도 그 지배적 위치를 고수할 수 있을 것인지, 아니면 다른 형태로의 전환을 가져올 것인지에 관한 근대적 국민국가의 생존과 미래에 대한 진단이 자리하고 있다. 국민국가를 중심으로 하는 기존의 전통적·사회적 경계를 초월하는 세계화 과정이 심화되는 과정 속에서 국민국가의 존재성 기반에 대한 의문이 지속적으로 제기되어온 것이다. 이와 같은 의문제기의 중심에는 "과연 세계화 과정이 국민국가의 기반을 잠식하고 그 경계를 허물어뜨릴 것인가(Ohmae 1995; Poli 2007)" 아니면 "국민국가의 경계가 그다지 영향을 받지 않거나 더욱 공고해질 것인가(김영명 2002; 이대희 2002; 정기웅 2004)"라는 두 가지 질문이 존재한다.

한편 다른 시각에서 글로벌the global과 지역the local의 관계가 새로운 방식으로 변화 및 재구성되거나(Held 외 1999) 양자 간의 밀접한 상호유기적 관계가 더욱 두드러지고 있다는 분석(Tomlinson 1999) 또한 많은 주목을 받고 있다. 즉 글로벌과 지역은 서로 분리된 용기containers가 아니고 상호 구성적인 사회과정mutually constitutive social processes이라는 인식(Tomlinson 1999, 182)이다. 다분히 구성주의적인 시각의 영향을 반영하고 있는 이러한 접근법 또한 매우 광범위하게 받아들여지고 있으며, 세방화 glocalization의 탄생은 글로벌과 지역 모두를 감싸 안고자 하는 일단의 노력의 결과물이라고 할 수 있을 것이다.

---

1 'modern nation−state'를 우리말로 옮길 때 논자에 따라 '근대민족국가' 혹은 '근대국민국가'라는 표현을 사용한다. 본서에서는 '근대적 국민국가'로 번역해 사용하고 있으며, nation state만을 따로 표기할 때는 '국민국가'라고 표기하고 있지만 문맥에 따라 '민족국가'를 혼용하고 있음을 밝힌다. 즉 문서에서 사용되는 '민족국가'와 '국민국가'는 같은 개념이다.

본 장에서는 이와 같은 세계화의 흐름 속에서 우리가 살고 있는 세계 속에서의 주된 행위자가 국가에서 모두로 변화함으로써 국제정치의 무대가 세계정치의 무대로 확대되는 과정에 대해 논함과 동시에, 이슈의 위계의 붕괴와 함께 전통적 상위정치high politics의 영역에 속하는 정치·군사·안보의 의제들이 어떻게 하위정치low politics의 이슈로 간주되던 경제·문화·사회적 문제들과 같은 중요성을 부여받고 논의되게 되었는지를 살펴본다. 특히 전형적 하위정치의 이슈이자 소프트 파워적 성격을 갖는 스포츠의 세계가 세계화와 행위자의 변화에 따라 어떠한 변화를 경험하였고, 어떠한 변화의 정향성을 갖게 될 것인지에 대해 논하고자 한다.

1. '국가'에서 '모두'로

흔히 근대세계의 탄생은 웨스트팔리아 조약(Peace of Westphalia 1648)의 체결 이후라는 주장이 널리 받아들여지고 있다. 웨스트팔리아 조약의 결과 국가는 '주권, 영토, 인민'이라는 세 가지 기본 요소에 대한 인식을 갖게 되었고, 그 이후의 스페인 왕위계승전쟁과 미국 독립전쟁, 그리고 나폴레옹전쟁 등을 거치면서 근대적 국민국가의 모습은 점점 구체성을 띠며 확산되었다.[2]

너무나 당연한 말이지만 근대적 국민국가는 국제정치와 국내정치가 상호작용하는 역동적 과정 속에서 탄생한 역사적 구성물이라고 할 수 있다. 근대적 국민국가는 국가주권을 전제로 하여 존재하게 되며, 영토, 인구, 권위, 그리고 인정의 네 가지 요소는 국가주권을 구성하는 중요한 속성들이다. 이 속성들은 근대적 국민국가의 역사적 특징을 잘 보여주고 있다.[3] 오늘날에 있어서도 이 네 가지 요소를 갖춘 집단이 전형적 의미의 국가로 받아들여지며, 이들 중 한 요소라도 확보하는데 실패할 경우 그 집단은 국가로서의 완전성을 확보하지 못한 것으로 간주되는 경우가 많다.

그러나 국가는 시대와 장소에 따라 그 형태와 기능을 달리해왔다. 인류가 등장하고 사회가 형성되어 존재한 이래 등장한 제도화된 집단적 군집의 형태 혹은 국가의 모습을 살펴보면 도시국가, 고대국가, 중세국가, 근대의 국민국가에 이르기까지 다양한 형

---

2 근대 세계의 탄생과 발전에 관한 여러 훌륭한 저작물들이 있으나 이를 국제정치이론의 탄생 및 발전과정과 연관지어 그 핵심사항들만을 매우 간결하게 설명하고 있는 Mesquita 2014, 475–504의 일독을 권함.
3 국가주권의 이러한 속성에 관하여는 Biersteker and Weber eds. 1996을 참조할 것.

태와 기능을 보여 왔음을 발견할 수 있다. 국가의 이러한 다양성을 감안할 때 현대의 주류적 형태를 구성하고 있는 국민국가라는 것도 보편적 국가의 모습은 아니라는 결론에 도달할 수 있을 것이다. 국제정치의 무대에 있어 영원한 지배적 존재일 듯이 간주되었던 국민국가라는 것은 사실 서구의 근대라는 특정 시기에 출현한 국가형태의 하나일 뿐이다. 실제로 국민국가는 영토적 경계를 바탕으로 하여 형성된 국민·민족이라고 하는 정치·문화공동체를 활동배경으로 하면서 부강의 목표를 추구하던 국가의 근대적 형태로서 이해된다(홍원표·정기웅·윤석상 2009, 70). 그런 까닭에 오늘날의 지배적 국가형태를 '근대적' 국민국가라고 지칭하고 있는 것이다.

어찌되었든 '국가'는 국제정치의 무대에서 오랜 시간 동안 그 분석의 기본단위였다. 이는 국제정치의 대표적인 세 가지 분석 시각인 현실주의, 자유주의, 구성주의의 견해들을 참조함으로써 더욱 명확해질 수 있을 것이다.

현실주의, 자유주의, 구성주의적 시각의 논리적 구축은 무정부 상태에 대한 전제로부터 시작된다. 국제정치의 무대가 되는 세상을 어떻게 바라보는가에 따라 그 위에 구축되는 논리적 성채城砦의 모양이 바뀌게 된다. 신현실주의와 신제도주의에 이르러서는 국가의 모습이 구조 속에서 결정되는 국제정치의 정태적 측면이 강조되었고, 구성주의는 구조를 정태적인 것이 아닌 국가 간 상호작용의 결과물로 파악함으로써 국제정치를 순환적 도구로 전제하면서 사회적으로 구성된 가변적 산물로 인식하고 있다(Wendt 1999, 308-312). 그러나 이 세 가지 시각이 국가와 구조를 어떻게 바라보는가의 여부와 상관없이 한 가지 공통점을 찾자면 세 시각 모두가 국가의 중요성과 존재성에 대해 현시적 혹은 암묵적으로 동의하고 있다는 것이다.

현실주의 국제정치학에서는 국가를 '유일하고 단일한 합리적 행위자sole unitary rational actor'로 전제한다.4 그리고 대개의 경우 국가의 일체성과 합리성을 전제하는 것이 이론의 간결화parsimony의 확보와 적용성applicability의 확장을 위해 유리하기도 하다. 자유주의 국제정치학, 그 중에서도 특히 신자유주의 혹은 제도주의적 자유주의

---

4 이와 같은 주장에 대해 현실주의자들이 국가가 합리적인 단일한 행위자라는 전제에 대해 일치된 견해를 표명한 바 없다는 주장 또한 존재한다. 그 근거로서 모겐소(Morgenthau 1946, 71)는 합리성을 가정한 국제정치 연구에 대해 비판했고, 왈츠(Watlz 1996, 54-57)는 국가의 합리성을 명시적으로 인정한 바 없다는 점을 지적하기도 한다. 그러나 미어샤이머(Mearsheimer 2009)나 글레이저(Glaser 1994/95) 같은 이들은 국가의 합리성과 단일성을 가정하고 있다. 이러한 주장은 이동선 2010, 82를 참조할 것. 본서에서는 전통적으로 현실주의적 시각에서 국가의 역할에 대해 합리적이고 단일한 행위자라고 전제하고 있다는 점을 받아들인다.

국제정치학은 국가에 대한 이러한 현실주의적 전제들을 대부분 공유한다. 따라서 이들에게 있어 국가란 유일하고도 단일하며 합리적인 행위자인 것이다.

그러나 국제적 협력의 달성을 위한 방법에 있어서는 이 둘이 전혀 다른 입장을 견지하며, 이는 국제제도의 역할에 대해서 두드러진다. 현실주의 국제정치학이 국제제도나 기구의 역할에 대해 국가의 힘이 반영되는 일정한 역할 이상의 독자성을 부여하지 않는 데 반해, 자유주의 국제정치학의 경우 국가 이외의 행위자들, 특히 제도와 국제기구의 역할에 대해 국가를 넘어서는 높은 독자성과 자율성을 부여한다.

분석의 대상에 있어서 현실주의가 국가의 행동과 국제정치를 상대적 힘의 배분이라는 변수를 사용하여 분석하면서 국가의 행동에 집중하였다면, 자유주의는 현실주의 이론에서 경시하였던 국내정치domestic politics와 국제제도international institution라는 과정변수process variable에 초점을 맞추어 국가행동과 국제정치를 분석한다. 자유주의 이론은 이러한 과정변수에 따라 동일한 국제 체제 하에서도 국가의 행동이 다르게 나타나며, 국제정치의 양상이 달라진다고 본다(Nye 1988, 235-251).

다른 한편으로 구성주의자들은 신자유주의와 신현실주의에서 전제하고 있는 행위자의 합리성rationality, 그리고 구조와 행위자의 관계성에 대해 문제를 제기하는 동시에 이와 같은 것들을 전제의 대상이 아닌 분석의 대상으로 삼고 있다. 구성주의자들은 행위자가 구성하는 사회적 현실은 행위자와 구조의 상호작용을 통해 구축된다고 봄으로써 국가의 성격에 대한 전제를 부여하지 않았다. 즉 구성주의자는 행위자와 구조 중 어느 것에도 편향되지 않고 그 둘의 상호작용을 관찰함으로써 국제정치를 이해하고자 한 것이다(최종건 2010, 156). 그러나 이 세 가지 시각 모두에서 우리가 관찰할 수 있는 것은 국가의 행위자적 중요성에 대해 부인하지 않고 있다는 점이다.[5]

한편 국가의 중심성의 정도에 대한 입장에 있어서는 현실주의와 자유주의가 명확한 대비를 보인다. 현실주의에서 국가는 세계정치의 무대에서 언제나 가장 압도적인 우월한 행위자로서 간주되는 데 반해 자유주의에서는 국가만큼이나 국제 기구, 국제제도, 비정부 기구, 영향력 있는 개인 등의 비국가 행위자들도 동일한 중요성을 부여받는다. 1970년대 이후, 특히 탈냉전 이후 전개된 세계정치의 무대 속에서는 국가의 중심성이 여전히 중시되었음을 부인할 수 없지만, 동시에 국가 이외의 행위자들, 소위 비국가행위자들non-state actors의 역할 또한 똑같은 중요성을 부여받았음이 상기되어

---

5 국가중심성에 대한 비판적 논의는 Viotti and Kauppi 2012를 참조할 것.

야 할 것이다. 이는 자유주의적 시각이 그 영향력을 확대했던 시기와 일치한다.[6]

이러한 흐름은 세계정치 무대에서의 주요 행위자가 '국가'에서 '모두'로 확산되는 효과를 가져왔으며, 오늘날 세계정치의 무대에서 비국가행위자들은 국가행위자들만큼이나 주요하고 유의미한 분석 대상으로서 간주된다. 그럼에도 불구하고 대개의 경우 '외교정책'의 분야에서는 주요하고도 우선적인 행위자로서 '국가'를 상정하는 경향이 여전히 상존하고 있음은 부인할 수 없는 현실이기도 하다.

2. '국제' 정치에서 '세계' 정치로

행위자의 변화는 무대 영역의 변화와 함께 진행된다. 국가가 주된 행위자로 취급받는 세상에서는 국제정치라는 용어가 당연한 것으로 받아들여진다. 국제정치international politics 혹은 politics among nations라는 용어 자체가 국가의 존재를 전제로 하여 만들어진 것이기 때문이다.

이는 또한 근대 외교의 탄생 및 확장과도 밀접한 연관을 갖는다. 17세기 이후 유럽은 근대적 국민국가를 단위로 하는 독특한 국제 사회를 발전시켜 왔으며, 유럽국가들 또는 '문명표준standard of civilization'에 합당한 국가들만을 국제 사회의 구성원이자 국제법의 당사자로 간주하였다. 그렇지 못한 지역은 '야만의 세계'로서 정복과 교화의 대상으로 취급하였다. 따라서 국제정치란 문명표준에 합당한 근대주권국가들의 무대였을 뿐, 여타의 행위자들은 고려의 대상이 될 수 없었던 것이다.

그러나 이러한 근대적 국민국가는 20세기 중후반 이래 그 형태와 기능의 상당한 변환을 경험하고 있다. 특히 네트워크 사회의 도래는 이러한 변환의 속도를 증가시키고 있다. 비물질적 자원의 중요성이 부각되고 초국적 커뮤니케이션을 통해 영토적 경계를 넘나드는 활동이 증대되는 세상에서는 이에 대응하여 국민·민족 차원의 정체성을 기반으로 하여 형성되었던 국가의 형태와 기능도 변환될 수밖에 없다. 그렇다고 국가 자체가 아예 사라질 것이라는 말은 아니다. 다만 국민·민족을 넘어서 네트워크라는 좀 더 확장된 사회적 공간 속으로 스며들면서 재조정되고 있으며(김상배 2006, 524), 이는 글로벌 시민 사회와 글로벌 시민의 출현으로 이어지게 된다.

재조정된 국가는 근대 이래 유지해 왔던 국제정치의 무대에서의 하나의 단일한 행

---

6 자유주의적 시각의 확장과 영향력 증대에 관해서는 Legro and Moravcsik 1999를 참조할 것.

위자로서의 위치에서 내려와 네트워크 속에서의 여러 행위자들 중의 하나로서 작동하게 된다. 국민국가 속에서 국민이 차지하고 있던 위치를 네트워크 사회 속에서 국가가 담당하고 있다고 한다면 지나친 비약이겠지만, 국가가 영위하고 있던 절대적 행위자로서의 위상이 네트워크화된 글로벌 시민 사회의 관계망 속에서는 상당한 정도로 약화된 것이 사실이다(홍원표·정기웅·윤석상 2009, 71).

약화된 국가 역할은 상대적으로 무시되어 왔던 행위자들에 더욱 큰 관심을 갖게 한다. 예로서 정부 간 기구와 비정부 간 기구를 포괄하는 국제 기구들, 시민단체들, 막강한 영향력을 행사할 수 있는 개인, 초국적 기업과 세계시민사회운동과 같은 소위 비국가 행위자들은 국가와 동등한 중요성을 가진 행위자로서 취급된다. 경우에 따라서는 국가를 넘어서는 포괄적 연대감과 정체성을 구축하기까지 함으로써 이러한 초국적 소속집단에 속한 개별 행위자의 출신 국가에 대한 귀속감을 약화시키기까지 한다.

따라서 이와 같은 세상에서는 '국제정치'라는 말은 더 이상 근대의 세계에서만큼 유효하지도 막강하지도 않다. 국제정치의 전제가 되었던 행위자, 즉 '국가'의 유일성과 중요성 혹은 대표성이 변화하였기 때문이다. 이 새로운 세상, 즉 국가뿐만이 아닌 여타의 행위자들도 똑같은 중요성을 부여받는 무대를 일컫기 위해 '세계정치world politics' 혹은 '지구정치global politics'라는 용어가 등장하였다.[7] 국제정치의 세계정치로의 변화는 국제화internationalization와 세계화의 두 다른 용어가 갖는 차이만큼이나 명확한 것이다. 국제화가 국제정치의 무대를 제공하였다면, 세계화는 세계정치의 무대를 제공한다.

물론 두 개의 세상이 전혀 다른 별개의 존재로서 자리하고 있는 것은 아니다. 논자의 시각, 강조점, 의제에 따라 국제정치와 세계정치가 번갈아 호출될 수 있을 것이다. 예로서 논자가 안보, 국가이익, 동맹, 외교적 타협 등에 주목한다면 대부분의 경우 그에게 필요한 것은 '국제정치'의 무대일 것이다. 반면에 논자의 초점이 경제적 협력, 국제 기구의 역할증대, 초국적 연대 등에 맞추어져 있다면 그는 '세계정치'의 무대에 주목하고 있는 것이라고 볼 수 있다. 즉 행위자의 확장과 무대의 변화는 상호 간섭하며 동시에 이루어져 왔지만, 이는 고정된 것이 아니며 논자의 관심과 초점에 따라 항상 변화될 수 있음에 주목해야 한다.[8]

---

7 논자의 선호에 따라 '세계정치'와 '지구정치'는 혼용되어 사용되고 있으나 본서에서는 둘 모두를 '세계정치'로 통합하여 사용한다.

8 논자에 따라서는 세계정치의 무대를 넘어서는 네트워크적 복합망의 존재에 대해 강조하기도 한다. 이러한 논의는 하영선·김상배 엮음 2006을 참조할 것.

무대의 변화는 시간의 흐름과 국제정세의 변화에 따라 주목받는 의제가 변화해 온 모습을 검토함으로써도 확인할 수 있다. 냉전의 시대에는 안보와 정치와 같은 소위 상위정치의 의제들이 주목받았으며, 이슈의 위계가 존재하는 것으로 간주되었다. 상위정치의 의제들은 주로 현실주의 국제정치학의 주된 관찰대상이었으며, 냉전의 시기에 두드러졌다. 그러나 1970년대의 경제위기와 데탕트, 탈냉전을 거치면서 경제, 사회, 문화와 같은 하위정치의 의제들도 상위정치의 의제들과 똑같은 중요성을 부여받게 되었다. 특히 1980년대에 이르러서 경제의 문제는 더 이상 정치에 종속되어 양보될 수 있는 문제가 아니라 그 무엇보다도 우선순위가 주어져야 할 문제로서 취급되기 시작하였으며, 20세기 말과 21세기 초반 소프트 파워 개념이 각광받으면서 문화의 영역 또한 정치·안보만큼이나 주요한 영역으로 취급받게 되었다. 이와 같이 주목받는 의제의 변화는 이러한 의제와 관련된 행위자의 변화와 분리될 수 없다고 할 수 있다. 안보와 정치가 주로 국가 행위자에 의해 주도되는 영역이라면, 경제, 사회, 문화의 영역은 국가 행위자뿐만이 아닌 비국가 행위자들 또한 주도성을 훌륭히 발휘할 수 있는 영역이라는 점에서 국제정치에서 세계정치로의 무대의 전환이 필연적이었음을 확인할 수 있다.

지금까지 논의한 바와 같은 국제정치와 세계정치, 그리고 행위자와 무대의 변화를 단순 도식화 한다면 아래의 <그림 1-1>과 같이 나타낼 수 있을 것이다.

그림 1-1 ⟩ 행위자 및 무대의 변화

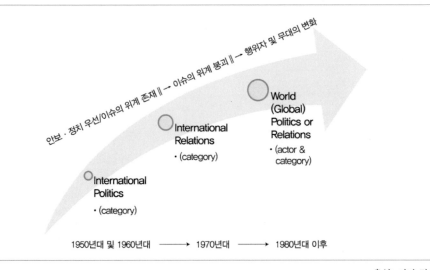

출처: 저자 작성.

3. 안보에서 스포츠까지

이미 언급한 바 있지만, 한 때 이슈의 위계hierarchy of issues라는 개념이 당연한 것으로서 받아들여졌었다. 이슈의 위계는 냉전 시대 동안 그 존재의 엄혹성을 과시한 바 있다. 이슈의 위계는 이슈의 영역을 상위정치와 하위정치로 구분함으로써 상위정치가 하위정치보다 우위에 있다는 것을 전제로 한다. 즉 상위정치의 분야에 속하는 정치와 안보 문제가 여타의 다른 이슈들을 결정하고 조정한다는 것이었다. 그러나 수차에 걸친 경제위기와 냉전의 해체는 이와 같은 이슈의 위계를 무너뜨렸다.

특히 1980년대는 국제관계의 전면에 경제, 문화, 스포츠와 같은 하위정치의 이슈들이 등장한 시기이다. 하위정치 이슈들의 중요도의 상승은 군사와 안보의 문제가 가장 주목받던 냉전의 질서가 소련의 개혁 실패와 연방 해체로 종식된 직후인 1990년대에 이르러 더욱 명확히 표출되었다. 국가들은 냉전 해체 이후 세계화와 지방분권화라는 대내외적 환경의 변화로 인한 도전과 압력에 직면하여 국가 간의 상호협력에 보다 많은 관심을 기울이게 되었고, 이 시기에 이르러서 '이슈의 위계' 개념은 시대착오적인 것으로 간주되었다(정기웅 2010, 347).

네트워크 사회의 도래는 이러한 경향성을 더욱 심화시켰다. 이슈는 다양화되고 세분화된다. 이는 '큰 이슈 대규모 동원 체제'가 '작은 이슈별 소집단 동원 체제'로 변화하고 있는 것이라고 지칭할 수도 있다. '평평한 세계'로 상징되는 보다 더 부유하고 통합된 세상에서는 정치, 경제, 사회, 문화의 전 영역에 있어 국제 사회의 상호의존이 심화되지만, 동시에 테러, 환경파괴, 질병, 경제위기와 같은 부정적 의제들 또한 글로벌화된다. 발전궤도에 동승하지 못한(혹은 사다리 걷어차기의 결과로 발전궤도에서 동떨어져버린) 후진국들의 경제적 어려움은 심화될 수밖에 없으며, 이는 인간 존엄과 생존을 위협하는 비전통적 안전보장 문제의 급속한 확산과 심화를 초래하고 인간안보에 대한 관심을 불러일으킴으로써 인간 개개인에 집중하게 된다. 선진국과 개도국 간 격차의 증대뿐만 아니라 한 국가 내부에서도 가진 자와 못 가진 자의 격차가 점점 확대되어가고 있다. 그러나 이들 중에서도 더욱 심각한 것은 국가 간 부의 격차이다. <그림 1-2>는 이를 잘 나타내 보여준다(Bourguignon 2013). 이러한 격차의 확대는 새로운 대립과 갈등, 분쟁 발생의 요인으로 작동한다. 이러한 세상에서 전통적 의미의 이슈의 위계란 그 의미가 퇴색할 수밖에 없다.

그림 1-2 〉 국가 간 빈부 격차 및 국가 내부 빈부 격차

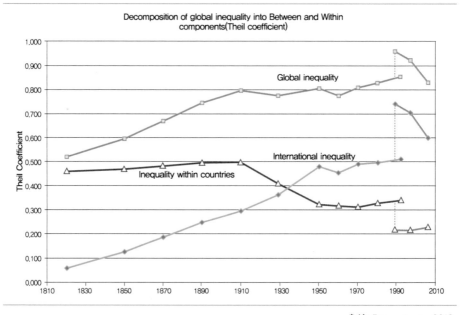

출처: Bourguignon 2013.

　　세계화된 세상의 또 다른 특징은 국제적 협력의 증대와 정치의 광역화 현상이다. 국제정치의 무대에서 전통적 의미의 안보는 군사적 위협으로부터의 자유를 의미하였고, 이에 대한 대응 역시 국가 중심적이었다. 따라서 안보의 목표는 국가가 처한 상황에 따라 다양한 변용을 거쳤으며 그에 맞는 정책이 채택되었다. 그러나 세계정치의 무대에서 주목받는 이슈인 환경파괴, 마약밀매, 질병, 경제위기 등은 국가가 주도하는 개인과 커뮤니티, 사회적 수준의 대응이 용이하지 않다. 더불어 생활환경의 궁핍에 따른 개인 생활에 대한 직접적 위협의 증가는 그 대응에 있어 국가를 넘어서는 국제적 협조를 강하게 필요로 한다. 개별 국가 차원의 대응으로는 해결하기 힘든 문제들의 범람은 국가차원을 넘어서는 범세계적 연대와 목표의 공유를 요구한다. 특히 정보 접근, 수집, 발산의 다양성으로 특징지어지는 네트워크 시대 나아가 디지털 컨버전스 시대의 도래는 지리적 초역화 및 행위의 다양성으로 인해 개별적 차원의 대응과 함께 비정부단체의 영향력을 증가시킴으로써 지역적 연대뿐만이 아닌 범세계적 연대를 이끌어 냈다. 이는 탈물질적 가치의 확산에 따른 대응이 영역별로 세분화된 국제협조를 필요로 하고 결과적으로 국가의 대응, 커뮤니티의 대응, 개인의 대응이 추구하는 목표가 하나

로 수렴되는 세상이 도래하였음을 의미한다(홍원표·정기웅·윤석상 2009, 19−21).

결국, 오늘날 상위정치와 하위정치의 구분은 더 이상 의미 없는 일이며 오히려 정치와 경제가 밀접히 관련되어 서로 영향력을 주고받는 것을 당연시 하게 되었다. 세계정치의 무대 속에서 일국의 정치적 결정은 여타 분야의 상황들과 밀접한 관련을 갖게 되었으며, 정치와 경제는 불가분의 관계를 갖는다. 특히 한 국가 내부의 경제정책에 관한 결정이 다른 국가들과의 관계 및 국제 체제 속에서의 그 국가의 위상, 그리고 정치적 결단과 밀접히 연관되어 있다는 점에서, 오늘날 국제정치의 문제는 국제정치경제의 문제라는 말과 동의어로 사용된다고 봐도 무방할 것이다.

따라서 소위 글로벌 이슈들은 그 영역에 상관없이 영향력과 존재감을 과시한다. 전통적 상위정치의 영역인 안보에서 하위정치의 영역에 속했던 스포츠까지, 오늘날에 이르러서는 이슈가 어떤 영역에 속하는가와 상관없이 이슈 그 자체의 시의성과 영향력에 의해 중요성을 평가받고 있으며, 이러한 이슈들의 존재양식은 상호 독립적이라기보다는 상호 간섭적 혹은 상호 의존적이라고 이야기할 수 있을 것이다.

이러한 맥락에서 스포츠는 매우 독특한 위상을 갖는다. 세계화를 통한 국경 없음의 확장은 스포츠의 정치·외교적 도구로서의 사용 가능성을 더욱 용이하게 만든다. 스포츠는 흔히 언급되듯이 문화적 차이를 뛰어넘고, 적의를 극복할 기회를 제공하며, 대화의 장을 제공하기 때문이다. 이러한 대화의 장은 초국적 연대와 이슈의 공유를 위해 활용될 수 있을 것이다.

4. 스포츠와 세계화

스포츠와 관련해서도 세계화 현상은 1990년대부터 핵심적 연구주제로 활발한 논의의 대상이 되어왔다. 세계화를 국경의 소멸, 거리의 축소로 인한 정보와 인적, 물적 교류의 증가로 이해한다면 스포츠는 다른 어떤 분야보다도 세계화의 수준이 높다고 할 수 있으며, 세계화로 인해 국제 스포츠 경기에 연관된 국가적 혹은 지방적 정체성의 약화가 초래될 것이라고 예측할 수도 있을 것이다(정기웅 2008a).

문화인류학자인 아파두라이(Arjun Appadurai)는 세계화 과정의 문화적 역동성에 주목하면서 탈국가론을 제시함으로써 주목받은 바 있다. 그는 세계화의 다섯 차원을 제시하였는데, 그것은 '인종양상ehtnoscapes, 기술환경양상technoscapes, 미디어양상mediascapes,

재정양상financescapes, 이념양상ideoscapes'의 다섯 가지이다(Appadurai 1996).[9] 만젠라이터(Manzenreiter 2010, 37)는 이에 더해 '스포츠양상sportscapes'을 추가해야 한다고 주장하였다. 그는 스포츠양상은 "스포츠의 자주성은 물론이요, 세계적 차원의 또 다른 지평으로서의 스포츠의 중요성을 강조한다. 스포츠양상은 신체에 초점을 맞추는 육체적 활동을 찬양하는 문화와 이데올로기 그리고 관습들의 초국적 흐름에 의해 특징지어진다."고 강조하고 있다.

스포츠 세계화에 대한 주된 논의의 중심은 '스포츠의 세계화 과정이 기존의 사회단위인 민족국가의 경계를 초월하는 궁극적으로 동질화된(예를 들면, 서구화 혹은 미국화 등) 전 지구적 스포츠 문화를 만들어내는가'이다. 이는 스포츠 세계화의 기원을 19세기 말에서 20세기 초에 진행되었던 식민화에서 찾는 견해와 접속하고 있다. 이러한 주장은 근대 스포츠의 확산은 일종의 서구 열강에 의한 식민지 확장과 그 궤를 같이한다고 주장한다. 사실 근대 스포츠의 역사를 살펴본다면 이러한 주장이 터무니없는 것은 아니다. 야구와 크리켓, 그리고 축구와 농구가 인기를 끄는 나라가 각기 다르고, 그 시장이 다르다는 점을 살펴보면 앞서의 주장이 일리가 있음에 수긍하게 된다.

비슷한 맥락에서 스포츠의 세계화를 주도해온 것은 올림픽 운동이라는 견해가 존재한다(Maguire 2007, 359). 올림픽이야 말로 스포츠 세계의 모든 행위자들이 한 자리에 모여 경기와 규칙을 공유하게 함으로써 어떤 동일성의 큰 테두리 안에 속하게 만들기 때문이다.

다른 한편으로는 "세계화가 올림픽의 확산을 가져왔는가, 아니면 쇠퇴를 가져왔는가"라는 질문도 가능하다. 먼저 세계화론자들의 주장처럼 세계가 진정 평평해지고 이로 인한 생활수준의 향상으로 스포츠 향유의 정도가 늘어남으로써 올림픽이 확대되었다는 답변이 가능할 것이다. 그러나 동일한 상황에 대해서 생활수준의 향상으로 언제 어느 곳에서나 스포츠를 즐길 수 있게 되고, 경기의 수준이 향상되었으며, 국제적인 상업적 보급망이 존재하게 됨으로써 굳이 올림픽에 참가할 필요가 없게 됨에 따라 올림픽에 대한 참여 열기가 이전만 못하다는 설명 또한 가능할 것이다.

---

9 국내에 소개되어 있는 아파두라이 관련 연구들은 그가 제시한 다섯 차원을 우리말로 옮기는 데 있어 조금씩 다른 용어를 사용하고 있다. 논자에 따라 scape를 지형, 경관, 풍경, 양상 등으로 번역한다. 즉 ethnoscape의 경우 민족지형, 민족경관, 민족풍경, 민족양상 등으로 번역되는 것이다. 본서에서는 이들 용어들 중 '양상'이 아파두라이가 말하고자 했던 상이한 영역의 유동적이고 비규칙적인 변화의 모습들과 의미를 잘 전달할 수 있다고 생각하여 '양상'으로 번역하고 있다.

세계화의 한 특성이 '국경 없음borderlessness'이라고 전제할 때, 이는 스포츠와 그 참여자들에 있어 훨씬 용이하게 적용된다. 먼저 스포츠는 선호의 정도에 따른 차이는 있지만 이념, 종족, 국경에 상관없이 전 세계 어느 곳에서든 누구에 의해서든 향유될 수 있다. 스포츠 자체의 자유로움과는 달리 스포츠 참여자들의 경우에는 일정한 제약을 받고 있는 것이 사실이다. 그러나 스포츠 노동 시장에서 스포츠 노동자들은 과거에 비해 상대적으로 훨씬 자유로워졌다. 예로서 '프로' 축구 선수들은 그들과 동시대에 살았던 예전 축구종사자들을 제약하였던 제약으로부터 매우 자유로워져 쉽게 국경을 넘을 수 있다. 일류 수준의 아일랜드와 아프리카와 스칸디나비아의 축구 선수들이 그들의 출신 국가에서 경기하는 경우는 거의 없다. 자본 시장 내에서는 시베리아 주지사가 첼시Chelsea 축구 클럽의 소유주가 될 수도 있는 것이다. 영상 시장에서는 24시간 운동 경기가 중계되며, 스포츠 스타들은 이전 세대의 선수들이 보유했던 팬들과는 비교도 되지 않는 규모의 팬들을 전 세계에서 확보하고 있다(정기웅 2008a). 말 그대로 '스포츠로 하나 되는 세상'이 가능해진 것이다.

그러나 지적한 바 있듯이 세계화는 구심적 통합 못지않게 원심적 분화 경향을 노정한다. 이러한 맥락에서 세계화의 진전에도 불구하고 스포츠 민족주의가 약화되기보다 오히려 더욱 강화되고 있음을 지적할 필요가 있다(Andrews and Cole 2002; Hargreaves 2002; Rowe 2003; Tomlinson and Young 2006). 베이르너(Bairner 2003, xi)에 의하면 "세계화 동인은 민족 정체성의 중요성을 감소시키고 동시에 스포츠와 민족주의의 연결고리를 약화시킨다고 생각되지만… 세계화 과정의 진전에도 불구하고 스포츠, 민족정체성, 그리고 민족주의의 관계는 어느 때보다 강하게 남아있다."는 것이다(정기웅 2008a).

국경을 넘나드는 자본의 이동이 용이해지고 세상이 통합의 흐름을 향하여 움직일수록, 자기 것, 자기 민족에 대한 정체성 확보의 욕구는 강력해 질 수밖에 없으며, 이는 스포츠를 통한 민족적 감성의 강화라는 결과로 나타나게 된다고 판단된다(Dyreson 2003; Rowe 2003; Maguire 2008). 결국 스포츠의 시장이 넓어지고 프로팀들의 구성이 다국적이 되었다고 해서, 국제적인 스포츠 경기에서 표출되는 국가나, 민족, 인종, 종교 등의 감정이 줄어들었다고 말하기는 힘들다는 것이다. 한 예로서 박지성이 뛰는 맨체스터 유나이티드의 경기와 박지성이 없는 맨체스터 유나이티드의 경기에 대한 한국인들의 입장은 완전히 달라질 것이다. 류현진이 없는 LA 다저스는 류현진이 있는 LA 다저스와는 완전히 다른 별개의 팀이 되는 것이다. 즉 스포츠는 세계화 시대에도 사람들에게 정체성을 심어주는 강력한 대중문화의 주요 매개체로서 탈근대적 기능을 수행하면서도 여전히 근대의 범주 안에 머물러 있는 '비동시성의 동시성'을 보여주고 있다고 말할 수 있다(임현진 외 2002, 115-116).

세부적인 입장의 차이는 있겠지만, 학자들 사이에 일반화된 결론을 보면, 스포츠의 세계화 과정은 어느 정도 특정한 문화적 동질화를 수반하면서도 동시에 지역 행위자들의 차이, 개별성, 다양한 문화적 욕구, 그리고 지역의 정체성을 형성하고 재확인하는 복잡한 과정이라는 점에서 합의가 이루어지는 것 같다(Maguire 1999). 즉, 동질성 homogeneity과 이질성heterogeneity을 동시에 생산하는 다요인적이고 다면적인 과정이라는 결론이다. 이러한 동질성과 이질성 간의 역동적 상호보완적 관계는 세계화 과정의 표준적 개념인 글로벌과 지역의 상호 관련성 및 의존의 증가와 같은 선상에 있는 분석으로 볼 수 있다(김방출·권순용 2007, 76).

결국 스포츠는 세계화가 가져온 또 다른 변화의 분야라고 규정지을 수 있을 것이며, 이와 같은 변화는 궁극적으로는 스포츠 세계화의 모습과 이에 따른 행위자의 변화, 그리고 필연적으로 수반되는 국제 스포츠단체의 세력 강화와 연계되어 논의되어야 할 것이다.

참고문헌

김방출 · 권순용. 2007. "스포츠 민족주의 재인식: 전지구화, 스포츠, 기업 민족주의." 『체육과학연구』 18 – 1.

김상배. 2006. "네트워크 지식국가론의 모색." 하영선 · 김상배 엮음. 『네트워크 지식국가: 21세기 세계정치의 변환』. 서울: 을유문화사.

김영명. 2002. "세계화와 민족주의: 약소국 시각 정립의 방법." 『한국정치학회보』 36 – 2.

이대희. 2002. "세계화와 민족주의의 공존: 스포츠의 세계화를 통한 민족주의." 『21세기 정치학회보』 12 – 2.

이동선. 2010. "현실주의 국제정치 패러다임과 안전보장." 함택영 · 박영준 편. 『안전보장의 국제정치학』. 서울: 사회평론.

임현진. 2002. "전 지구화, 한국 사회 및 스포츠." 『계간사상』 여름호.

정기웅. 2004. "세계화 시대, 민족주의의 역설." 『세계지역연구논총』 22 – 1.

정기웅. 2008a. "스포츠를 통한 국가위신의 고양: 가능성과 한계." 『글로벌정치연구』 1 – 1.

정기웅. 2008b. "스포츠의 정치적 도구성에 대한 재고찰: 2008 베이징 올림픽을 중심으로." 『한국시민윤리학회보』 21 – 2.

정기웅. 2010. "전두환 정부의 외교정책과 1988년 서울 올림픽." 함택영 · 남궁곤 편. 『한국 외교정책: 역사와 쟁점』. 서울: 사회평론.

최종건. "구성주의 국제정치이론과 안전보장." 함택영 · 박영준 편. 『안전보장의 국제정치학』. 서울: 사회평론.

홍원표 · 정기웅 · 윤석상. 2009. 『디지털 컨버전스 환경에서 글로벌 정치질서의 변화: 네트워크 사회에서의 국내정치와 국제관계』. 서울: 정보통신정책연구원.

Andrews, David L. and Cole, C. L. 2002. "The Nation Reconsidered." *Journal of Sport & Social Issues*, 26 – 2.

Appadurai, Arjun. 1996. "Disjuncture and Difference in the Global Cultural Economy." *Modernity at Large: Cultural Dimensions of Globalization*. Minneapolis, Minn.: University of Minnesota Press.

Bairner, Alan. 2003. "Political Unionism and Sporting Nationalism: An Examination of the Relationship Between Sport and National Identity Within the Ulster Unionist Tradition." *Identities: Global Studies in Culture and Power*, 16.

Biersteker, Thomas and Cynthia Weber. eds. 1996. *State Sovereignty as Social Construct*. Cambridge University Press.

Bourguignon, François. 2013. *The Globalization of Inequality*. Public Lecture, Canberra.

Dyreson, Mark. 2003. "Globalizing the Nation−Making Process: Modern Sport in World History." *The International Journal of the History of Sport*, 20−1.

Glaser, Charles L. 1994/95. "Realists as Optimists: Cooperation as Self−Help." *International Security*, 19−3.

Hargreaves, John. 1986. *Sport, Power and Culture*. New York: St. Martin's Press.

Harvey, D. 1989. *The condition of Postmodernity*. Oxford: Blackwell.

Held, D., A. McGrew, D. Goldblatt, and J. Perraton. 1999. *Global Transformations: Poltics, Economics, and Culture*. Stanford, CA: Stanford University Press.

Held, David and Anthony McGrew. eds. 2003. *The Global Transformations Reader: An Introduction to the Globalization Debate*. 2nd Edition. Cambridge: Polity Press.

Legro, Jeffrey W. and Andrew Moravcsik. 1999. *International Security*, 24−2.

Maguire, Joseph. 1999. *Global Sport: Identities, Societies, Civilizations*. Cambridge: Polity.

Maguire, Joseph. 2007. "Sport and Globalization." in Coakley, Jay and Eric Dunning. eds. *Handbook of Sports Studies*. London: Sage.

Maguire, Joseph. 2008. "'Real politic' or 'ethically based': Sport, globalization, migration and nation−state policies." *Sport in Society*, 11−4.

Manzenreiter, Wolfram. 2010. "Global Movements, sports Spectacles and the Transformation of Representational Power." *Asia Pacific World*, 1−1.

Mearsheimer, John J. 2009. *The Tragedy of Great Power Politics*. New York: W.W. Nortonx.

Mesquita, Bruce Bueno de. 2014. *Principles of International Politics*. Los Angeles: Sage.

Miller, T., Lawrence, G., McKay, J. and Rowe, D. 2001. *Globalization and Sport*. London: Sage.

Morgenthau, Hans J. 1946. *Scientific Man versus Power Politics*. Chicago: Univesity of Chicago Press.

Nye, Joseph S. 1988. "Neorealism and Neoliberalism." *World Politics*, 40−2.

Ohmae, K. 1995. *The Borderless World*. New York: Harper Business.

Poli, Raffaele. 2007. "The Denationalization of Sport: De−ethnicization of the Nation and Identity Deterritorialization." *Sport in Society*, 10−4.

Rowe, David. 2003. "Sport and The Repudiation of the Global." *International Reviews for the Sociology of Sport*, 38−3.

Tomlinson, Alan. and Young, Christopher. 2006. *National Identity and Global Sports Events*. New York: State University of New York Press, Albany.

Tomlinson, John. 1999. *Globalization and Culture*. Cabmridge: Polity.

Viotti, Paul R. and Mark V. Kauppi. 2012. International Relations Theory 5th Edition. Pearson Education, Inc.

Waltz, Kenneth N. 1996. "International Politics is Not Foreign Policy." *Security Studies*, 6−1.

Wendt, Alexander. 1999. *Social Theory of International Politics*. Cambridge: Cambridge University Press.

외교와 외교정책

근대 외교에 대한 가장 널리 알려진 개념 정의들 중 하나는 "외교란 협상에 의하여 국제관계를 다루는 일이며, 국제관계가 대사나 사절에 의하여 조정·처리되는 방법이며, 외교관의 업무 또는 기술"이라는 니콜슨 경(Nicolson 1988, 4-5)의 언급이다. 이러한 근대 외교의 탄생은 유럽에서 근대적 국민국가의 탄생과 그 궤를 같이한다. 17세기 웨스트팔리아 조약의 체결 이후 유럽은 근대적 국민국가를 단위로 하는 그들만의 리그를 출범시켰다. 이후 20세기에 이르기까지 이들 리그에 속하는 국가들 간의 끊임없는 폭력적·비폭력적 갈등과 투쟁, 그리고 그 후속조치의 논의야 말로 근대 외교의 시작과 발전과정이라고 할 수 있다.

그러나 문제는 이 무대에 참여할 수 있는 자격이 유럽 국가들 혹은 그들의 기준에서 소위 '문명표준standard of civilization'에 합당한 국가들에게만 주어졌다는 것이다. 근대 세계의 창시자들은 자신들의 잣대에 들어맞는 국가들만을 국제 사회의 구성원이자 국제법의 당사자로 간주하였다. 그렇지 못한 지역은 '야만의 세계'로서 정복과 교화의 대상으로 취급하였다. 대항해 시대로부터 시작하여 19세기와 20세기 초에 이르기까지 지속되었던 약탈과 식민지 침탈의 기록은 이들이 바라보는 세계가 어떠한 것이었는지를 보여주며, 이런 가운데 국제정치의 장이란 문명표준에 합당한 근대적 국민국가들이 움직이는 무대였고, 이들 근대적 국민국가들 간의 관계설정을 위한 상호작용이 '외교'로 간주되었다(<그림 2-1> 참조).

이러한 과정을 거쳐 형성된 근대 외교는 2차 세계대전의 종전 이후에도 상당한 기간 동안 그 본질적 속성을 변함없이 유지하였으나, 냉전의 해체와 국제적 상호의존의 증가, 정보화 시대의 도래로 인하여 국가안보 우위라는 명분 아래 정책의 결정과정에의 접근을 어렵게 하였던 전통적 외교정책의 특질에 근본적인 변화를 맞이하게 되었다. 세계화와 정보화의 진전으로 인한 네트워크 시대의 도래는 외교정책의 특질을 완전히 바꾸어 놓았으며, 외교의 수단과 형태, 외교의 내용, 외교의 주체 면에서 많은 변화를 가져왔다. 외교의 수단적 측면에서 보았을 때 인터넷으로 대표되는 정보화 기술의 발전은 커뮤니케이션의 비약적 증가를 가져왔고, 이를 여하히 사용하는가에 따라 외교의 역량이 달라질 수밖에 없다. 외교의 내용 면에 있어서는 정보화와 관련된 내용을 다루는 외교가 중시되어 인터넷 거버넌스, 지적 재산권 등이 주요한 안건이 되었으며, 외교의 주체측면에서는 그 주체가 개인, 시민사회단체, 전문가집단 등으로 확장되어 다차원적 외교가 가능해졌다(이정희·정기웅 2009, 214-218).

그림 2-1 >> 근대적 국민국가의 탄생과 근대 외교의 시작

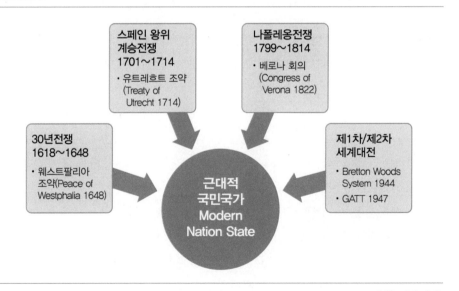

출처: 저자 작성.

그렇다면 이와 같은 변화를 경험한 현대의 외교는 근대의 외교와 본질적으로 다른 것인가? 꼭 그렇다고 말하기는 힘들다. *Merriam-Webster*는 외교를 다음과 같이 정의하고 있다.[10] "국가 간의 관계를 규정짓는 기예와 관행/적의를 일으키지 않고 문제를 처리하는 기술." 또 『두산백과』는 외교에 대해 다음과 같이 정의하고 있다.[11] "오늘날 외교라는 용어는 대단히 다양한 의미를 갖는 말로 사용되고 있지만, 일반적으로 국가와 국가 간의 관계를 의미한다. 이때 한 국가의 대외정책 그 자체를 뜻하는 용어로 쓰이는가 하면, 대외관계의 처리방법을 가리키는 말로 쓰일 때도 있다. 전자는 대외정책의 결정이라고 하는 입법적 측면을, 후자의 경우는 대외정책의 수행이라는 집행적 측면을 가리키는 것이라 볼 수 있다. 좁은 의미의 외교는 후자, 즉 외교교섭을 뜻하는 말로 쓰이는 것이 보통이다."

이와 같은 개념 정의만으로는 외교의 본질이 충분히 설명되고 있다고 보기 힘들다. 한 가지 변함없는 것은 '외교'라는 용어는 처음 등장하였을 때나 지금이나 여전히 매우 '모호'하고 '다양'하게 개념 정의되고 있다는 것이다. 본 장에서는 외교와 외교정책의 의미를 국제정치 및 세계정치와의 관계성 속에서 논하고 있다.

1. 국제정치와 외교정책

외교의 개념이 매우 다양하게 사용될 뿐만 아니라 명확한 개념 정의가 쉽지 않은데 반하여, 외교정책은 비교적 명확하게 그 의미를 파악할 수 있다. 이는 국제정치와 대비시킴으로써 가능해진다.

왈츠(Waltz 1979, 121-122)는 자신의 대표저서인 *Theory of International Politics*에서 "외교정책이론과 국제정치이론은 다르다."고 주장하고 있다. 이는 "외교정책과 국제정치는 다르다."라는 전제에 기반하고 있다고 볼 수 있으며, 많은 국제정치학자들이 왈츠의 이러한 주장에 동의를 표한다.

왈츠가 국제정치와 외교정책을 구분지은 것은 국제정치가 갖는 구조적 성격과 각 국가의 외교정책이 갖는 개별적 특성을 구분하기 위해서였다. 왈츠는 국제정치란 국가들이 무정부 상태에서 아무런 규제를 받지 않고 행동하였을 때 나타나는 결과이며, 그 관찰과 분석의 대상은 모든 국가에게 공통적으로 작용하는 상대적 힘의 배분과 같

---

10 *Merriam Webster*. http://www.merriam-webster.com/dictionary/diplomacy 검색일: 2015년 4월 27일.
11 『두산백과』. http://terms.naver.com/entry.nhn?docId=1187697&cid=40942&categoryId=31657 검색일: 2015년 4월 25일.

은 제약조건 등이 되어야 한다고 주장한다. 반면 외교정책은 특정 국가가 어떠한 과정을 통해 결정한 자신의 대외행동 규칙이라는 것이다. 즉 국제정치란 외교정책을 통해 나타나는 국가의 행동과 그것이 가져오는 국제적 결과이다. 따라서 외교정책 연구에 있어 외교정책결정과정은 연구의 중요한 한 분야를 차지한다. 한편 국제정치이론이란 외교정책을 통해서 나타나는 국가의 행동과 그것이 가져온 국제적 결과에 대한 이론이라고 규정지을 수 있을 것이다.[12]

국제정치이론은 국가들이 무정부 상태에서 아무런 규제를 받지 않고 행동하였을 때 나타나는 결과에 대한 설명이자 모든 국가에게 공통적으로 작용하는 상대적 힘의 배분과 같은 제약 조건에 대한 분석이다. 하지만 외교정책 연구, 그중에서도 외교정책결정론은 특정 국가가 어떠한 과정을 통해서 자신의 대외행동인 외교정책을 결정하는가에 대한 분석이다. 즉 외교정책결정론은 특정한 국가가 어떻게 정책을 결정하는가에 대한 미시적 설명에 집중하고, 설명의 초점은 국가 내부의 정책결정과정에 집중되며, 이는 포괄적 의미의 외교정책 연구에 포함된다. 반면 개별 국가들의 행동이 전략적 상호작용을 통해서 가져오는 결과에 대한 거시적 차원의 분석은 국제정치이론의 영역에 속한다.

이와 같은 외교정책 연구가 국제정치학의 한 분야로서 취급되기 시작한 것은 그리 오래 되지 않은 일이다. 물론 국제정치이론이라는 학문 분야 자체가 비교적 새로운 학문 영역에 속하기는 한다. 그렇지만 외교정책 연구는 이러한 국제정치이론 속에서도 비교적 늦게 독립된 분야로서 간주되기 시작하였다. 특히 외교정책결정론은 1950년대 중반 유럽보다는 미국의 국제정치학계에서부터 시작되었다. 시대상황 측면에서는 베트남전쟁의 진행이, 내용 면에서는 국제정치학 이외의 학문 분야에서 꾸준하게 발전을 거듭해온 일반 의사결정decision−making 모델에 대한 논의가, 방법론 면에서는 미국 사회과학계에서 행태주의 혹은 실증주의 방법론이 확산되면서 외교정책이론이 독립된 이론 분야로서 발전하는 동기를 제공해 주었다.[13]

---

12 외교정책에 대한 연구와 관련하여 논자에 따라 외교정책론(foreign policy theory), 외교정책결정론(foreign policy decision making theory), 외교정책이론(theory of foreign policy), 외교정책결정이론(theory of foreign policy decision making) 등이 혼용되어 사용되고 있으나, 본서에서는 외교정책에 관한 광의의 연구를 포괄하는 용어로는 '외교정책 연구(foreign policy analysis)'가 가장 적합하다고 판단하여 이를 사용하고 있음을 밝힌다. 이는 본 절에서 언급하고 있는 Hudson and Vore 1995의 외교정책 연구경향에 대한 분석과도 상통한다.
13 외교정책결정론과 외교정책이론에 대한 종합적 정리와 논의는 남궁곤 2004; 이근욱 2012 등을 참조할 것.

한 때 외교정책이론은 정책학public policy의 분야에 속하는 것으로 간주되어 국제정치학의 분야에서 취급하지 않는 것으로 간주되었던 적도 있었으나, 오늘날에는 대개의 경우 국제정치학과 외교정책 연구를 엄격하게 구분하지 않으며 국제정치학 분석의 대상에서 외교정책이 완전히 제외되지도 않는다. 오히려 외교정책은 핵심적 분석대상 중의 하나이다. 국제정치학은 보통 강대국이라고 지칭하는 중요 국가의 외교정책을 필수적으로 분석하며, 강대국의 외교정책은 국제정치를 구성하는 환경을 만들어낸다. 하지만 국제정치이론이 설명하고자 하는 외교정책은 외교정책과정이 아니라 그러한 과정을 통해서 만들어진 외교정책의 선택 또는 결과라고 할 수 있다(이근욱 2012, 10).

허슨과 보어(Hudson and Vore 1995, 212)는 국제정치 혹은 국제관계의 연구가 등장한 것은 국민국가nation-state의 등장만큼이나 오래된 것이지만, 외교정책 연구가 의식적인 이론적 시도로서 이루어지기 시작한 것은 2차 세계대전 이후였다고 볼 수 있다고 주장한다. 이와 같은 외교정책 연구의 경향은 크게 세 갈래로 나눌 수 있다. 첫째, 외교정책의 배경과 환경에 대한 연구foreign policy context; 둘째, 위에 언급한 바 있는 외교정책결정과정에 대한 연구foreign policy decision making; 셋째, 비교외교정책 연구 comparative foreign policy의 영역이다.

이러한 구분과 관련하여 대개의 경우 비교외교정책 연구는 로즈노(James N. Rosenau)의 1966년 저작인 "Pre-theories and Theories of Foreign Policy"를, 외교정책결정과정 연구는 슈나이더(Richard C. Snyder), 브룩(H. W. Bruck), 사핀(Burton Sapin)이 1954년 발표한 Decision-Making as an Approach to the Study of International Politcs를, 그리고 외교정책환경에 대한 연구는 슈프라우트 부처(Harold and Margaret Sprout)의 1956년 저작인 Man-Milieu Relationship Hypotheses in the Context of International Politics를 그 시작으로 간주한다.

그 구분을 어떻게 하든 간에 국제정치와 외교정책은 서로 대립적인 개념은 아니다. 그러나 명확히 구분된다는 것은 확실하다. 외교정책 연구는 국제정치에서 나타나는 국가행동의 다양한 측면에 주목하고 특히 비합리적 국가행동을 설명하는데 강점을 보이며 정책결정과정에서 작동하는 여러 가지 변수에 주목한다. 반면 국제정치이론은 매우 엄격한 형태의 합리성 가정에 기초하여 국가의 합리적 행동을 설명하는데 주력하며 가능한 적은 수의 변수를 사용한다. 이를 위해서 국제정치이론은 국가 내부의 다양한 이익집단의 갈등과 협력을 무시하면서 국가를 단일하게 파악한다. 따라서 외교정책 연구가 매우 풍부하게 다양한 측면에 집중한 분석을 제시하는데 반해, 국제정치 이론은 국가행동 가운데 일부에 초점을 집중하여 매우 간결하게 설명하는 특질을 갖는다.

외교정책 연구는 또한 현실주의 국제정치이론이 전제하고 있는 합리성 가정에 도전한다. 외교정책 연구의 경향에 포함되는 이론들은 합리성 가정을 그대로 수용하지 않는다. 국가의 단일성을 중시하는 합리성이 아니라 국가 내부의 다양한 행위자가 국가 행동에 영향을 준다는 측면에서 비합리적인 행동이 나타난다고 본다. 즉 국가 내부에 존재하는 여러 행위자가 다른 목표를 가진다는 측면에서 합리성 가정은 외교정책 연구에서 중대한 도전에 직면한다. 국가의 단일성에 주목하기보다는 국가 내부의 행위자들은 다른 선호를 가지고 있기 때문에 단일하지 않게 행동한다는 점에 주목한다. 정책결정과정은 다른 목표와 선호를 가진 국가 내부의 정치세력들이 협상하고 거래하는 과정이며, 국가를 구성하는 대규모 행정조직들 내부의 관행과 절차에 의해서 이루어진다. 결국 외교정책 연구의 이론들, 특히 외교정책결정론은 다양한 변수를 통해서 외교정책행위에 영향을 주는 요인을 분석하고 동시에 외교정책결정과정을 모형화하려는 이론적 시도라고 정의할 수 있을 것이다(이근욱 2012, 10-11).

이상의 논의를 종합한다면 다음과 같이 정리할 수 있다. "국제정치 혹은 국제관계현상은 두 개 이상의 국가 사이에서 일어나지만 실제로는 국가의 행동과 그 행동에 이르게 한 국가 내의 정책결정으로 이루어져 있다. 국가 행동은 국제 환경 속에서 국가가 수행하고 정책결정은 한 국가 내에서 정책결정자가 수행한다. 그래서 외교정책이란 한 국가가 자국의 이익을 위해 다른 국가 혹은 국제 사회를 향해 취하는 행동이고 국제정치 혹은 국제관계란 다수의 외교정책이 국제 사회에서 상호작용하는 행위이다(남궁곤 2004, 291)."

그러나 본 절의 제목 '국제정치와 외교정책'은 국제정치와 외교정책의 구분만을 강조하고자 하는 것은 아니다. 본 절의 제목이 함축하고 있는 또 다른 하나는 국제정치의 무대에서 외교정책은 국가로 대표되는 특수성의 영역에 속해 있었다는 것이다. 즉 국제정치의 무대가 작동하는 세상에서는 외교정책의 분석이 국가 내부의 미시적 요인들에 관심을 둔다고 할지라도 여전히 국가차원의 행위자나 특수인으로 대표되는 전문의 영역에 속한다는 것이다. 이러한 관계성은 국제정치의 무대가 세계정치의 무대로 바뀐 오늘날에 이르러서는 새롭게 설정되어야만 한다. 다음 절은 '국제정치'의 무대가

'세계정치'의 무대로 바뀐 세상에서 '외교'와 '외교정책'의 주된 행위자와 관계성이 어떤 변화를 맞이하게 되는지에 대해 논한다.

2. 세계정치와 외교

근대적 국민국가는 국제정치와 국내정치가 상호작용하는 역동적인 과정에서 발생한 역사적 구성물이다. 근대적 국민국가는 국가주권을 전제로 하여 존재하게 된다. 국가주권의 중요한 속성들로는 영토, 인구, 권위, 그리고 인정의 네 가지를 들 수 있다. 이 속성들은 근대적 국민국가의 역사적 특징을 잘 보여주고 있다.[14]

세계화의 급속한 진전과 네트워크 사회의 확장은 근대적 국민국가 개념 자체의 변화를 초래하였지만, 아직도 이 네 가지 요소들은 국가주권의 주요한 속성들로 인정되고 있다. 이들 중 영토와 인구가 상대적으로 고정적인 것이라면, 권위와 인정은 가변적인 개념이라고 볼 수 있다. 국가권력은 이러한 네 가지 속성들을 확보함으로써 그 주권적 속성을 강화하기 위해 끊임없이 노력한다. 특히 국가권력은 권위와 인정을 대내적으로뿐만 아니라 대외적으로도 확보하기 위해 끊임없이 작동한다. 이는 네트워크화·복합화 되어 가는 국제환경에 대한 적응의 노력이라고 할 수 있다(정기웅 2010, 2011).

오늘날 네트워크 사회의 확산과 세계화·정보화의 심화는 세계정치의 무대에 있어 국내정치와 국제관계의 상호동조와 차별화라는 이중적 모습을 표출하고 있으며, 시장과 국가 간에 복합적 상호의존complex interdependence과 분합fragmegration 현상을 불러 일으켰고(Rosenau 2003), 국가의 이익과 우선순위를 평가하는 방향과 내용에 대한 비국가 행위자들의 영향력을 증대시켰다. 이는 문제 해결의 방식을 네트워크적으로 만들었고, 상호의존과 분합은 국가와 국가, 국가와 시장 등 단위체 간의 경계를 모호하게 하며, 각 단위체는 분리될 수 없는 연속적이면서 구분된 연계linkages를 지니게 된다(Ansell and Weber 1999). 국내정치와 국제관계의 연계는 오래도록 존재해 왔지만, 네트워크 사회에 있어서 이러한 연계의 양상은 기존에 관찰되었던 것과 전혀 다른 모습을 노정하게 된다. 이는 외교정책의 형성과 집행에 있어 국가행위자가 모든 주도권을 행사하는 것이 아닌 분할된 행위자들 간의 상호작용에 의해 이루어짐을 의미한다(정기웅 2011). 소위 정보화 사회의 네트워크적 외교가 작동하고 있는 것이다.

---

14 국가주권의 이러한 속성에 관하여는 Biersteker and Weber eds. 1996을 참조할 것.

자유주의 국제정치이론은 국가들의 국제적 행동을 설명하려고 할 때 국가들의 성격은 각자가 기초하고 있는 국내 사회와 국제 사회의 관계에 따라 결정되며, 국가들의 국제적 행위는 이러한 관계의 반영이라고 본다. 모라브직(Andrew Moravcsik)은 "국가들과 국가들이 배태되어 있는 국내적·초국적 사회와의 관계가 국가의 선호를 밑받침하고 있는 사회적 목적들에 영향을 미침으로써 국가들의 행태를 결정적으로 형성시킨다."고 주장한다(Moravcsik 1997, 516). 따라서 국가의 행위는 특정한 시점의 국가–사회관계에 따라 특정한 사회집단들의 이익을 반영하여 이루어진다고 볼 수 있다(정진영 2004, 397). 물론 이와 같이 결정되어 행해진 국가의 외교정책은 국제관계를 형성함으로써 다시 그 국가에 영향을 미치게 된다.[15] 그러나 이러한 주고받음의 모습은 네트워크적 외교의 시대에는 변화할 수밖에 없다.

상기한 바와 같은 상황적 배경과 인식 하에 국제관계의 연구자들은 국가행위의 결정에 있어 국내의 대중이 어떻게 국가이익과 정책에 영향을 미치는지에 관한 관심의 정도를 점점 더 증가시켜왔다. 그럼에도 불구하고 외교정책에 있어 대중의 역할은 충분히 이해되고 있지 않으며, 실제에 있어 대중이 갖는 영향력 또한 미미하거나 측정하기 힘든 경우가 많다. 대중은 외교정책의 결정과정에 있어 아직은 상대적으로 미약한 영향력을 가질 수밖에 없는 위치에 처해있다. 무엇보다도 대중은 지도자 그룹에 비해 많은 정보를 갖고 있지 못하다. 그들은 어떤 주어진 정책이 채택된 이유에 대한 상세한 지식을 갖고 있지 못하며, 정책과 그것이 가져올 수 있는 결과들의 관계에 대해서도 잘 알지 못한다. 이는 특히 중요성의 문제에 있어 우선순위가 떨어지며 이로 인해 대중이 그 논점들을 자세히 알지 못하거나 정보를 갖고 있지 못하는 문제에 있어 더욱 그러하다. 개인이 외교정책에 영향을 끼칠 수 있는 능력은 미미하기 때문에, 각자는 정보를 수집하고 분석하고자 하는 동기를 거의 갖지 못한다(Thompson 2006, 11). 따라서 전통적으로 외교는 무엇보다도 정보를 획득할 수 있는 위치에 있는 행위자들, 즉 대통령, 수상, 외교관, 국회의원, 협상전문가들과 같은 어떤 특별한 행위자들에 의해 진행되는 것으로 간주되었으며, 대중의 영역이 아닌 전문의 영역에 속하는 것으로 받아들여지기도 하였다.

그러나 무지가 무관심을 의미하는 것은 아니다. 현실에 있어서 대중의 무지에 대한

---

15 국내정치와 국제정치의 연계에 관한 이론들로는 Rosenau 1969; Gourevitch 1978; Keohane and Nye 1977; Putnam 1988 등을 참조할 것.

경시가 이미 결정된 국가정책에 대한 대중의 급작스럽고도 과격한 분노로 표출되는 많은 사례를 발견할 수 있다. 따라서 국가 외교정책의 실행에 있어 예기치 못한 대중으로부터의 반대의견 분출로 정책이 좌절되는 것을 방지하고, 폭넓은 지지기반을 확대함으로써 정책을 실행해 나아가기 위해서는 선제적으로 대중의 호의적 반응을 이끌어 낼 필요가 있으며, 이는 국내적으로 뿐만이 아니라 대외적으로도 실행되어야 한다. 이러한 필요성은 오늘날에 이르러 각국이 공공외교를 강조하게 되는 결과를 가져왔으며 (정기웅 2011) 네트워크적 관계망의 형성은 이의 중요성을 더욱 두드러지게 하고 있다.

따라서 세계화된 세상, 즉 세계정치의 개념이 받아들여지는 세상에서는 외교의 주체와 그 분석 대상 또한 변화되어야 한다. 전통적으로 외교가 전문가의 영역, 특수인의 영역, 국가의 영역에 속해있었다면, 세계화된 세상에서의 외교적 행위자에는 대중, 시민단체, 초국적 기업, 국제 기구 혹은 제도, 영향력 있는 개인 등도 포함되어야 하며, 더 나아가 대중의 한 사람으로서의 행위자가 세상과 직접 관계를 형성하고 결정적 영향력을 행사할 수 있는 가능성 또한 고려되어야 할 것이다.[16]

3. 외교의 새로운 지평? 네트워크 정체성과 초국적 연대의 등장[17]

전통적 외교가 혼란스럽고 뒤섞여 있는 까닭에 '현재의 외교의 모습이 무엇인지 What is modern diplomacy now' 그리고 '어떤 모습이 되어야 하는지What it ought to be' 새로운 접근이 필요하다는 주장 또한 존재한다(Murray 2013b). 이는 특히 네트워크적 정체성과 초국적 연대의 확산과 관련하여 논의될 필요가 있다.

근대민족국가의 역할 조정과 전지구화는 지역의 사회운동이 국가의 경계를 넘어 국제적 협력과 연대를 확장시키고 전세계의 사회운동조직과 성원들이 공통의 관심사나 이슈를 논의할 수 있는 초국적 공론장을 형성시킨다. 초국적 공론장의 형성과 논의의 진전은 동시에 지역적으로 회귀함으로써 지역·국가 내의 사회운동의 전략과 전술을 발전시키고 지역 정부와 국가에 대해 유용한 압력을 행사할 수 있는 기회를 만들어 낸다. 이러한 주고받음은 국내·지역의 쟁점을 국제화시키거나 국제적인 관심사나 이슈

---

16 네트워크 사회의 외교와 그 관계망에 대해서는 하영선·김상배 엮음 2006을 참조할 것.
17 이하 네트워크 정체성과 초국적 연대에 관한 논의는 홍원표·정기웅·윤석상 2009, 69-77을 다시 정리한 것임을 밝힘.

를 국내로 수용하여 운동차원에서 이슈화시켜 지역과 국가 간의 네트워크를 형성하여 문제 해결을 위한 연대를 강화하는 결과를 가져온다.

이러한 사회운동단체들 간의 네트워크형성은 직접적인 행위에 앞서 공통의 정체성을 확보하는 전체적인 틀의 조정frame alignment을 필요로 한다. 네트워크가 단기적 존속에 그치지 않고 상시적으로 형성되어 지속적인 연대를 구축할 때 지역운동이 강화될 수 있고 운동의 전략은 보다 성숙해지고 운동단체의 책임성도 증대될 수 있을 것이다(임현진 2003). 나아가 이러한 정체성과 책임성이 강화될 때 국제적 연대의 힘 또한 증대할 수 있기 때문이다. 인간은 자신이 맺고 있는 관계를 떠나서는 살 수 없으며, 이 관계로부터 자아 정체성을 부여받는다. 인간 자신이 가지고 있는 신념과 가치관이나 정치적인 견해 또한 자신과 공존하는 타인과의 상호작용의 결과라고 볼 수 있다. 즉 오늘을 살아가는 사람들의 이념이나 정체성은 네트워크적 상호작용의 산물이다. 범주를 공유한 사람들은 네트워크를 통해서 비로소 그들이 중요한 사회적 성격을 공유한 집단이라는 것을 상호 인식하게 되고, 공통의 이해를 깨닫게 된다(Polleta and Japer 2001). 집단 정체성을 형성한 후에야 자신이 속한 집단과 집합적 이해에 대해서 충성과 헌신을 약속하게 된다. 인간의 의식과 행동은 이 관계에 의해 크게 영향받으며, 이것이 관계에 '자리 매겨진embedded' 인간 모습의 핵심이다(김용학·하재경 2009, 76). 당연히 이러한 세상에서 외교는 국가의 수준을 벗어나 무한히 확산된다.

네트워크 사회는 모든 정황에서 어떤 기본적이고 공통적인 특성이 있으면서도 그 사회가 진화하는 문화적·제도적 환경에 따라 매우 다른 형태를 띤다. 현재의 네트워크 사회는 그 구조가 마이크로 전자 기반의 정보와 커뮤니케이션으로 구성된 것이기 때문에 이진법 논리, 즉 포함 혹은 배제의 논리로 작동한다. 따라서 집단화와 파편화는 현존하는 네트워크 사회의 구조적 특성에 속한다고 볼 수 있다. 누구나 세계적으로 확산된 이 사회에 들어가 있는 것은 아니지만 그 영향권에 속해 있다. 국가 또한 마찬가지다.

사실 포함 혹은 배제의 논리는 일면 매우 극단적이다. 모두가 아니면 전무all or nothing의 개념과 일맥상통하기 때문이다. 포함 혹은 배제의 논리를 사회의 각 영역으로 확산시켜보자. 정치와 권력, 노동과 생산의 영역에 있어 노동의 경우 자체적인 프로그래밍이 가능한 노동과 그렇지 못한 노동으로, 정치의 경우 참여자와 비참여자로, 권력의 경우 소지자와 비소지자로 분화되어 이진법 논리의 작동을 보여줄 것이다. 포함의 영역에 속하는 프로그램 노동자와 정치의 참여자 및 권력의 소지자는 가치창조자로서 혁신을 주도하고 질서구축의 주축이 되어 이 사회의 주역으로서 작동할 것이고, 그 반대편에 서 있는 자들은 완전히 다른 세계, 즉 배제의 세계에 살게 될 것이다. 어쩌면 스포츠는 이러한 배제의 세계와의 접점을 창조할 수 있는 매개체 역할을 할 수 있을 것이다.

사이버공간은 통합의 기능을 수행할 수도 있지만, 어떤 면에서는 오히려 집단 활동보다 파편화된 개인의 확산을 가져오지는 않을까 하는 우려 또한 가능케 한다. 오프라인의 세상을 벗어난 온라인의 세상에서, 모두는 모두에게 접속되어 있는 듯 보이지만, 그 접속의 다른 한편에는 오프라인의 세상에서 모두로부터 소외되어 고립된 온라인에서의 접속만을 추구하는 파편화된 존재로서 자리할 수도 있기 때문이다. 직접적 접촉을 통한 스포츠 활동은 이러한 파편화된 존재로서의 자아를 공공의 장으로 끌어낼 수 있는 가능성을 갖는다.

인간이 네트워크 속에서의 교류를 통해 새로운 정체성을 확보하면 할수록, 국가에의 소속감은 다르게 형성될 것이다. 이러한 새로운 정체성의 확보가 제시하는 세계정치의 무대는 이전의 것과 다를 수밖에 없으며, 미디어는 하향적 정보전달의 도구로서 작동되기 힘들어질 것이고, 국제관계에 국내정치가 미치는 영향력 및 개인이 미치는 영향력은 점점 더 커져갈 것이다. 이러한 관계성은 <표 2-1>과 같이 정리할 수 있다.

표 2-1 ▷ 네트워크 시대 정치와 외교의 특징

구분	네트워크 이전 시대	네트워크 시대
행위자 및 정치적 권위의 형식	국민국가/국가 간 블록화	국민국가, 초국가적 단체(다국적기업, NGO, 세계시민사회그룹 등), 네트워크 아미/글로벌 거버넌스
권리의 유형	국민국가 내의 권리	권리의 전지구적 확장
전지구적 수준에서 합법적 강제의 형식	전쟁, 냉전, 제국주의	세계정치 내에서의 관계 및 국제법 강조
시민 사회의 정의	국가, 자본과 구분되는 영역	초국적인 자율적 결사체와 제도들
주된 외교적 행위자	국가로 대표되는 전문가의 영역	국가와 비국가 행위자를 모두 포함하는 모두의 영역
외교의 형태	양방, 혹은 다방 외교	네트워크적 방사형 외교

출처: 윤민재 2007, 237의 표에 근거하여 저자가 재구성하였음.

참 고 문 헌

김용학·하재경. 2009. 『네트워크 사회의 빛과 그늘』. 서울: 박영사.

남궁곤. 2004. "외교정책결정이론." 우철구·박건영 편. 『현대 국제관계이론과 한국』. 서울: 사회 평론.

윤민재. 2007. "초국적 사회운동과 네트워크 시대." 이재열·안정옥·송호근 편저. 『네트워크 사회 의 구조와 쟁점』. 서울: 서울대학교 출판부.

이근욱. 2012. "국제정치와 외교정책." 김계동 외. 『현대외교정책론』 2판. 서울: 명인문화사.

이정희·정기웅. 2009. "국내정치적 요인과 미국외교정책." 『미국외교정책: 이론과 실제』. 서울: 박영사.

임현진. 2003. "NGO/NPO 연구의 최근 동향: 초국적 사회운동을 중심으로." 한국 NGO/한국 NPO 학회 춘계공동학술회의 발표논문.

정기웅. 2011. "한국의 스포츠 외교와 복합 외교: 공존 혹은 수렴?" 『21세기정치학회보』 21-3.

정진영. 2004. "자유주의 국제정치경제이론." 우철구·박건영 편. 『현대 국제관계이론과 한국』. 서 울: 사회평론.

하영선·김상배 엮음. 2006. 『네트워크 지식국가: 21세기세계정치의 변환』. 서울: 을유문화사.

Ansell, Christopher K. and Steven Weber. 1999. "Organizing International Politics: Sovereignty and Open Systems." *International Political Science Review*, 20-1.

Gourevitch, Peter. 1978. "The Second Image Reversed: The International Sources of Domestic Politics." *International Organization*, 32-4.

Hudson, Valerie M. and Christopher S. Vore. 1995. "Foreign Policy Analysis Yesterday, Today, and Tomorrow." *Mershon International Studies Review*, 39-2.

Keohane, Robert O. and Joseph S. Nye. 1977. *Power and Interdependence: World Politics in Transition*. Boston: Little Brown.

Merriam Webster. http://www.merriam-webster.com/dictionary/diplomacy 검색일: 2015년 4 월 27일.

Moravcsik. A. 1997. "Taking Preferences Seriously: A Liberal Theory of International Politics." *International Organization*, 51-4.

Murray, Stuart. 2013b. "The renaissance of diplomatic theory." *International Politis Quarterly / Guoji Zhengzhi Yanjiu*, 4-33.

Nicolson, Harold George. 1988. *Diplomacy*. Washington, D.C.: Institute for the Study of Diplomacy, Georgetown University.

Poletta, Francesca and James M. Japer. 2001. "Collective Identity and Social Movement." *Annual Review of Sociology*, 27.

Putnam, Robert D. 1988. "Diplomacy and Domestic Politics: the Logic of Two−Level Games." *International Organization*, 42−3.

Rosenau, James N. 2003. *Distant Proximities: Dynamics beyond Globalization*. Princeton, NJ: Princeton University Press.

Rosenau, James N. ed. 1969. *Linkage Politics: Essays on the Convergence of National and International Systems*. New York: The Free Press.

Thompson, Alexander. 2006. "Coercion Through IOs: The Security Council and the Logic of Information Transmission." *International Organization*, 60−1.

Waltz, Kenneth. 1979. *Theory of International Politics*. Reading, Massachusetts: Addison−Wesley Publishing Company.

두산백과.

http://terms.naver.com/entry.nhn?docId=1187697&cid=40942&categoryId=31657 검색일: 2015년 4월 25일.

스포츠와 외교

본서의 제2장에서 밝히고 있듯이 외교정책 연구의 경향은 크게 환경/과정/제도의 큰 세 가지 틀 속에서 구분할 수 있다. 이들 연구경향은 다양한 분석방법의 개발과 함께 외교정책 연구의 폭과 깊이를 넓혔고, 이에 힘입어 오늘날 외교정책의 연구자들은 관심과 분석의 대상에 따라 다양한 연구방법을 취사선택할 수 있게 되었다(Hudson and Vore 1995, 226).

이러한 맥락에서 스포츠 외교에 대한 연구도 크게 환경/과정/제도의 세 가지 틀 속에서 이루어질 수 있을 것이다. 그러나 이 세 가지 연구경향 중 굳이 어느 하나에만 집중할 필요는 없을 것이며, 이 셋 모두가 복합적으로 취사선택되거나 종합된 연구가 보다 풍부한 설명력을 가질 수 있을 것이라고 본다. 기실 '환경/과정/제도'라는 구분도 그 연구가 어느 측면을 더 강조하였는가를 나타내고 있을 뿐, 다른 요소들을 무시하고 있다는 뜻은 아니기 때문이다. 따라서 본서에서 연구대상으로 삼고 있는 사례들 또한 이와 같은 환경/과정/제도라는 외교정책 연구의 큰 세 가지 주요 요소들을 종합하여 검토될 것이다. 그와 같은 연구과정 속에는 '국제정세 및 국내정세를 포함한 환경에 대한 분석, 스포츠 외교의 목표와 추진방향을 포함하는 대전략에 대한 검토, 내부적 정책결정과정과 외부적 정책집행과정 및 상대방과의 상호작용, 정책집행의 추진절차와 실제 구현 내용, 마지막으로 그러한 외교정책의 결과와 역사적 의의 및 한계' 등이 포함될 것이다.

상기한 분석 틀에 근거한 사례 연구는 앞으로 전개될 제2부, 제3부, 제4부에서 다루어질 것이며, 그에 앞서 본 장에서는 먼저 스포츠 외교에 대한 개념 정의를 통해 스포츠 외교란 무엇인가를 보다 명확히 하고 그와 관련한 몇 가지 사항들에 대해 점검할 것이다.

1. 스포츠 외교란 무엇인가?

(1) 스포츠 외교의 개념 정의

외교의 영역에서 스포츠 외교의 위상은 매우 미묘하다. 이와 관련하여 무엇보다도 먼저 지적되어야 할 것은 스포츠 외교라는 개념 자체가 매우 모호하며 명확하지 않다는 것이다. 이는 오늘날 현실의 세계에서 대중 미디어를 필두로 여러 분야에서 스포츠 외교라는 용어가 빈번히 사용되고 있음에도 불구하고 외교의 분과 내에서, 특히 학문적 영역에서 이와 관련한 명확한 개념 정의가 이루어져 있지 않기 때문이다.

사실 세계 외교 무대의 주된 행위자들과 국제관계의 연구자들 사이에서 '스포츠 외교'라는 용어가 본격적으로 사용되기 시작한 것은 근래에 이르러서이다. 기존의 스포츠 관련 연구들이 스포츠의 정치·외교적 도구성에 대해 빈번히 언급하고 있지만, 명시적으로 '스포츠 외교'라는 용어를 사용하게 된 것은 그리 오래지 않다는 것을 지적하는 것은 사뭇 새삼스럽기까지 하다. 모든 문헌을 다 뒤져 '스포츠 외교'라는 용어의 시발점을 찾는 것은 쉽지 않은 일이나, 한 가지 확실한 것은 이 용어의 빈번한 사용이 인지된 것은 '20세기 후반, 특히 소프트 파워 개념의 확산과 함께 공공외교가 조명 받게 되면서부터'라고 규정한다고 해도 큰 무리는 없으리라 판단된다. 이와 같은 상황적 변화로 인해 스포츠 외교라는 용어는 근래에 들어서는 매우 자연스럽게 사용되어질 뿐만 아니라 외교의 한 영역으로 당연한 듯 받아들여지고 있다.

이러한 경향성은 스포츠 외교에 대한 학계의 연구경향을 참조할 때 더욱 명확해진다. 최근 들어 스포츠 외교에 대한 학문적 정립과 이론화의 필요성에 대한 공감대가 형성됨으로써 다양한 학술지와 연구자들이 독자적 학문영역으로서의 스포츠 외교에 대해 언급하고 있다. 2013년 발행된 *Oxford Handbook on Modern Diplomacy*(Cooper, Heine and Thakur 2013)는 의제 영역에서 별개의 장을 할애하여 스포츠와 외교에 관해 논하고 있다(Black and Peacock 2013). 2000년에 초판이 발행되고 수차에 걸쳐 재 발행된 바 있는 *Handbook of Sports Studies*(Coakley and Dunning 2007)의 경우에는 '스포츠와 정치'에는 별도의 장book chapter을 제공하였지만(Houlihan 2007) '스포츠와 외교'에 대해서는 별개의 장을 제공하지 않았음을 감안할 때, 전술한 상황은 스포츠 외교의 위상 자체에 많은 변화가 있었음을 짐작할 수 있게 하는 한 사례라고 할 수 있다. 2009년 발간된 *Routledge Handbook of Public Diplomacy* 의 경우에도 스포츠 외교에 별개의 장을 할애하고 있지 않다(Snow and Taylor 2009). 학술지의 경우 2013년 *Hague Journal of Diplomacy* 8호와 *International Area Studies Review* 16−3호는 스포츠 외교에 대한 특별판을 발행한 바 있다. 물론 이외에도 주요 국제 스포츠 메가 이벤트인 올림픽과 월드컵 및 각종 국제 경기 대회를 주제로 하는 다양한 학술지들의 특별호가 발간되기도 하였다.

공적 영역의 경우, 대한민국 외교부는 홈페이지의 이슈별 자료실에서 공공외교 · 문화외교 분과 아래 스포츠 외교 섹션을 개설하고 있었다.[18] 이는 두 가지 해석이 가능하다. 긍정적으로 받아들일 경우 외교부가 스포츠 외교를 별도의 한 분야로서 인정하고 있다고 말할 수 있겠지만, 소극적으로 받아들일 경우 스포츠 외교를 여전히 가장 하위 분과에 자리한 영역, 즉 공공외교나 문화외교의 영역 아래 위치하는 수단적 혹은 동원적 대상으로서만 간주하고 있다고도 해석할 수 있을 것이다.[19]

아무튼 이상의 사례에서 알 수 있듯이 오늘날 스포츠 외교는 외교와 학문세계의 한 독자적인 분야로서 인정받고 있는 듯 보인다. 그러나 여전히 스포츠와 정치, 그리고 외교의 관계성은 명확히 구분하기에는 쉽지 않은 영역이다. 이 문제를 해결하기 위해서는 먼저 스포츠와 정치, 그리고 외교의 관계적 존재성과 상호작용에 대해 명확하게 규정할 필요가 있다.

가장 먼저 "외교란 무엇인가?"라는 질문을 던질 수 있을 것이다. *Merriam−Webster*는 외교를 다음과 같이 정의하고 있다.[20] "국가 간의 관계를 규정짓는 기예와 관행/적의를 일으키지 않고 문제를 처리하는 기술." 또 『두산백과』는 외교에 대해 다음과 같이

---

18 http://www.mofa.go.kr/trade/cultural/index.jsp?menu＝m_30_170 검색일: 2015년 4월 27일.
  2018년 3월 현재에 이르러서는 외교부는 별도의 공공외교 홈페이지를 운영하고 있으며, 스포츠 외교 섹션은 따로 마련되어 있지 않다.
19 이와 관련하여 스포츠 외교와 공공외교의 관계에 대해 호주의 사례를 검토하면서 스포츠 외교를 공공외교와 동등한 독자적 영역으로 취급해야 한다는 Murray의 주장은 매우 흥미롭다(Murray 2013c).
20 *Merriam Webster*. http://www.merriam−webster.com/dictionary/diplomacy 검색일: 2015년 4월 27일.

정의하고 있다.[21] "오늘날 외교라는 용어는 대단히 다양한 의미를 갖는 말로 사용되고 있지만, 일반적으로 국가와 국가 간의 관계를 의미한다. 이때 한 국가의 대외정책 그 자체를 뜻하는 용어로 쓰이는가 하면, 대외관계의 처리방법을 가리키는 말로 쓰일 때도 있다. 전자는 대외정책의 결정이라고 하는 입법적 측면을, 후자의 경우는 대외정책의 수행이라는 집행적 측면을 가리키는 것이라 볼 수 있다. 좁은 의미의 외교는 후자, 즉 외교교섭을 뜻하는 말로 쓰이는 것이 보통이다." 외교에 대한 가장 오래된 그리고 자주 인용되는 정의들 중의 하나는 니콜슨 경(Sir Harold George Nicolson)에 의해 이루어진바 있다. 그는 근대 외교는 흔히 "협상에 의하여 국제관계를 다루는 일이며, 국제관계가 대사나 사절에 의하여 조정·처리되는 방법이며, 외교관의 업무 또는 기술"이라고 언급하고 있다(Nicolson 1988, 4-5). 또 불(Bull 1977, 156)은 외교를 "국제정치 속에서 —공식적 대리인들과 평화적 방법을 사용하는— 국가 간 관계의 행위"로 정의하고 있다. 결국 외교란 넓은 의미에서는 '국가의 대외정책 및 국가 간 관계에 관한 모든 행위'로, 좁은 의미에서는 '국가의 대외정책 수행을 위한 수단'으로 규정할 수 있을 것이다.

이러한 외교에 대한 여러 개념 정의들의 연장선상에서 '외교를 움직이게 하는 것은 무엇인가' 즉 '외교의 목표란 무엇인가'라고 묻는다면 광범하게는 '국익의 달성'이라는 말로 요약될 수 있을 것이다.[22] 나아가 이와 같은 관계성과 논의의 연장선상에서 스포츠 외교란 무엇인가 정의한다면, '국익달성을 위한, 스포츠를 전면에 내세운 대외정책 혹은 스포츠를 통한 대외관계의 처리'라고 정의할 수 있을 것이다(정기웅 2011, 479). 스포츠 외교에 대하여 이호영 등(2009, 16)은 "스포츠 외교란 스포츠를 통하여 자국의 국위선양과 국익의 극대화를 꾀하고 친선과 협력으로 국가 간의 관계를 평화적으로 유지하고 발전시키는 행위이며, 이를 위한 스포츠 외교관의 전문적·기술적 능력을 활용한 구체적 외교 활동"이라고 정의하고 있기도 하다. 이와 같은 스포츠 외교의 위상에 대하여 머레이(Murray 2013a, 12)는 "만약 전통적 외교가 국가의 외교정책적 목표를 위한 수단이라면, 스포츠 외교는 그와 같은 목표 달성을 위한 수단들을 위한 수단들 중의 하나"라고 규정하고 있다.

이러한 관계설정과 개념 정의를 종합하여 스포츠 외교를 정의한다면 "스포츠 외교

---

21 『두산백과』. http://terms.naver.com/entry.nhn?docId=1187697&cid=40942&categoryId=31657 검색일: 2015년 4월 25일.
22 국가이익 개념에 대해서는 매우 다양한 접근이 가능하다. 이에 대한 논의는 이근욱 2012, 4-8을 참조할 것.

는 일국의 국가이익을 위해 스포츠를 전면에 내세운 대외정책, 스포츠를 통한 대외관계의 처리, 더 나아가 스포츠적 목적 달성을 위한 외교적 행위까지를 포함한다."라고 말할 수 있을 것이다.

　이러한 개념 정의가 이루어지는 것은 본서의 서론부에서도 지적하고 있듯이(들어가는 말의 <그림 1> 스포츠 외교의 차원 구분 참조) 스포츠 외교는 사용자의 필요에 따라 세 가지 다른 의미, 즉 '스포츠 세계 내에서의 외교, 스포츠적 목적 달성을 위한 외교, 스포츠를 통한 외교' 등으로 사용되기 때문이다. 외교나 학문의 무대에서 스포츠 외교라는 용어를 사용할 때면 이 세 가지 의미들 중 흔히 두 번째나 세 번째를 지칭하는 경우가 많다. 즉 스포츠와 외교를 결합하였을 때 그 강조점이 어디에 찍히느냐에 따라 달라지기 마련이지만, 스포츠의 도구적 유용성을 강조하는 입장에서 보았을 때는 스포츠 그 자체 보다는 외교가 더 주된 개념으로 부각될 수밖에 없기 때문이다. 따라서 스포츠 외교는 '스포츠 세계 내에서의 외교' 보다는 '스포츠적 목적 달성을 위한 외교'나 '스포츠를 통한 외교', 즉 '스포츠를 이용하는 외교'로 사용되는 경우가 더 많다는 것을 알 수 있다. 본서의 정의 또한 이러한 입장을 따르고 있다.

　정리하자면 본서에서는 외교란 "국가의 대외정책 및 국가 간 관계에 관한 모든 행위 및 그러한 대외정책 수행을 위한 수단"으로, 스포츠 외교란 "일국의 국가이익을 위해 스포츠를 전면에 내세운 대외정책, 스포츠를 통한 대외관계의 처리, 더 나아가 스포츠적 목적 달성을 위한 외교적 행위까지를 포함한다."로 규정하고 있다. 이를 대략 그림으로 표현하면 아래의 <그림 3−1>과 같이 나타낼 수 있을 것이다.

그림 3-1 ▷▷ 국익, 스포츠 외교, 외교정책

출처: 저자 작성.

(2) 외교적 도구이자 목표로서의 스포츠

상기한 바와 같이 스포츠는 외교적 도구이지만 동시에 외교의 목표로서 작동하기도 한다. 즉 스포츠는 외교를 통한 국익달성의 도구로서 사용될 수도 있지만, 동시에 국익을 위한 목표 그 자체로서도 존재할 수 있는 것이다.

먼저 "스포츠의 외교적 도구성은 무엇으로부터 유래하는가"라는 질문을 던질 수 있다. 스포츠는 다양한 외교적 상징성을 내포한다. 현대 사회의 스포츠는 스포츠맨십, 페어플레이, 평화, 우애 등과 같은 가치의 추구를 표방하지만, 실질적으로 스포츠 대회가 구현하고 있는 상징들은 국기, 국가, 성화, 시상식 등과 같은 국가적 요소들을 포함하여 나타난다(이강우·김석기 2006, 167–168). 이는 스포츠의 외교적 도구로서의 사용을 촉진시킨다. 임번장(2008, 107–113)은 국제정치에 있어서 스포츠의 이용을 다음과 같이 분류하고 있다. '외교적 도구, 이데올로기 및 체제 선전의 수단, 국위선양, 국제이해 및 평화증진, 외교적 항의, 갈등 및 전쟁의 촉매' 등이다. 스트렝(Strenk 1977, 3–10)은 또한 스포츠가 국제정치에서 활용되는 유형으로 '외교적 승인 또는 승인거부의 수단, 정치이념의 전파수단, 국가위상의 제고수단, 국제적 이해와 평화증진의 수단, 저항수단, 그리고 무기 없는 전쟁수단'의 여섯 가지를 제시하고 있기도 하다.

국가들은 스포츠를 크게 세 가지 방식으로 사용해 왔다. 첫째, 국가들이 스포츠 활동을 통해 스스로를 팔아 자국의 이미지를 고양하는 '이미지 확장'의 측면에서이고, 둘째, 자국이 찬성하지 않는 국제적 행위에 대해 특정 경기에의 참여 여부로 의사를 표명하는 방식이다. 셋째, 타국과의 스포츠 경기를 활용함으로써 국가정체성을 확립하거나 타국과의 관계개선을 위한 도구로서 사용하는 방식이다(정기웅 2009, 242).

'이미지 확장' 효과는 성공의 문제와 수용의 문제로 대별할 수 있다. 성공의 문제는 경기장에서의 성공과 직결되어 있다. 즉 어떤 경기에서의 우수한 성적 달성을 국가의 우월성과 동일시하는 것이다. 또 다른 하나인 수용의 문제는 더욱 빈번하게 국가 간의 관계에서 작동된다. 많은 국가들이 자국이 국제공동체의 한 일원으로서 받아들여지고 있다는 것을 상징화하기 위해 스포츠에 의존해 왔음은 주지의 사실이다. 국제적인 스포츠 대회에의 참석은 그 국가가 국제공동체의 일원으로서 받아들여지고 있음을 증명하는 효과적인 방식이다(Allison 2005, 5–6).

다른 한편으로 스포츠는 그 자체가 국가 외교의 목표가 될 수도 있다. 이 경우의 스

포츠 외교는 대개 국제 스포츠 경기나 메가 이벤트의 유치, 국제 스포츠 기구나 경기연
맹에서의 자국의 세력을 확장시키기 위한 적극적 외교 활동, 스포츠 민간 기구를 통한
교류 등을 의미한다.

(3) 스포츠 외교의 행위자들

스포츠 외교의 주요 행위자들은 누구인가? '외교정책은 국내정치와 국제정치를 연
결해준다'고 전제한다면 무엇보다도 추상적 집합체로서의 국가와 그 국가를 대표하는
정부를 중요한 행위자로 언급할 수 있을 것이다. 또 정부의 명령을 받아 움직이는 직업
외교관들이 언급될 수 있을 것이고, 국가를 대표하는 스포츠 경기단체들, 지방자치단
체들, IOC 위원을 필두로 하는 스포츠 세계의 유명인들sport celebrities이나 필요에 따
라 동원된 다른 분야의 유명인들을 주요 행위자로 간주할 수도 있다. 국제 스포츠 기구
들 또한 스포츠 외교의 무대에 있어 빼놓을 수 없는 주요한 행위자들이며, 넓은 의미에
서 다국적 스포츠 용품 제조 기업, 대중매체 등도 포함될 수 있다.

그러나 관심의 초점에 따라, 즉 스포츠와 외교에서 포커스를 어디에 두느냐에 따라
주요 행위자는 다르게 파악된다. 외교에 포커스를 맞출 경우, 외교정책의 '결정' 과정
에 집중하느냐 '집행' 과정에 집중하느냐에 따라 주요 행위자가 다르게 파악될 것이다.
예로서 외교정책결정과정에 한정해서 논의해보자. 사실 외교정책결정과정에서는 '누
가, 언제, 어떻게'의 문제가 명확하지 않은 경우가 많다. 대개의 경우 외교정책 사안에
대해서는 그 누구도 확실하게 "'X'가 'Y'라는 시간에 'Z'라는 결정을 내렸다."라고 말하
기 힘들다. 정책의 결정은 점진적이고 연속적이며 결정과정에는 다수의 행위자가 복
합적으로 결합되는 경우가 대부분이다. 물론 모든 정책결정의 경우에는 두드러진 행
위자, 혹은 최종정책결정자나 집단이 존재한다.[23]

민주주의 국가의 경우 정책결정과정에 있어 국민의 의사가 깊이 반영되고, 외교정
책의 결정에 있어서도 대통령과 같은 최고 정책결정자뿐만 아니라 행정부 및 행정부
내의 고위 관료들에게 많은 권한을 부여하고 있다. 그러나 민주주의 국가에서도 중요
한 외교정책은 국가의 안보를 위해 비밀을 보장해야 한다는 명분 아래 종종 최종 정책

---

23 외교정책결정과정에 있어 정책결정자에 관해서는 최종결정단위(the ultimate decision unit)에 대한 허만과
   허만(Hermann and Hermann 1989)의 연구를 참조할 것.

결정권자나 소수의 지배집단에 의해 은밀히 결정되는 경향이 있다. 일례로 권력과 권한이 분산되어 있고 또한 정책결정과정이 매우 복잡한 미국 같은 나라의 경우에도 주요 외교정책은 대통령과 대통령의 일부 정책보좌관들에 의해 결정되는 경향이 있다 (Jensen 1982, 4). 이와 같이 전통적으로 외교는 전문가들의 영역에 속했으며 소위 상위 정치의 문제들에 집중했던게 사실이다. 특히 냉전 시대 정책결정자는 국가안보가 우선시되는 외교정책의 결정에 있어 특권prerogative power적 지위를 인정받기도 하였다 (Spanier and Uslaner 1994). 이는 최고 정책결정자로 하여금 외교적 사안의 결정에 있어 상대적으로 높은 자율성을 누리게 하였다.

결국 스포츠 외교에 있어 주요한 행위자들은 상황과 조건에 따라 변화할 수밖에 없다. 그러나 세계화의 진전과 함께 국가를 비롯한 많은 주요 행위자들의 영향력에 상당한 변화가 초래되었음을 지적할 필요가 있다. 무엇보다도 세계화의 진전은 국제 스포츠 무대에 있어 국가가 갖는 우월적 지위를 약화시킴으로써 스포츠의 국제 체계 내에서 국가들의 중요성을 과거에 비해 훨씬 줄어들게 하였다.[24] 그 결과 국제 스포츠 무대에서 국가들은 의제를 놓고 다른 국가들뿐만이 아닌 스포츠 용품 제조업체와 방송매체로 대표되는 초국적 기업들 및 국제 스포츠 기구들과 설정된 의제 내에서 경쟁할 수밖에 없는 위치에 처하게 되었다.

다른 한편으로 스포츠의 상업화와 스포츠 시장의 확대는 이를 둘러싼 이해관계자들의 경쟁을 심화시킴과 동시에 이들의 영향력을 확장시켰음을 부인할 수 없다. 국제올림픽조직위원회IOC와 세계축구연맹FIFA을 위시한 거대 스포츠 조직들에 의한 스포츠의 상품화는 정도 이상으로 심화되고 있다. 이러한 상업화는 또한 경기에 직접 참여하며 경기의 일부분이기도 한 스포츠 구단들의 규모를 거대화하게 하고 그 경쟁을 심화시켰다. 몇몇 종목의 경우 프로구단들이 국가대표팀보다 더 큰 힘을 갖게 되었다. 상호 간의 끝없는 경쟁은 그들 중에서도 자산 규모가 큰 구단들만을 살아남게 하고 있다. 이러한 경쟁에서 살아남은 구단들은 국가적 경계를 넘어 선수를 확충하고 구단을 운영함으로써 일종의 초국적 기업으로서의 성격마저 갖게 된다. 특히 스포츠 미디어 산업을 장악하고 있는 다국적 자본가들에 의해 구단이 운영될 때 상업주의는 더욱 기승을 부리게 되며, 이는 메가 스포츠 이벤트에서 절정에 달하게 된다.

---

24 그러나 이는 역설적으로 국가들이 자국 내의 스포츠 정치에 더욱 간섭하게 만드는 결과를 가져오기도 하였다. 이러한 국가의 관여에 관해서는 Allison 2005, 1-4를 참조할 것.

오늘날 메가 스포츠 이벤트는 회를 거듭할수록 그 행사규모를 확대하고 관객 수를 늘리고 있으며 국가의 명운을 건 사업이 되다시피 하고 있다. 그러나 역설적이게도 국가의 투자가 늘어날수록 그로 인한 혜택을 거두어들이는 것은 국가 이외의 행위자인 경우가 많다. 국가의 집중적 투자 결과 발생한 많은 혜택을 IOC나 FIFA등의 국제 스포츠 기구가 수확하고, 이들을 제외하고라도 국제 스포츠 용품 생산업체들과 스포츠 마케팅 분야 다국적 기업들은 막대한 수익을 창출해 내고 있다. 이러한 이윤 창출은 스포츠 세계에 있어 이들 다국적 기업들의 영향력 증가로 이어진다.

지구적 스포츠 행사의 진행은 국제·지역·국가·지방 수준에서의 다면적이고 복합적인 정체성의 형성을 가져오고, 전 지구적인 문화의 창출을 주도한다는 점에서 일면 긍정적이기도 하다. 그러나 이와 같은 스포츠의 지구적 규모로의 확산은 그에 따른 이윤확장을 선점하기 위한 행위자들의 필연적 경쟁과 경쟁의 심화를 초래한다는 점에 주목할 필요가 있다. IMGInternational Management Group, ISLInternational Sports and Leisure,[25] ProServe 등은 국제적 스포츠 마케팅을 독점하고 있는 대표적 다국적 기업들이다. 자본가의 입장에서 볼 때 국제적 스포츠 행사는 자국 내의 문제 해결을 위해 타국의 자본가들을 압박하는 자본 간의 경쟁이 행해지고 있는 영역이라고 할 수 있다. 갈퉁(Johan Galtung)이 지적하듯이, 스포츠는 "팽창주의적인 서구중심적 우주론에 전형적인 결합물을 완벽하게 전달하는 기능"을 수행할 것이며(Galtung, 1991, 150; 양순창 2003, 66에서 재인용), 따라서 후진지역의 상대적으로 열악한 자본들에 대한 세계적 대자본의 지배도 심화될 것이다. 이러한 추세는 국제적 스포츠 행사가 갈수록 대자본의 경제적 이해관계에 의해 더 강한 제약을 받게 될 것임을 시사한다(정기웅 2008, 46-49).

결국 세계화를 통한 스포츠 시장의 확대와 메가 스포츠 이벤트에 대한 관심의 증가, 이와 결합한 상업주의에 더하여 스포츠 국제 기구 조직의 거대화와 세력의 강화는 국제 스포츠 무대에서 국가의 역할과 중요성을 감소시킨다. IOC나 FIFA와 같은 국제 스포츠 기구에 참여하고 있는 회원국들의 숫자는 국제연합의 회원국 수보다 많다.[26]

---

25 FIFA의 TV와 스폰서 마케팅 파트너였던 ISL은 2001년 5월 공식적으로 파산을 선언하였으며, ISL의 파산 이후 FIFA가 ISL로부터 뇌물을 받았다는 이유로 감사가 진행되기도 하였다. 2006년 5월 영국의 언론인인 제닝스(Andrew Jennings)는 Foul! 이라는 책의 출판을 통해 FIFA의 부패와 타락, ISL과의 관계 등을 폭로하였다. 이 책은 한국에서는 2007년 파프리카 출판사에서 『피파의 은밀한 거래』라는 제목으로 출간된 바 있다(조건호·최보윤 역 2007).

26 2018년 3월 현재 국제올림픽위원회(IOC)에 가입한 회원국은 206개국이며, 국제축구연맹(FIFA)의 회원국은 210개국인 반면, 국제연합(UN)의 회원국은 193개국이다.

그 규모나 조직 면에서 IOC나 FIFA와 같은 국제 스포츠 기구들은 국가의 통제에서 벗어나 '자율적' 권위를 갖는 '국제 체제'로 파악되어야 한다는 주장 또한 존재한다.27 즉 '관세와 무역에 관한 일반협정GATT: General Agreement on Tariffs and Trade', '국제통화기금IMF: International Monetary Fund', '세계무역기구WTO: World Trade Organization' 등의 대표적인 국제 체제와 같이 파악되어져야 한다는 것이다.

이들 기구들은 자체의 조직의 이해와 목적을 위해 활동하며, 이미 국가의 통제로부터 벗어나 작동하고 있다. IOC나 FIFA와 같은 국제 스포츠 기구가 이와 같은 국제 체제로서 작동할 수 있는 힘은 막대한 회원국의 숫자와 함께 소수에 권한이 집중된 피라미드식 조직, 그리고 올림픽이나 월드컵 같은 메가 스포츠 이벤트의 개최에 대한 독점적 권한에서 발생한다. 지구상의 많은 국가들이 때로는 정치적인 이유로, 때로는 경제적인 이유로 인하여, 이와 같은 메가 스포츠 이벤트의 개최를 희망하는 까닭에 개최국의 선정에는 항상 치열한 경쟁이 뒤따르며, 각종 로비가 판을 치기도 한다. 이들 국제 스포츠 기구들은 개최국의 선정에 결정적 영향력을 행사할 뿐만 아니라, 개최국이 선정된 이후에도 대회의 개최에 따르는 중요한 재정적 사항, 예로서 티비 방영권이라든지 공식후원업체의 선정 등에 대해서 개최국과는 무관하게 독점적인 권한을 행사하는 것이다. 대회의 개최와 관련하여 개최국이 행사할 수 있는 권한이란 유명무실한 것이나 마찬가지이며, 이러한 과정을 통하여 이들 국제 스포츠 기구들은 국가와 국경을 초월하는 정치·경제적인 권력을 획득하게 되는 것이다.

그러나 역설적이게도 국제 스포츠 기구의 강대화를 가져온 세계화와 상업화, 스포츠 경기와 거대자본의 결합은 동시에 이와 같은 국제 스포츠 기구의 권력을 약화시키는 역할을 하고 있다. 왜냐하면 이들 또한 조직의 존속과 팽창을 위해서는 거대자본의 눈치를 볼 수밖에 없고, 이들 기구나 기구를 장악하고 있는 회장들의 권력이란 스포츠 부문에 한정되어 있는 특수하고 전문적인 것이기 때문이다. 2013년 *Bloomberg*가 선정한 스포츠 계에서 가장 영향력 있는 인물 *The 100 Most Influential People in Sports*28에는 대부분 언론기업인들과 스포츠 관련 기업인들이 선정되었다. 예로서

IOC: http://www.olympic.org/national−olympic−committees

FIFA: http://www.rsssf.com/miscellaneous/fifa−codes.html

UN: http://www.un.org/en/sections/about−un/overview/index.html 검색일: 2018년 3월 30일.

27 이러한 주장에 관해서는 Bairner 2005, 87−100; 임현진·윤상철 2002, 125−127을 참조할 것.

28 http://www.bloomberg.com/ss/08/10/1002_power100/1.htm 검색일: 2015년 4월 25일.

Nike의 Phil Knight는 6위, CBS News and Sports의 회장President인 Sean McManus는 10위, Fox Sports의 의장Chairman and CEO인 David Hell은 11위, News Corp.의 의장 Chairman and CEO인 Rupert Murdonch은 12위, IMG의 의장Chairman and CEO인 Theodore Forstmann은 16위에 랭크되어 있음을 볼 수 있다. 또한 2014년 ESPN은 스포츠 계에서 가장 영향력 있는 10인을 선정하였는데 역시 CBS News and Sports의 회장President인 Sean McManus가 6위에 선정되었다.[29]

결국 국제 스포츠 기구의 강대화와 이와 결합한 상업자본의 영향력 확대는 스포츠 무대에서 국가의 영향력을 약화시킴으로써 스포츠 외교를 통해 어떠한 목표를 달성하고자 하는 각국 정부의 의도를 쉽지 않은 것으로 만들고 있다고 말할 수 있다. 그러나 외교의 무대에서 국가는 여전히 중요한 행위자이며, 행위자로서 존재할 것임을 부인할 수 없다.

지금까지의 논의를 바탕으로 스포츠 외교 무대에 있어서의 주요행위자들과 그 관계를 도식화한다면 아래 <그림 3-2>과 같이 나타낼 수 있을 것이다.

그림 3-2 ▷▷ 스포츠 외교와 행위자들

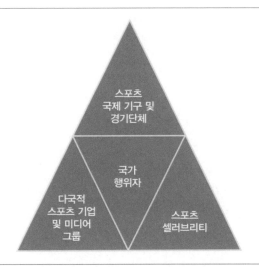

출처: Jackson 2013, 278의 그림을 저자가 수정하였음.

---

29 http://www.syracuse.com/axeman/index.ssf/2014/12/who_is_the_most_influential_person_in_sports.html
검색일: 2015년 4월 25일.

2. 소프트 파워의 역할 증대와 스포츠 외교

세계화와 정보화는 세계정치의 무대에 있어 통용되어왔던 전통적 권력 개념에도 많은 변화를 초래하였다. 특히 두드러지는 것은 소프트 파워에 대한 주목의 집중인 바, 권력 작동의 문제에 관심을 갖는 연구자에게 있어 소프트 파워 개념은 반드시 짚고 넘어가야야 할 한 가지가 되었다.

소프트 파워에 대한 관심의 집중은 나이(Joseph S. Nye)의 논의[30]에 힘입은 바 크다고 볼 수 있고, 세간의 집중적 주목을 받게 된 것도 오래지 않은 일이지만, 국가들이 자국 이미지에 관심을 갖는 것은 전혀 새로운 일이 아니다. 일찍이 카(E. H. Carr)는 '의견을 장악하는 힘'은 "정치적 목적을 달성하는데 있어서 군사력이나 경제력 못지않게 중요하며, 군사력 및 경제력과 항상 밀접하게 연관되어 있다."라고 지적한 바 있다(Carr 1983). 나이(Joseph S. Nye)의 말을 빌려 해석하자면 "'하드 파워'와 '소프트 파워'는 뗄 수 없는 관계다."라고 할 수 있을 것이다. 또한 모겐소(Hans J. Morgenthau)는 "우리가 힘을 말할 때, 우리가 뜻하는 것은 다른 사람의 의식과 행동에 대한 통제를 뜻한다(Morgenthau 1960, 27)."라고 설파한 바 있다.

소위 평평한 세계의 확장과 함께 "탈근대 국제관계에서 매력적인 국가는 국제적 쟁점을 설정할 수 있고, 지배적 국제규범에 가까운 문화와 생각을 가졌으며, 그들 국가의 가치와 정책으로 자국에 대한 국제적 신뢰감을 높일 수 있는 국가들"이라는 주장(Nye 2004, 31-32)은 세계정치의 여러 행위자들에 의해 대단히 매력적인 것으로 받아들여졌으며, 이는 소프트 파워의 확산 및 증대를 위한 노력으로 이어졌다. 특히 국가 행위자들은 소프트 파워의 증진을 위한 여러 가지 방안들을 적극적으로 모색하게 되었고, 외교에 있어 여론의 영향력을 제한하기 보다는 적극적으로 이용하고자 하는 노력이 이어졌다. 각국 외교의 방향이 자국은 물론 타국의 시민들에게 영향을 미침으로써 자국의 국가이익을 달성하고자 하는 보다 적극적인 모습을 취하게 되었으며(Leonard 2002), 이는 공공외교의 중시로 이어졌다(Snow 2009). 이러한 맥락에서 오늘날 소프트 파워는 외교의 핵심적 수단 중 하나로 자리하고 있으며, 스포츠 외교는 이러

---

[30] 나이는 1991년에 출간된 *Bound to Lead: The Changing Nature of American Power*를 통해 소프트 파워 개념을 전면에 내세웠고, 이후 2004년의 *Soft Power: The Means to Success in World Politics*에서 좀 더 진전된 논의를 행하고 있으며, 2008년의 *The Powers to Lead*에 이르러서는 스마트 파워라는 개념을 등장시켰다.

한 소프트 파워 전파의 매우 유용한 도구로서 간주된다. 특히 많은 경우 스포츠 외교는 공공외교의 한 분야로서 적극적으로 활용되고 있다.

공공외교[31]에 대한 정의는 다양하다.[32] 그 주체와 시기, 초점의 대상을 어디에 맞추느냐에 따라 각기 다른 정의가 내려지곤 하지만, 일반적으로 타국의 대중을 목표로 한다는 공통점을 갖는다. '공공외교'란 용어는 1965년 터프츠 대학 플레쳐 스쿨Fletcher School of Law of Diplomacy, Tufts University의 학장이었던 에드먼드 걸리온(Edmund Gullion)이 에드워드 머로우 공공외교 센터The Edward R. Murrow Center of Public Diplomacy를 세우면서 처음 사용한 것으로 알려져 있다.[33] 일찍이 투흐(Hans Tuch 1990)는 공공외교를 "자국의 국가적 목표와 정책뿐 아니라 사상과 이상, 제도와 문화에 대한 이해를 증진시키기 위하여 정부가 타국의 대중과 의사소통하는 과정"이라고 정의하였으며, 샤프(Paul Sharp, 박종일 역 2008)는 "공공외교는(국가/정부에 의해 대표되는) 국민들의 이익을 증진하고 가치를 높이기 위하여 다른 국가의 국민들과 직접적인 관계를 추구하는 과정"으로 정의하였다.

공공외교는 전통적 개념의 외교와 구분된다. 전통 외교가 국가나 그 밖의 국제행위자의 대표자들 사이의 관계라면, 공공외교는 다른 사회의 일반대중 및 비공식적인 특정 집단, 기구, 개인을 대상으로 한다는 점에서 다르다고 할 수 있다(Melissen, 박종일 역 2008).

공공외교의 개념은 완전히 새로운 것은 아니다. 전통적으로 선전porpaganda은 각국의 외교정책에서 중요한 부분을 담당해 왔다. 냉전기 동·서 간 이념적 갈등의 무대에서 공공외교는 선전의 수준을 벗어나지 못했다. 미국과 소련을 중심으로 한 양대 진영이 자국의 상황에 대한 진정한 의미의 정보를 제공한다기보다는 이념적 선전을 광고하고, 시민들을 동원하는데 훨씬 많은 노력을 기울였기 때문이다. 그러나 냉전의 종식과 민주주의의 심화, 정보화 혁명, 세계화로 인한 상호의존성의 증가, 특히 9·11 테러의 발생은 국경을 넘어 존재하는 공중public의 태도가 특정 국가의 이익실현에 결정적

---

31 본서에서 사용하고 있는 '공공외교'는 'public diplomacy'를 우리말로 옮긴 것이다. 국내에서 번역된 일부 저술들의 경우 'public diplomacy'를 '이미지 외교' 혹은 '공적 외교'나 '대중 외교'로 번역하고 있으나, 정치학이나 국제정치학 관련 학술지에 게재된 논문들의 경우 '공공외교'로 번역하여 사용하는 것이 일반적이다. 본서에서는 '공공외교'를 택하고 있다.

32 이하 공공외교에 대한 논의는 정기웅 2009와 정기웅 2010b의 논의를 재정리하여 수정한 것임.

33 '공공외교'란 용어의 유래와 정의에 대해서는 http://fletcher.tufts.edu/Murrow-Center/About를 참조할 것. 검색일: 2018년 3월 30일.

영향을 미치고 있음을 보여주었고, 전 세계 여론 동향이 각 국가들의 이익에 얼마나 중요한가를 단적으로 보여주는 계기를 제공했다. 이로써 외교는 타국 정부와의 교섭이라는 의미보다는 전 세계의 시민들에게 자국의 정책과 이념을 알리고 전파하는 공공정보화 되었다고 볼 수 있다(전재성 2006, 53).

이상의 논의에서 알 수 있듯이 스포츠의 도구성을 강조하고, 소프트 파워를 달(Robert A. Dahl)식의 행태주의적 권력관과 국제정치학의 주류진영이 채택한 자원중심의 도구적 권력관을 적절히 조합한 형태로서 받아들이고 있는 나이적 관점(김상배 2009, 22)을 채택한다면, 스포츠가 소프트 파워 증진의 효과적 도구로서 간주되는 것은 일면 타당하다고 볼 수 있으며, 공공외교의 한 분야로서 혹은 소프트 파워 확산의 수단으로서 스포츠 외교가 사용되는 것은 당연한 논리적 귀결이라고 말할 수 있다.

3. 스포츠 외교의 성공과 실패

본 장에서 마지막으로 다루고자 하는 것은 스포츠 외교의 성공과 실패에 대한 기준의 설정이다.

성공과 실패에 관한 여러 기준이 적용될 수 있다. 정치·경제·사회적 성공의 기준들은 각기 다르다. 외교에 있어서도 마찬가지다. 예로서 스포츠 외교의 성공여부를 국제정치이론의(공세주의적) 현실주의의 시각을 잣대로 하여 평가한다고 가정해보자. 현실주의적 시각에 의하면 국가의(적극적) 목표는 힘과 패권추구라고 할 수 있다. 그렇다면 스포츠 외교의 목표는 국가의 힘의 증강과 패권의 공고화에 기여하는 것이라고 말할 수 있다. 이때 스포츠 외교의 구체적 작동 수단은 무엇인가? 여러 방법을 통하여 실행될 수 있겠지만, 역시 가장 대표적인 것은 메가 스포츠 이벤트의 개최를 통한 국가위신의 고양과 소프트 파워의 강화라고 할 수 있을 것이다. 그러나 사실 국가위신의 고양이나 소프트 파워의 강화 같은 것들은 측정하기 힘들 뿐만 아니라 매우 가변적이며 유동적이다. 물론 이를 계량화하여 나타낼 수 있는 여러 지표들을 창출해낼 수 있겠지만, 이러한 지표들이 보편적 인정과 지지를 획득하기란 쉽지 않다. 예로서 대개의 경우 메가 스포츠 이벤트 개최의 성공여부는 사용한 비용과 거두어들인 수익의 비교, 즉 경제적 이득의 획득 정도에 따라 판단된다. 이러한 기준에 따른다면 흑자를 보았다면 성공한 올림픽, 적자를 보았다면 실패한 올림픽이라고 평가해야 맞다. 그러나 이득의 규모와 상관없이, 설혹 적자를 보았다고 할지라도 메가 이벤트의 개최를 통해 국가의 내부적 결속을 강화하는 계기가 되었거나 세계 무대에서의 국가 위상이 올라갔다면 이는 실패라기보다는 성공이라고 평가하는 것이 더 적합할 것이다. 즉 스포츠 외교의 성공과 실패에 관한 평가는 매우 자의적이며 가변적이라고 할 수 있다.

따라서 본서에서는 성공과 실패의 의미를 맥락적 견지에서 파악하고자 한다. 즉 각 국가가 스포츠 외교를 사용했을 때 그 목표가 무엇인지를 파악하고, 그 목표가 달성되었다고 평가할 수 있을 때 이를 성공으로 간주한다. 그리고 그러한 스포츠 외교에 대한 타국의 평판이 호의적일수록 성공적인 것으로 간주한다. 여기서 성공의 의미는 경제적인 것일 수도 있을 것이고, 명성의 확보일 수도 있을 것이며, 정치적 관심의 전환일 수도 있을 것이다. 아니면 이 모든 것들의 복합이거나 그와는 상관없는 전혀 다른 요인일 수도 있다. 따라서 성공과 실패의 기준은 '스포츠 외교의 결과가 그것을 동원한 개인 혹은 집단의 의도와 기대에 얼마만큼 부합하였는가'가 되어야 한다.

또한 주의해야 할 것은 스포츠 외교의 도구로서 작동한 구체적 사례가 무엇인가의 문제이다. 예로서 올림픽 경기라는 메가 스포츠 이벤트의 개최가 작동 도구였다고 가정하자. 이때 우리가 주목해야 할 것은 올림픽을 비롯한 메가 스포츠 이벤트는 유치에서 개최에 이르기까지 상당히 많은 시간이 필요하다는 것이다. 따라서 유치 시의 정책적 결정이나 목표가 개최 시에는 상당한 정도로 변화해 있거나 정반대의 상황을 맞이하고 있을 수도 있다. 따라서 이러한 시간적 요인변수와 그에 따른 정치적 역학관계의 변화, 스포츠 외교가 작동되기 시작하였을 때의 국가목표와 그것이 결과를 산출하였을 시기에서의 국가목표의 변화 등도 고려의 대상이 되어야 한다.

또한 주어진 결과에 대해서도 자신이 처한 입장에 따라 평가에는 당연히 다른 기준이 적용될 수밖에 없다. 예로서 어떤 스포츠 행사가 몹시 성공적으로 치러졌다고 하자. 물론 개최국의 입장에서는 어떠한 경우라고 할지라도 성공으로 평가하고 싶어 할 것이다. 그러나 타국, 특히 경쟁적 입장에 처해 있는 상대국의 경우에는 그 행사에 대하여 흠집을 내거나 부정적으로 평가하고 싶어 할 것이다. 또한 국가 내부 집단들의 이해관계도 다를 수밖에 없다. 집권세력에 속한 집단이라면 기꺼이 성공이라고 평가할 수 있을 만한 사안도 그 반대의 입장에 서 있는 집단에 의해 실패로 평가되는 경우가 비일비재함을 쉽게 발견할 수 있다. 따라서 성공과 실패의 객관적 잣대를 제시하기란 참으로 지난한 일이라고 할 수 있다.

여기서 또 한 가지 애매해지는 것은 이와 같은 목표의 달성 정도를 어떻게 측정할 것인가이다. 각자의 평가는 다양할 수밖에 없는 까닭에 정량적 지표가 존재하지 않는 목표의 경우, 정성적 지표에 의존할 수밖에 없다. 그 경우 정성적 평가의 기준은 무엇이될 수 있는가? 그리고 원래의 목표치는 어떻게 수치화할 수 있는가의 문제가 존재한다. 결국 어떻게 성취의 정도를 수치화함으로써 정량화시키고 비교대상을 같은 범주속에 일치화 시킬 것인가의 문제가 존재한다.

결국 상기한 바와 같이 스포츠 외교를 작동시킨 집단의 기대 및 의도와 부합하는 결과를 산출하였을 때 그것을 성공이라고 평가하는 것이 가장 합리적인 접근이라고 볼수 있다. 그리고 그와 같은 기대 및 의도는 매우 다양하게 분할될 필요가 있다. 예로서경제적 이득 달성, 정치적 위상 확보, 국가 분위기의 전환, 도시 재구축, 국가 이미지고양 등 여러 평가 기준의 설정이 가능하다. 한 예로서 <그림 3-3>과 같은 평가표를 제시할 수 있을 것이다.

그림 3-3 ▶▶ 정책 목표 달성의 정도에 대한 평가[34]

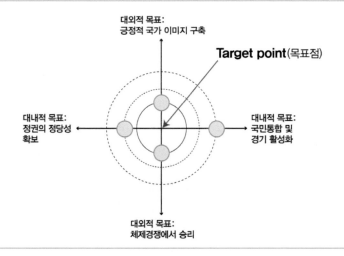

출처: 저자 작성.

---

34 중심에 가까울수록 성취도는 높아진다.

　　결국 본서의 서론에서 제시하고 있는 바와 같이 앞으로의 사례 연구들에서는 환경, 대전략, 내·외부적 과정, 집행, 함의 등이 연구의 대상으로 포함될 것이다. 연구의 대상 및 이들 상호 간의 관계에 대해 본서가 상정하고 있는 관계 및 흐름은 아래의 <그림 3-4>에 제시된 바와 같다.

그림 3-4 ▷▷ **스포츠 외교 정책 결정 및 집행과정 분석**35

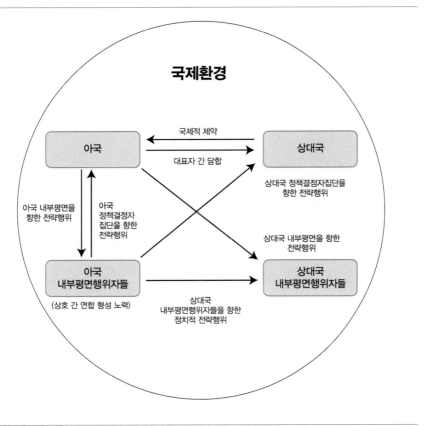

출처: 저자 작성.

---

35 아국의 입장에서 그려져 있음에 유의할 것. 화살표는 영향력 행사의 방향을 의미함. 상대국의 영향력 행사 방향은 의도적으로 삭제되었음.

참고문헌

김방출 · 권순용. 2007. "스포츠 민족주의 재인식: 전지구화, 스포츠, 기업 민족주의." 『체육과학연구』 19 – 1.

김상배. 2009a. "소프트 파워와 21세기 권력." 김상배 엮음. 『소프트 파워와 21세기 권력: 네트워크 권력론의 모색』. 서울: 한울아카데미.

김승채. 2007. "전두환 대통령과 국가질서." 한국정치학회 · 관훈클럽 편. 『한국의 대통령 리더십과 국가발전』. 서울: 인간사랑.

김호진. 2006. 『대통령과 리더십』. 서울: 청림출판.

양순창. 2003. "스포츠의 정치적 상징성과 상징조작 기제에 관한 연구." 『국제정치논총』 43 – 3.

이강우 · 김석기. 2006. "메가 스포츠 이벤트의 정치경제학." 『한국체육철학회지』 14 – 2.

이호영 외. 2009. 『스포츠 외교론』. 서울: 시간의 물레.

임번장. 2008. 『스포츠 사회학 개론』. 서울: 레인보우북스.

임현진. 2002. "전 지구화, 한국 사회 및 스포츠." 『계간사상』 여름호.

임현진 · 윤상철. 2002. "월드컵의 국제정치경제." 윤상철 · 안민석 편. 『월드컵, 신화와 현실』. 서울: 한울아카데미.

전재성. 2006. "미국 부시 행정부의 변환 외교: 정보화 시대 제국적 지식 외교의 등장." 『국가전략』 12 – 4.

정기웅. 2008. "스포츠를 통한 국가위신의 고양: 가능성과 한계." 『글로벌정치연구』 1 – 1.

정기웅. 2009. "스포츠와 공공외교 수렴 가능성의 모색: 한국의 경우를 중심으로." 『동서연구』 21 – 2.

정기웅. 2010b. "소프트 파워와 메가 스포츠 이벤트: 도구적 관계성에 대한 비판적 고찰." 『국제정치논총』 50 – 1.

정기웅. 2010c. "전두환 정부의 외교정책과 1988년 서울 올림픽." 함택영 · 남궁곤 편. 『한국 외교정책: 역사와 쟁점』. 서울: 사회평론.

정기웅. 2011. "한국의 스포츠 외교와 복합 외교: 공존 혹은 수렴?" 『21세기정치학회보』 21 – 3.

정진영. 2004. "자유주의 국제정치경제이론." 우철구 · 박건영 편. 『현대 국제관계이론과 한국』. 서울: 사회평론.

조건호 · 최보윤. 2007. 『피파의 은밀한 거래』. 서울: 파프리카.

Allison, Lincoln. ed. 2005. *The Global Politics of Sport: The Role of Global Institutions in Sport*. London: Routledge.

Bairner, Alan. 2005. "Sport and the nation in the global era." in Lincoln Allison ed., *The Global*

Politics of Sport: The Role of Global Institutions in Sport. London: Routledge.

Berg, Chris. 2008. "Politics, not sport, is the purpose of the Olympic Games." *IPA Review,* July 2008.

Bull, Hedley. 1977. *The anarchical society: a study of order in world politics.* New York: Columbia University Press.

Carr, E. H. 1983. *The Twenty Years' Crisis 1919−1939: An Introduction to the Study of International Relations.* Basingstoke: Macmillan.

Castells, M. 1996. The Information age: Economy, society and culture; Volumen 1: The rise of network society. Oxford: Blackwell.

Cooper, Andrew F., Jorge Heine, and Ramesh Thakur. eds. 2013. *The Oxford Handbook of Modern Diplomacy.* Oxford: Oxford University Press.

Galtung, Johan. 1991. "The Sport System as a Metaphor for the World System." F. Lindry, M. Lindry and M. Yerles. eds. *Sport: The Third Millenium.* Quebec: Univ. of Laval Press.

Gourevitch, Peter. 1978. "The Second Image Reversed: The International Sources of Domestic Politics." *International Organization,* 32−4.

Hague Journal of Diplomacy, 8.

Held, D., McGrew, A., Goldblatt, D., and Peraton, J. 1999. Global Transformations: Politics, Economics, and Culture. Stanford, CA: Stanford University Press.

Hermann, Margaret G. and Charles F. Hermann. 1989. "Who Makes Foreign Policy Decisions and How: An Empirical Inquiry." *International Studies Quarterly,* 33−4.

Hirst, P. and Thompson, G. 1996. Globalization in question: The International Economy and the Possibilities of Governance. Cambridge: Polity Press.

Houlihan, Barrie. 2007. "Politics and Sport." Jay Coakley and Eric Dunning. eds. *Handbook of Sports Studies.* London: Sage.

Hudson, Valerie M. and Christopher S. Vore. 1995. "Foreign Policy Analysis Yesterday, Today, and Tomorrow." *Mershon International Studies Review,* 39−2.

International Area Studies Review, 16−3.

Jackson, Steven J. 2013. "The contested terrain of sport diplomacy in a globalizing world." *International Area Studies Review,* 16−3.

Jensen, Lloyd. 1982. *Explaining Foreign Policy.* Englewood Cliffs, New Jersey: Prentice−Hall.

Keohane, Robert O. and Joseph S. Nye. 1977. *Power and Interdependence: World Politics in Transition.* Boston: Little Brown.

Leonard, Mark. 2002. *Public Diplomacy.* London: The Foreign Policy Center.

Mann, M. 1997. "Has Globalization Ended the Rise of the Nation−state?" *Review of International Political Economy,* 4.

Moravcsik. A. 1997. "Taking Preferences Seriously: A Liberal Theory of International Politics." *International Organization*, 51－4.

Morgenthau, Hans J. 1960. *Politics Among Nations: the Struggle for Power and Peace*. New York: Knopf.

Murray, Stuart. 2013a. "Moving Beyond the Ping－pong Table: Sports Diplomacy in the Modern Diplomatic Environment." *PD Magazine*, winter 2013.

Murray, Stuart. 2013c. "Sports diplomacy in the Australian context: A case study of the Department of Foreign Affairs and Trade." *Sports Law eJournal*, 7－26－2013.

Nicolson, Harold George. 1988. *Diplomacy*. Washington, D.C.: Institute for the Study of Diplomacy, Georgetown University.

Nye, Joseph S. 1991. *Bound to Lead: The Changing Nature of American Power*. New York: Basic Books.

Nye, Joseph S. 2004. *Soft Power: The Means to Success in World Politics*. New York: Public Affairs.

Nye, Joseph S. 2008. *The Powers to Lead*. Oxford and New York: Oxford University Press.

Ohmae, K. 1995. The Borderless World. New York: Harper Business.

Putnam, Robert D. 1988. "Diplomacy and Domestic Politics: the Logic of Two－Level Games." *International Organization*, 42－3.

Roche, Maurice. 2000. *Mega－Events and Modernity*. London: Routledge.

Rosenau, James N. 1966. "Pre－Theories and Theories of Foreign Policy." in R. B. Farrell. ed. *Approaches to Comparative and International Politics*. Evanston, Ill.: Northwestern University Press.

Rosenau, James N. ed. 1969. *Linkage Politics: Essays on the Convergence of National and International Systems*. New York: The Free Press.

Sharp, Paul. 2008. "혁명정권, 비합법정권, 그리고 공공외교의 기술." 박종일 역. 『신공공외교: 국제관계와 소프트 파워』. 서울: 인간사랑.

Snow, Nancy. 2009. "Rethinking Public Diplomacy." Nancy Snow and Philip M. Taylor. ed. *Routledge Handbook of Public Diplomacy*. New York: Routledge.

Spanier, John W. and Uslaner, Eric M. 1994. *American Foreign Policy Making and the Democratic Dilemmas*. New York: Macmillan Publishing Company.

Strenk, Andrew. 1977. "Sport As an International Political and Diplomatic Tool." *ARENA Newsletter*, 1－5.

Tomlinson, J. 1999. Globalization and Culture. Cambridge: Polity.

Tuch, Hans N. 1990. Communicating with the World: U.S. *Public Diplomacy Overseas*. New York: St. Martin's Press.

Waltz, Kenneth. 1979. *Theory of International Politics*. Reading, Massachusetts:

Addison—Wesley Publishing Company.

http://fletcher.tufts.edu/Murrow—Center/About 검색일: 2018년 3월 30일.
http://terms.naver.com/entry.nhn?docId=1187697&cid=40942&categoryId=31657 검색일: 2015
　　년 4월 25일.
http://www.bloomberg.com/ss/08/10/1002_power100/1.htm 검색일: 2015년 4월 25일.
http://www.merriam—webster.com/dictionary/diplomacy 검색일: 2015년 4월 27일.
http://www.mofa.go.kr/trade/cultural/index.jsp?menu=m_30_170 검색일: 2015년 4월 27일.
http://www.olympic.org/national—olympic—committees 검색일: 2018년 3월 30일.
http://www.rsssf.com/miscellaneous/fifa—codes.html 검색일: 2018년 3월 30일.
http://www.syracuse.com/axeman/index.ssf/2014/12/who_is_the_most_influential_person_i
　　n_sports.html 검색일: 2015년 4월 25일.
http://www.un.org/en/sections/about—un/overview/index.html 검색일 2018년 3월 30일.

제2부

스포츠 외교 :
성공의 이야기들

스포츠 외교의 신화

　　제2부에서는 역사적으로 스포츠 외교가 성공적으로 작동되었다고 평가되는 사례들을 고찰할 것이다. 제2부에서 포함하고 있는 스포츠 외교의 세 가지 사례들은 스포츠 외교 역사상 가장 성공적인 사례들 중 하나였다고 평가되는 1971년 미·중 간에 벌어진 핑퐁외교의 경우와 1988년의 서울 올림픽, 그리고 1995년의 남아프리카공화국 럭비월드컵의 사례들이다.

　　이들 세 가지 사례들은 각 국가의 외교정책 목표 달성에도 도움이 되었지만, 동시에 세계사적으로도 중요한 의미를 갖는다. 20세기의 역사 속에서 미·중 간의 핑퐁외교는 동서 간의 냉전이 절정에 달해있던 시기에 이루어졌으며, 그 결과로 이루어진 닉슨의 중국방문은 데탕트의 시작을 알리는 상징적 사건으로서 언급된다. 즉 핑퐁외교는 냉전에서 데탕트로 전환되는 세계사적 흐름의 변화를 알리는 역할을 담당했다고 평가할 수 있는 것이다. 1988년 서울 올림픽의 경우 흔들리던 공산권의 붕괴와 냉전의 종언에 결정적 역할을 하였다는 전반적 평가가 존재한다. 그리고 냉전 이후 남아프리카공화국에서 개최된 1995년의 럭비 월드컵과 흑백 혼종으로 구성된 남아공 대표팀의 우승은 인류 역사 속에서 오랫동안 지속되어온 인종차별의 역사가 그 종언을 고할 때가 되었음을 나타내는 한 상징적 사건이었으며, 또한 남아공 국가 자체의 경우 종식된 아파르트헤이트(apartheid)를 확인하고 흑백 화합의 화학적 변화가 일어났음을 명시하는 결정적 사건이었다고 볼 수 있다.

　　이 세 가지 사건은 20세기의 세계사적 흐름 속에서 결코 무시할 수 없는 중대한 순간과 연결되어 있다는 점에서 그 극적인 긴장감을 더한다. 제1·2차 세계대전의 발발과 종전, 냉전의 시작, 데탕트와 냉전의 종식으로 이어지는 길다면 길고 짧다면 짧다고 할 수 있는 100여 년 역사의 긴장과 갈등 속에서 그 결정적 국면 전환의 순간마다 스포츠가 등장하는 것이다. 이처럼 인류 역사의 흐름 속에서 결정적 순간에 스포츠가 어떤 상징적 역할을 하였다는 것은 스포츠가 갖는 상징적 의미, 그리고 정치와의 긴밀한 연관성을 잘 드러내 보여주고 있다고 말할 수 있을 것이다.

　　이미 언급한 바 있듯이 스포츠 외교의 성공과 실패의 평가에 대해서는 평가자에 따라 다양한 입장이 존재할 수밖에 없겠지만, 제2부에서 제시하고 있는 이들 세 가지 사건을 성공적인 스포츠 외교의 실례로 제시하는데 대해서 큰 이견이 존재할 것이라고 생각되지 않는다.

　　역사 속에서 스포츠로 인해 세계정치의 흐름이 바뀐 경우가 여러 번 있다. 물론 경우에 따라 정도의 차이는 있겠지만 스포츠가 세계정치의 흐름을 바꾼 결정적이며 유일한 동인이라고 말하는 것은 쉽지 않다. 그보다는 오히려 정치적 흐름의 전환을 위한 상황적 조건이 갖추어졌을 때 스포츠가 그 매개체로서 사용되었다라고 말하는 것이 더욱 정확한 분석일 수도 있으며, 많은 논자들이 그렇게 주장한다. 그러나 한 가지 부인할 수 없는 것은 이러한 정치적 흐름의 변화에 스포츠가 중요한 역할을 담당하고 훌륭한 도구로서 사용되었다는 사실이다.

　　제2부에서 다루는 사례들은 제1부에서 제시한 분석의 틀 안에서 검토될 것이지만, 사례에 따라 노출될 수 있는 사례 고유의 특수성 또한 충분히 고려될 것이다.

1971년 핑퐁외교와 데탕트의 시작

Ⅰ 지속된 냉전과 분열의 시작

1945년 제2차 세계대전의 종결 이후 세계는 미국과 소련이라는 '초강대국superpower' 의 출현을 목도하게 된다. 미·소 양국은 과거의 '열강'들을 제치고 세계 무대의 강력한 행위자로 등장하였으며, 미국이 주도하는 서방진영과 소련이 지배하는 동방진영은 첨예한 갈등과 대립의 양상을 노정하면서 소위 양극화된 '냉전' 체제를 형성시켰다.

냉전의 시작은 유럽에서부터였다. 독일의 패배로 비롯된 유럽의 분단[36]은 오랜 시간이 지나지 않아 확정적 형태로 고착되었다. 1946년 처칠(Winston Churchill)은 미국을 방문하였고 3월 5일 미주리Missouri주 풀턴Fulton에 위치한 웨스트민스터Westminster 대학에서 행한 '평화의 원동력Sinews of Peace'이라는 제목의 연설을 통하여 "발트해의 슈체친에서부터 아드리아해의 트리에스테에 이르기까지 대륙을 횡단하여 '철의 장막'이 드리워져 있다From Stettin in the Baltic to Trieste in the Adriatic an 'iron curtain' has descended across the Continent."라고 주장함으로써 소련의 폐쇄적이고 비밀주의적인 긴장정책과 동유럽 국가들의 경찰국가화를 강력히 비난하였다. 1947년 '트루먼 독트린(Truman Doctrine)'[37]의 선언과 1949년 '두 개의 독일'의 수립, 1949년 국공내전에서

---

[36] 소련군은 동부유럽을 장악하였고, 미국, 영국과 기타 동맹국들은 서부로 진격했다.

[37] 1947년 3월 미국 대통령 트루먼(Harry S. Truman)은 미국 의회에서 미국외교정책에 관한 원칙을 선언한다. 그는 "오늘날 세계의 모든 국민들은 두 가지 생활양식 가운데 하나를 선택하도록 강요받고 있다."라고 하면서 공산주의 세력의 확대를 저지하기 위하여 자유와 독립의 유지에 노력하며, 소수자의 정부지배를 거부하는 의사를 가진 여러 나라에 대하여 군사적·경제적 원조를 제공하겠다는 의지를 천명하였다. 이 원칙에

의 공산당의 승리로 종결지어지는 중국혁명, 그리고 애치슨 라인Acheson Line[38]의 선언과 뒤이은 6·25전쟁[39]의 발발은 냉전을 결정적으로 고착화시켰다.

냉전의 세상에서 동과 서는 완전히 다른 두 개의 별개의 블록을 형성하였다. 군사적으로 자유진영은 1949년 북대서양조약기구NATO: North Atlantic Treaty Organization를 창설하였으며, 이에 대응하여 공산진영은 1955년 바르샤뱌조약기구Warsaw Pact를 창설함으로써 대립된 두 군사동맹이 작동하게 되었다. 경제적으로는 브레튼우즈 체제Bretton Woods System와 코메콘Communist Economic Conference[40]이 두 개의 진영을 움직이는 작동원리로서 기능하였다. 이 시기 동과 서의 양 진영은 정치·경제·군사·안보적으로 사실상 분리된 별개의 두 진영으로서 존재하였으며, 이러한 분리는 대립과 갈등의 상시화를 초래하였다고 평가할 수 있다.

이와 같은 냉전적 긴장이 가장 첨예하게 노정된 사건으로서 1962년 10월의 쿠바 미사일 위기를 지적할 수 있다. 쿠바 미사일 위기는 다행스럽게도 미·소 간의 무력 충돌 없이 종결되었고, 미·소가 오해에 의한 상호확증파괴MAD: Mutual Assured Destruction의 비극을 피하기 위해 소통을 위한 핫라인hot-line을 설치하고 상호 간 교류의 노력을 기울이게 하는 변화를 초래하였다. 하지만 이와 같은 노력에도 불구하고 냉전의 모습은 크게 달라지지 않은 채 지속되었고, 양 진영의 대립과 갈등은 쉽사리 끝날 것처럼 보이지 않았다.

그러나 달도 차면 기우는 법, 극에 달해 끝날 것 같지 않았던 양 진영의 대립은 조금

입각하여 당시 공산세력으로 인하여 직접적인 위협에 직면하고 있던 그리스와 터키의 반공(反共) 정부에 대하여 미국의 경제적·군사적 원조가 제공되었다. 이 원칙은 그 후 상당한 기간 동안 미국 외교정책의 기조가 되었다.

38 미국의 극동방위선을 일컫는 말. 1950년 1월 12일 당시 미국 국무장관이던 애치슨(Dean G. Acheson)이 전미국신문기자협회(National Press Club)에서 '아시아에서의 위기: 미국 정책의 점검(Crisis in Asia: An Examination of United States Policy)'라는 제목의 연설을 행하였는데, 이를 소위 '애치슨 선언'이라고 부르며, 여기서 언급한 미국의 극동방위선을 '애치슨 라인'이라고 부른다. 애치슨은 스탈린(Iosif V. Stalin)과 마오쩌둥(毛澤東)의 영토적 야심을 저지하기 위하여 태평양에서의 미국의 방위선을 알류샨열도-일본-오키나와-필리핀을 연결하는 선으로 정한다고 발언하였다. 이는 방위선 밖의 한국과 대만 등의 안보와 관련된 군사적 공격에 대해 보장할 수 없다는 의미로 받아들여짐으로써 북한의 오판을 불러일으키고 6·25전쟁의 발발을 묵인하는 결과를 가져왔다는 비판을 받았다.

39 1950년 6월 25일 한반도에서 발발한 전쟁을 한국전쟁이라고 칭하는 경우가 많으나 당사자인 한국민의 입장에서 그 전쟁을 객체화시켜 부르는 것은 적당치 않으며, 6·25전쟁 혹은 6·25사변이라고 지칭하는 것이 맞다고 생각한다. 본서에서는 6·25전쟁이라는 명칭을 사용한다.

40 국제연합과 GATT에서는 코메콘을 경제상호원조회의(CMEA: Council for Mutual Economic Assistance)로 부른다.

씩 변화의 양상을 노정하기 시작하였다. 변화의 조짐은 공산진영 내부에서 먼저 시작되었다. 사실 소련에 의한 공산화 이후, 소련을 둘러싸고 건설된 통합되고 단결된 '공산주의권'이라는 시각이 존재하였다. 그러나 이와 같이 통합된 공동체로서 존재하는 듯 비쳤던 공산진영이었지만, 그러한 통합성이 장시간 지속되는 것은 현실적으로 불가능하였다. 견고한 공산주의적 단결성은 공산진영 내부에서의 갈등으로 금이 가기 시작했으며, 이러한 갈등은 외부로 노출되었다. 1956년 소련의 헝가리 침공과 1968년의 체코슬로바키아 침공, 소련과 중국의 공산진영 내에서의 주도권 다툼과 사상 논쟁 등은 공산진영 내부의 갈등이 외부로 노출된 결정적 사건들이었다. 공산진영 내부에서의 마찰음의 증가는 엄혹히 대치하고 있던 동과 서 두 개의 진영의 세력균형이 어떤 변화의 가능성을 보여줄 수 있음을 알리는 전주곡이었다.

　자유진영 내에서도 변화가 감지되었다. 무엇보다도 중요한 것은 과거 열강으로 불리던 국가들이 부흥에 성공한 것과 패전국이었던 독일과 일본이 경제대국으로 등장한 것이다. 2차 세계대전으로 처참하게 파괴되었던 유럽 국가들은 마셜 플랜Marshall Plan 등에 힘입어 파괴된 경제를 재건하는데 성공하였으며, 패전국 독일과 일본은 패전의 상처를 극복하고 새로운 경제대국으로 등장하였다. 이는 필연적으로 자본주의 진영 내의 힘의 분포가 일극적 체제에서 다극적 체제로 변화할 수밖에 없는 상황을 조성하였다. 미국이 베트남전쟁의 수렁 속에서 벗어나지 못하고 있는 가운데 이러한 새로운 열강이 등장함에 따라 1963년에서 1971년에 이르는 기간을 다극 체제의 형성으로 평가하는 분위기가 존재하며, 1971년 중국의 유엔가입 이후 1980년에 이르는 시기까지 동서 양 진영 사이에는 데탕트detente가 이루어졌다고 평가한다. 그 시작은 한 미국 탁구 선수의 중국 선수단 버스 탑승이라는 아주 사소한 사건으로부터였다. 핑퐁외교의 탄생이다.

Ⅱ　핑퐁외교의 전개과정과 미 · 중의 입장

　로빈슨(James A. Robinson)과 에쓰모글루(Daron Acemoglu)는 그들의 저서 『국가는 왜 실패하는가』에서 '결정적 분기점critical juncture'이라는 표현을 사용했다(최완규 옮김

2012, 155). 결정적 분기점이란 "한 나라가 나아갈 길을 급변시킬 수 있는 양날의 칼"로서 묘사된다. 세계정치의 역사에도 이와 같은 결정적 분기점 개념이 적용될 수 있다면 1971년 4월의 어느 하루는 이와 같은 결정적 분기점이 작동한 날로서 기록될 수 있을 것이다.

1. 나고야 세계탁구선수권대회와 중국의 참여

1971년 3월 28일부터 4월 7일까지 일본 나고야에서 제31회 세계탁구선수권대회가 개최되었다. 이 시기 중국은 대만과의 갈등으로 인하여 1958년 대부분의 국제 스포츠 연맹에서 탈퇴한 이후 복귀하지 않은 상태를 유지하고 있었다(Hill 1996, xiii; Espy 1981, 63). 하지만 국제탁구연맹ITTF: International Table Tennis Federation의 회원자격은 유지하고 있었다.[41]

이 대회는 개최 전부터 많은 논란을 불러일으켰다. 일본은 세계탁구선수권대회 개최를 통해 중국과의 교류를 추진하고자 하는 의도를 갖고 있었으며, 자유진영의 언론들은 일본이 국가이익을 위해 중국의 꼭두각시 노릇을 하고 있다고 비난하였다. 더불어 중국이 대회를 순수한 경기의 승부보다는 정치적인 선전의 무대로 이용하려 한다고 비난하였다.

사실 이 시기 중국 탁구는 세계 무대로부터 멀어져 있었다. 중국은 1959년 서독 도르트문트Dortmund 세계 대회 때 룽궈퇀(容國團)이 남자단식 우승을 차지하며 국제 무대에 등장한 이후 뒤를 이어 쫭쩌둥(莊則棟)이 1961, 1963년, 그리고 1965년까지 연속으로 세계탁구선수권을 3연패함으로써 세계 최강국으로 군림했다. 그러나 1966년부터 시작되어 중국 전역을 휩쓸었던 문화혁명의 파동으로 중국에서는 탁구를 비롯한 모든 스포츠의 국제 무대 진출이 사실상 금지되었다. 그러다 5년 뒤인 1970년부터 다시 국제 무대에 등장, 동년 6월 네팔 스포츠 제전 탁구 경기에서 일본의 최강들을 모두 누르고 5개 종목을 석권하였으며, 이어 11월에 개최된 스칸디나비아 오픈에서도 7개 종목 중 5개 종목을 석권하여 중국 탁구가 변함없이 건재함을 확인시켰다.

---

41 국호와 관련하여 이 시기 중국(The People's Republic of China)은 '중공'으로 대만(Republic of China)은 '중화민국'으로 지칭하였으나 본서에서는 혼란을 방지하기 위하여 시기와 상관없이 일관되게 중국과 대만으로 사용하고 있다.

일본은 당시 세계선수권을 보유하고는 있었으나 최강국인 중국이 참가하지 않은 가운데 획득한 것이었던 까닭에 중국이 참가한 대회에서 우승함으로써 진정한 강자라는 영예를 얻고 싶어 했다. 더불어 일본은 아시아에서의 긴장완화와 새로운 시장 확보를 위해 중국과의 관계개선이 절실한 상황이었다. 이러한 계산이 일본으로 하여금 중국의 참여를 계획하게 하였던 것이다.

이전 2년 동안 세계탁구선수권대회에 참석하지 않았던 중국은 1971년 대회에의 참여를 계획하고 있었다. 그러나 문제는 대만의 존재였다. 당시 중국은 대만이 회원으로 있는 어떠한 국제 스포츠 경기단체에도 참여하지 않겠다는 정책을 유지하고 있었고, 대만은 아시아탁구연맹ATTF: Asia Table Tennis Federation의 회원국이었다. 냉전이 엄혹하던 시기, 대만과 중국의 갈등이 발생할 경우, 자유진영은 언제나 대만의 편을 들었던 까닭에 주최국이자 회장국인 일본의 결정이 주목받게 되었고, 중국의 나고야 대회 참석은 첨예한 관심의 대상이 되었다.

이런 가운데 중국의 저우언라이(周恩來) 총리는 1971년 초 ATTF회장이자 일본탁구협회장인 고토고지(後藤鉀二)를 비밀리에 중국으로 불러들여 면담을 진행하였다. 회담의 결과 중국은 참여를 결정하였고, 이는 1971년 2월 2일자 인민일보에 발표되었다(Xu 2008, 127).[42] 이로써 중국의 참가는 기정사실화 되었다.[43]

2. 미·중 선수들의 조우와 선수단 초청

나고야 세계탁구선수권대회가 종결을 얼마 남겨두지 않은 4월 5일 월요일, 미국 선수단 중 한 명인 코완(Glenn Cowan)은 오늘날까지도 되풀이되어 언급되는 역사적인 만남의 한 주역이 되었다. 후일 많은 언론에 의하여 히피라고 일컬어졌던 당시 19살의 코완은 한 영국 선수와의 게임을 마치고 연습장을 나섰다. 그 앞에 버스 한 대가 섰다. 코완은 그 버스가 연습장과 경기장을 연결하는 셔틀이라고 생각하고 올라탔으나, 그

---

42 저우언라이 총리와 고토고지 회장의 면담 및 전후관계에 관해서는 Xu 2008, 127-130을 참조할 것.

43 나고야 세계탁구선수권대회에 중국을 초청하고 대만을 ATTF에서 축출하자는 안건은 1971년 2월 7일 싱가포르에서 개최된 아시아탁구연맹 임시총회에 상정되어 아시아 각국의 강력한 반발을 받았으며, 고토 회장은 이에 대해 회장직 사퇴서를 제출하고는 회의장을 퇴장했다. 이러한 격변 속에서 오래지 않은 미래에 ATTF는 ATTU(Asian Table Tennis Union)로 변경되는 정치적 격변을 겪게 된다. 이러한 상황의 전개와 각 행위자들의 선택에 대해서는 오병환, "아시아탁구연맹의 붕괴"를 참조할 것.
http://www.thepingpong.co.kr/news/articleView.html?idxno=1366 검색일: 2017년 8월 20일.

버스는 중국 선수단의 버스였고, 거기서 그가 만난 사람은 바로 중국의 인민영웅 쫭쩌둥이었다.[44] 그는 세계탁구선수권 3연패를 자랑하는 중국의 인민영웅이었으며, 선수단의 부단장을 겸하고 있었다. 대회에 참여한 중국 선수단은 미국인들과의 대화를 금지당하고 있었으나 쫭쩌둥은 옷소매를 잡으며 만류하는 동료 선수를 뿌리치고 코완에게 다가가 황산黃山이 그려진 수건을 선물했다. 통역은 코완에게 "너에게 선물을 준 사람이 누군지 아느냐"고 물었고, 코완은 "물론. 쫭쩌둥이지."라고 대답하면서 "이번 주에 좋은 경기를 치르기 바란다."라는 말을 웃으며 건넸다. 잠시 후 두 사람이 아이치 경기장 앞에서 내렸을 때 한 무리의 사진사들이 그들을 기다리고 있었다. 다음 날 아침 일본의 신문들은 미소 짓고 있는 두 선수의 사진으로 도배되었다. 다음날 코완은 답례품으로 평화를 상징하는 3색 티셔츠를 쫭쩌둥에게 전달했다. 코완의 선물은 'Let it Be'라는 문구를 새긴 티셔츠였다.

이 두 선수의 만남은 대단한 파장을 불러 일으켰다. 기자들의 질문 공세 속에 코완은 "중국에 가보고 싶다."고 대답했다. 바로 이 순간 미국과 중국의 관계는 화해를 위한 여정을 시작한 것이다.

코완의 답변은 저우언라이(周恩來) 총리를 거쳐 마오쩌둥(毛澤東) 주석에게 전달되었으며, 처음에는 회의적인 반응을 보였던 마오쩌둥 주석은 4월 6일 저녁 미국 선수단을 초청하라는 지시를 중국 외교부에 전달하였다. 이 결정에 따라 중국은 미국 선수단을 초청하였고, 미국 선수단은 이 초청에 응함으로써 1971년 4월 10일 9명의 미국 탁구 선수와 4명의 임원들, 그리고 선수단의 배우자 2명과 5명의 미국 기자들이 홍콩과 중국을 잇는 다리를 건넜다. 이후 4월 17일까지 이들은 저우언라이 총리와 면담을 가진데 이어 베이징, 상하이, 광저우 등을 여행하였다.

미국 선수단은 중국에서 여러 번의 시범 경기를 진행했는데, 그 경기들에서 미국 선수단보다 훨씬 수준이 높은 중국 선수단은 'Friendship First, Competition Second友谊第一, 比赛第二'[45]라는 기치를 앞세우고 몇몇 게임에서 의도적으로 미국 팀이 이기도록

---

44 코완이 중국 선수단 버스에 탑승한 부분에 대해서는 각자의 입장이 다르다. 코완은 중국 측에서 탑승을 제안했다고 이야기하고 있는 반면, 중국측은 코완이 버스에 우연히 올라탔다는 입장을 밝혔다. 코완의 버스 탑승 및 이와 관련된 이야기는 Griffin 2015의 37장 "A Measured Coincidence" 및 『중국망』 china.org.cn/english/features/olympics/100660.htm의 Ping Pong Diplomacy를 참조할 것. 검색일: 2017년 8월 20일.

45 이 표현이 처음 등장하는 것은 1971년 3월 14일 저우언라이가 마오쩌둥에게 스포츠 이벤트의 정치·외교적 중요성을 브리핑하는데서 등장한다. 사실 더욱 중요한 것은 "우리의 정책은 우정 먼저, 경쟁은 다음에 라는 것입니다."라는 말 바로 다음에 "정치야말로 가장 중요한 것이죠."라는 말이 등장한다는 것이다(Wang

유도하였다.[46] 미국 선수단은 만리장성을 방문하였고, 대체적으로 떠들썩하게 매우 귀중한 손님으로 대접받았다.[47]

미국 선수단의 중국 방문을 일상적인 스포츠 경기의 하나로 취급한다면 이는 수없이 많이 이루어지는 국제적 스포츠 경기를 위한 방문들 중의 하나에 불과할 것이다. 그러나 외교적 측면에서 평가하였을 때 이 방문은 다른 그 무엇도 아닌, 훗날 저우언라이 총리가 언급한 바와 같이, 미·중관계의 '새로운 페이지'의 시작이었던 것이다(Wolff and Davis 2008).

3. 미국과 중국의 입장

이 매우 의심스러운 우연한 순간의 결과로서 발생한 미·중의 조우와 이후 발생한 일련의 사건들은 많은 상상을 불러일으키게 한다. 후일 몇몇 관찰자들은 미국 관료들이 이 '우연한 조우'를 미국이 중국과의 대화를 개시할 수 있는 좋은 기회로서 인식하고 있었다고 주장한다. 그러한 까닭에 미국 선수단의 중국 방문이 끝나는 즉시 중국 선수단을 초청하게 되었다는 것이다. 또 다른 한편에서는, 중국이야말로 나고야 세계선수권대회를 세계 무대에 복귀하기 위한 명확한 기회로 인식하고 있었으며, 중국 대표단은 마오쩌둥 주석과 저우언라이 총리의 지시에 의해 움직였다고 믿는다. 마오쩌둥과 저우언라이는 이 사건을 자신들의 정치적 목적을 위하여 이용할 수 있는 것으로 간주하였다는 것이다(Hong and Sun 2000, 429-448.).

이러한 주장들을 이해하기 위해서는 당시의 시대 상황들에 대한 이해가 필요하다. 중국은 1949년 마오쩌둥이 이끄는 홍군이 장제스(蔣介石)의 국민당 정부를 무너뜨린 후 이후 서방세계와의 모든 외교적 관계를 단절하고 있었다. 장제스의 국민당 정부는 대만으로 망명하였고, 그곳에서 중화민국Republic of China을 건국하였다. 중화민국의

2008, 42-44). 이는 당시 중국의 목표가 어디에 있었는지를 명확히 보여준다.

46 스포츠의 정치적 활용과 관련한 중국의 입장에 대해서는 Hong and Xiaozheng 2002, 333-338을 참조할 것.

47 사실 코완의 버스탑승과 양측 중 누가 더 적극적이었는가에 대해 미·중은 각기 다른 주장을 펼친다. 이 둘의 관계에 있어 누가 누구를 초대했는지에 대해선 미국과 중국의 설명이 각각 다르다. 서로 상대방이 초대했다는 입장이다. 코완은 자기가 중국버스에 탄 것은 중국 측이 초청해서였다고 말했고, 중국은 코완이 올라탄 것은 순전히 우연이라고 이야기한다. 한 가지 확실한 것은 그때까지 적대적이었던 두 진영의 선수가 우연히 마주하고, 만남이 기자들에게 알려지고, 바로 선수단의 방문이 성사된 것 등은 누가 보더라도 여러 가지 의심스러운 면이 있다는 것이다. 진실은 역사만이 알 것이다.

건국은 2차 세계대전 후의 세계정치 무대, 특히 미·소의 냉전에 새로운 고민을 던져 주었다. 소련은 국공내전 중 중국 공산당의 주된 후원자였고, 미국은 국민당 정부의 편을 들었다. 마오쩌둥이 전쟁에서 승리함에 따라 미국은 이것이 소련 영향력의 명백한 확대를 나타내는 것이라고 생각하였고, 그것은 궁극적으로 소련이 이끄는 공산주의적 세계 패권으로 이어질 것이라고 우려하였다. 이러한 두려움은 미국으로 하여금 장제스와 국민당의 중국에 대한 주권, 즉 국민당 정부야 말로 중국의 유일한 대표자라는 주장을 뒷받침하는 이유가 되었다.

장제스의 주장은 국제관계에 있어 도미노 이론의 확산과도 연관을 갖는다. 즉 공산주의의 확산을 강력히 저지하지 않을 경우 공산주의는 지리적 근접성과 접촉을 통해 그 영향력을 확대할 것이므로, 그를 방지하기 위해 공산주의의 전파를 강력히 저지할 방어선이 필요하다는 것이다. 장제스는 이러한 가능성을 위협하였고, 아시아의 상황에 대한 도미노 이론에 근거한 평가는 미국으로 하여금 인도차이나와 동남아에 많은 병력과 군사고문단을 파견하게 하였으며, 그 단적인 예로 6·25전쟁과 베트남전쟁을 들 수 있다.

1960년대 후반 공산권 내에서 중국의 입장은 매우 복잡 미묘한 것이었다. 1953년 소련에 흐루쇼프(Nikita S. Khruschev) 체제가 등장하면서 중국과 소련은 결별의 길로 접어든다. 흐루쇼프는 스탈린(Iosif V. Stalin) 격하운동을 벌이면서 마오쩌둥의 개인승배를 은연중 비판한 것이다. 그러자 중국은 1966년 시작된 문화대혁명 기간 동안 소련의 수정주의를 맹비난했다. 이데올로기적으로 중국 공산당과 그 지도자들은 '모스크바가 공산주의 운동의 중심이며 정신적 지도자'라는 인식에 대하여 저항하게 되었다. 마오쩌둥은 소련이 '레닌－스탈린주의'의 전통을 배반하고 있다고 비난하였으며, 소련에서 권력과 특권이 '새로운 형태의 관료적 자본가 계급'의 손에 집중되어 있다고 비난하였다. 두 국가의 이데올로기적 갈등은 열전화 하였고, 급기야 1969년 중·소 국경인 우수리 강에서 2차례에 걸쳐 무력충돌이 벌어진다. 핵 능력을 갖춘 두 강국 간의 전면전의 가능성이 점점 커져갔다.

3차 세계대전이 일어날 수도 있는 이러한 사태의 진전에 대한 미국의 반응은 크게 두 가지였다. 첫째, (일단 표면적 반응은) 공식적 채널과 비공식적 채널을 모두 동원하여 미국은 이러한 갈등이 증대되는 것을 방지하는 것을 돕기 위해 가능한 모든 노력을 다 하겠다고 공언하였다. 둘째, 이면에서는 이러한 상황을 자신들의 이익을 극대화하는

데 활용하고자 노력하였다. 이러한 미국의 입장은 최근에 비밀 해제된 문서에 등장한다. 당시 고위 정보 관료이자 숙련된 중국 관찰자였던 휘팅(Allen S. Whiting)은 당시 미국 대통령의 국가안보담당 보좌관이었던 키신저(Henry A. Kissinger)에게 다음과 같이 보고하였다.

> "미국의 목표는 두 가지가 되어야 합니다. 첫째, 소련이 중국을 공격하지 못하도록 해야 하며, 둘째, 소·중전쟁에 핵무기의 사용을 방지해야 합니다. 셋째, 중국이 소련을, 세계의 다른 나라들 특히 미국과 비교하였을 때, 유일한 적대자로서 인식하도록 할 수 있는 가능성을 극대화하여야 합니다(Whiting 1969, 8)."[48]

핵전쟁의 위협적 가능성에도 불구하고, 당시 미국 대통령인 닉슨(Richard M. Nixon)과 국가안보담당보좌관 키신저는 두 사람 모두 소련과 중국의 틀어진 사이에 쐐기를 박음으로써 미국의 이익을 극대화 할 수 있을 것이라고 전망했다. 미국으로서는 무엇보다도 쿠바 미사일 위기가 종결된 후 그리 오래지 않은 시기에, 그리고 냉전이 절정에 이른 시점에서, 분열된 공산주의 경쟁자들을 직면할 수 있다는 것은 꽤나 매력적인 것이었다. 다음으로, 그보다 더 중요한 것은 중·소의 관계악화가 미국이 베트남에서 발을 빼는데 도움이 될 수 있을 것이라는 계산이었다. 닉슨은 미군 전사자 수가 늘어나기 시작하는 상황에서 베트남으로부터의 철군정책을 공약했었다(Thee 1972, 63-67). 닉슨과 키신저는 이와 같은 미군의 철군은 중국의 협조를 통해서만 달성될 수 있다고 믿었다. 소련은 미국과 전혀 협조할 생각이 없어 보였다. 당시 중국은 이 피투성이의 갈등이 지속되는 동안 상당한 정도의 물질적·전략적 도움을 베트남에 제공하고 있었다. 미국의 여론은 닉슨 행정부에 호의적이지 않았는데, 가장 큰 이유는 베트남에서의 부진 혹은 정체 때문이었고, 닉슨은 이러한 상황을 해결하기를 원했다.

1969년 대통령에 취임하자마자 닉슨은 주 폴란드 미국 대사인 스퇴셀(Walter Stoessel)에게 중국에 접근하여 미국이 대화를 개시할 용의가 있음을 알리도록 지시하였다. 또한 2월 외교교서에서 그때까지 사용하던 '중공Communist China'이라는 국호를 '중화인민공화국The People's Republic of China'으로 바꿔 사용하였다. 3월 25일에는 미국 시민의 중국 여행을 허락하였으며, 다른 한편으로는 파키스탄 대통령인 야하칸(Agha

48 http://nsarchive.gwu.edu/NSAEBB/NSAEBB49/sino.sov.9.pdf 검색일: 2016년 4월 15일.

Mohammad Yahya Khan)을 통하여 중국과 의사소통하고자 하였다.[49]

이와 같은 맥락에서 미국과 중국 양국이 필요로 하는 것은 두 국가 간의 더욱 친밀한 정치적·경제적·군사적 관계의 가능성을 탐구하기 위한 상대적으로 위험성이 적은 핑계였다. 미국에게 있어서 미국 선수단의 중국 방문이라는 모험은 하늘이 보내준 기회로 간주되었다. 무엇보다도 이는 중국과의 관계개선을 통하여 소련을 고립시키는데 도움을 줄 뿐만 아니라 또한 미국이 베트남으로부터의 탈출전략을 진전시키는 것에 도움을 줄 수 있을 것으로 기대되었다. 더불어 미국과 중국의 탁구 경기는 미국 대중들에게 전사한 미군의 시체 이외의 것에 대하여 생각할 수 있는 기회를 던져줄 것이라고 판단하였다. 오늘날 비밀해제된 그 당시 녹음된 닉슨과 키신저 간의 전화 대화는 미국의 이와 같은 두 가지 관점을 잘 드러내 보여준다.

> 키신저: 맞습니다. 우리는 어떻게 해서든지 잠시 동안 이 나라를 베트남으로부터 벗어 나게 해야만 합니다.
>
> 닉 슨: 바로 그렇지. 맞아요.
>
> 키신저: 그리고 그것은 소련과의 경쟁을 위해서도 필요합니다.
>
> 닉 슨: 맞아요, 맞아요.
>
> 키신저: 우리가 만약 이 제안을 거절한다면 소련에게 절대적인 호의를 베푸는 꼴이 될 것입니다. 그리고 우리는 이 기회로부터 아무것도 얻지 못하겠죠. 그리고 그것 은 우리와 소련의 관계를 완화시키기보다는 더욱 긴장시킬 것입니다.
>
> 닉 슨: 맞아요. 맞아요. 그거야말로 소련이 우리에게 바라는 바지. 그들은 우리가 면전 에서 중국을 내치기를 기대할 거야. 그러나 우리는 그렇게 하지 않을 생각이야. 우리는 너무 열광하지는 않겠지만, 글쎄… 만약 그들이 문을 연다면 우리 또한 문을 열겠다고 말할 생각이야.[50]

중국의 경우 중국지도자들은 미국과의 화해를 위한 기회를 우호적으로 기대할만한 그들 나름대로의 이유가 있었다. 사실 군사적인 측면에서 보았을 때 중국의 인민해방

---

49 http://www.presidentialtimeline.org/#/exhibit/37/01 검색일: 2016년 4월 15일.

50 Telcon (tape) conversation between Richard M. Nixon and Henry A. Kissinger. April 14, 1971. NSA. Geore Washington University.
http://nsarchive.gwu.edu/NSAEBB/NSAEBB145/05.pdf 검색일: 2016년 4월 15일.

군은 수적으로만 소련보다 우위에 있었을 뿐 그 실질적 능력, 즉 하드웨어와 기술적 세련도의 측면에서는 소련과 상대가 되지 않았다. 중국은 전면전이 벌어질 경우 소련에 의해 압도당하게 될 것을 두려워하였다. 중국의 입장에서 미국과의 관계개선은 소련의 침략을 억제하는데 많은 도움이 될 것이라고 기대할 수 있었다. 게다가 마오쩌둥은 미국 군사기술에 접근하는데 대하여 지대한 관심이 있었다. 미국 군사기술에의 접근이 중국의 핵 능력을 발전시키는데 도움이 될 것이라고 기대하였기 때문이다. 또한 군사 분야 이외의 협력도 간절히 필요한 상황이었다. 중국 경제는 수년간의 전쟁, 그리고 '대약진 운동'과 문화혁명의 어리석음으로 인하여 황폐해진 상태였다. 미국이 주도하는 무역 엠바고embargo는 중국의 경제적 저발전을 심화시켰으며, 중국인들은 이를 완화시키고자 하는 강력한 열망을 갖고 있었다.

또한 일련의 반 소련 논쟁 속에서, 마오쩌둥은 소련을 어떤 새로운 형태의 '사회적 제국주의'의 선구자로 묘사하였다. 그리고 중국 공산당에게 있어서 그것은 미 제국주의만큼이나 반대되어야 하는 것이었다. 중국은 그 스스로를 소련보다 더욱 덕망 있는 공산국가로 새롭게 위상 정립하고자 노력하였고, 공산주의의 세계 지배를 위해 지도적 역할을 할 더 나은 위치에 자리한 국가로 포장하고자 하였다. 이는 마오쩌둥 스스로를 공산권의 선택된 지도자로서 자리매김하고자 하는 시도의 연장이었으며, 중국 내부적으로는 마오쩌둥 리더십의 광휘를 더하고자 하는 욕망의 표출이었다고 볼 수 있다.

미국은 중·소 간에 점점 심해지는 적대적 언사의 교환을 매우 흥미롭게 지켜보고 있었다. 그리고 중·소의 다툼은 이데올로기적인 논쟁이라기보다는 진정한 칼싸움에 가깝게 변질되어 갔고 이러한 와중에 발생한 미·중 탁구 선수의 조우는 미국과 중국 양국이 의도한 바를 펼쳐낼 수 있는 기회의 장을 제공한 것이다.

지금까지의 논의를 바탕으로 당시의 세계적 상황과 미·중의 전략적 고려사항, 그리고 '탁구'라는 '외교적 도구'의 위치를 도식화하자면 <그림 4-1>과 같이 정리할 수 있을 것이다.

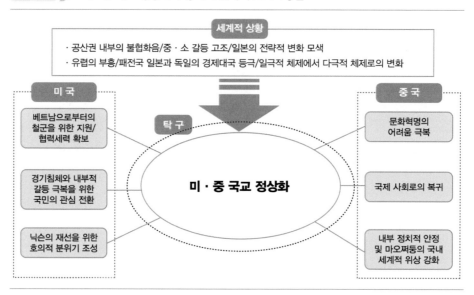

그림 4-1 >> 미·중 국교 정상화와 양국의 전략적 고려사항들

출처: 저자 작성.

Ⅲ 왜 탁구인가?

여기서 우리는 한 가지 질문을 던질 수 있다. 그것은 하고 많은 스포츠 종목 중에 왜 탁구가 선택되었는가 하는 점이다. 이를 위해서는 탁구가 공산주의 운동에서 갖는 역사적 의미와 미·중 양국의 상황, 그리고 외교적 의전과 호의의 표출이라는 매우 다양한 주제들이 검토되어야만 한다.

1. 탁구와 공산주의 운동, 그리고 중국 공산당

탁구의 역사에서 결코 배제할 수 없는 하나의 주요한 인물을 꼽으라고 한다면 영국의 은행원 출신인 몬테규(Ivor Montagu)를 들 수 있을 것이다. 그는 충실한 공산주의자였으며 1920년대 탁구의 규칙을 제정한 사람이었다. 그리고 그는 국제탁구협회(ITTF:

International Table Tennis Federation의 창설자이기도 하다. 그는 "탁구가 전 세계에 공산주의를 퍼뜨릴 수 있을 것"이라고 확신하고 있었다(Griffin 2014, 2). 그가 그렇게 믿은 이유, 즉 탁구가 노동하층민들에게 공산주의를 전파하는데 매우 효율적인 도구가 될 것이라고 생각했던 것은 다름 아닌 탁구가 '방에서 즐기기에 적합한' 운동이었기 때문이다. 탁구공은 가볍기 때문에 바람이 불지 않는 창문이 없는 방에서 가장 잘 작동한다. 즉 이는 탁구를 즐기기 위해 공장을 떠나지 않아도 된다는 뜻이며, 동시에 노동하층민들이 일과 시간 중에도 즐길 수 있다는 것을 의미한다. 이러한 밀폐된 공간에서의 경기가 진행되는 중에 공산주의 사상을 자연스럽게 전파할 수 있을 것이라고 믿었던 것이다.[51]

탁구는 영국에서 유학했던 한 일본인 대학생에 의하여 1902년 일본으로 수입되었다. 그리고 그것은 마침내 중국으로 전파되었고, 혁명의 지도자인 마오쩌둥과 저우언라이는 오랜 정치적 망명의 기간 동안 서로가 함께 탁구를 즐기곤 했다. 1949년 국공내전에서 중국 공산당이 승리함으로써 공산주의자들이 권력을 장악한 후 몬테규는 탁구를 이용해 중국을 나머지 세상과 다시 연결시키고자 하였다. 중국이 유엔UN에서의 의석을 요구하기 20년 전인 1951년에 몬테규는 중국 공산당에게 자신의 ITTF에 가입하여 세계선수권대회에 참가할 것을 권유하였다. 중국 공산당은 이를 좋은 기회로 간주하였고, 이러한 탁구를 통한 접근이 중국에게 그 실상의 모습이 어떠하든지 간에 따뜻하고 인간적인 외양을 나머지 세계에 제공할 수 있을 것이라고 기대하였다.

더불어 탁구는 중국에서 '혁명의 상징'으로 포장되어진다. 상기한 바와 같이 대장정을 끝내고 옌안延安에서 전력을 재정비하며 고난의 세월을 보낸 홍군은 탁구로 고달픈 심신을 단련했다.

> "탁구에 대한 홍군의 열의는 대단했다. 어떻게 생각하면 기이하게 들릴지 모르겠지만 레닌클럽마다 중앙에는 식사시간이면 식탁으로 바뀌는 대형탁구대가 있었다. 식사시간이면 언제나 탁구채, 공, 네트로 무장한 너덧 명의 '비적들'(匪賊: 홍군을 의미함)들이 동료들의 식사를 재촉했다. 그들은 게임을 계속하고 싶어서 안달이었다. 병사들은 자기 부대의 챔피언이 최강자임을 자랑했다. 나(Edgar Snow)는 그들의 적수가 되지 못했다 (홍수원 외 옮김 2013, 374-375)."

---

51 탁구와 공산주의 운동 및 탁구의 정치적 활용에 관한 많은 예들에 관해서는 Griffin 2014를 참조할 것.

마오쩌둥과 저우언라이 등 혁명 주체들도 탁구를 즐겼다. 옛 사진을 보면 마오쩌둥의 경우 펜홀드 그립을 쓰다가, 셰이크핸드 그립으로 바꿀 정도로 능숙한 탁구솜씨를 보인다. 저우언라이의 경우 말을 타다 떨어져 오른팔을 다쳤을 때 재활훈련의 하나로 탁구에 빠졌다고 전해진다. 총리 시절 탁구 선수 개인의 신상뿐 아니라 타법까지 꿰뚫고 있었다고 한다. 1972년 병으로 고생하고 있으면서도 탁구를 하다가 해방군 305병원에 입원할 정도였다.

중국이 혁명 후 세계로부터 고립되어 어려운 세월을 보내던 시기 탁구는 중국 인민들에게 '세계 속의 중국' 그리고 '위대한 중화'를 상기시키는 매우 상징적인 스포츠였다. 1959년 4월 6일 홍콩 출신의 22살 청년 룽궈퇀(容國團)이 독일 도르트문트 세계탁구선수권대회에서 남자단식 우승을 차지한 것은 어려운 상황에 처해 있던 중국인민을 단결시킬 좋은 기회로 여겨졌다.

> "세계챔피언이 되지 않으면 죽어도 눈을 감지 않을 것이다(不拿世界冠軍死不瞑目). 기회는 여러 번 오지 않는다(人生有幾回搏). 왔을 때 반드시 그 기회를 붙잡아야 한다(此時不搏何時搏)."

룽궈퇀이 대회준비를 하면서 외친 이 구호는 암울했던 중국인민들에게 희망의 메시지가 되었으며, 이 구호는 지금도 중국인들이 사랑하는 일상구호가 됐다.[52] 1959년 룽궈퇀이 세계선수권을 획득했을 때 마오는 그를 불러 개인적으로 칭찬하였을 뿐만 아니라 탁구를 중국의 새로운 '정신적 핵무기'라고 불렀다(Griffin 2014). 중국 공산당은 탁구를 중국을 대표하는 구기 종목으로 발전시키고자 하였고, 중국은 이 기회를 살리고자 1961년 세계탁구선수권대회를 유치하게 된다. 중국은 이 대회에서 3개의 금메달을 차지했다. 남자단체전을 석권한 데 이어 남녀단식에서 좡쩌둥과 추중후이(邱鍾惠)가 패권을 안았다.

---

52 아이러니칼하게도 룽궈퇀 자신은 문화혁명의 광풍에 휩쓸려 대중 앞에서 행해야 했던 자아비판과 군중에 의해 자행되는 모독을 견디지 못하고 1968년 6월 20일 저녁, 31살의 젊은 나이에 스스로 목숨을 끊는다. 그 후 10년이 지난 1978년 명예가 회복되고 2009년에는 신중국 건국 이후 중국을 감동시킨 100대 인물로 꼽히게 된다.

2. 체면을 살려라

외교에 있어 상대방의 체면을 살리는 것은 매우 중요한 의전적 행위이다. '외교적 수사'라는 말은 그래서 생겨나게 되는 것이며, 외교의 무대는 수없이 많은 상징과 의전으로 가득 차게 된다. 중국이 미국과의 관계개선을 위해 탁구를 선택한 것은 매우 치밀한 계산 하에 이루어진 것일 뿐만 아니라 또한 매우 적절하였음을 알 수 있다.

세계 스포츠의 역사를 살펴보면 각 국가는 특정한 구기 종목과 연결되는 경향이 있음을 발견할 수 있다. 항상 그런 것은 아니지만, 사람들은 축구라고 하면 유럽과 남미를 강국으로 인정하고, 야구와 농구는 미국이 강국, 배구와 핸드볼은 유럽이 강국이라는 식으로 연관 짓는 경향이 있다. 1950년대와 1960년대 아시아 국가들의 경우 강세를 보이는 유일한 구기 종목이 탁구였다고 볼 수 있다. 사실 탁구에 대한 투자는 일본이 먼저 시작하였으나 1959년과 1961년의 세계선수권 우승 이후 중국은 탁구에 국가적 의미를 부여하면서 막대한 투자를 한 결과 세계적 강자로서 인식되게 되었다. 반면 미국은 탁구에 있어서는 전혀 강자의 위치를 차지하지 못하고 있었다.

따라서 중국과 미국의 탁구 대표단이 서로 경기를 하였을 때 미국 대표단이 이길 것이라고 기대하는 경우는 거의 없었으며, 설혹 중국이 경기에 패하였다고 할지라도 이를 실력이 부족해서 졌다고 생각할 사람도 없었다. 더군다나 중국은 경기에 임함에 있어 'Friendship First, Competition Second友谊第一, 比赛第二'라는 기치를 앞세웠던 까닭에 미·중의 탁구 대결은 우의를 위한 '이벤트' 그 이상도 이하도 아니었던 것이다.

이는 흔히 국가 간 대항 경기에서 발생하기 쉬운 양국 국민들의 자존감과 감정적 대결을 지양하면서 누구나 경기를 가벼운 마음으로 즐기는 가운데 양국의 체면을 손상하지 않고 자연스러운 접촉을 진행할 수 있게 하기 위한 외교적 선택이었다고 볼 수 있다. 후일 미·중 탁구 선수단의 교환 방문과 비슷한 맥락에서 중국의 농구 선수단이 초청되었을 때도 마찬가지였다. 미국이 절대 우위를 보이고 있는 농구라는 종목에서 중국이 진다고 할지라도 그것을 중국의 국가적 체면상실과 동일시할 사람은 없었던 것이다.[53]

---

53 이와는 정반대의 경우로 각국이 각자 자부심을 갖는 스포츠 종목을 교류의 도구로 사용함으로써 기대했던 효과를 전혀 얻지 못하는 경우도 종종 발생한다. 예로서 쿠바와 미국 간의 야구 팀 교환의 사례에 대해서는 Carter and Sugden 2012를 참조할 것. 아르메니아와 터키의 축구 외교, 인도와 파키스탄의 크리켓 외교 또한 스포츠 외교의 실패 사례로서 언급된다.

Ⅳ 죽의 장막의 철거와 데탕트의 시작

1. 닉슨의 중국 방문

미국 선수단의 중국 방문을 계기로 1971년 7월 헨리 키신저 미국 대통령 국가안보담당 보좌관이 극비리에 중국을 방문했으며, 1972년 2월에는 리처드 닉슨 미국 대통령이 중국을 방문, 미국과 중국 양국이 '상하이 공동성명Shanghai Communique'을 발표하기에 이른다. 이 핑퐁외교는 1979년에 미국이 중화민국과 단교하고 중화인민공화국과 전격적으로 수교하는 결실을 맺는다.

키신저의 중국 방문은 세계 외교의 역사에서 매우 흥미로운 한 페이지를 장식하며, 다른 한편으로는 '배탈 외교'라고도 불리운다. 그것은 키신저의 중국 방문이 배탈을 핑계로 이루어졌기 때문이다. 상황은 이렇다. 1971년 7월 9일, 파키스탄을 방문 중이던 키신저 미국 대통령 국가안보담당 보좌관이 갑자기 복통을 호소했다. 그는 야하칸 파키스탄 대통령과의 만찬을 전격 취소하고 파키스탄 라왈핀디Rawalpindi에서 80km 떨어진 나디아갈리Nathiagali 산장에서 휴식을 취한 것으로 전해졌다. 이튿날에도 배탈은 낫지 않았다고 보도됐다. 전 세계가 그런 줄만 알았다. 그러나 그것은 세계의 이목을 따돌리기 위한 감쪽같은 속임수였다. 그는 그 이틀간 비밀리에 당시 적성국가인 중국의 수도 베이징을 방문, 저우언라이 중국 총리와 만나고 있었다. 이것이 키신저의 중국 방문을 훗날 '배탈 외교', 혹은 '복통 외교'로 일컬어지게 만든 배경이다.[54]

1971년 7월 15일 닉슨 대통령은 중국이 그를 초청했으며 그는 이를 수락했다고 발표하였다. 그는 또한 국가안보담당 보좌관 키신저가 자신의 방문을 계획하기 위하여 베이징을 비밀리에 방문하였다고 발표하였다. 미국 대통령의 중국 방문은 광범위한 찬반 여론을 불러 일으켰다. 닉슨은 이를 미·중 간의 접촉을 위한 오랜 여정의 첫 번째 발자국으로 간주하였다. 동시에 이는 닉슨이 구상하고 있던 삼각 외교의 일부분이었다. 닉슨의 삼각 외교는 미국과 중국, 그리고 소련의 관계를 향상시키고 갈등을 감소하고자 하는 목표를 갖고 있었다. 그는 단 한 번의 중국 방문으로 중국과의 외교관계를 완전히 회복할 수 있을 것이라고는 기대하지 않았다. 무엇보다도 가장 큰 장애물은

---

[54] 이와 관련해서는 "Two Eyewitnesses Behind the Bamboo Curtain," *Time*, 21 April 1971을 참조할 것. http://content.time.com/time/magazine/article/0,9171,902879,00.html 검색일: 2017년 8월 20일.

그 당시까지 미국 정부는 대만 정부를 지지하고 있었다는 것이다.[55]

1972년 2월 17일부터 28일까지 닉슨 미국 대통령은 중국을 방문했고, 베이징, 항저우, 상하이를 방문했다. 그가 북경을 방문했을 때 저우언라이 총리와 악수한 것은 1954년 미 국무장관이었던 덜레스(John Foster Dulles)가 저우언라이와 제네바Geneva 회의에서 만났을 때 악수를 거부했던 것과 대비되어 미·중 간의 화해를 상징하는 역사적인 제스처로서 해석되었다. 2월 21일 닉슨은 마오쩌둥 주석과 회담을 가졌고, 여기서 그는 자신의 행동과 말들이 믿을 수 있는 것이며 진심임을 마오쩌둥 주석에게 강조하였다. 그는 또한 마오쩌둥 주석에게 세계가 변하고 있으며 미국은 중국에 대한 어떠한 영토적 야심도 없음을 확인시키고자 하였다. 방문 말미에 양국은 상하이 공동성명을 발표하였으며, 이는 양국이 국교정상화를 위해 함께 노력한다는 내용을 포함하고 있었다. 공동성명에서 미국은 '하나의 중국' 원칙을 받아들이고, 대만이 중국의 일부임을 인정하였다.[56] 오랜 시간 동안 대만의 위상은 미·중의 관계회복에 걸림돌로 작동해 오고 있었으며, 상하이 공동성명은 미·대만관계의 장래를 알려주는 중요한 한 걸음이었던 것이다.

두 국가는 또한 선물을 주고받았는데 미국은 중국에 한 쌍의 사양소를 선물하였고, 중국은 미국에 한 쌍의 자이언트 판다를 선물하였다. 판다는 1972년 4월 미국에 도착했으며 워싱턴 D.C.의 국립동물원에 보금자리를 마련했다. 판다는 엄청난 인기를 끌었으며 미·중관계의 상징이 되었다.

닉슨의 중국 방문 이후 1972년 봄 중국 탁구 선수단이 미국을 방문하였으며, 1973년 양국은 연락사무소를 설치하였고, 1979년 덩샤오핑(鄧小平)이 미국을 방문함으로써 미국은 중국과의 외교관계를 정상화하였다. 미·중의 첫 접촉 이후 국교정상화까지는 많은 시간이 소요되었지만, 1971년과 1972년의 세계는 죽의 장막의 철거를 목도하였고, 세계는 데탕트의 물결에 휩쓸렸다. 2.5g의 탁구공이 세계정치의 흐름을 바꾼 이 일련의 사건을 두고 저우언라이 총리는 "작은 공(탁구공)이 큰 공(지구)을 흔들었다

---

55 http://www.presidentialtimeline.org/#/exhibit/37/01 검색일: 2017년 5월 15일.
56 상하이 공동성명의 문구는 "미국은 대만이 중국의 일부라는 중국의 입장을 부인하지 않는다."는 것이었다. 그러나 이에 대해서 "미국이 통합된 하나의 중국의 존재를 인정하였지만, 그것을 통치하는 주체가 누구인지에 대해서는 명확히 하지 않음으로써 모호성을 유지하였다."는 주장이 존재한다. 키신저는 이에 대해 "건설적 모호성"이라는 표현을 사용하였다. 이러한 내용들에 관해서는 Kissinger 1999, Nixon 1978, Lilley and Lilley 2004 등을 참조할 것.

小球轉動大球."라고 표현하였다.

2. 강대국 외교의 작동방식

핑퐁외교의 작동방식은 강대국의 외교정책이 어떤 식으로 작동하는지를 잘 보여주는 사례로서 또한 의미를 갖는다. 당시 미·중의 수교에 있어 가장 커다란 걸림돌은 국민당 정부가 집권하고 있는 대만 문제였다. 미국에게 있어 대만 문제는 쉽사리 처리하기 힘든 것이었다. 대만에 자리한 장제스와 국민당 정부는 여전히 자신들이 중국의 정통적인 지배자라고 주장하고 있었다. 그리고 중화민국이야말로 유일한 합법적인 주권국가라고 주장하였다. 당시 미국은 대만을 중국의 유일한 합법 정부로 인정하고 있었지만, 중국 공산당에게는 반란 중인 일개 지방정권에 지나지 않았다. 하지만 그 당시까지 대만의 이러한 입장은 대부분의 서구 세력에 의하여 광범위하게 인정되고 있었고, 그 중 으뜸은 미국이었다. 미국은 소련 및 중국과의 관계, 그리고 아시아에서의 공산주의 세력의 확대를 막기 위해 기꺼이 대만의 주장을 지지했다. 그 당시까지 미국은 유엔에서 중국을 추방하고 대만의 회원권을 지지하기 위해 로비해왔다. 마찬가지로 미국은 또한 올림픽 운동에서 대만의 큰 후원자였으며, 대만이야말로 중국을 대표하는 유일한 합법적인 대표자라고 주장하였다(Brownell 2007, 253-271). 그러나 대만을 지지하는 것이 그 지역에서의 미국의 이익에 해가 된다고 믿게 되는 순간 그 입장을 바꾸게 된다.

중국에게 있어 이와 관련된 우려는 그의 오랜 숙적인 일본의 의도였다. 일본은 그 어떠한 미국과 중국 간의 화해도 의심의 눈초리로 쳐다보았다(Farnsworth 1972, 46-55). 일본은 제2차 세계대전의 궤멸潰滅적 피해에서 이미 회복한 후였기에 중국은 일본이 그 팽창 경향을 다시 드러낼 가능성이 있다는 우려를 갖고 있었다. 중국이 그리는 가장 최악의 시나리오는 중국과 소련과의 관계가 악화되어 전쟁이 발발할 경우였다. 중국 지도자들은 그럴 경우 결국에는 두 개의 전선에서 전투를 유지해야 할 수도 있다고 생각했다. 한쪽에서는 대만과 일본의 군대와 맞서고, 다른 한쪽에서는 소련군과 맞서야만 하는 상황은 중국 지도자들로서는 결코 상상하고 싶지 않은 상황이었을 것이다. 중국은 미국이 일본의 팽창주의적인 야망을 억제하는데 핵심적인 역할을 할 수 있다고 바라보았다. 또한 미국과의 관계 개선은 세계가 국민당 정부의 위치를 바라보는 시각에 영향을 미칠 수 있다고 판단하였다. 중국의 이러한 분석은 미국의 정보 부처들도 공유하고 있었다. 국무부를 위한 브리핑 노트에서, 정보 분석가인 클린(Ray S. Cline)은 중국의 스포츠 데탕트 이면에 다음과 같은 의도가 숨어 있다고 보고 하였다.

> "중국이 미국을 향한 '국민외교(오늘날의 공공외교)'를 채택함에 있어 가장 긴급한 고려사항은 아마도 믿음일 것입니다. 이성적임을 보여주는 것이 중국이 현재 추진하고 있는 국제적 승인을 얻는데 도움이 될 것이며, 올 가을 유엔에서의 중국을 대표하는 자리를 얻을 수 있는 전망을 높이는데 도움이 될 것이라고⋯ 미국에 대한 중국의 제스처가 모스크바에 미치는 영향은 지난 겨울 명백히 강력했으며, 현재 취하고 있는 조치들은 면밀히 고안되었음이 분명합니다. 이들 조치들은 부분적으로는 소련과 일본 양국을 겨냥하고 있습니다. 덧붙여, 북경은 아마도 희망하고 있을 것입니다. 대만의 예측 가능한 고뇌에 찬 반응이 중국이 오랫동안 노력해왔지만 놀랍도록 성공적이지 못했던 노력, 즉 대만의 사기를 깎아 내리고 국민당 정부를 붕괴시키고자 하는 중국의 노력에 도움이 될 수 있기를 말입니다(Cline 1971, 2−3)."[57]

여기서 사용되고 있는 '국민외교'라는 표현에 주목할 필요가 있다. 이는 오늘날의 제2트랙 외교track two diplomacy 혹은 공공외교의 개념과 유사한 의미로 사용되고 있다. '국민외교'는 정보기관과 정보원을 활용하지 않고 어떠한 공적인 지위를 갖고 있지 않은 시민 사회가 공적인 외교적 관계의 발전에 이니셔티브를 취할 것을 의미한다. 이는 오늘날에 이르러 제2트랙 외교, 혹은 공공외교라는 용어로 사용되고 있다(Lieberfield 2002, 355−372).

이것이야 말로 중국이 세계와 외교적·경제적 관계정상화를 위해 정치적 실패라는 위험 부담을 지지 않고 잠정적 단계를 밟아가는 방식이었다. 클린이 지적하고 있듯이 "북경은 정부차원의 대화, 혹은 미국측 고위 인사의 방문에 의해서는 필연적으로 발생할 수밖에 없는 어려운 본질적인 문제들은 회피하면서 선전적 이득을 얻기를 기대할 것이다(Lieberfield 2002)." 그 이유가 어떤 것이었든 간에, 탁구 이니셔티브가 아무런 결과를 가져오지 못한다고 해도 정치적으로 잃을 것은 거의 없었을 것이며, 무엇보다 중요한 것은, 중국 지도부가 체면을 잃을 일도 없다는 것이다. 이는 물론 양방향으로 작

---

[57] www.gwu.edu/~nsarchiv/NSAEBB/NSAEBB66/ch−13.pdf 검색일: 2017년 5월 15일.

동했다. 마찬가지로 미국도 탁구 여행을 커다란 정치적 부담 없이 중국과의 화해 정책을 진전시킬 수 있는 기회로 간주하였다.

마지막으로 마오쩌둥과 닉슨의 개인적인 정치적 아젠다agenda들을 살펴볼 필요가 있다. 닉슨의 경우 1972년 대선에서 맥거번(George McGovern)과의 대결을 앞두고 있었다. 맥거번은 공공연히 반전을 주장하였다. 익히 알려져 있듯이 당시 미국에서 베트남전쟁은 점점 더 인기 없는 것이 되었으며, 닉슨 행정부가 베트남에서 발을 빼는데 도움이 될 수 있는 것은 그 무엇이든 선거에서 도움이 될 것이었다. 닉슨 자신의 말을 빌자면, 핑퐁 이니셔티브는 그 자신이 그것을 통과하는 것이 행복한 것 그 이상인 "문을 열었다." 만약 그것이 그로 하여금 베트남에서 미군을 철수시키는데 도움이 될 수 있다면 그 이상 바랄 것이 없는 그런 상태였다. 동시에 다른 한편으로는 소련에게 한 방먹일 수 있다면 더욱 금상첨화일 터였다. 마오쩌둥은 한때는 그의 적이었던 닉슨의 욕구를 이해하고 있었으며, 따라서 그와 함께 어울릴 수 있었던 것이다.

마오쩌둥의 입장에서도 즐겁기는 마찬가지였다. 극찬의 환상적인 보도가 매일 같이 미국과 서구 언론에서 쏟아져 나오고 있다. 한 때 신문기자였던 마오쩌둥은 매우 정확한 버튼을 눌렀던 것이다. 한 논평가는 말했다. "닉슨은 이 이야기가 어떻게 스포츠 페이지에서 벗어나 첫 페이지(정치면)으로 옮겨질 수 있는가에 대해 정말로 기뻐했다." 한 수를 둠으로써, 마오쩌둥은 중국을 방문하는 것이 1972년 대선에서 정치적 자산이 될 수 있다는 분위기를 만들어내는데 성공한 것이다(Chang and Halliday 2005, 603).

1971년 7월의 키신저에 의한 비밀 방중이 포함된 많은 이면back channel의 외교가 이루어진 후에 닉슨은 중국을 공식 방문하는 첫 번째 서구 지도자가 되었다. 이것은 미국과 중국 간에 온전히 새로운 정치적·경제적·군사적 가교를 건설하기 위한 (대개의 경우 중국 측에 이익이 되는) 길을 놓았을 뿐만 아니라 또한 국내적·국제적으로 마오쩌둥의 위상을 거대하게 확장시켰다. 마오쩌둥의 경우 민주적 선거의 복잡하고 세세한 사항들을 다룰 필요는 없었지만, 닉슨과 마찬가지로 똑같이 권력에 집착하고 있었으며, 권력에 대한 자신의 개인적인 소유를 유지·확장하고 싶어 했다. 닉슨이 방문한 이후 "마오쩌둥은 중요한 국제적 인물이 되었을 뿐만 아니라 비교할 수 없는 광휘를 가진 한 사람이 되었다. 세계의 정치인들이 그의 문턱이 닳도록 드나들게 되었던 것이다(Chang and Halliday 2005, 609)."

V   소결 및 함의

핑퐁외교의 경우 스포츠가 국가 간 관계개선을 위해 작동한 가장 성공적 사례들 중의 하나로서 빈번히 언급된다. 그러나 사실 이렇게 모든 경우의 수가 서로 정확히 들어맞음으로써 긍정적 결과를 이끌어내는 것은 쉬운 일이 아니다. 세계 체제적 상황과 미국과 중국의 국내적 상황, 지도자들의 개인적 의제, 그리고 절묘한 상황적 우연들이 중복된 결과 미·중 접촉과 수교, 그리고 데탕트라는 세계사적 변화의 흐름을 가져왔지만, "만약 이것들 중 단 하나라도 제대로 작동하지 않았더라면, 설혹 모든 상황이 준비되어 있었을지라도 양국의 지도자들이 결단을 내리지 않았더라면 우리가 이미 목도한 바 있는 것과 같은 결과를 가져올 수 있었을까"라고 묻는 것은 어쩌면 쓸데없는 가정일지 모른다. "역사는 가정을 허락하지 않는다."는 경구처럼 이미 발생한 사실에 대하여 가정의 그림자를 덧씌우는 것은 어쩌면 덧없는 일일 것이기 때문이다. 그보다는 발생한 상황에 대한 정확한 기록과 판단 및 평가가 우선시되어야 할 것이다.

핑퐁외교의 국면에서 가장 큰 수혜자는 두말할 것 없이 마오쩌둥과 중국이었다. 그 다음이 닉슨과 미국이었다면 의심할 바 없이 가장 많은 것을 잃은 것은 장제스와 대만이었다. 1971년 10월 대만은 유엔회원국 지위를 상실하였으며 중국이 그 자리를 차지하였다. 또한 안보리 상임이사국의 자리 또한 중국에게 돌아갔다. 8년 후 중국은 IOC 가입이 승인되었으며, 대만은 회원권을 유지하였지만 국호를 Chinese Taipei로 변경하도록 강요받았다(Chan 1994, 473–490). 미국에게 있어 장제스와 국민당 정부의 운명은 지역과 세계전반에 있어서의 미국의 이익에 결코 우선시될 수 없다는 것을 닉슨과 키신저는 보여주었다. 일본과 소련은 본격적인 게임의 무대에 등장하지는 않았지만 언제나 고려해야만 할 행위자였다. 미·중 화해는 일본에게 안보쇼크를 던져주었고 이로 인해 일·중 화해, 일·소 화해의 제스처들이 연이어 시도되어 성공적 결과를 가져왔다. 다른 한편으로 한국을 비롯한 동아시아의 국가들 또한 데탕트의 흐름 속에서 국방과 외교 재점검의 순간을 강요당하였다.

냉전이 무너진 오늘날의 세상이 1971년 4월의 어느 날로부터 시작되었다고 주장하는 것은 어리석은 일일 것이다. 그러나 다른 한편으로 핑퐁외교의 공헌을 깎아내리는 것 또한 똑같이 어리석은 일이라고 할 수 있다.

<그림 4-2>는 핑퐁외교의 개시 이후 미·중 국교 정상화에 이르기까지 관련 국가들의 이해득실을 임의의 선 위에 표시한 것이다. 중국과 미국의 국가적 차원에서의 고려사항들과 양국의 정치지도자들의 개인적 아젠다들, 그리고 그러한 모든 상황에 영향을 미치는 세계적 전략환경의 변화는 두 국가로 하여금 외교적 접촉을 모색하게 하였고, 탁구는 그 도구로서 훌륭하게 활용되었다. 그리고 그 손익을 계산해 보았을 때 가장 큰 이득을 얻은 것이 중국과 마오쩌둥이라면 그 다음은 미국과 닉슨, 그리고 일본의 미미한 손실[58]과 대만의 전략적 실패로 정리될 수 있을 것이다.

그림 4-2 핑퐁외교와 관련국의 전략적 득실 계산

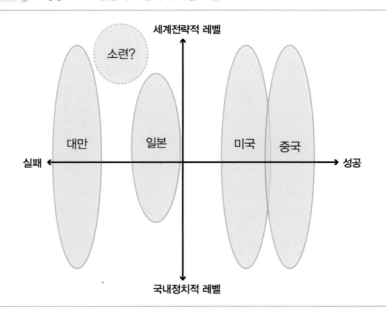

출처: 저자 작성.

핑퐁외교는 스포츠 외교의 역사에서 매우 강력한 상징성과 중대한 의미를 갖는다. 또한 긍정과 부정의 양면성을 동시에 확보한다. 먼저 긍정적 측면의 경우 스포츠를 활용한 정치적 교착 상태 해결을 위한 한 전형을 선보임으로써 이후의 많은 경우들에 원

---

58 일본은 안보쇼크를 경험하였지만, 이것이 꼭 일본의 손해였다고 보기는 힘들다. 핑퐁외교 이후 얼마 지나지 않은 시간에 일본은 이를 극복하고 1972년 9월 29일 중국과 국교를 정상화시켰으며, 결과적으로는 일본의 안보 및 경제에 긍정적 효과를 끼쳤기 때문이다. 중·일 국교 정상화 및 이와 관련한 다양한 해석에 관해서는 손열 2013; 오승희 2017; 오승희·최은봉 2014; 최은봉·오승희 2010 등을 참조할 것.

용되었다. 더불어 공식적 교섭이 아닌 비공식적 교섭을 통한 공식적 교섭으로의 연결을 제시함으로써 제2트랙 외교two track diplomacy의 모습을, 더 나아가서는 오늘날 흔히 말하는 공공외교public diplomacy의 한 성공적 유형을 제시하였다고 볼 수 있다. 부정적 측면의 효과의 경우 스포츠의 도구적 유용성을 증명함으로써 다른 한편으로는 이것이 매우 부풀려 해석되도록 하였고, 비정치성을 표방하는 특성으로 인해 국가에 의해 쉽사리 동원될 수 있는 도구라는 인식은 스포츠 외교 성공의 신화를 탄생시킴으로써 스포츠가 정치적 의도에 의해 필요 이상으로 동원되는 결과를 가져오기도 하였다. 냉전 시대 올림픽이 동서를 가릴 것 없이 각 국가들의 국력과시를 위한 대리 전쟁터 비슷하게 취급되었던 경험, 국가 간 대항 경기에서 동원되는 온갖 미사여구들과 선전의 측면은 이러한 효과의 부작용들을 잘 보여준다. 또한 핑퐁외교의 성공을 염두에 둔 온갖 무리한 외교적 접근의 동기를 제공하기도 하였으나, 성공의 사례를 찾기 힘든 것이 사실이다. 코비에레키(Michal Marcin Kobierecki 2016, 312)는 이를 두고 핑퐁외교가 거둔 성공과 같은 성공을 거둔 스포츠 외교는 "역사 속에서 그 이전에도 없었고, 그 이후에도 없었다."라고 지적하기까지 하였다. <그림 4-3>은 핑퐁외교로 인해 가장 많은 이득을 얻은 중국의 이해득실을 임의의 선 위에 표현한 것이다.

그림 4-3 핑퐁외교를 통한 중국의 성취

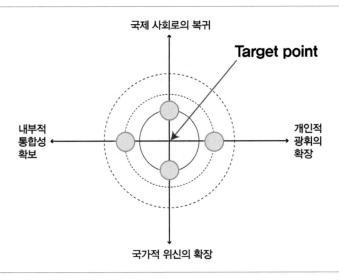

출처: 저자 작성.

중국은 탁구를 미국과의 관계개선에만 사용했던 것은 아니다. 중국은 제3세계와의 교류를 비롯한 다양한 외교적 접촉에 탁구를 사용하였고, 이를 통해 IOC를 비롯한 국제 스포츠계에 복귀하는데도 적극적으로 활용하였다. 1979년 미·중이 국교를 정상화한 이후 중국은 1980년 미국이 주도한 모스크바 올림픽 보이콧에 동참하게 된다 (Dichter and Johns eds. 2014, 402-404). 이는 중국의 행보가 얼마나 치밀한 전략적 계산 하에 이루어지는 것인지에 대해 많은 생각을 갖게 만든다.

사 건 일 지

1971년 3월 28일 ~ 4월 7일 일본 나고야, 제31회 세계탁구선수권대회 개최

1971년 4월 4일 코완과 쫭쩌둥의 만남

1971년 4월 10일 ~ 4월 17일 미국 선수단 중국 방문

1971년 7월 9일 헨리 키신저 국가 안보담당보조관 중국 방문

1971년 7월 15일 닉슨 중국으로부터의 초청과 키신저의 중국 비밀 방문 발표

1972년 2월 17일 ~ 2월 28일 닉슨 미국대통령 중국 방문

1972년 봄 중국 탁구 선수단 미국 방문

1973년 미·중 연락사무소 개설

1979년 덩샤오핑 미국 방문, 미국과의 국교 정상화

참고문헌

Brownell, Susan. 2007. "Sport and Politics Don't Mix: China's Relationship with the IOC during the Cold War." in Steve Wagg and David Andrews. eds. *East Plays West: Sport and the Cold War*. London: Routledge.

Carter, Thomas F and John Sugden. 2012. "The USA and Sporting Diplomacy: Comparing and Contrasting the Cases of Table Tennis with China and Baseball with Cuba in the 1970s. *International Relations*, 26−1.

Chan, Gerald. 1994. "The 'Two Chinas' Problem and the Olympic Formula." *Pacific Affairs*, 58−3.

Chang, Jung and Jon Halliday. 2005. *Mao: The Unknown Story*. London: Jonathan Cape.

Cline, Ray S. 1971. "Peking's People's Diplomacy: A 'New Page' in Sino−American Relations." NSA, George Washington University. www.gwu.edu/~nsarchiv/NSAEBB/NSAEBB66/ch−13.pdf 검색일: 2016년 4월 15일.

Daron Acemoglu and James A. Robinson. 2012. 최완규 옮김. 『국가는 왜 실패하는가』. 서울: 시공사.

Ditcher, Heather L. and Andrew L. Johns. 2014. *Diplomatic Games: Sport, Statecraft, and International Relations Since 1945*. The University Press of Kentucky.

Edgar Snow. 2013. 홍수원·안양노·신홍범 옮김. 『중국의 붉은 별』. 서울: 두레.

Espy, Richard. *The Politics of the Olympic Games: With an Epilogue, 1976−1980*. Berkeley: University of California Press.

Farnsworth, Lee. 1972. "Japan: The Year of the Shock." *Asian Survey*, 12−1.

Griffin, Nicholas. 2014. *Ping−Pong Diplomacy: The Secret History Behind the Game That Changed the World*. New York: Scribner.

Hill, Christopher R. 1996. *Olympic Politics: Athens to Atlanta, 1896−1996*. Manchester: Manchester University Press.

Hong Z. and Y Sun. 2000. "The Butterfly Effect and the Making of 'Ping−Pong Diplomacy'." *Journal of Contemporary China*, 9.

Hong, Fan and Xiong Xiaozheng. 2002. "Communist China, Sport, Politics and Diplomacy." *International Journal of the History of Sport*, 19−2.

Kissinger, Henry. 1999. *Years of Renewal*. New York: Simon and Schuster.

Kissinger, Henry. 2017. "How to Resolve the North Korea Crisis." *The Wall Street Journal*. August 11.

Kobierecki, Michal Marcin. 2016. "Ping−Pong Diplomacy and its Legacy in the American

Foreign Policy." *Polish Political Science Yearbook*, 45.

Lieberfield, Daniel. 2002. "Evaluating the Contribution of Two−Track Diplomacy to Conflict Termination in South Africa, 1984−1990." *Journal of Peace Research*, 39−3.

Lilley, James and Jeffrey Lilley. *China Hands: Nine Decades of Adventure, Espionage, and Diplomacy in Asia*. New York: Public Affairs.

Murray, Stuart. 2013. "Moving Beyond the Ping−pong Table: Sports Diplomacy in the Modern Diplomatic Environment." *PD Magazine*, winter 2013.

Nixon, Richard. 1978. *The Memoirs of Richard Nixon*. New York: Grosset and Dunlap.

Telcon (tape) conversation between Richard M. Nixon and Henry A. Kissinger. April 14, 1971. NSA. George Washington University.www.gwu.edu/~nsarchiv/NSAEBB/NSAEBB66/ch−13.pdf 검색일: 2017년 5월 15일.

Thee, Mark. 1972. "US−Chinese Rapprochement and Vietnam." *Journal of Peace Research*, 9−1.

Wang, Dinghua. 2008. "The Ping−Pong Diplomacy." *Secretary Affaires*, 7.

Whiting, Allen S. 1969. "Sino−Soviet Hostilities and Implications for U.S. Policy." National Security Archive (NSA), George Washington University. http://nsarchive.gwu.edu/NSAEBB/NSAEBB49/sino.sov.9.pdf 검색일: 2016년 4월 15일.

Wolff, Alex and Advid Davis. 2008. "Opening Volley." *Sports Illustrated*. June 16.

Xia, Yafeng. 2006. *Negotiating with the Enemy: U.S.−China Talks During the Cold War, 1949−1972*. Bloomington: Indiana University Press.

Xu, Guoqi. 2008. *Olympic Dreams: China and Sports 1895−2008*. Cambridge, Massachusetts: Harvard University Press.

"Two Eyewitnesses Behind the Bamboo Curtain." *Time*, 21 April 1971. http://content.time.com/time/magazine/article/0,9171,902879,00.html 검색일: 2017년 8월 20일.

"The Ping Heard Round the World." *Time*, 26 April 1971. http://content.time.com/time/magazine/article/0,9171,902879,00.html 검색일: 2017년 8월 20일.

http://nsarchive.gwu.edu/NSAEBB/NSAEBB145/05.pdf 검색일: 2017년 8월 20일.

http://nsarchive.gwu.edu/NSAEBB/NSAEBB49/sino.sov.9.pdf 검색일: 2017년 8월 20일.

http://www.presidentialtimeline.org/#/exhibit/37/01 검색일: 2017년 5월 15일.

http://www.presidentialtimeline.org/#/exhibit/37/01 검색일: 2017년 8월 20일.

오병환. "아시아탁구연맹의 붕괴."

http://www.thepingpong.co.kr/news/articleView.html?idxno=1366 검색일: 2016년 4월 15일.

■ 본 장의 내용 중 일부는 정기웅. "평창 동계올림픽의 정치·외교."『국제관계연구』22-2 (2017) 및 정기웅. "핑퐁외교에의 재방문: 평창 동계올림픽에의 함의."『국제지역연구』21-4 (2017)에 수록된 바 있음을 밝힌다.

1988년 서울 올림픽과 냉전의 붕괴

철의 장막과 죽의 장막으로 상징되던 냉전은 데탕트와 해빙의 무드를 거치면서 사라질 듯 보였으나 소련의 아프가니스탄 침공으로 야기된 신냉전의 시대는 인류의 역사를 과거로 회귀시키는 듯하였다. 그러나 냉전은 극적인 반전과 더불어 전혀 예상치 못했던 방향으로 끝났다. 1989년에서 1991년에 이르는 2년 사이에 70년 이상 지속되던 공산주의 체제가 붕괴되었으며, 중국과 같이 생존한 공산국가들에서는 급격한 변화가 발생하였다. 세계사에서 중요한 해로 기록될 1989년, 동유럽 공산주의의 지배는 소련 국경까지 밀려났고, 1990년 유럽안보협력회의CSCE: Commission on Security and Cooperation in Europe의 파리회의에서 냉전의 종식이 공식적으로 선언되었으며, 1991년에 소련 연방 자체가 해체되었다(김계동 옮김 2013, 44).

세계사의 흐름과 냉전해체의 시기 등을 감안했을 때 1988년 9월 17일부터 10월 2일까지 서울에서 개최되었던 제24회 올림픽은 매우 특별한 위상을 갖는다. 서울 올림픽은 국내적으로는 민주화 열기의 분출과 군사독재정부의 종말을 이끌어내는 동력으로 작용하였고(김하영·임태성 1994; 이학래 2000; 정찬모 2001), 국제적으로는 냉전과 탈냉전의 접점에서 본격적 냉전해체의 신호탄으로 작동하였다.[59] 서울 올림픽 이후 지구촌

---

59 언제부터를 2차 냉전의 해체로 간주하느냐에 대해서는 서로 다른 의견이 존재할 수 있지만, 소련의 해체가 본격적인 탈냉전 시대의 개막을 알렸다고 평가하는 데 큰 무리는 없을 것이다. 그렇다면 이와 같은 동구권의 개방과 소련의 해체를 가져오게 한 신호탄은 무엇인가? 여러 가지 국제적 요인들이 존재하지만 몇몇 학자들은 88 서울 올림픽이 중요한 역할을 담당했다고 평가한다. 그러나 이처럼 서울 올림픽이 냉전해체에

은 냉전의 종식과 세계화·정보화의 물결 속에서 이전과는 전혀 다른 세상을 맞이하게 되었으며, 한국은 급격한 변화의 격류에 휩쓸리게 된다.

서울 올림픽은 노태우 정부 기간에 개최되었다. 올림픽이 개최되었을 때 전두환은 권좌에서 물러나 있었을 뿐만 아니라 올림픽 종료 후 개최된 5공 청문회로 인하여 백담사로 유배생활을 떠나야 했다. 하지만 서울 올림픽이 유치된 것은 전두환의 집권 기간 중이었으며, 일반의 인식 속에서도 서울 올림픽은 자연스럽게 전두환 정부와 연결된다는 점에서 전두환 정부 외교정책의 이슈로서 이해되는 것이 일반적이다.

전두환 정부의 외교에서 서울 올림픽은 어떠한 의미를 갖는가? '행사 공화국', '올림픽 공화국'이라고 불릴 만큼 국제행사와 스포츠 경기에 집중하였던 전두환 정부의 정책성향은 무엇으로부터 기인하는 것인가? 한국 역사에서 그 이전에도 그리고 그 이후에도 이 시기만큼 스포츠가 국가정책결정의 중요한 모티브로 작동한 적은 없었으며, 이는 무대를 세계로 넓혀 보아도 찾기 드문 사례 중의 하나인 까닭에 특별한 고찰의 대상으로서 작동한다.

본 장에서는 서울 올림픽이라는 사건을 중심으로 한국의 외교정책을 분석한다. 논의의 틀은 외교정책의 환경/과정/제도와 목표/전략/실행에 대한 분석의 형식을 따른다. 이를 위해 전두환 정부의 출범 및 그 대내외적 전략 환경을 고찰하고, 올림픽 유치의 정책결정과정과 주된 행위자들을 확인하며, 유치결정 이후 행해진 전두환 정부의 주요정책들과 그 결정에 영향을 미친 요소 등을 고찰한 후, 이를 종합적으로 검토하는 순서를 취한다.

 전두환 정부 외교정책의 대내외적 환경

1. 정당성과 승인의 문제, 그리고 올림픽

1979년 10·26 사건으로 대통령 박정희가 사망한 후 전두환·노태우·정호용 등의

담당한 역할을 높이 평가하는 것과는 달리 미약하게 여기는 시각도 존재한다. 이와 관련된 논의는 강규형 2003을 참조할 것.

하나회가 중심이 된 신군부세력은 12월 12일의 군사 쿠데타를 통하여 정국의 주도권을 장악하였다. 박정희 사망으로 공석이 된 대통령의 자리에 12월 21일 최규하가 제10대 대통령으로 취임하였으나, 실권은 신군부세력에게 있었다. 1980년, 소위 서울의 봄[60]은 5월 17일의 신군부세력에 의한 비상계엄령 전국 확대로 그 종말을 맞이하였고, 전두환은 9월 1일 제11대 대통령에 취임하였다. 10월 22일의 국민투표를 거쳐, 10월 27일 제5공화국 헌법이 공포되었고, 1981년 2월 25일 선거인단에 의한 대통령 선거에서 전두환 후보는 압도적 다수로 당선되었으며, 3월 3일 제12대 대통령에 취임함으로써 제5공화국이 정식 출범하였다.[61]

10·26 사건, 12·12 신군부 쿠데타, 그리고 5월 광주에서의 무력진압 등 제5공화국의 집권세력들이 정권을 장악하는 과정에서 경험하고 저질렀던 사건들은 그들이 장악한 권력의 정당성에 심각한 손상을 입혔고, 정권의 주역들에게 국내적 지지기반과 대외적 승인의 문제에 대한 끊임없는 우려를 불러 일으켰다. 그 결과 신군부세력은 자신들의 취약한 정치적 기반을 확보하기 위해 대내적으로는 억압적 통제 메카니즘을 구축하고 국내 정치 문제를 공동화시켰으며, 대외적으로는 안보를 강조하며 미국과의 관계를 긴밀히 함으로써 쿠데타에 의한 정권찬탈을 인정받는 동시에 끊임없는 정상외교와 올림픽 유치와 같은 이벤트성 행사를 개최하여 국민의 관심을 밖으로 돌림으로써 정권의 안정을 꾀하려 하였다. 이 과정에서 스포츠는 이와 같은 대내적 및 대외적 목적을 동시에 충족시킬 수 있는 효과적인 수단으로서 활용되었다.

자유주의 국제정치이론은 국가들의 국제적 행동을 설명하려고 할 때 국가들의 성격은 각자가 기초하고 있는 국내 사회와 국제 사회의 관계에 따라 결정되며, 국가들의 국

---

60 1979년 10월 26일 중앙정보부장이었던 김재규가 박정희 대통령을 시해한 10·26 사건으로 유신 체제가 막을 내리고, 1979년 12월 12일 쿠데타로 정권을 잡은 전두환이 이끄는 신군부에 의해 1980년 5월 17일 비상계엄 전국 확대 조치가 단행되기 전까지의 정치적 과도기를 일컫는다. 이때까지 한국은 긴급조치로 일관된 정치의 암흑기였는데, 10·26 사건을 계기로 암울한 유신 체제의 터널을 빠져나와 새로운 민주 사회로 갈 수 있을 것이라는 희망이 넘쳤다. 이 시기 동안 전국 곳곳에서 민주화를 요구하는 시위가 벌어졌다. 이러한 사회적 상황을 1968년 체코슬로바키아에서 있었던 민주화 운동을 지칭하는 '프라하의 봄'에 비유한 것이다. 그러나 서울의 봄은 5월 17일 비상계엄 전국 확대조치와 함께 민주화를 열망하며 시위를 벌였던 광주시민들을 신군부세력이 무참하게 탄압하면서 비극적인 막을 내렸다.
61 전두환 정부의 대외관계를 논함에 있어 그 논의의 출발점을 어디에 둘 것인가 하는 것은 논란의 여지가 있다. 전두환이 대통령에 취임한 것은 1980년 9월 1일이고, 법적으로 제5공화국의 시작은 1981년 2월 25일 제12대 대통령의 임기 개시일부터이지만, 제4공화국이 실질적으로 종언을 고한 1979년의 10·26 사건으로까지 거슬러 올라가야 한다는 의견도 존재한다. 본서에서는 전두환이 대통령에 취임한 1980년 9월 1일을 전두환 정부의 시작으로 간주한다.

제적 행위는 이러한 관계의 반영이라고 본다.[62] 모라브직(Andrew Moravcsik)은 "국가들과 국가들이 배태되어 있는 국내적·초국적 사회와의 관계가 국가의 선호를 밑받침하고 있는 사회적 목적들에 영향을 미침으로써 국가들의 행태를 결정적으로 형성시킨다."고 주장한다(Moravcsik 1997, 516). 따라서 국가의 행위는 특정한 시점의 국가—사회관계 (즉, 정권의 성격) 에 따라 특정한 사회집단들의 이익을 반영하여 이루어진다고 볼 수 있다(정진영 2004, 397). 이와 같이 결정되어 행해진 국가의 외교정책은 국제관계를 형성함으로써 다시 그 국가에 영향을 미치게 된다. 따라서 전두환 정부의 국제관계는 당시 한반도를 위요한 국제정세 속에서 정권의 태생적 한계로 인한 대내적 정통성의 결핍을 보완하고자 하는 정부의 의지와 내부적 행위자들의 선호와의 상호작용이 표출된 정책과의 상호작용으로 결정되어졌으며, 전두환 정부의 외교정책은 이와 같은 국가의지 반영의 결과로서 집행되어졌다고 말할 수 있을 것이다.[63]

전두환 정부의 외교정책의 특징을 몇 가지 키워드로 정리하자면 안보외교, 친미외교, 순방·정상외교, 올림픽 등으로 요약할 수 있을 것이다.[64] 특히 올림픽은 전두환 정부의 집권 기간 내내 모든 정책적 집행에 있어 최우선순위로 등장하였다. 무엇이 전두환 정부로 하여금 이와 같은 것들에 집중하게 하였는가? 여러 답변이 가능하겠지만, 무엇보다도 정권의 정당성 문제가 가장 먼저 지적될 수 있다.

흔히 국민국가는 국제정치와 국내정치가 상호작용하는 역동적인 과정에서 발생한 역사적 구성물로서 간주된다. 국민국가는 국가주권을 전제로 하여 존재하게 되며, 영토, 인구, 권위, 그리고 인정의 네 가지 요소는 국가주권을 구성하는 중요한 속성들이다. 이 속성들은 국민국가의 역사적 특징을 잘 보여주고 있다.[65] 전두환 정부의 집권 기간 동안 국가는 영토, 인구, (강제된) 권위는 확보하였지만, (국민과 국제 사회로부터의) 인정은 받지 못하고 있었다. 전두환 정부로서는 국가로서의 완전성을 확보하기 위해서는 어떻게 해서든지 인정의 문제를 해결해야만 했다.

---

62 Waltz는 국제정치이론과 외교정책이론을 구분하고 있다. 그에 따르면 외교정책이론은 외교정책결정과정에 대한 이론이며, 국제정치이론은 외교정책을 통해서 나타나는 국가의 행동과 그것이 가져온 국제적 결과에 대한 이론을 뜻한다. Waltz 1979, 122−123.

63 국내정치와 국제정치의 연계에 관한 이론들로는 Rosenau ed. 1969; Gourevitch 1978; Keohane and Nye 1977; Putnam 1988 등을 참조할 것.

64 외무부는 전두환 정부의 외교기조를 안보외교, 경제외교, 평화통일 기반조성 외교, 문화외교, 북방외교로 정리하고 있다. 외무부 1990.

65 국가주권의 이러한 속성에 관하여는 Biersteker and Weber eds. 1996을 참조할 것.

일반적으로 권위주의적 정부에게 외부적 환경은 국내에서는 불가능한 극적인 조치를 취하기 위한 기회를 제공하는 영역으로 지적된다. 외교정책의 가용한 목표와 그를 위한 방법들에 대한 국민적 합의가 이루어지게 되는 것은 국내정치 구조에서 무엇이 정당한가에 관한 인식의 일치가 어느 정도 이루어질 때 가능하다. 지도층과 국민들 간에 이와 같은 인식에 있어 차이가 존재하고 국내정치가 불안정하다면, 국내적 결집을 달성하기 위한 돌파구로 모험적 외교정책을 이용하고자 하는 유혹은 강해지게 된다 (Kissinger 1969, 161-175). 특히 권력의 정당성에 대한 견해의 차이가 크고 혁명적인 지도자일 경우 국내에서는 행하기 힘든 극적인 정책을 외부적 환경에서 추구함으로써 국내적 단결을 이루고 어려움을 벗어나고자 하는 시도를 행하게 된다.

전두환 정부에게 있어 1980년 5월 광주의 기억은 대내적 국민설득과 인정의 획득에 강한 족쇄로 작용하였던 까닭에 이를 대외적 노력을 통해 찾을 수밖에 없었다. 국제 사회에의 끊임없는 참여를 통한 인정의 획득이야 말로 대내적 인정 획득을 위한 우회로가 될 수 있었던 것이다. 이러한 맥락에서 순방외교를 통한 정상외교, 국제회의의 개최, 올림픽 유치 등은 국내적 합의와는 상관없이 외부로부터의 승인을 획득하여 내부의 국민을 설득하는 효과적인 방법으로서 간주되었다. 더불어 국제 스포츠 무대에의 참여가 가져다줄 수 있는 승인과 인정의 문제는 전두환 정부의 태생적 한계를 극복하기 위한 노력과 절묘하게 맞아 떨어짐으로써 올림픽의 유치와 성공적 개최는 정권의 명운을 건 사업이 될 수밖에 없었다.

전두환 정부에게 있어 올림픽의 개최는 또 다른 정치적 효용성을 갖는다. 올림픽 개최는 승인과 인정의 획득을 위한 것이었기도 하지만, 국민들의 민주화 및 개헌열망을 억압하는 명분으로서도 활용되었다. 올림픽의 성공적 개최는 전두환 정부 초기에는 절대호헌의 논거로서 제시되었으며, 민주화의 열기가 전 방위적으로 분출되고 있던 1987년에도 4·13 호헌조치의 중요한 명분 가운데 하나가 올림픽의 성공적 개최였다. 대통령 직선제의 요구와 장기집권을 반대하는 한국민의 뜨거운 열기 (그리고 한국민의 요구에 대해 전두환 정부 탄생과 존속에 있어 중요한 역할을 담당하였던 미국이 지지 입장을 표명하였음)에도 불구하고(오기평 1994, 234), 전두환 정부는 개헌논의를 88 서울 올림픽 이후로 미룬다는 4·13 호헌조치를 취함으로써 한국의 민주화 열기에 찬물을 끼얹었다.

그러나 4·13 호헌조치 이후에 이루어진 6월 민주항쟁과 그 결과 탄생한 6·29 선언을 감안한다면, 1987년의 상황은 다른 맥락에서 해석될 수도 있다. 즉 1987년 6월의 함성은 서울 올림픽이 아니었다면 불가능했을 수도 있다는 것이다. 올림픽을 앞두고 세계의 이목이 한국에 집중된 상태에서 군사정권은 학생들의 항의와 소요사태에 보다 폭력적인 대응을 취하지 못했고, 호헌조치 이후 더욱 거세진 국민의 요구 앞에서 전두환 정부는 결국 대통령 직선제로의 개헌을 받아들일 수밖에 없었다. 이러한 측면에서 올림픽 유치는 그것의 유치를 계획하는 정부에게 매력적인 기회를 제공할 뿐만 아니라, 동시에 예측가능한 상당한 정도의 정치적 위험도 동시에 가져다줄 수 있다는 점이 지적되어야 한다.[66] 이는 올림픽의 종료 이후, 사회 전반에 걸쳐 거세게 일어난 민주화 요구와, 노태우 정부로서는 어쩔 수 없이 받아들일 수밖에 없었던 5공 청문회 개최로 인해 전두환이 백담사로 유배생활을 떠나야 했었던 상황이 잘 보여주고 있다.

2. 냉전과 탈냉전의 교차점

전두환 정부의 외교정책 환경은 집권 기간 중 신냉전의 시작과 탈냉전으로의 전진이라는 극에서 극으로의 국제 환경적 변화를 경험하였다는 점에서 매우 독특한 경우에 속한다. 이와 같은 환경적 요인은 전두환 정부의 집권과 외교정책 수행에 있어 많은 영향력을 행사했다고 볼 수 있다.

전두환 정부가 출범했을 당시, 소련의 아프가니스탄 침공 이후 급속히 냉각되고 있던 신냉전의 양극 구조는 전두환 정부의 집권에 매우 유리하게 작용하였다. 1970년대 닉슨(Richard M. Nixon)에 의해 조성되었던 보수적 '평화 구조'는 카터(James E. Carter Jr.)시대에 이르러서는 인권 외교를 통한 변화가 모색되었으나 일관성 부족과 정치적 미숙으로 성공하지 못했고, 1979년 12월 소련의 아프가니스탄 침공은 데탕트의 파산을 야기했다(Gaddis 1990; 295–313; Smith 1986). 이는 결국 1980년대 초 신보수주의 레이건(Ronald W. Reagan) 행정부의 등장으로 귀결되었다(김성주 1993, 59). 레이건의 대소 강경책은 1983년 3월 8일 소련을 "악의 제국evil empire"으로 규정한 연설(Reagan 1984, 363–364)과 2주 후에 발표된 스타워즈Star Wars 계획, 즉 전략방위구상SDI: Strategic Defense Initiative으로 명확히 드러났으며(Reagan 1984, 442–443), 1983년 9월 1일 발생한 대한항공 007기 격추 사건은 레이건의 대소 강경책에 힘을 실어줌으로써 신냉전을

---

66 서울 올림픽을 1964년 동경 올림픽, 1968년 멕시코 올림픽과 비교·분석하여 이와 같은 분석시각을 보여주고 있는 연구로 Manheim 1990을 참조할 것.

절정으로 치닫게 하였다.

신냉전의 분위기가 도래하고 있는 가운데, 카터 행정부 말기에 행해진 전두환 정부에 대한 미국의 승인은 새롭게 집권한 레이건의 신보수주의 정권이 강력한 대한 지원 정책을 취하는 데 있어 모든 장애요인을 사전에 제거해준 결과가 되었으며(오기평 1994, 216-227), 전두환 정부의 존속에 커다란 도움이 되었다. 만약 소련의 아프가니스탄 침공과 이로 인한 신냉전의 도래가 없었다면 전두환 정부는 출범 후의 정국 안정에 훨씬 더 많은 어려움을 겪어야 했을 것이다. 그러나 1980년대 중반을 넘어서면서 국제 환경은 정반대의 방향으로의 변화조짐을 보인다.

1980년대를 전반적으로 다원주의로의 근본적인 변화를 경험한 시기로 평가하는 시각이 존재한다. 군사력을 위주로 한 국가중심의 안전보장을 제1의적 명제로 삼던 현실주의 정치가 퇴조하고, 정치적 민주화를 잉태한 다원주의 정치로 대체되던 시기였다는 것이다(Viotti and Kauppi 1987). 국제정치에서 군사력이 지니는 의미가 제한되면서 경제적 복지에 역점을 두는 하위정치의 중요성이 높아지는 등 다원주의적 질서로의 이행이 현저해졌다. 전 세계를 민주화의 물결이 휩쓸고 있었고(Huntington 1991), 이는 한국에도 영향을 미칠 수밖에 없었다.

이러한 변화의 흐름 속에서도 한·미 정부는 1981년 레이건 대통령의 취임 이후 한국 사회가 개헌의 소용돌이에 둘러싸인 1986년 전까지는 대단히 밀접하고도 우호적인 관계를 유지했다. 이 시기 한·미 양국의 관계는 더 이상 좋을 수 없다고 말할 정도로 마찰 없는 시간을 보냈다. 레이건 행정부는 해·공군력을 강화, 소련의 극동군사력을 견제하면서 아시아에서 닉슨 독트린Nixon Doctrine 이후 만연된 미국의 방위공약에 대한 우방의 불신을 만회하려 하였다. 이를 위해 전임 카터 행정부와는 달리 우방의 국내 정치 문제와 안보를 분리하여 대소 전략적 차원에서의 필요에 초점을 맞춘 군사적 지원을 계속하였고, 정치적 현안 문제는 가급적 조용한 외교를 통한 막후교섭으로 해결하고자 하였다(홍규덕 1993, 332). 그러나 이와 같은 한·미 간의 밀월은 80년대 초반 미·소관계의 악화에서 유래되었을 뿐 한국과 미국의 구조적 이해의 차이를 극복한 것은 아니며, 단지 국내 정치 문제를 간섭하지 않는 것이 동맹의 유지에 도움이 되며 조용한 설득과 비밀 외교가 현실적으로 한국 정부를 온건하게 만드는데 보다 효과적이라고 판단했기 때문이라는 주장 또한 존재한다(한승주 편 1988, 213). 따라서 냉전의 구조가 변화할 경우, 한·미관계 또한 또 다른 변화를 경험할 수밖에 없는 상황이었다고 볼 수 있다.

전두환 정부의 집권 중반기를 넘기면서 신냉전으로 얼어붙었던 국제정치의 무대는 다시 해빙의 분위기를 맞이하게 된다. 1984년 2월 소련 공산당 서기장 안드로포프(Yury V. Andropov)가 사망하였고, 그의 뒤를 이어 심각한 건강상의 문제를 가지고 있던 고령의 체르넨코(Konstantin U. Chernenko)가 소련 최고지도자가 되었다. 1985년 3월 체르넨코가 사망하면서 늙고 병든 고리타분한 소련지도부의 시대는 가고 고르바초프(Mikhail S. Gorbachev)가 등장함으로써 세상은 전과는 전혀 다른 세계로 향하게 된다(Gaddis 1992).

서기장에 취임하기 전인 1984년 12월의 영국 방문 시 "소련은 핵미사일에 대한 감축 문제에 있어서 '과감한 해결'을 추구할 준비가 되어 있다(Talbott 1984, 355−356; Gaddis 1992, 126)."라고 선언한 바 있는 고르바초프는 집권 후 페레스트로이카(Perestroika)와 글라스노스트(Glasnost)의 기치 아래 서방과의 급격한 관계개선을 모색한다. 1988년 초여름은 고르바초프 개혁의 절정을 이룬 시기였다. 5월의 모스크바 정상회담, 6월의 공산당 19차 대회에서의 정치적 자유화와 비공산당 승인 조치, 러시아 동방 정교교회 1,000주년에 즈음한 교회와의 화해 등이 모두 이 시기에 이루어진 일들이었다(Walker 1993, 302). 러시아의 대표적인 냉전사가인 런던정경스쿨LSE의 주복(Vladslav Zubok)은 1988년은 소련 내부의 페레스트로이카에 그친 것이 아니라 '세계의 페레스트로이카'를 추구하며 새로운 세계질서를 추구한 해라고 평가한다(Zubok 2001, 55−56). 모스크바 올림픽과 LA 올림픽에 미국과 소련이 상호 불참을 선언했던 것과는 무관하게 서울 올림픽에의 적극적 참여를 결정했던 것은 고르바초프의 이와 같은 개혁정책에 힘입은 바 크다.

즉, 전두환 정부의 집권 기간은 공교롭게도 신냉전의 시작과 끝에 해당한다. 이러한 시기적 상황은 전두환 정부의 집권에 긍정적으로 작용하였을 뿐만 아니라 올림픽의 성공적 개최를 가능케 했으며, 동시에 군사독재와 제5공화국 종말의 한 요인으로서 작동하였다고 볼 수 있을 것이다.

1988년 서울 올림픽 유치과정

1. 박정희 정부의 유산과 올림픽 유치

1970년대 말 국내정치가 장기간에 걸친 독재와 급속한 산업화와 경제성장과정에서 파생된 부작용들의 노출로 몸살을 앓고 있을 때, 소련은 아프가니스탄을 침공하고, 미국은 중거리 핵미사일을 유럽에 배치함으로써 신냉전의 도래를 알렸다. 소련의 아프가니스탄 침공에 대한 항의의 표시로 미국을 위시한 서방측이 1980년 모스크바 올림픽 참가를 거부하기로 결정하자, 공산권은 1984년 LA 올림픽 대회에의 불참으로 응대하였다. 신장된 경제력에 기반을 둔 자신감으로 공산권과의 문호 개방 정책을 추진하고 있던 한국 정부는 스포츠·문화·학술교류 등을 통한 공산권과의 접촉을 시도하여 일부 성과를 거두었으나, 비정치적 분야의 접촉을 통하여 정치적 접촉을 가능하게 하는 것이 당시 외교의 당면과제였다. 이런 상황에서 박정희 정권은 국민총화와 대공산권 교류확대라는 명분을 내세워 올림픽 유치를 추진하기로 결정했다(공보처 1992, 430-431).

올림픽 유치 결정의 직접적 계기가 된 것은 1978년 9월 24일부터 10월 5일까지 12일 동안 서울 태릉 국제종합사격장에서 개최된 세계사격선수권대회였다.[67] 이 대회는 대한체육회가 국제올림픽위원회에 가입한 이래 30년 만에 처음으로 치러보는 세계적 규모의 대회였다. 한국은 이 행사를 성공적으로 치러냈고, 이는 그동안 세계선수권대회를 한 번도 치러 본 경험이 없는 한국 스포츠계에 대규모 국제 경기 대회를 운영할 수 있다는 자신감을 심어주었다. 이 대회에는 비록 공산권 국가들이 불참하였으나, 한국은 68개국에서 1,500여명이 참가한 국제 대회를 성공적으로 개최·진행하였다. 이와 같은 성공에 힘입어 대회집행위원회 간부들은 은연중에 올림픽 유치의 가능성이 있음을 시사함으로써 대내적 요건을 조성했고(대한올림픽위원회 편 1982, 6-7), 1979년

---

67 서울 올림픽 유치 아이디어가 누구로부터 시작되었는가에 대해서는 많은 주장들이 있지만, 당시의 문헌들을 검토해보면 박종규의 노력으로 올림픽 개최 아이디어가 본격적인 힘을 얻게 되었다고 보는 것이 가장 타당할 것 같다. 1978년 서울에서 개최된 제42회 국제사격선수권대회의 성공적 개최를 목도한 당시의 사격연맹회장이자 1979년 대한올림픽위원회(KOC: Korean Olympic Committee) 회장에 선임된 박종규는 올림픽 개최라는 아이디어를 적극 추진하였다. 박정희의 심복이었던 박종규는 처음에는 미온적이었던 박정희를 설득하여 올림픽 유치라는 결정을 얻어내었다. 박종규의 역할과 박정희의 올림픽 유치 결정과정에 대해서는 고의석·이경훈 2001을 참조할 것.

10월 8일, 정상천 서울시장이 내외신 기자회견을 통해 88 올림픽을 개최키로 결정하여 IOC에 공식 요청했다고 발표하였다. 그러나 10·26 사건으로 인한 대통령 박정희의 사망으로 올림픽 유치 노력은 중단될 수밖에 없었다.

전두환 정부의 출범과 함께 올림픽 유치 논의가 다시 시작되었다. 올림픽추진위원회(위원장: 국무총리)에서는 올림픽 유치에 대한 찬성과 반대세력이 팽팽히 맞섰고, 명분 있는 포기방법이 논의되는 등 소극론까지 대두하였다. 그러나 대통령 전두환의 강력한 지시에 의해 1981년 제3차 대책회의는 올림픽을 유치하기로 결정하였고, 올림픽유치는 정권의 명운을 건 사업으로서 추진되게 되었다.

상황은 호의적이지 않았다. 뒤늦게 뛰어든 한국에 비해 오스트레일리아의 멜버른과 그리스의 아테네, 일본의 나고야는 이미 올림픽 유치 활동에 돌입해 있었다. 그러나 1981년 오스트레일리아의 멜버른과 그리스의 아테네가 24회 올림픽 유치신청을 포기함으로써, 올림픽 대회 유치 경쟁은 한국의 서울과 일본의 나고야의 대결로 압축되었다. 한국은 IOC 및 올림픽 총회 대표단과 민간유치위원회를 구성, ANOC 총회와 올림픽 총회에 참석하여 IOC 위원 및 국제스포츠계의 유력인사들을 대상으로 적극적인 유치교섭 활동을 벌이는 노력을 전개하였고,[68] 1981년 9월 30일 서독 바덴바덴에서 개최된 IOC 총회에서 52 대 27의 득표로 일본 나고야를 제치고 서울 유치를 확정하게 되었다(공보처 1992, 431).

2. 사전적 조치: 아시안게임의 유치

서울 올림픽 개최가 결정된 후 아시안게임 유치의 필요성이 제기되었다. 86 아시안게임을 유치할 경우, 88 서울 올림픽 대회를 위한 준비시설들을 활용할 수 있을 뿐만 아니라, 세계적인 규모의 올림픽을 성공적으로 치르기 위한 준비와 예비의 장이 될 수 있다고 보았기 때문이다. 88 올림픽을 위한 86 아시안게임의 개최라는 아이디어는 이미 박정희 정부 시절에 제시된 바 있었다.

이와 같은 유치 필요성에 따라, 1981년 서울특별시장이 아시안게임 유치의사를 공식적으로 표명하였다. 뒤이어 국회에서 추진 계획을 마련하였고, 유치교섭단을 파견하고, 주재국 공관을 통한 교섭과 유치홍보에 적극적으로 매진하였다. 그 결과 1981년

---

68 서울 올림픽 유치과정과 대표단의 역할에 관해서는 전상진 1989; 김명섭·양준석 2014를 참조할 것.

11월 26일 아시안게임의 서울 유치가 결정되었다(경향신문사 1987b, 565). 서울 아시안 게임은 86년 9월 20일부터 10월 5일까지 서울을 비롯한 부산, 대구, 광주, 대전 등지에서 개최되었고, 36개 OCA 회원국 중 27개국이 출전했다(경향신문사 1987a, 382).

사실 우리나라가 아시안게임에 출전하기 시작한 것은 1954년이었다. 한국은 가입 이래 꾸준한 참가를 유지해 왔으며, 1970년에는 제6회 아시안게임의 서울유치라는 성과를 거두기도 하였다. 그러나 경제개발이 앞서야 한다는 정부의 방침에 따라 1970년 서울유치는 취소되고, 어렵게 유치했던 대회를 반납해야 했다. 이로 인한 국위실추 또한 적지 않았으나, 86 아시안게임의 성공적 개최는 이러한 과거의 아쉬움을 잊게 하였고, 88 서울 올림픽의 성공적 개최에 대한 기대를 높게 하였다.

3. 올림픽 유치 결정 이후의 진행과정

(1) 체육부 설치와 국제회의 개최

일단 올림픽 개최가 확정되자 정부로서는 어떻게 해서든지 올림픽을 성공적으로 개최해야만 했다. 본 장의 제2절 제1항에서 지적하고 있는 바와 같이 "자국 스포츠의 질을 향상시키고, 국민적 자부심을 고양하며, 성공적 운용을 통해 경제적 이득을 획득함은 물론 경제적 부가효과를 얻을 수 있다."는 올림픽 유치와 관련된 정부의 선전은 공언된 목표의 달성에 스스로를 구속하는 효과를 갖게 된다. 서울 올림픽은 군사 쿠데타에 의한 정권탈취라는 취약한 기반을 안고 출발하였던 전두환 정부의 정당성과 인정의 획득을 위한 수단으로서 고안되었다. 그러나 일단 유치가 확정된 이상 전두환 정부에게 올림픽의 성공적 개최는 반드시 달성해야만 할 목표가 되어 정부를 압박하게 된 것이다.

올림픽 유치가 확정된 이후 가장 눈에 띄는 제도적 변화는 체육부의 발족이었다. 정부는 올림픽 서울 유치가 확정된 직후 7년 동안의 준비과정에서 이를 뒷받침할 전담기구를 제도화하였다. 행정부에 체육부를 신설한 것인데, 이는 한국 스포츠 발전과정에 있어 매우 중요한 의미를 갖는다. 체육부 발족 이전의 체육에 관한 업무는 문교부 산하 문화국 체육과에서 관장하고 있었다. 82년 3월 20일 정부조직법 개정에 따라 체육부가 신설됨으로써, 하나의 독립부인 중앙행정 기관이 체육에 관한 업무를 관장케 되었다(경향신문사 1987b, 543).

체육부의 발족과 함께 전두환 정부는 올림픽의 성공적 개최를 위한 전 방위적인 노력에 돌입하였고, 이는 국제 사회에 대한 올림픽 참가 설득으로 이어졌다. 올림픽의 성공을 참가국 수의 확대와 행사의 대규모화로 보장받으려 한 것이다. 정부는 올림픽 사상 최다수국의 대회참가 실현을 목표로 하고, 특히 미수교국의 참가 유도에 역점을 두었다. 이 과정에서 1984년 12월 스위스 로잔에서 개최된 제89차 IOC 특별총회에서 모든 국가올림픽위원회NOC의 대회참가를 확약하는 '로잔느 결의안'을 채택하기도 하였다(외교통상부 1999, 257-258). 이러한 유치 활동의 결과, 초청장을 받은 167개 NOC 중 161개국이 당초 참가를 통보하여 왔는데(불참 예정국은 북한, 쿠바, 니카라과, 이디오피아, 세이쉘, 알바니아 6개국), 마다가스카르가 국내사정으로 불참하게 되어 결과적으로는 30개 미수교국을 포함하여 160개국이 참가하게 되었다.

다른 한편으로는 올림픽 유치의 실전연습이자 대외적 인정 확보 정책의 하나로서 수많은 국제회의가 개최되었다. <표 5-1>은 올림픽 유치 결정 이후 한국에서 개최된 국제회의들을 정리한 것이다.

표 5-1 ▷ 올림픽 유치 결정 이후 개최된 국제회의들

날짜	개최회의명
1982년 9월 21일-10월 1일	제23차 세계여성단체협의회
1982년 9월 24일-10월 18일	서울국제무역박람회
1982년 10월 13일-10월 15일	아태통신사기구(OANA)이사회
1982년 11월 3일-11월 18일	제37차 국제청년회의소(JCI) 세계 대회
1983년 9월 25일-9월 30일	제53차 미주여행업협회 ASTA(American Society of Travel Agents) 총회
1983년 10월 2일-10월 13일	제70차 국제의회연맹(IPU) 총회
1984년 5월 21일	제63·64차 관세협력이사회(CCC)
1984년 7월 16일	대한국제경제협의회(IECOK)
1984년 9월 15일-9월 20일	아태국회의원연맹 제20차 총회 및 제37차 이사회
1984년 9월 27일	제3차 아시아올림픽평의회(OCA) 총회
1984년 10월 8일-10월 11일	제40차 국제통화기금(IMF) 세계은행(IBRD) 총회
1985년 9월 3일-9월 7일	섬유수출국 개도국회의
1986년 5월 30일-6월 1일	제4차 세계통상장관회의
1987년 4월 27일-5월 1일	제15차 국제항만협회(IAPH) 총회

출처: 저자 작성.

(2) 북한요인과 대응과정

사실 1984년의 로잔느 결의안은 서울 올림픽에 대한 북한의 방해공작에 대한 대응 과정에서 파생된 것이었다. 한국 외교에 있어 북한은 언제나 무시할 수 없는 중요한 변수들 중 하나이며, 이는 올림픽 유치와 개최까지의 과정에서도 마찬가지였다.

북한은 서울 올림픽 개최를 방해하기 위하여 크게 두 가지 공작을 전개하였다. 첫째는 공포 분위기를 조성하여 참가 선수와 임원들이 불참하도록 유도하는 것이었고, 둘째는 공동주최를 표방한 대남협상을 벌임으로써 한국 국민들의 단독 올림픽 개최 반대를 유도하여 올림픽 개최를 불가능하게 만들려는 방향으로 시도되었다(외교통상부 1999, 259).

공포 분위기 조성을 위한 북한의 시도는 두 차례의 테러로 나타났다. 1983년 10월의 아웅산 테러 사건과 1987년 11월의 대한항공 858기 폭파 사건이 그것이다. 아웅산 테러는 전두환 대통령의 서남아·대양주 6개국 공식 순방 첫 방문국인 버마(현 미얀마)의 아웅산 묘소에서 일어난 폭발 사건으로 대통령의 공식·비공식 수행원 17명이 사망하고 14명이 중경상을 입었다. 대한항공 858기 폭파 사건은 1987년 11월 바그다드발 서울행 대한항공기에 폭탄을 장치, 안다만 열도 상공에서 폭파시킴으로써 탑승객 전원을 사망케 한 사건으로, 이 사건은 특히 전 세계적인 탈냉전 무드에도 불구하고 한반도를 여전히 냉전의 잔재로서 머무르게 하는 강력한 족쇄로서 작용하였다.

공포 분위기 조성과 더불어 진행된 북한의 또 다른 시도는 남북한 공동개최 제시와 올림픽 개최지 변경 요구였다. 1984년 12월 16일 북한 올림픽위원회의 위원장 김유순은 IOC 위원장인 사마란치에게 편지를 보내 88 올림픽 개최지 변경을 요구하고 나섰다. 로잔느 결의안은 북한의 이러한 제의에 대한 대응 방안으로서 채택된 것이었다.

2차 냉전의 도래와 더불어 생겨난 서방측의 80년 모스크바 올림픽과 공산권의 84년 LA 올림픽 보이콧과 비교했을 때 서울 올림픽은 분명히 다른 양상을 노정하였다. 올림픽의 남북공동개최 시도가 실패하자 북한은 공산권의 보이콧을 주장했지만, 고르바초프는 김일성을 모스크바로 불러 소련과 다른 동구권 국가들의 서울 올림픽 참가를 일방적으로 통보했다. CNN 냉전시리즈는 이 순간을 북한이 "소련이 주도하는 사회주의 동맹의 성격이 영원히 변했다는 것을 깨달은 첫 번째 사건"이었으며 고르바초프가 세계를 놀라게 하면서 보인 "조금 더 평화로운 세계로의 또 다른 사인"이라고 평가한다

(Isaacs and Downing 1998, 370을 강규형 2003, 251에서 재인용). 당시 소련의 입장이 올림픽을 보이콧하고 동구권에게 보이콧을 종용할 입장이 아니었기에 과감히 참석을 결정했고, 중국과 더불어 올림픽의 성공을 은근히 지원했으며, 이것이 서울 올림픽 성공의 요소 중 하나로 작용했다고 볼 수 있다(강규형 2003, 251).

III 서울 올림픽과 전두환 정부 외교정책의 특징

국제정치 혹은 국제관계의 연구가 등장한 것은 국민국가nation-state의 등장만큼이나 오래된 것이지만, 외교정책 연구가 의식적인 이론적 시도로서 이루어지기 시작한 것은 2차 세계대전 이후였다고 볼 수 있다(Hudson and Vore 1995, 212). 이와 같은 외교정책 연구의 경향은 크게 세 갈래로 나눌 수 있는 바, 외교정책의 배경과 환경에 대한 연구foreign policy context, 외교정책결정과정에 대한 연구foreign policy decision making, 비교외교정책 연구comparative foreign policy 등으로 구분할 수 있을 것이다.[69] 즉 환경/과정/제도에 대한 연구이다. 이들 연구경향은 다양한 분석방법의 개발과 함께 외교정책 연구의 폭과 깊이를 넓혔고, 이에 힘입어 오늘날 외교정책의 연구자들은 관심과 분석의 대상에 따라 다양한 연구방법을 취사선택할 수 있게 되었다(Hudson and Vore 1995, 226).

'외교정책은 국내정치와 국제정치를 연결해주고, 국가를 대표하는 정부가 중요한 행위자이며, 외교정책 탐구는 국제정치 탐구를 위한 하나의 방법'으로 규정한다면, 전두환 정부의 외교정책 또한 이와 같은 틀 속에서 상기한 세 가지 연구경향 중 하나에 대한 선택 혹은 교차적 적용을 통하여 분석될 수 있겠지만, 어떠한 분석 방법을 선택하든 다음과 같은 몇 가지 두드러진 특징들에 의해 영향받게 될 것이다.

첫째는 시기적 특성이다. 전두환 정부 집권 시기는 냉전과 탈냉전의 교차점이라고

---

69 대개의 경우 비교외교정책 연구는 James N. Rosenau의 1966년 연구인 "Pre-theories and Theories of Foreign Policy"를, 외교정책결정과정 연구는 Richard C. Snyder, H. W. Bruck, Burton Sapin이 1954년 발표한 *Decision-Making as an Approach to the Study of International Politcs*를, 그리고 외교정책 환경에 대한 연구는 슈프라우트 부처(Harold and Margaret Sprout)의 1956년 저작인 *Man-Milieu Relationship Hypotheses in the Context of International Politics*를 그 시작으로 간주한다.

할 수 있지만, 한반도는 북한 요인의 존재로 인하여 냉전적 구도에서 벗어나지 못하고 있었다. 이와 같은 냉전 구조는 본질적으로 정부의 외교정책 선택의 여지를 제한한다. 전두환 정부의 외교정책에 대한 대부분의 연구들이 환경의 도전에 대한 대응이란 도식에서 크게 벗어나지 못하는 까닭이기도 하다. 올림픽을 기점으로 하여 한국의 국가 발전은 새로운 단계에 진입하게 되었고, 내부적 구성요소들의 자율성 신장과 민주화에 따른 정책결정과정의 투명화, 그리고 제도적 발전 등이 뒤를 잇게 되었다. 하지만 전두환 정부 시기 국내변수들이 외교정책 결정에 미치는 영향은 극히 미미하였고, 냉전 구조와 분단 구조라는 특수한 상황에 대한 반응의 수준을 크게 벗어나지 못하였다.

둘째는 행위자의 문제이다. 외교정책결정과정에서는 '누가, 언제, 어떻게'의 문제가 명확하지 않은 경우가 많다. 대개의 경우 외교정책 결정은 그 누구도 "'X'가 어떤 주어진 날에 그 결정을 내렸다."라고 말할 수 없는 일정한 시간의 경과 속에서 점진적 과정을 통하여 이루어지기 십상이다. 그러나 모든 정부 혹은 여당 내에서 외교정책 형성의 정점에는 정부의 자원들을 활용할 수 있고 동시에 정부 내의 다른 존재들에 의해 그 위치를 위협받지 않는 일단의 행위자들이 존재한다.

마가렛 허만(Margaret G. Hermann)과 찰스 허만(Charles F. Hermann)은 이러한 행위자들을 '최종결정단위the ultimate decision unit'라고 지칭하였다(Hermann and Hermann 1989). 그들은 이 결정단위들이 정책의 성격과 시기에 따라 달라질 수는 있지만, 그 구조가 정부의 외교정책을 형성할 것이라고 보았으며, 이를 '두드러진 지도자predominant leader, 단일한 지도집단single group, 다수의 자율적인 행위자들multiple autonomous actors'로 구분하고 있다. 동시에 이들 정책결정단위는 '외부적 요인에 의해 영향을 받는 경우 externally influenceable unit'와 '영향을 받지 않는 경우self-contained unit'로 구분된다. 전두환 정부의 외교정책 결정에 있어 이 최종결정단위는 대통령 전두환 본인이 될 것이다. 허만의 분류기준에 따라 올림픽 유치결정과 관련해 전두환 정부의 최종결정단위를 파악해본다면,[70] '외부적 요인에 의해 영향을 받지 않는 두드러진 지도자'로 분류된다.

물론 전두환 정부의 최종결정단위를 무엇으로 파악해야 하는가에 관해서는 다양한 의견이 존재할 수 있다. 그러나 이 시기까지의 한국이 전통적으로 대통령 중심제 국가였다는 점, 대북 및 외교정책에 있어서는 최고 권력자인 대통령이 국민의 뜻과 무관하게 정책을 결정하는 경우가 많았다는 점, 박정희의 사망과 어려운 경제 상황으로 인하

---

[70] 최종결정단위의 분류 방법은 Hermann 1989, 370-371을 참조할 것.

여 경제부처에서 서울 올림픽을 반대하는 상황에서 올림픽 유치 결정에는 전두환의 의지가 가장 강력한 동인으로 작동하였다는 점, 전두환이 권위주의적이고 강압적인 리더십을 행사하였다는 점,[71] 정책의 결정과정에 영향력을 행사한 특별한 다른 내·외부적 행위자들이 없었다는 점 등을 감안한다면, 전두환 정부의 외교정책은 '외부적 요인에 의해 영향을 받지 않는 두드러진 지도자'인 전두환에 의해 주도되었다 볼 수 있다. 이는 결국 환경요소를 제외한 제도와 과정에 대한 분석이 미진할 수밖에 없는 원인으로 작동하게 된다.

세 번째는 스포츠의 도구적 사용이다. 전두환 정부 시기 스포츠는 대내적으로는 프로 스포츠의 출범 등을 통해 정치적 상징 조작의 도구로서 정부에 대한 불만의 우회적 분출구 역할을 하였고, 대외적으로는 엘리트 체육에 기반을 둔 국가의 위신 강화와 승인 획득을 위하여 동원되어졌다. 특히 올림픽 유치 결정은 외부적 환경에 대한 반응의 결과로서 이루어졌다기보다는, 한반도에 상존하는 냉전 구조 속에서 안보와 경제 문제에 있어 독자적인 노선 추구의 한계를 가진 전두환 정부가 독자적 추진력을 가지고 진행한 점이 부각되어져야 할 것이다. 냉전 구조 속에 종속되어 있는 상황에서 대외정책의 선택은 제한될 수밖에 없었고, 그러한 상황 속에서 올림픽의 개최는 정부가 대외 관계 구축에 있어 독자성을 가지고 추진할 수 있는 매력적 대안으로서 작동하였다.

Ⅳ 소결 및 함의

서울 올림픽을 통해 전두환 정부가 이루고자 했던 목표는 크게 세 가지로 분류할 수 있을 것이다. 첫째, 올림픽 유치와 개최를 통한 대외적 승인과 국민 관심의 전환을 통해 정권을 안정시킨다. 둘째, 세계의 관심을 서울로 끌어들임으로써 북한의 위협을 세계가 새롭게 인식하는 계기로 만들고 북의 침략에 대한 일종의 보험을 확보한다. 셋째, 세계에 한국의 경제발전 상황과 신장된 경제력을 과시할 수 있는 기회로 삼는다. 이와 같은 정책목표를 정리하면 <그림 5-1>와 같이 나타낼 수 있을 것이다.

---

71 전두환의 리더십과 정책결정 스타일에 관해서는 김승채 2007; 김호진 2006; 정윤재 2001; 함성득 2000 등을 참조할 것.

| 그림 5-1 | 서울 올림픽 개최와 전두환 정부의 정책 목표 |

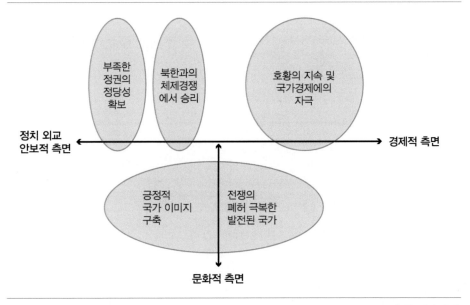

출처: 저자 작성.

　결과적으로는 성공 가능성 여부마저 희박해 보였던 올림픽 유치에 성공함으로써 전두환 정부는 이후의 집권 기간 동안의 정책추진에 있어서 올림픽을 효과적인 도구로서 사용할 수 있었고 이루고자 했던 목표의 달성에 성공하였다. 하지만 동시에 올림픽의 성공적 개최라는 정책목표와 서울에 쏠린 세계의 관심은 전두환 정부에게 족쇄로 작용함으로써 1987년 6월의 민주화 운동과 6·29 선언, 그리고 군사 정부의 종언이라는 결과를 가져왔다고 평가할 수 있을 것이다. 올림픽은 한국 정치사에 있어 하나의 분기점으로서 작동하였으며, 올림픽 이후의 상황과 이전의 상황은 많은 면에 있어 큰 차이점들을 노정하고 있다. <그림 5-2>은 정책목표에 대한 달성의 정도를 임의의 선 위에 표시하였을 때 서울 올림픽의 성공에 대한 정도를 저자의 판단 하에 표시한 것이다.

그림 5-2 ▶ 서울 올림픽과 그 평가

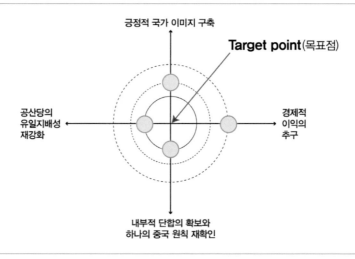

출처: 저자 작성.

이 시기 국제정치의 무대에서는 초국적 세력의 성장이 두드러졌다. 초국적 세력의 성장이 국내정치에서 갖는 의미는 케인즈주의적 복지국가 체제를 받쳐 주었던 사회세력의 약화이다. 복지국가는 국내시장을 중시하는 산업자본가, 노동자 및 이들과 연계된 노동부, 복지부, 산업/상공부 등 국가 기구들의 연합을 바탕으로 성립되었다. 그러나 경제의 세계화 추세와 더불어 초국적 기업과 금융기관, 재무부 등의 힘이 증대함에 따라 복지국가연합을 대신하여 초국적 세력들의 연합이 많은 선진국들에서 지배적인 세력으로 등장했다. 따라서 이들의 이데올로기인 신자유주의가 국내적으로 수용될 수 있는 정치적 조건이 만들어졌다(정진영 2000, 74). 초국적 기업들의 세력이 강해지고, LA 올림픽 이후 자본의 논리가 강화되면서 올림픽은 자본의 의지가 작동하는 무대가 되었다. 자본가의 입장에서 볼 때 국제적 스포츠 행사는 자국 내의 문제 해결을 위해 타국의 자본가들을 압박하는 자본 간의 경쟁이 행해지고 있는 영역이라고 할 수 있다. 이러한 자본의 논리는 새로운 경쟁의 장을 필요로 했고, 서울 올림픽이 모스크바나 LA 올림픽과 같은 반쪽 올림픽이 되지 않도록 하는 배후적 압력으로서 작동하였으며,[72] 이는 전두환 정부에게 압박 요인으로서 작동하였다고 볼 수 있다. 올림픽 이후 한국 내

---

[72] 상업 활동과 국제 스포츠 기구가 국가의 정책결정에 미치는 영향에 대해서는 Houlihan 1997을, 초국적 스포츠 국제 기구의 주도적 역할에 대해서는 Redeker 2008을 참조할 것.

에서도 신자유주의의 물결은 거세게 전 사회를 뒤덮었다.

오늘날에 이르러서도 정치와 외교의 영역에서 스포츠는 여전히 그 도구적 유용성이 가장 먼저 강조된다. 특히 '소프트 파워soft power' 개념73의 히트 이후, 스포츠의 도구적 유용성은 더욱 주목받고 있다. 그러나 스포츠는 도구로서의 유용성을 담지함과 동시에 달성되어야 할 목표로서 작동하며 이는 도구적 사용자에 대한 족쇄로서도 작동할 수 있음이 지적되어야 할 것이다. 전두환 정부와 88 서울 올림픽 간에 존재하였던 상호작용은 이에 대한 좋은 실례를 제공한다.

---

73 나이는 1991년에 출간된 *Bound to Lead: The Changing Nature of American Power*를 통해 소프트 파워 개념을 전면에 내세웠고, 이후 2004년의 *Soft Power: The Means to Success in World Politics*에서 좀 더 진전된 논의를 행하고 있으며, 2008년의 *The Powers to Lead*에 이르러서는 스마트 파워라는 개념을 등장시키고 있다.

사 건 일 지

1979년 3월 16일 대한 체육회가 88 올림픽 서울 개최를 문교부에 첫 건의

1979년 4월 3일 서울특별시에 대하여 유치에 관한 객관적 가능성 및 시의성을 검토한 자료와 함께 아시아경기대회 유치에 필요한 자료협조 의뢰

1979년 8월 22일 "88 올림픽 대회 유치 계획의 사회 경제적 실현가능성"이라는 자료를 포함, 문교부가 올림픽 유치를 위한 자료를 성안 제출

1979년 9월 3일 국민체육진흥심의회, 제24회 올림픽의 서울 유치 계획 의결

1979년 9월 21일 박정희 대통령 서울 올림픽 계획 재가

1979년 10월 8일 세종문화회관에서 내외신 기자회견, 제24회 올림픽의 서울 유치 계획 정식발표

1979년 10월 26일 박정희 피살, 올림픽 유치 활동 중단

1980년 1월 19일 '88년 서울 올림픽 유치를 단념' 공식발표, 유치준비 철회

1980년 11월 6일 전두환 대통령 선출과 올림픽 논의의 재개

1980년 12월 2일 서울시는 88 올림픽 유치 후보국이 될 것을 IOC에 공식 통보

1980년 12월 4일 국제올림픽위원회(IOC: International Olympic Committee), 한국 서울, 일본 나고야가 후보도시임을 발표

1981년 올림픽 추진위원회(위원장: 국무총리) 조직 및 실무대책위원회 구성

1981년 2월 26일 IOC에 유치신청서 접수

1981년 9월 30일 IOC 총회에서 서울 전시관에 대한 호평과 제안 설명에서의 성실한 답변 등으로 많은 부동표 흡수, 투표 결과 57 : 27의 득표로 나고야 제치고 서울 유치 확정

1986년 4월 제5차 아시아 올림픽평의회 총회 서울에서 개최, 국제 스포츠 기구 및 회원국으로부터의 지지 확인

1986년 9월 제10회 아시안게임 서울, 경기, 부산, 대구, 광주, 대전의 6개 시·도에서 27개국 4,839명의 선수단이 참가한 가운데 95개 종목(169개 서부 종목)의 경기와 문화 예술 축전 등 개최

1988년 9월 17일 제24회 서울 올림픽 게임 개최. 초청장을 보낸 167개 NOC 중 161개국 참가 통보 (불참 예정국: 북한, 쿠바, 니카라과, 에티오피아, 세이셸, 알바니아 6개국), 마다가스카르가 국내사정으로 불참하여 30개 미수교국을 포함하여 160개국이 참가, 1만 3,303명의 선수·임원 참가, 연인원 60만 4,520명의 대회 운영 요원 참여, 대회 16일간 23개 종목에 9,417명의 선수가 출전하여 세계 신기록 33개와 세계 타이기록 5개, 올림픽 게임 신기록 227개 달성

1988년 10월 15일 제8회 서울 장애자 올림픽 게임,[74] 10월 24일까지 10일간 서울과 경기도에서 개

---

[74] 당시 사용한 용어를 그대로 사용하고 있음.

최. 16개 경기 종목에 61개 국가(옵저버: 알제리)가 참가, 이 중에는 북한의 단독 수교국 8개국도 포함, 총 7,369명 참가

참 고 문 헌

강규형. 2003. "한국과 냉전: 제2냉전 성립기의 KAL기 격추 사건과 그 종식기의 서울 올림픽이 냉전에 미친 영향을 중심으로." 『정신문화 연구』 26 – 2.

경향신문사. 1987a. 『실록 제5공화국』 제1권. 서울: 경향신문사.

경향신문사. 1987b. 『실록 제5공화국』 제4권. 서울: 경향신문사.

고의석 · 이경훈. 2001. "Baden Baden에서의 한국 대표단의 서울 올림픽의 성공적 유치과정에 관한 연구." 『체육연구논문집』 8 – 1.

공보처. 1992. 『제6공화국실록』 제4권. 서울: 정부간행물제작소.

김계동 옮김. 2013. Anderew Heywood. 『국제관계와 세계정치』. 서울: 명인문화사.

김계동 외. 2007. 『현대외교정책론』. 서울: 명인문화사.

김명섭 · 양준석. 2014. "서울 올림픽 유치의 정치외교사: 1981년 서울은 어떻게 올림픽 개최권 획득에 성공했나?" 『국제정치논총』 54 – 5.

김성주. 1993. "한국외교정책사." 이범준 · 김의곤 공편. 『한국외교정책론: 이론과 실제』. 서울: 법문사.

김승채. 2007. "전두환 대통령과 국가질서." 한국정치학회 · 관훈클럽 편. 『한국의 대통령 리더십과 국가발전』. 서울: 인간사랑.

김영식. 1995. "제5공화국의 대외정책." 한국정치외교사학회 편. 『한국외교사 Ⅱ』. 서울: 집문당.

김정원. 1996. 『한국외교발전론』. 서울: 집문당.

김태현. 2008. "외교력 연구: 개념적 분석과 정책제언." 『국가전략』 14 – 1.

김하영 · 임태성. 1994. "서울 올림픽이 한국의 정치 · 외교적 변동에 미친 영향." 『한국체육학회지』 33 – 2.

김호진. 2006. 『대통령과 리더십』. 서울: 청림출판.

대한올림픽위원회 편. 1982. 『제24회 올림픽 대회 서울유치경위서』.

박보현. 2008. "스포츠 메가 이벤트의 경제발전 담론: 1988 서울 올림픽과 2002 한일 월드컵을 중심으로." 『한국스포츠사회학회지』 21 – 4.

박호성. 2003. "국제 스포츠 활동과 사회통합의 상관성, 가능성과 한계." 『국제정치논총』 42 – 2.

오기평. 1994. 『한국외교론: 신국제질서와 불확실성의 논리』. 서울: 오름.

외교통상부. 1999. 『한국외교 50년: 1948 – 1998』. 서울: 외교통상부.

외무부. 1990. 『한국외교 40년』. 서울: 외무부.

유석진. 2000. "세계화와 국가주권." 국제정치경제연구회 편저. 『20세기로부터의 유산: 세계경제와 국제정치』. 서울: 사회평론.

이강우 · 김석기. 2006. "메가 – 스포츠 이벤트의 정치경제학." 『한국체육철학회지』 14 – 2.

이근욱. 2012. "국제정치와 외교정책." 김계동 외. 『현대외교정책론』 2판. 서울: 명인문화사.

이대희. 2002. "세계화와 민족주의의 공존: 스포츠의 세계화를 통한 민족주의." 『21세기 정치학회보』 12-2.

이옥흔·주동진·김동규. 2001. "제3공화국과 제5공화국의 국가주의 스포츠정책 성향 비교." 『움직임의 철학: 한국체육철학회지』 9-2.

이종원. 2006. "제5공화국의 스포츠정책의 가치 지향에 관한 역사적 고찰." 『한국체육학회지』 45-2.

이학래. 2000. 『한국체육백년사』. 서울: 한국체육학회.

임번장 2008. 『스포츠사회학 개론』. 서울: 레인보우북스.

임현진. 2002. "전 지구화, 한국 사회 및 스포츠." 『계간사상』 여름호.

전상진. 1989. 『세계는 서울로: 나의 서울 올림픽 9년』. 서울: 범양사.

전웅. 1993. "한국외교정책의 전통과 연구현황." 이범준·김의곤 공편. 『한국외교정책론: 이론과 실제』. 서울: 법문사.

정기웅. 2008. "스포츠의 정치적 도구성에 대한 재고찰: 2008 베이징 올림픽을 중심으로." 『한국시민윤리학회보』 21-2.

정기웅. 2009. "스포츠와 공공외교 수렴 가능성의 모색: 한국의 경우를 중심으로." 『동서연구』 21-2.

정기웅. 2010. "소프트 파워와 메가 스포츠 이벤트-도구적 관계성에 대한 비판적 고찰." 『국제정치논총』 50-1.

정윤재. 2001. "전두환: 절제하지 못한 권력욕." 이택휘 외(한국정치학회 회원 공저). 『남북한의 최고지도자』. 서울: 백산서당.

정진영. 2000. "신자유주의의 확산과 국제경제질서의 미래." 국제정치경제연구회 편저. 『20세기로부터의 유산: 세계경제와 국제정치』. 서울: 사회평론.

정진영. 2004. "자유주의 국제정치이론." 우철구·박건영 편. 『현대국제관계이론과 한국』. 서울: 사회평론.

정찬모. 2001. "서울 올림픽과 한국의 국가 발전." 『체육사학회지』 7.

한승주 편. 1988. 『전환기의 한미관계』. 서울: 서울국제포럼.

함성득. 2000. "한국대통령의 업적평가: 취임사에 나타난 정책지표와 그 성취도를 중심으로." 『한국정치학회보』 34-4.

홍규덕. 1993. "한국의 대미외교정책: 한미관계의 변화와 지속성." 이범준·김의곤 공편. 『한국외교정책론: 이론과 실제』. 서울: 법문사.

Allison, Lincoln ed. 2005. *The Global Politics of Sport: The Role of Global Institutions in Sport.* London: Routledge.

Biersteker, Thomas J. and Cynthia Weber. eds. 1996. *State Sovereignty as Social Construct.* Cambridge University Press.

Gaddis, John Lewis. 1990. *Russia, the Soviet Union, and the United States: An Interpretive History 2nd edition.* New York: McGraw Hill.

Gaddis, John Lewis. 1992. *The United States and the End of the Cold War: Implications, Reconsiderations, Provocations.* Oxford: Oxford University Press.

Gourevitch, Peter. 1978. "The Second Image Reversed: The International Sources of Domestic Politics." *International Organization,* 32−4.

Hermann, Margaret G. and Charles F. Hermann. 1989. "Who Makes Foreign Policy Decisions and How: An Empirical Inquiry." *International Studies Quarterly,* 33−4.

Houlihan, Barrie. 1997. *Sport, Policy and Politics.* London: Routledge.

Houlihan, Barrie. 2007. "Politics and Sport." Jay Coakley and Eric Dunning. eds. *Handbook of Sports Studies.* London: Sage.

Hudson, Valerie M. and Christopher S. Vore. 1995. "Foreign Policy Analysis Yesterday, Today, and Tomorrow." *Mershon International Studies Review,* 39−2.

Huntington, Samuel P. 1991. *The Third Wave.* Oklahoma: University of Oklahoma Press.

Isaacs, Jeremy and Taylor Downing. 1998. *Cold War: An Illustrated History, 1945−1991.* Boston: Little Brown.

Jensen, Lloyd. 1982. Jensen, *Explaining Foreign Policy.* Englewood Cliffs, New Jersey: Prentice−Hall.

Keohane Robert O. and Joseph S. Nye. 1977. *Power and Interdependence: World Politics in Transition.* Boston: Little Brown.

Kissinger, Henry A. 1969. "Domestic Structure and Foreign Policy." James Rosenau ed. *International Politics and Foreign Policy.* New York: The Free Press.

Manheim, Jarol B. 1990. "Rites of Passage: The 1988 Seoul Olympics as Public Diplomacy." *The Western Political Quarterly,* 43−2.

Moravcsik, Andrew. 1997. Moravcsik, "Taking Preferences Seriously: A Liberal Theory of International Politics." *International Organization,* 51−4.

Putnam, Robert D. 1988."Diplomacy and Domestic Politics: the Logic of Two−Level Games." *International Organization,* 42−3.

Reagan, Ronald. 1984. *Public Papers of the Presidents: Ronald Reagan, 1983.* Washington.

Redeker, Robert. 2008. "Sport as an opiate of international relations: The myth and illusion of sport a s a tool of foreign diplomacy." *Sport in society,* 11−4.

Rosenau, James N. ed. 1969. *Linkage Politics: Essays on the Convergence of National and International Systems.* New York: Free Press.

Smith, Gaddis. 1986. *Morality, Reason, and Power: American Diplomacy in the Carter Years.* New York: Hill and Wang.

Spanier, John W. and Eric M. Uslaner. 1994. *American Foreign Policy Making and the*

Democratic Dilemmas. New York: Macmillan Publishing Company.

Talbott, Strobe. 1984. *Deadly Gambits: The Reagan Administration and the Stalemate in Arms Control*. New York: Knopf.

Viotti, Paul and Mark V. Kauppi. 1987. *International Relations Theory*. New York: Macmillan.

Walker, Martin. 1993. *The Cold War: A History*. New York: Henry Holt.

Waltz, Kenneth N. 1979.*Theory of International Politics*. Reading, MA: Addison—Wesley.

Zubok, Vladslav. 2001. "The End of the Cold War in Europe: Lessons for Korea?" Chung—in Moon, Odd Arne Westad, Gyoo—hyoung Kahng. eds. *Ending the Cold War in Korea*. Seoul: Yonsei University Press.

■ 본 장의 내용 중 일부는 정기웅. "전두환 정부의 외교정책과 1988년 서울 올림픽," 함택영·남궁곤 편.『한국 외교정책: 역사와 쟁점』(서울: 사회평론, 2010)에 수록된 바 있음을 밝힌다.

1995년 남아프리카공화국 럭비 월드컵과 국가형성(nation building)

2013년 12월 5일 세상을 떠난 넬슨 만델라(Nelson Rolihlahla Mandela)는 인류의 역사 속에서 오래도록 기억될 위대한 인물들 중의 하나로 자리하고 있다. 그에 대한 수많은 찬사만큼이나 비판적 시각 또한 존재하지만, 상반된 평가의 존재 여부와 관계없이 일반 대중에게 그의 이미지는 '자유의 투사'이면서 동시에 '진실과 화해', '화합과 용서'의 지도자이기도 하다. 만델라의 모국인 남아프리카공화국은 인류 역사상 가장 극단적인 인종차별정책인 아파르트헤이트apartheid의 본거지이며, 만델라는 남아프리카공화국에서 아파르트헤이트가 폐지되고 흑백의 합의 하에 평등선거가 실시된 이후 선출된 첫 번째 대통령이자 최초의 흑인대통령이다. 그의 일생은 여러모로 극적이며, 그가 남아프리카공화국 최초의 흑인대통령으로 선출되는 순간은 인류사를 빛낸 위대한 순간들 중의 하나로 기록될 것이다.

만델라의 대통령 취임 후 남아프리카공화국 흑인 사회는 그동안의 차별과 탄압을 일시에 벗어던지고 자신들을 억압했던 백인들에게 복수할 수 있기를 꿈꾸었지만, 만델라는 흑인의 지도자가 아닌 남아프리카공화국 국민 모두의 지도자가 되고자 하였다. 이러한 화합의 자세는 무엇보다도 현실적인 필요에 의해 요구되는 것이었다. 아파르트헤이트가 철폐되었다고 해서 당장 흑과 백이 조화롭게 어울려 산다는 것은 말 그대로 '이상적'인 바람이었을 뿐 현실에 있어 흑백의 화합은 그렇게 쉽게 이루어질 수 있는 일이 아니었다. 또 정치권력이 남아프리카공화국 인구구성비에서 절대 다수를 차지하고 있는 흑인에게 돌아왔다고 할지라도 백인은 여전히 남아프리카공화국 경제의 가장 중요한 행위자였으며, 흑과 백의 화합 없이 새롭게 출발한 국가는 그 미래를 장담할 수 없었기 때문이다. 만델라는 이렇게 분열된 사회를 다시 통합하고자 하였고, 그의 이러한 이상이 가장 극적으로 빛난 순간이 바로 1995년 개최된 럭비 월드컵에서의 남아프리카공화국 럭비 대표팀인 스프링복Springboks의 우승일 것이다.

본 장에서는 1995년 남아프리카공화국 럭비 월드컵을 중심으로 스포츠가 새롭게 탄생한 남아프리카공화국에서 지난 차별의 기억을 지우고 국민화합을 이룩해 내기 위해 어떻게 사용되었는지, 그것은 얼마나 성공적이었는지, 그리고 그 과정을 전후하여 남아프리카공화국은 어떠한 변화의 과정을 겪게 되었는지 등을 고찰한다. 이를 위해 먼저 남아프리카공화국과 아파르트헤이트의 역사, 넬슨 만델라의 대통령 선출과 과거사 정리, 이를 둘러싼 국제 · 국내적 환경과 행위자들의 상호작용 등을 고찰하고, 이러한 관점에 기반 하여 1995년 럭비 월드컵 우승의 의미를 평가할 것이다.

Ⅰ 남아프리카공화국과 차별의 역사(아파르트헤이트)

저명한 남아프리카공화국의 작가인 브리튼바하(Breyten Breytenbach)는 "오직 어리석은 자들만이 남아프리카공화국을 완전히 이해한다고 말하거나, 객관적이고도 장기적인 시각으로 그 국가의 미래를 바라볼 수 있는 척 한다(Breytenbach 1993, 18)."고 말하면서 남아프리카공화국의 복잡다기함을 지적한 바 있다. 이는 남아프리카공화국의 매우 다양한 복합성들을 함축적으로 표현해 준다고 할 수 있다. 이러한 복합성들의 한 가닥을 차지하고 있는 것은 바로 분쟁의 기록들이다.

아프리카 대륙 최남단에 위치한 남아프리카공화국의 역사는 그야말로 분쟁의 역사라고 해도 과언이 아니다. 남아프리카공화국의 역사발전 자체가 분쟁과 갈등의 과정이었다(곽은경 1997, 214). 남아프리카공화국의 식민지배 역사는 1652년 네덜란드 상인들의 진출로 시작된다. 이어 1824년 영국의 지배, 1910년 영연방 내 남아프리카연방의 선포로 이어지는 역사의 단계를 밟는다.

17세기 후반부터 본격화된 아프리카너(Afrikaner)[75]의 식민지배는 초기부터 흑인에 대한 멸시정책에 기초한 세 가지 원칙을 관철시켰다. 즉 '자유', '토지,' 그리고 '비백인 멸시'라는 3가지 원칙을 통해 흑인 사회를 파괴하고 백인만을 위한 남아프리카공화국을 건설한 것이다. 금광발견으로 인해 잠깐 동안 영국의 식민 지배를 받게 되었지만, 2차 세계대전 이후 영국은 국제 사회에서 활발하게 진행되는 탈식민주의운동에 따라 남아프리카공화국에 대한 실질적 지배를 느슨하게 실시했다. 이에 1899년 보어전쟁Boer War에서 패하여 영국인들에게 기득권을 물려주어야 했던 네덜란드계 백인들은 국민당을 중심으로 정권을 쟁취하고 비백인종에 대한 탄압정책을 펼쳐 남아프리카공화국을 백인국가로 만들어갔다. 당시 남아프리카공화국 사회는 대표적인 4개 인종으로 구성되어 있었는데 백인19%, 혼혈유색인10.5%, 아이사계통 인도인3%, 그리고 인종별로는 다수를 차지하는 남아프리카 원주민인 흑인67.5%이 그들이었다. 흑인은 11개 종족으로 구성되어 있었으며 그 중 다수를 차지하는 흑인종족은 약 3개로 줄로Zule족, 코사Xosa족, 소토Sotho족이 대표적이었다. 주로 백인들에 의해 착취되고 억압받은 집단들이다(이한규 2012a, 102 – 103).

1948년 총선에서 백인 이익보호와 인종차별 정책을 선거공약으로 내세운 아프리카너들의 국민당(NP: National Party)이 승리를 거둠으로써 본격적이고 합법적으로 사회 · 경제 · 정치 · 교육 · 종교 · 문화 등의 모든 분야에 걸쳐 아파르트헤이트 정책이 체계적으로 시작되었다. 아파르트헤이트는 인종 간 혼인금지법, 부도덕법, 주민등록법, 집단지역법 등을 내용으로 하는 인종차별정책으로 이후 폐기될 때까지 오랜 시간 동안 남아프리카공화국 흑인들의 삶을 제어하였다. 그러나 흑인들이 이러한 인종차별을 당연한 것으로 받아들이고 순종하였던 것은 아니다. 남아프리카공화국 사회에서 이러한 인종차별을 철폐하기 위한 흑인들의 투쟁은 1912년 아프리카민족회의ANC: African National Congress의 모태인 남아프리카토착민족회의 창설 시기로부터 이미 시작되었다고 볼 수 있다(조화성 1999, 128).

1961년, 영국에서 독립하여 남아프리카공화국이 되었으나, 아프리카에서 유일하게 백인에 의한 식민통치적 상황이 지속되는 국가였다. 결국 남아프리카공화국은 백인의

---

[75] 남아프리카공화국에 거주하는 백인 중 케이프 식민지를 형성한 네덜란드 이민자를 중심으로 프랑스의 위그노, 독일계 개신교도 같은 종교적 자유를 찾아 유럽에서 아프리카 남부에 정착한 개신교도가 합류하여 형성된 민족집단을 일컫는다. 아파르트헤이트 지대의 지배자집단을 이루었으며, 흔히 남아프리카공화국의 (인종차별을 주도하는) 백인이라고 할 때는 이들 아프리카너들을 의미하는 경우가 많다.

인종적 과두제에 의해 300여 년 동안 아프리카 역사에서 철저히 배제되었으며, '극도로 분할된 사회'가 되었다. 특히 흑인들은 1950년의 '집단거주법', 인종별 교육 실시를 담은 1953년의 '반투Bantu 교육법', 흑인의 시민권을 박탈한 1959년의 '반투 자치촉진법', 흑인의 정치참여를 금지한 1968년의 '정치개입금지법', 1971년 '반투 홈랜드 Homeland 헌법' 등에 의하여 45년 동안 철저하게 인종적으로 차별 받았다. 대부분의 흑인들은 수도, 전기, 의료 등의 공공혜택을 거의 누리지 못한 채 농업노동, 광산노동, 그리고 제조노동으로 가혹한 착취를 당했다(김영수 2001, 26).

1960년 ANC와 남아프리카공산당SAPA: South African Communist Party을 중심으로 본격적으로 전개되기 시작한 반아파르트헤이트 운동은 1973년 더반Durban에서의 총파업을 계기로 아파르트헤이트 정책이 폐지되는 1991년까지 전 국민적 투쟁으로 계속되었다(이한규 2012a, 103). 반아파르트헤이트 시민항쟁은 1983년 8월 모든 인종을 망라한 천 여 명의 시민, 학생, 노동조합, 교회, 여성, 지식인, 종교, 청년, 심지어는 스포츠단체의 대표들이 케이프타운에 집결해 '통일민주전선UDF: United Democratic Front'을 결성함으로써 조직적 항쟁의 전환점을 이루게 된다. 그러나 최저생활보호와 자신들의 권리를 주장하는 흑인들의 요구에 대해 백인 정부는 무차별적인 폭력을 행사하여 수천 명의 사망자와 수만 명의 부상자를 발생시켰다.

1976년 백인 정부는 교육법을 개정, 모든 학교의 수업에서 백인 지배계층의 언어인 아프리칸어Afrikaans만을 쓰도록 선포했다. 흑인들로서는 자신들의 언어가 아닌 억압하는 자들의 언어를 쓰라는 지시를 받아들이기 어려웠다. 따라서 억압자의 언어를 강요하는 백인 정부의 교육정책에 반대하는 중·고등·대학생들의 항의시위가 전국의 흑인 거주지역에서 일어났고, 1976년 6월 16일 남아프리카공화국에서 가장 큰 흑인 거주지인 소웨토Soweto의 학교 앞에는 수천명의 학생들이 항의시위를 위해 집결했다. 이때 경찰은 겨우 13~14세에 불과한 청소년들을 향해 발포하였다. 소웨토 봉기와 학살이다. 어린 학생이 등에 총을 맞고 죽어가는 사진은 전 세계에 퍼졌고, 국제 사회에서 남아프리카공화국 정부에 대한 압력과 경제제재조치를 취하게 된 배경이 되었다. 그리고 세계 각국에서 반아파르트헤이트 운동과 ANC 및 반아파르트헤이트 운동단체들을 돕기 위한 국제연대운동이 본격화되었다(곽은경, 1997, 218-219).

1987년, 유럽 각국과 국제비정부기구NGO의 하나인 국제변호사회 등이 남아프리카공화국에 사태조사단을 파견, 현장조사에 들어가고, 1988년에는 남아프리카공화국 정부의 정책과 태도를 강력히 비판하고 전반적이고 완전한 개혁촉구를 강조하는 보고서가 국제 사회에 공공연히 나돌기 시작했다. 이러한 현실은 남아프리카공화국 정부에 대한 국제 사회의 비판과 규탄에 이어 경제제재, 무기제재 등의 결정을 낳게 되었다. 이러한 결정은 정부와 국제 기구의 차원을 넘어 많은 유럽의 국가들과 미국 사회에서 시민운동단체 교회조직들과 결합되어 광범위한 국제적 규모의 시민항쟁운동으로 발전해갔다. 이러한 추세는 남아프리카공화국에서 수입된 과일이나 제품 사용거부로 발전했는가 하면 유럽과 미국의 많은 다국적 기업들 가운데 남아프리카공화국 경제에 직·간접 투자를 하고 있는 기업들에 대한 불매 운동 및 사용거부 운동으로 확산되었다. 이와 같은 구체적 압력의 확산은 많은 기업들이 남아프리카공화국으로부터 철수하거나 투자를 중단하게 되는 결과로 이어졌으며, 남아프리카공화국 정부에 지원하던 투자기금이나 외채까지도 중단되게 만들었다. 이러한 남아프리카공화국 반대시위와 신민운동은 모든 영역으로 걷잡을 수 없이 확대되어 가고 있었다(곽은경, 1997, 223).

이와 같은 내·외부적인 저항의 와중에 1988년 6월 남아프리카공화국 내부에서는 3백만 명 이상이 참여하는 총파업이 단행되었다. 1986년 미국과 유엔의 결의로 실시된 경제 제재로 인해 남아프리카공화국의 경제상황은 이미 최악이었으며, 경제적 주도권을 쥐고 있던 백인자본가들은 벌써 남아프리카공화국에서 이탈하기 시작했기 때문에, 백인 정부는 더 이상 공포와 억압을 통해 위기를 해결할 수 없었다. 무언가 특별한 대책이 필요했으며, 이는 지금까지 그들이 결코 공개적으로 내비친 적이 없었던 흑인 사회와의 공생을 모색해야 할 시기가 도래하였다는 것을 의미하였다.

1989년 2월 지배층 백인정당인 국민당의 국회의원들이 현직 대통령인 피터르 빌렘 보타(Pieter Willen Botha)를 퇴진시키고, 권한대행인 크리스 회니스(Jan Christiaan Heunis) 체제하에서 프레데리크 빌렘 데 클레르크(Frederik Willen de Klerk)를 대통령으로 선출함으로써 남아프리카공화국의 변화는 급물결을 타기 시작했다. 데 클레르크는 대통령 취임 즉시 ANC와의 협상 가능성을 선포했고, 그 첫 번째 의지의 표명으로 1989년 10월 8명의 ANC 지도자급 정치범들을 석방했다. 그들 정치범들의 대부분은 1960년 초에 체포되어 무기형을 선고받고 복역 중인 이들이었다. 석방된 정치범들 중에는 ANC의 사무총장을 맡고 있었던 월터 시술루(Walter Sisulu)와 범아프리카회의PAC: Pan African Congress의 지도자들도 포함되어 있었다. 또한 남아프리카공화국의 가장 큰 흑인 주거도시인 소웨토 체육관에서 7만 명의 지지자들이 모인 가운데 열리는 ANC 지도자들의 정치모임이 당국의 허락을 받게 되고, 아파르트헤이트 실시 이후 처음으로 경찰력의 투입과 방해 없이 흑인들의 정치집회가 열리게 된다. 백인 정부는 ANC와의 협상을 통해 투옥 중이던 만델라와 측근들을 석방하고 아파르트헤이트 철폐의지를 보임으로써 총선거를 통한 새로운 남아프리카공화국 건설에 합의했다. 이 예비회담에서 만델라는 ANC 대표로 참석하게 된다.

길고도 길었던 흑인 사회의 인종차별 철폐 투쟁은 1990년 2월 11일, 27년간의 수형 생활을 마감하고 당당히 자유인으로서 귀환한 ANC 지도자 넬슨 만델라와 측근들의 복귀로 그 절정을 이루게 된다. 만델라는 석방 후 ANC 부의장으로 취임하였다.

만델라는 1991년 ANC 의장에 취임하였고, 데 클레르크와 협력 하에 새로운 남아프리카공화국의 출범을 위한 노력을 기울이게 된다. 만델라와 데 클레르크의 협력 하에 모든 인종대표가 참석한 민주 남아프리카공화국 회의가 두 차례 개최되었고, 다당 협상 포럼을 개최하여 임시 정부의 잠정헌법을 제정하였다. 헌법 제정의 목표는 통합된 사회의 건설이었다. 1993년 12월 10일 만델라와 데 클레르크는 노벨평화상을 공동수상하였다.

남아프리카공화국의 모든 인종들은 4년간의 험난한 협상과 권력이전 타협의 기간을 마무리하고 남아프리카공화국 역사상 최초의 민주적 다인종 직접선거를 1994년 4월 27일에 실시하였다. ANC는 62.25%의 지지를 획득하여 승리하고 넬슨 만델라가 대통령에 취임함으로써 3백여 년에 걸쳐 지속되었던 흑인에 대한 백인의 우위 체제, 46년간 지속되었던 공식적 아파르트헤이트 체제는 종언을 고하였다.

총선에서 절대다수의 득표를 얻어 집권한 ANC 정권은 잠정 헌법의 권력 분배조건에 따라 연립정권을 수립하였고, 화해를 위한 국민연합 정부를 결성, 전 대통령 드 클레르크를 부통령으로 임명하여 백인 사회 내에 존재하는 공포와 두려움을 줄이고 백인 사회의 신뢰와 지지를 얻고자 하였다. 만델라는 남아프리카공화국 국민들의 화해와 협력을 호소하면서, 화해와 관용이라는 톨레랑스tolérance 정신을 기초로 인종차별 체제 하에서 흑백의 대립과 격차를 시정하고자 하였다.

만델라의 대통령 선출과 럭비 월드컵

상기한 바와 같이 ANC와 NP가 주도적 역할을 담당한 다당적 합의를 통해 다인종 국가 남아프리카공화국이 출범하긴 하였지만, 만델라에게는 다인종 '무지개 국가 Rainbow Nation'가 아파르트헤이트 정권과 완전히 다르다는 사실을 국내외에 확실하게 보여줄 필요성이 있었다. 남아프리카공화국만은 여타 아프리카 신생 독립국가들과 달리 식민통치시기의 조직과 질서에서 완전히 벗어나야 한다는 강력한 요구가 존재하였기 때문이다. 이는 아프리카의 다른 국가의 상황들과 밀접한 연관이 있다. 남아프리카공화국을 제외하고 대부분의 아프리카 국가들은 서구의 식민지배로부터 독립했어도 식민 정부 아래서 형성되었던 조직과 제도를 그대로 인수받아 사용하였다. 따라서 식민지배로부터 독립은 했지만 백인통치자에서 아프리카 원주민 – 흑인, 혹은 백인(여기서 백인은 아랍계통의 북아프리카인들을 말함) 통치자로 바뀌었을 뿐, 정치·사회·경제적 구조의 완전한 변화를 달성한 것은 아니었기 때문이다(이한규 2012a, 104 – 105).

정치적으로는 만델라가 석방된 1990년부터 총선거가 실시된 1994년까지 NP와 ANC, ANC와 인카타 자유당IFP – 흑인급진세력: Inkatha Freedom Party, NP와 극우파 보수당 CP: Conservative Party 간의 기득권 유지 및 권력 쟁취를 위한 투쟁으로 많은 사상자가 발생했다. 더욱이 다수 인종인 흑인 세력을 대표하는 ANC 내에서도 차후 출범할 '무지개 국가'의 방향에 대해 의견이 분분했다. 만델라는 다양한 사회 세력들의 종족적, 민족주의적, 분리주의적인 위협에 공동으로 대처해야만 했다(이한규 2012a, 105). 그에게 무엇보다도 필요한 것은 불안한 상황을 정리하고 안정을 찾을 수 있는 화합적 분위기의 모색이었다.

만델라는 대통령 당선 축하 파티에서 "더 이상 백인의 독재도, 흑인의 독재도 없다."고 선언하였다. 만델라는 취임사에서 "남아프리카공화국의 억압자와 피억압자 모두가 공포, 두려움, 저주로부터 해방되어야 한다."고 강조하면서, 이는 어느 한 인종의 문제가 아니라 남아프리카공화국 사회를 구성하는 모든 인종의 문제임을 인식시키고자 하였다(이한규 2012b, 122).

만델라는 대통령에 부임하자마자 아파르트헤이트의 피해자인 흑인들의 반대를 무릅쓰고 1995년 7월 25일 '국민통일 및 화해 촉진법The Promotion of National Unity and

Reconciliation Act'을 제정하고 투투(Desmond Tutu) 대주교를 위원장으로 17인의 '진실과 화해 위원회'를 출범시켰다.[76] 이 위원회는 '기억'을 통해 인종 간의 화해를 모색하고 더불어 살아가는 무지개 민주 국가의 초석을 만들어 가는 중요한 과정이었다. 위원회는 피해자인 흑인들에게 '기억'을 통해 인종 폭력 및 학살 상황과 정신적 아픔을 치유하게 하고, 다른 한 편 가해자(대부분 백인)들에게도 자신들이 행한 행동을 '기억'하게 함으로써 비극의 재발을 막고자 하였다. '기억'과 '화해'를 통해 폭력과 억압의 과거를 치유하려 한 것이다. 화해라는 것은 하나의 성숙된 정치문화로서 민주주의적 관용의 기본적인 행동규범이다(엄미경 옮김 1998, 159).

사실 극도로 분열된 사회에서 시민들의 자발적인 의지로 통합을 이룬다는 것은 거의 불가능한 일이다. 특히 만델라의 경우, 국민의 절대 다수를 차지하는 흑인들의 압도적인 지지를 통해 대통령에 선출되었다는 점에서 아파르트헤이트에 의한 비인도적이고 비인간적인 범죄들을 단호하고 강력하게 단죄하는 것도 가능했다. 이러한 단호함을 통해 흑인들에 의한 대중적 지지를 확보하고 일종의 한풀이를 통한 사회적 통합을 이루어낸다는 선택도 가능했을 것이다. 이 시기 남아프리카공화국의 분위기는 백인 사회가 흑인 사회에 의해 언제 습격을 받더라도 전혀 이상하지 않은 것이었기 때문이다. 따라서 만델라의 신정부가 인종차별의 가장 큰 피해자인 흑인의 편에 서서 가해자인 백인을 정치적으로 탄압한다 해도 도덕적으로 리더십에 큰 문제가 되지 않았을지도 모른다. 아니 오히려 대다수의 흑인들에게는 환영받았을 것이다. 그러나 그러한 가능성에도 불구하고 만델라는 자신을 지지했던 다수 흑인들의 비난까지 감수하면서 억압이 아닌 화해를 전제로 한 위원회 활동을 독려하였다.

이와 같이 복잡한 상황에서 만델라로서는 극도의 상이한 이해관계를 갖는 집단들을 어떻게 화합하게 만드느냐가 가장 중요한 문제였을 것이다. 더군다나 더 중요한 것은 다수결의 원칙에 따른다는 미명하에 소수를 무시할 수 없는 형편이었다는 것이다. 인구 수를 따진다면 그때까지의 지배계급이었던 백인은 절대적 소수에 속하지만, 역설적으로 남아프리카공화국 경제적 자산의 절대부분은 이들 백인들이 소유하고 있었다. 따라서 소수에 대한 탄압은 결과적으로는 이들 백인세력의 이탈을 가져옴으로써 국가

---

76 진실과 화해 위원회는 1963년 3월 31일부터 1994년 5월 10일까지 있었던 인권 침해와 인권 유린을 조사 대상으로 하였다. 1994년 4월부터 활동을 시작한 진화위는 총 160회 청문회를 실시하고, 2만여 명으로부터 입수한 증언을 분석·정리하여 약 3,500권 분량의 보고서를 1996년 12월 국회에 제출함으로써 3년간의 활동을 마감했다.

전체로 보았을 때 부정적 효과를 가져올 수밖에 없었다.

국민화합의 방안을 모색하던 만델라에게 등장한 것이 1995년의 럭비 월드컵이다. 남아프리카공화국은 흑백차별의 아파르트헤이트가 실시되던 동안 세계 스포츠계로부터 격리되어 있었고, 국제 대회에의 참여가 가능하게 된 것은 1990년 이후였다. 이 와중에 1995년 럭비 월드컵을 남아프리카공화국이 개최하게 된 것이다. 이는 만델라에게 매우 특별한 기회를 제공하였다. 왜냐하면 스포츠는 남아프리카공화국 사회에서 매우 특별한 위상을 갖으며, 특히 럭비는 백인 사회의 상징과도 같은 것이었기 때문이다.

남아프리카공화국의 정치분석가인 슬래버트(Frederik van Zyl Slabbert)는 이렇게 말했다.

> "일반적으로 아프리카너들에게 스포츠는 단지 도피나 개인적·집단적 뛰어남의 과시를 위한 단순한 기회 그 이상의 것이다. 스포츠는 종교 그 이상이며, 전체적인 공격에 대항하는 전체적인 전략이며, 우리 국민성의 수호자이자, 우리의 절망과 희망의 바로미터이다(Slabbert 1985)."

만델라에게 있어 1995년의 럭비 월드컵은 복잡 다양한 상황 속에서 흑백의 화합을 실현시킬 수 있는 좋은 기회로 인식되었다. 남아프리카공화국 사회에서 럭비란 백인의 운동이었으며, 백인남성, 특히 군대집단과 밀접한 연관을 갖고 있었다. 흑백차별의 시절 럭비 경기장의 출입구는 흑인과 백인이 분리되어 있었으며, 국제 경기에서 흑인들은 남아프리카공화국 대표팀이 아닌 상대팀을 응원하는 것을 당연하게 여겼다. 그러나 만델라는 이렇게 선언하였다.

> "스프링복은 우리의 아들들입니다. 나는 여러분 모두에게 요청합니다. 그들을 지지해달라고. 왜냐하면 그들은 우리의 긍지이고, 나의 긍지이며, 여러분의 긍지이기 때문입니다."[77]

1995년 남아프리카공화국은 럭비 월드컵을 개최하였고 이 대회에서 숙적 뉴질랜드를 물리치고 극적인 우승을 차지한다. 국가대표팀 스프링복은 "한 팀, 한 국가One

---

77 1995년 럭비 월드컵 중 만델라가 행한 연설. Nauright 1997, 4에서 재인용.

Team, One Country"라는 슬로건 하에 경기에 임하였으며, 국가적 화합의 몸짓으로 만델라는 모든 흑인 남아프리카공화국인들에게 스프링복을 응원해줄 것을 부탁하였다. 그는 주장의 등번호인 6번이 쓰인 럭비 저지를 입고 남아프리카공화국의 극적인 승리를 축하하였다(Carlin 2008). 선수들은 만델라의 오랜 죄수번호인 46664를 그들 경기복의 왼쪽 소매에 부착함으로써 그에 대한 경의를 표시하였다. 만델라가 승리를 축하하기 위하여 등장하였을 때, 이 순간 관중들은 흑백에 상관없이 하나가 되어 "넬~슨"을 연호하였으며, 적어도 이 순간만은 남아프리카공화국의 인종차별과 흑백갈등은 더 이상 존재하지 않게 되었다. 이것은 스포츠의 위대함인가, 아니면 만델라의 리더십인가?

Ⅲ 백인의 스포츠, 흑인의 스포츠: 왜 럭비인가?

1. 왜 럭비인가?

그렇다면 왜 럭비인가? 다른 어떤 스포츠일 수는 없었는가? 물론 축구를 비롯한 다양한 구기 종목들이 남아프리카공화국에서 사랑받았지만, 럭비는 매우 특별한 의미를 갖는 것이었다. 이러한 럭비의 특별함이 1995년 럭비 월드컵을 특별한 기회로 만들 수 있었던 것이다.

혹자는 말한다. 흑인들의 의식은 백인들의 스포츠 차별정책에 조장되고 동원되었다고. 백인들은 골프나 럭비를 의도적으로 양성했으며, 이들 스포츠는 백인들이 좋아하는 운동으로 군림했다. 반면 흑인들은 그저 축구를 좋아하면 그만이었다. 이유는 단순했다. 흑인들은 골프나 럭비 등 값비싼 스포츠에 필요한 각종 장비를 구입할 능력이 없기 때문이다(김영수 2010, 331-332).

그러나 남아프리카공화국에서의 럭비는 이와 같은 경제적 이유에 앞서는 매우 긴 역사적 의미를 갖는다. 럭비가 남아프리카공화국에 처음 도입된 것은 1861년 케이프타운Cape Town에 있는 영국계 학교들로부터였다. 1년 후 영국군 11연대에 속한 일군의 장교들이 도시에서 복무하게 되었다(Allen 2003, 48) 영국 팀은 식민지와의 연대를 공고히 하기 위해 19세기 후반 정기적으로 케이프 타운을 방문하였다. 경기가 열릴 때면 군악대가 연주하였고 관중들은 여왕과 총독과 케이프타운의 행정청을 향해 건배를 하곤 하였다(Allen 2003, 49).

1899년부터 1902년까지 지속된 남아프리카전쟁은 럭비의 발전에 예기치 않았던 영향을 끼쳤다. 24,000여명에 달하는 보어인 병사들이 전쟁포로로서 세인트 헬레나St. Helena와 실론Ceylon과 인도India에 있는 포로수용소로 보내졌다. 여기서 아프리카너들은 처음에는 고통스러운 시간을 견디는 수단의 하나로서 럭비를 배우게 되었다(van der Merwe 1992). 전쟁이 끝난 후 럭비는 영국인과 아프리카너 사이에 유대를 공고히 하는 수단으로 사용되었다. 1906년 아프리카너인 루스(Paul Roos)는 남아프리카공화국 대표팀을 이끌게 된다. 그는 그 팀을 스프링복Springboks이라고 불렀는데, 이 팀을 이끌고 영국 제도를 성공적으로 순방하게 된다. 이와 같은 해외에서의 국제적인 성공에 기반하여 이루어진 이후의 팀들은 새롭게 건설된 (백인) 국가의 활력을 축하하는 수단으로 받아들여진다. 이들 럭비 선수들은 양차 세계대전 동안 군복무에서 뛰어난 활약을 보이며 많은 훈장을 받기도 했다(Parker 1983, 54).

백인 우월주의에 사로잡힌 완고한 백인집단의 네트워크는 스포츠를 이용하여 새로운 문화와 성적 정체성의 새로운 사회적 경계를 구축하고자 하였다. 1906년에서 1907년에 걸친 영국으로의 럭비투어는 남아프리카공화국의 백인집단에게 매우 상징적인 행위였으며, 이것은 남아프리카공화국 전쟁이 끝난 직후의 남아프리카공화국의 백인들을 럭비 대표팀 하에서 단합하게 하였다. 이후 이어진 양차대전과 영국으로부터의 식민지 독립은 백인 사회 통합의 필요성을 더욱 절실히 제공하였고, 럭비는 훌륭한 도구였다. 이후 아프리카너 학생들에게 럭비는 필수적인 종목으로 자리 잡게 된다.

1948년 NP가 권력을 잡게 된 이후, 럭비는 아파르트헤이트 정책의 입안과 아프리카너 민족주의적인 정치의 중요한 요소가 되었다. 행정가들은 모든 경기장에서 강력한 인종 분리정책을 강제하였다. 그들은 흑인 팀들로 하여금 별개의 리그에서 플레이하도록 강요하였고 흑인 선수가 포함된 외국 팀들이 남아프리카공화국에 입국하여 경기하는 것을 금지하였다. 럭비는 또한 반-제국주의적인 메시지의 전달자의 역할을 획득하였다. 경기의 해설자들은 1951년 스프링복이 영국을 방문하여 승리한 것은 남아프리카공화국 전쟁 기간 동안의 군사적 패배에 대한 상징적인 복수라고 소리 높여 찬양하였다(Grundlingh 1996, 187). 1955년에는 엘리스 파크Ellis Park에서 개최된 스프링복과 영국 대표팀British Lions 간의 경기를 보기 위해 10만여 명의 관중들이 모여들었다.

브로더반드(Broederbond: 아프리카너의 이익을 신장시키기 위한 남성들의 엘리트 비밀 결사)의 구성원들은 럭비에서 핵심적인 행정적 직위를 차지하였으며, 팀 선별에 영향력을 행사하고자 하였다(Classen 1985, 223−233; Wilkens and Strijdom 1980, 236−249). 그러나 NP가 항상 모든 백인을 대표하면서 우위를 차지하였던 것은 아니다. 남아프리카공화국의 야당인 연합당United Party을 지지하였던 크레이븐(Danie Craven)은 1956년부터 1993년 사망시까지 남아프리카공화국 럭비 위원회의 의장을 역임하였다. 그리고 상당히 많은 수의 스프링복의 주장들이 영어사용자이거나[78] 진보적인 아프리카너였다. 그럼에도 불구하고 브로더반드는 그들의 활동을 모니터하였고, 크레이븐에게 뉴질랜드에 경기를 가서 머무를 경우 마오리족과 너무 밀접한 접촉을 하지 말라고 경고하고는 하였다(Nauright 1997, 89).

1960년대 후반 이후, 아파르트헤이트의 국제적 반대자들은 남아프리카공화국에 대한 정치적 요구를 진전시키기 위하여 럭비를 사용하였다. 이들은 스프링복이 해외로 원정 경기를 떠나는 것을 방해하였으며, 또한 외국의 럭비연맹들이 남아프리카공화국으로의 여행을 취소하도록 하였다. 그러한 압박은 내부적인 정치적 반대와 동시에 진행되었다. 반면 군대에서는 아프리카너 절대 우위가 진행되었다. 당시 남아프리카공화국 군대의(군인을 직업으로 삼는) 장기근속자의 85%가 아프리카너들이었다(Enloe 1980, 85).

이러한 상황 하에서 남아프리카공화국 정부는 조금씩 양보를 하기 시작하였다. 1970년 총리인 포스터(Balthazar Johannes Vorster) − 그는 한 때 럭비 행정가였는데 − 는 외국 팀에 속한 흑인 선수들이 남아프리카공화국에서 경기하는 것을 허락하였다. 10년 후, 크레이븐주Craven Week라고 불리는 기간 동안 흑인 학생들이 전국적인 럭비 지역 대회에 참여하는 것이 허락되었다. 토비아스(Errol Tobias)는 1981년 최초의 흑인 스프링복 선수가 되었다. 1969년 당시 우편통신국 장관Minister of Post and Telecommunications이었던 헤르츠고(Albert Hertzog)는 이러한 변화에 대한 항의의 표시로 내각으로부터 사임하였고, 소웨토 봉기시 교육부 장관을 지냈으며 당시에는 행정청 장관Minister of State Administration and Statistics을 맡고 있던 트류니히트(Andries Treurnicht) 또한 이러한 변화에 저항하여 1982년 사임하였다. 그와 함께 22명의 국회의원들이 보타(Pieter Willem Botha) 정부가 주도하는 아파르트헤이트의 부분적 개혁정책에 항의하여 NP를

---

78 백인우월주의자, 즉 아프리카너들은 아프리칸스만을 사용하였다.

탈퇴하였다. 트류니히트는 사임 후 새로운 우익정당인 보수당Conservative Party을 창설하여 그 당수를 맡았다.

보타 정부가 시도했던 부분적 개혁, 즉 보다 국제적으로 용인될만한 형태의 인종적 분리주의의 도입 노력에도 불구하고, 남아프리카공화국은 실질적으로 국제 럭비계에서 1986년부터 1992년에 이르는 기간 동안 배제되었다.[79] 1989년 남아프리카공화국 럭비협회는 아파르트헤이트 종식을 논하는 ANC와의 토론에 참여하였다. 1990년 남아프리카공화국에 대한 국제적인 스포츠 보이콧은 인종차별법의 폐지와 함께 종식을 고하였다.

아파르트헤이트의 철폐에도 불구하고 과거에 대한 향수는 여전히 많은 백인들에게 남아 있었다. 국제적인 럭비 경기가 다시 시작되었을 때 백인 럭비 관중들은 처음에는 아파르트헤이트 시절의 애국가를 부르고 그 시절의 남아프리카공화국 국기를 흔들었다. 그러나 곧 남아프리카공화국의 새로운 국가적 상징들이 점진적으로 그 세력을 넓혀갔으며, 그러한 새로운 국가적 상징이 절대적 광휘로 남은 것이 바로 1995년 럭비 월드컵에서의 스프링복의 우승이었으며 만델라의 상찬이었다.

만델라는 남아프리카공화국 역사에서 무엇보다도 뚜렷하게 백인의 전유물로 뇌리에 자리 잡고 있는 백인의 스포츠인 럭비를 택함으로써 소수에 대한 존중, 화해와 용서, 화합과 협력이라는 메시지를 전달하려고 하였던 것이다. 만델라의 의도는 훌륭하게 들어맞았고, 지금까지도 남아프리카공화국 사람들은 국가 통합의 순간을 말할 때, 흑백이 하나 되었던 경험을 이야기할 때, 1995년 럭비 월드컵의 경험을 꼽기를 주저하지 않는다. 또한 럭비 월드컵의 유치를 통해 남아프리카공화국은 아파르트헤이트의 종속이 실체적 진실이며 남아프리카공화국이 정상국가화 되었음을 세계 무대에 선포하고자 하였던 것이다.

2. 럭비 그 외, 축구

만델라가 국민 화합 및 외교의 수단으로 사용한 것은 럭비만이 아니었다. 만델라는 축구에 대한 흑인들의 감성을 정치적으로 포획했다. 축구는 흑인들의 인종적 단결을

---

79 남아프리카공화국에 대한 국제적인 스포츠 제재가 해제된 것은 1990년이지만 남아프리카공화국 럭비팀이 국제 무대에 복귀할 수 있었던 것은 1992년에 이르러서였다.

넘어서는 새로운 단결의 수단으로 사용되었다(김영수 2010, 335).

만델라는 대통령에 당선되고 난 이후 스포츠 육성정책을 더욱 강화했다. ANC 정부는 1996년에 기존의 흑인축구리그를 프로리그로 개편했고, 아프리카 네이션스컵 축구 대회를 비롯하여 각종 국제 경기를 남아프리카공화국에 유치했다. ANC 정부가 1996년에 신자유주의 정책의 백미였던 '성장고용재분배GEAR'를 거시경제전략으로 채택했던 점, 즉 구체적으로 노동시장의 유연화 정책, 자본과 시장의 개방화자유화 정책, 국가기간산업의 민영화 정책 등을 추진했던 점에 비추어보면 만델라는 흑인들에게 '당근과 채찍'을 동시에 준 것이다. 흑인들은 ANC 정부의 신자유주의 정책으로 실업상태에 내몰렸고, 물가상승의 고통을 고스란히 감내해야만 했다. 정치적으로 인종차별이 폐지된 것에 비해 그 대가가 너무 컸다.

ANC 정부는 스포츠정치와 신자유주의 정치를 동시에 펼치면서 신자유주의 정책에 대한 흑인들의 저항을 순치시켰고, 정치적 민주화에 동의하는 흑인들을 스포츠 정치에 동원하기도 하였다. 이렇게 되자 흑인집단 내부에서도 정치적 민주화의 수준에 머물면서 사회경제적 문제를 민주주의 이행 과제로 인정하지 않거나 개인적 능력으로만 치환시켜 버리는 흑인과 사회경제적 문제까지 민주화시키려고 투쟁하는 흑인으로의 분리가 시작되었다. 전자에 해당하는 흑인들이 주로 스포츠 정치에 동원되었다. 백인 정부가 '흑인 우민화' 정책의 일환으로 스포츠를 육성했다면 ANC 정부는 '흑인 동원화' 정책의 일환으로 스포츠를 육성했다(김영수 2010, 336).

잘 알려져 있듯이 공유된 스포츠 활동의 순간들과 열정들은 매우 강력한 집단적 정체성을 만들어내는데 큰 도움이 된다. 남아공에서 럭비와 축구는 이러한 통합된 집단적 정체성의 형성을 위해 동원되었을 뿐만 아니라 국제적 경기의 유치를 통해 국가이미지의 변신을 시도하였던 것이다.

Ⅳ 아파르트헤이트는 종식되었는가?

1997년 12월 ANC 전당 대회에서 만델라는 의장의 자리를 부통령 타보 음베키(Thabo Mvuyelwa Mbeki)에게 양보한다. 1999년 2월 5일에는 국회에서 마지막 연설을 했다. 같은 해 열린 총선을 계기로 1999년 6월 16일 대통령직에서 물러나고 정계에서 은퇴했다. 그의 뒤를 이어 ANC 출신의 타보 음베키가 대통령에 취임하였다.

만델라와 그 이후의 흑인 대통령들이 통치하는 남아프리카공화국은 그렇다면 행복한 무지개 국가가 되었는가? 답은 '예'일수도 '아니오'일수도 있다. 만델라 이후 치러진 세 번의 선거에서 ANC는 계속 승리하였고 흑인이 대통령으로 선출되었다. 이러한 흑인 대통령의 존재가 남아프리카공화국 흑인들의 정치적 우위를 확인시켜주는 것인가? 그렇다면 다른 분야, 특히 일상적 삶의 상태를 결정적으로 재단하는 경제 분야에서 흑인들의 위상은 어떠한가? 이 질문에 대한 답은 그다지 긍정적이지 못하다.

정치적 아파르트헤이트 철폐 이후 무지개 국가 건설의 또 다른 중대한 걸림돌은 경제적 아파르트헤이트라고 할 수 있는 경제적 불평등 구조이다. 1980년대 중반 이후 반아파르트헤이트 운동이 본격화되면서 소요사태가 일상화되고, 국제 사회의 강도 높은 경제제재로 경제 침체가 구조화되면서 남아프리카공화국 경제는 최악의 사태에 몰려 있었다. 아파르트헤이트 철폐, 그리고 '진실과 화해 위원회Truth and Reconciliation Commission'를 통한 사회 통합의 노력에도 불구하고 폭력사태가 빈발하면서 백인의 탈출이 지속되었고 남아프리카공화국의 개인자본 또한 계속 국외로 유출되었다. 또한 신정부가 들어섰음에도 남아프리카공화국에 대한 해외투자는 잘 이루어지지 않았다. 더욱이 인구의 80%를 차지하는 흑인의 실업률은 백인의 실업률 5%에 비해 23%로 높은 상태였으며, 남아프리카공화국의 빈곤율은 1995년 당시 51.1%(2002년 48.5%)로 심각한 수준에 도달해 있었다(이한규 2012a, 105).

뿐만 아니라 아파르트헤이트 철폐과정에서 누구보다 공이 컸던 아프리카 흑인 노조들이 바라는 사회주의적 경제발전의 상은 만델라가 생각하는 '남아프리카인이든 외국인이든 사업가들이 투자의 안정성에 대해 확신을 갖고 자본의 회수에 대해 안심할 수 있는 상황을 만들어주려는' 계획을 어렵게 만드는 것이었다(윤은주 옮김 2007, 335). '무지개 국가'를 건설하고자 하는 만델라의 열정은 거대했지만 이를 성공시킬 수단과 환경은 매우 열악했다.

만델라가 정권을 잡은 시기는 자본주의 시장경제를 바탕으로 하는 신자유주의 체제가 이미 시작된 상황이었다. 아프리카 발전모델로 선호되었던 소련식 발전 모델은 이미 폐기되었고, 세계화와 더불어 제3세계의 정치 문제는 경제와 불가분의 관계가 되었다. 특히 남아프리카공화국 경제의 86%가 15%의 소수백인에 의해서 독점되어 있고,

남아프리카공화국 인구의 80%를 차지하는 대부분의 흑인은 극빈층에 속해 있다는 점에서 경제 문제는 정치적 개혁과 함께 진행될 수밖에 없는 것이었다(이한규 2012a, 107).

그러나 경제적 개혁은 결코 흑인들에게 우호적인 방향으로 진행되지 않았으며, 오늘날도 여전히 남아프리카공화국 부의 절대부분은 백인에 의하여 소유되고 있다. 1995년 럭비 월드컵의 광휘가 채 가시기도 전에 흑인들은 경제적 고통에 시달려야 했으며, 이는 또 다른 국가도약의 기회로 남아프리카공화국 정부가 월드컵을 유치하고자 나서는 이유가 되기도 하였다. 그러나 김영수(2010, 334)가 비판하고 있듯이 흑인들은 인종차별정책이 폐지되고 난 이후 20년 만에 정치권력의 허상, 특히 남아프리카공화국의 만델라나 음베키 전 대통령이 '인종차별폐지투쟁'의 역사적인 전사였으나 사회경제적으로는 신자유주의 정책의 전도사이자 스포츠와 월드컵의 전도사였음을 깨닫게 되었다.

 ## 소결 및 함의

민족갈등의 중요한 내용의 하나로 인종차별을 든다면 남아프리카공화국의 역사는 민족갈등과 이의 해결을 위한 역사적 실험과 교훈을 던져 주었다. 많은 다른 문제들이 존재할 수 있겠지만, 한 가지 부인할 수 없는 것은 만델라의 인종차별의 철폐와 극복의 내용은 진정한 화해와 관용의 정신에 기반했다는 것이다. 그리고 진정한 화해란 인종차별의 모든 조치의 타파, 그리고 과거에 대한 진실규명을 의미하고 있었다. 아울러 만델라의 삶의 과정에서 나타나듯이 인종차별의 투쟁은 강력한 대중운동으로 전개되었지만 비폭력적인 투쟁방식으로 전개되었으며 만델라와 ANC는 상호공존을 제도적으로 뒷받침하기 위해 권력을 독점하지 않고 공유하고자 하였다(조화성 1999, 130).

남아프리카공화국의 인종차별정책의 철폐, 흑백 상호공존, 그리고 평화적인 권력의 이양과정은 남아프리카공화국이 지니는 구조적이며 조직적인 요인에 크게 기인하고 있다. 무엇보다 남아프리카공화국은 다른 아프리카국가의 민족갈등과 달리 갈등의 내용이 중첩되지 않았다. 즉 다인종 사회지만, 다른 국가처럼 인종·종교·부족 간의 갈등이 중첩되어 나타나지 않음으로써 인종차별의 철폐를 중심내용으로 갈등의 축이 단일하게 형성되어 왔던 것이다. 또한 50년 넘게 흑인 운동단체의 주도성을 유지해 왔던 ANC와 백인 극우단체를 극소수로 전락시키는 백인 국민당NP이라는 강력한 정치조직의 존재는 상호 타협의 내용이 실행될 수 있는 기반으로 작용하였다(조화성 1999, 130).

이러한 상호타협이 아파르트헤이트의 철폐로 이어졌고, 1995년 럭비 월드컵의 극적인 우승은 잠시나마 남아프리카공화국의 흑백 모두에게 하나 됨의 순간을 선사하였다. 비록 그 이후의 신자유주의적 경제발전의 방향으로 인하여 흑인들의 경제적 어려움이 모두 해결되지는 못하였지만, 그렇다고 해서 남아프리카공화국 역사에서 1995년 럭비 월드컵이 갖는 의미를 폄하하는 것은 부질없는 노력일 것이다.

만델라의 국가형성nation building의 노력은 럭비 월드컵을 통해 그 이상적 지향점을 제시하였으며, 이는 국내에서는 화합을 추구하고 대외적으로 자주를 추구한다는 남아프리카공화국의 외교정책에서도 색깔을 드러내게 된다. 사실 만델라의 통치유산에서 빠뜨릴 수 없는 것이 독특한 외교적 노선이다. 아프리카 문제는 아프리카의 힘으로 해결한다는 자주 외교와 팔레스타인, 이스라엘, 쿠바, 미국을 동시에 우방으로 삼는 비동맹노선을 유지함으로써 외교적 갈등을 피하고자 하였다. 유럽과 남아프리카공화국 간의 무역협정을 체결하며, 외국인 투자를 중시하는 그의 외교는 실질적이며 중요한 외교적 성과를 낳았다고 평가되고 있다. 1995년의 럭비 월드컵은 이러한 만델라의 외교적 성과를 뒷받침하는 역할을 수행하였으며, 만델라가 이룩한 업적들 중에서 그 정점에 위치해 있다고 평가할 수 있다.

참 고 문 헌

곽은경. 1997. "제3세계의 시민항쟁과 그 이후 남아프리카공화국 ─ 반인종주의 투쟁과 만델라의 화해정책." 『역사비평』 11월.

김영수. 2001. 『화해는 용서보다 기억을 요구한다』. 서울: 동인.

김영수. 2010. "남아프리카공화국 월드컵과 흑인 노동자·민중." 『역사비평』 8월.

엄미경 옮김. 1998. Guy Hermet. 민주주의로 가는 길』. 서울: 한울.

윤은주 옮김. 2007. J. Lang. 『넬슨 만델라 평전』. 실천문학사.

이한규. 2012a. "만델라, '다수'가 아닌 '모두'를 위한 리더십." 『역사비평』 11월.

이한규. 2012b. "만델라의 정치적 리더십에 대한 고찰: 위기 상황의 대처 능력을 중심으로." 『한국아프리카학회지』 35.

조화성. 1999. "넬슨 만델라의 화해의 삶." 『민족연구』 3.

Allen, D. 2003. "Beating them at their own Game: Rugby, the Anglo─Boer War and Afrikaner Nationalism, 1899─1948." *International Journal of the History of Sport*, 20─3.

Breytenbach, Breyten. 1993. *Return to Paradise*. Mariner Books.

Carlin, J. 2008. *Playing the Enemy: Nelson Mandel and the Game that made a Nation*. London: Atlantic Books.

Classen, W. with D. Retief. 1985. *More than just Rugby*. Johannesburg: Hans Strydom.

Enloe, C. 1980. *Police, Military and Ethnicity: Foundations of State Power*. London: Transaction Books.

Grundlingh, A. 1996. "Playing for Power? Rugby, Afrikaner Nationalism and Masculinity in South Africa, c1990─c1970." in J. Nauright and T. Chandler. eds. *Making Men: Rugby and Masculine Identity*. London: Frank Cass.

Nauright, John. 1997. *Sport, Cultures, and Identities in South Africa*. London: Leicester University Press.

Niehaus, Isak. 2014. "Warriors of the rainbow nation? South African rugby after apartheid." *Anthropology Southern Africa*, 37─1&2.

Parker, A. C. 1983. *W.P. Rugby: Centenary, 1883─1983*. Cape Town: WPRFU.

Slabbert, Frederick van Zyl. 1985. *The Last White Parliament*. Johannesburg, Strydom/Ball.

Van der Merwe, F. J. G. 1992. "Sport and Games in Boer Prisoner─of─War Camps during the Anglo─Boer War, 1899─1902." *International Journal of the History of Sport*, 9─3.

Wilkens, I. and H. Strydom. 1980. *The Super─Afrikaners*. Johannesburg: Jonathan Ball.

스포츠 외교:
실패의 이야기들

스포츠 외교의 신화

제3부에서는 스포츠 외교 실패의 사례들을 다룬다. 제3부에서 다루고 있는 스포츠 외교의 사례들은 스포츠 외교 자체가 실패 했다 라기 보다는 스포츠를 통해 달성하고자 하였던 목표들이 정치적 여건의 미성숙, 예기치 않았던 주변 환경의 변화나 변수의 개입, 디자인의 실패 등으로 기대만큼의 성과를 거두지 못하거나 역효과를 가져온 경우들이라고 할 수 있다.

먼저 남북한 스포츠 회담의 역사를 검토한다. 분단 이후 지금까지 한반도의 두 행위자인 한국과 북한의 길항 속에서 양국 간 관계전환의 시기에는 어김없이 등장하고는 했던 남북한 스포츠 교류와 이를 위한 만남은 외교의 무대에서 스포츠의 작동 및 활용이 얼마만큼 정치의존적일 수 있는가를 잘 보여주는 사례이다. 본서에서는 남북한의 스포츠 대화를 남북대화의 전략적 선택 구조를 바탕으로 게임이론에 기반하여 분석하고 있다. 분단의 역사 속에서 수차에 걸쳐 이루어진 남북 스포츠 교류는 남북관계의 바로미터로 간주되었으며, 분단된 한반도를 다시 하나로 만들고자 하는 열망 속에서 2018년 현재도 여전히 남북 접촉의 도구로서의 역할을 담당하고 있다.

1972년 뮌헨 올림픽은 나찌의 깃발과 정치선전으로 가득했던 1936년 베를린 올림픽의 아픈 추억을 극복함과 동시에 패전의 아픔을 치유하고 세계 무대 속에 굴기한 국가의 모습을 보여주고자 했던 독일과 독일국민들에게 핏빛 올림픽이라는 최악의 기억으로 남게 되었다. 검은 구월단 테러리스트들의 이스라엘 선수단 살해는 메가 스포츠 이벤트의 무대가 악의적 세력에 의해 사용될 경우 발생할 수 있는 가장 최악의 본보기를 보여주었으며, 이후 메가 스포츠 이벤트의 기획자들은 일상적 안전의 문제와 함께 테러로부터의 보호를 경기 준비의 제1의적 의제로 삼게 되었다. 1972년 뮌헨에는 스포츠 외교는 사라지고 유혈 낭자한 테러의 흔적만이 남아 있었다. 2001년 9·11 테러의 발생 이후 뮌헨의 망령은 살아나 전세계 스포츠 메가 이벤트 무대를 떠돌고 있다.

2008년 베이징 올림픽과 2014년 소치 올림픽은 냉전의 붕괴 이후 상당한 시간 동안 어려운 길을 걸어야 했던 과거의 두 거인이 세계 무대에 다시 복귀하였음을 알리고자 하는 무대로서 기획되었다. 두 국가는 막대한 물량과 재원을 쏟아 부어 부활한 국가의 모습을 세계에 과시하고 자국의 위대함을 선전하고자 하였다. 그러나 노골적 의도가 개입된 세리모니의 장은 호감의 상승보다는 두려움의 확대를 남겨 놓았으며, 명확한 의도와 치밀한 계획 하에 성공적으로 진행된 두 올림픽의 개막식 무대는 이를 지켜보는 다른 행위자들로 하여금 감탄보다는 탄식을, 우러름보다는 견제를 떠올리게 하였다. 동시에 이 두 올림픽은 메가 스포츠 이벤트 준비과정에서의 자금 활용을 통한 통치 엘리트 내부의 응집성 확보, 무대의 준비와 성공적 행사 진행을 위해 그 과정에서 소외되고 탄압받은 자들의 아픔, 부패의 연결고리로서의 역할 등 여러 부정적 모습을 동시에 노정하였다.

제3부에서 다루는 사례들은 스포츠 외교의 효율적 작동과 성공을 위해 필요한 시대적·상황적 조건에 대한 많은 성찰의 기회를 제공할 것이다.

남북한 스포츠 회담: 절반의 성공과 절반의 실패

1953년 7월 27일 판문점에서 휴전협정이 체결됨으로써 분단의 고착화가 이루어진 이후 상당한 기간 동안 남과 북의 왕래는 사실상 차단되어 있었다. 본격적인 남북대화의 시작은 1971년 8월 12일 대한적십자사가 남북적십자회담 개최를 북한적십자 중앙위원회에 제의하면서부터라고 할 수 있다. 1971년 8월 20일 제1차 예비접촉을 시작으로 동년 9월 20일 제1차 예비회담이 개최된 이후 2018년 현재에 이르기까지 남북한 간에는 653회의 크고 작은 회담이 개최되었다.[80] 653회의 회담 중 스포츠 교류를 포함한 사회·문화 분야는 59건으로 전체의 10%에도 못 미친다. 그러나 스포츠 교류는 정치, 경제, 군사 분야와 비교해 보았을 때 남북한 정부가 상대적으로 큰 부담감을 느끼지 않는다는 점, 반드시 해결해야 할 현안이 존재하지 않는다는 점, 스포츠가 갖는 통합의 효과와 상징성, 비교적 작은 비용으로 커다란 파급효과를 가져올 수 있다는 점 등으로 인하여 많은 주목을 받아왔다. 특히 본격적인 남북대화가 시작되기 이전 남북의 대결구도가 첨예화되어 있던 1950년대와 1960년대에도 남북체육회담이 개최된 바 있고,[81] 남북관계가 교착상태에 빠져 있을 때면 스포츠를 포함한 사회·문화 교류가 국

---

80 남북회담 본부 제공 회담통계자료
http://dialogue.unikorea.go.kr/ukd/be1/usrCmsStat/List.do?tab=1 검색일: 2018년 3월 30일.

81 1950년대 남북 간 직접대화가 있었던 것은 아니나 북한이 국제올림픽위원회(IOC: International Olympic Committee) 가입을 위해 남북체육회담을 제안하는 형태로 남북체육교류가 진행되었다. 1960년대에 들어서는 1964년의 도쿄 올림픽에 단일팀으로 출전하는 문제를 놓고 1963년 1월과 5월에 로잔 및 홍콩에서

면전환의 도구로서 고려되는 것이 사실이다.

지금까지 남북교류에서 스포츠의 역할을 분석한 연구들 대부분이 이와 같은 스포츠의 상징성과 도구성에 집중하고 있었다. 이들 연구들은 스포츠를 통해 남북이 추구하고자 했던 목표, 스포츠 교류가 갖는 상징성, 그 성공여부 등에 초점을 맞추고 논의를 진행시킨다. 특히 스포츠의 도구성을 기능주의적 통일 방안과 결합한 연구들의 경우, 스포츠를 기능주의적 확산효과의 시발점으로 파악하고, 스포츠를 통한 남북교류의 확산과 통일에의 기여도 등에 집중하고 있다. 이들 연구들의 공통점은 "남북 스포츠 교류가 어떻게 하면 성공을 거둘 수 있을 것이며, 통일에 기여할 수 있을 것인가"라는 정책목표에 대한 탐구라고 할 수 있을 것이다(김동선 2000; 박상현 2007; 박주한 1997; 성문정 2004; 유호근 2007; 이학래 1992; 정기웅 2010c; 황옥철 2007).

그러나 지난 남북교류의 역사를 돌이켜 보았을 때 남과 북의 스포츠 교류가 진실로 남북 간 교류협력을 유발할 수 있는 선도적 사업으로서 작동해 왔는지의 여부에 대해 긍정적이었다고만 답하기는 힘들다고 여겨진다. 사실 남북 스포츠 교류에 관한 기존의 연구들에서는 스포츠의 역할이 과도하게 강조됨으로써 이면에 숨겨져 있는 남과 북의 정치적 의도와 시기적 상황, 맥락적 연결성 등이 상대적으로 미미하게 취급되어 온 경향이 있다. 즉 스포츠의 긍정적 역할에 집중함으로써 그와 같은 스포츠의 도구적 활용을 가능케 했던 남과 북의 전략적 사고와 정치적 판단에 대한 고려가 적절히 평가되지 못했다는 한계를 갖는다.

본 장에서는 이와 같은 문제의식 하에 남북교류에서 스포츠가 갖는 도구적 유용성에 대해 검토한다. 특히 스포츠가 도구적 유용성을 발휘하기 위해서는 그에 앞서 스포츠를 도구로서 작동시키고자 하는 남과 북의 전략적 선택이 우선되어야 한다는 점을 지적할 것이며, 이러한 전략적 선택의 설명을 위해서는 합리적 선택이론의 틀을 사용할 것이다. 이를 통해 남북이 양자 간 대화에 대해 갖고 있던 정치적 의도와 시기적 상황, 맥락적 연결성 등을 고찰함으로써 남과 북의 전략적 사고를 검토하고, 이러한 전략목표의 달성을 위해 스포츠가 어떠한 식으로 활용되었는지에 대해 고찰한다.

'남북체육회담'이 개최되었으며, 이 만남이 휴전 이후 남북 간에 이루어진 최초의 공식적인 회담이라고 볼 수 있을 것이다.

남북대화의 전략적 선택 구조

흔히 협상은 "둘 이상의 당사자 간에 상충하는 이해관계가 존재할 때, 대화를 통해 이를 조정해 나가는 과정"으로 규정되곤 한다(Churchman 1993; Ikle 1964; Wall 1985; Solomon and Quinney 2010). 즉 협상이라 함은 "상호의존적인 목적을 가진 2인 이상의 행위자들의 상호작용이며, 이들 행위자들은 갈등적·협력적 이해관계를 공유하는 것으로 전제되고, 이 속에서 갈등적 이해관계를 축소하고 협력적 이해관계를 증대시킴으로써 서로에게 득이 되는 상황을 창출해내는 것이 협상의 목적"이라고 할 수 있다 (Lewicki, Barry and Saunders 2007, 6−8).

이와 같은 협상의 개념은 합리적 선택이론에 바탕을 둔 경우가 많으며, 협상을 하나의 단선적인 과정으로 파악하는 경우가 많다. 협상을 '예비협상 → 공식적 협상의 시작 → 협상의 지속 → 협상의 마무리 → 협약의 체결'과 같은 일련의 과정을 거치는 단선적 과정으로 파악하는 것이다. 그러나 어떤 행위자에게 협상은 어떤 정책적 목표를 추구한다기보다는 단지 상대방과의 관계를 만들어가는 과정, 혹은 친숙함을 쌓아가는 과정으로 인식되기도 하고(United States Institute of Peace 2002, 8−10), 어떤 행위자에게는 이데올로기의 일방적 선전장으로서 인식될 수도 있다.

이러한 맥락에서 남과 북의 교류를 살펴볼 때, 남북 간의 접촉은 협상을 통한 공동이익의 창출보다는 협상 자체가 하나의 목표로서 작동한 적이 훨씬 더 많음을 발견할 수 있다. 지난 시기 남과 북의 대화를 고찰해 볼 때 남과 북의 관계에 있어서는 협상의 장에 마주앉는 것 자체가 하나의 목표처럼 간주된 경우가 훨씬 많았다는 것이다.[82] 남북한 간에 대화 혹은 협상이 이루어진 경우 이는 특정한 문제의 해결과 이에 따른 협상이익을 기대해서 이루어졌다기보다는, 양자가 체제유지의 목적이나 남북관계의 구조적 특성으로부터 발생하는 갈등과 경쟁 속에서 대결의 수단으로서 이용되는 경우가 훨씬 많았다. 결국 이는 남과 북 사이에 공통된 이익이 존재하지 않음으로 인하여 나타나는 결과로서, 남북관계의 특수성에 따라 남북대화의 성격도 국제 간 갈등해결 양식

---

82 남북대화가 갖는 '협상을 위한 협상', '의사협상(pseudo negotiation)'적 성격에 관한 보다 자세한 논의는 김도태 1995; 송종환 2002를 참조할 것. 그 밖에 북한의 협상행태에 관한 논의는 강인덕·송종환 외 2004; 김도태·제성호 1994; 임동원 1997; 홍양호 1997 등을 참조할 것.

의 보편적 협상과는 다른 양태를 표출하고 있다고 볼 수 있다(김도태 1995, 146–147).

이와 같은 남북 간 협상상황을 합리적 선택이론의 관점에서 고찰하자면 양측이 협상할 의지를 전혀 갖고 있지 않은 교착deadlock의 상태라고 규정지을 수 있다. 무정부 상태에서의 국가협력은 갈등관계를 전제로 하지만, 모든 갈등관계가 반드시 협상을 통한 상호이익의 창출이나 협력에 이르게 되는 것은 아니다. 대표적으로 '상호이익의 실현을 위한 협력이 필요 없는 조화harmony'의 상태와 '협력을 통한 상호이익의 실현이 불가능한 교착deadlock'의 상태에서는 협상 혹은 협력이 발생하지 않는다.[83] 지금까지 이루어져 온 남북대화의 많은 경우들이 이와 같은 조화, 혹은 교착의 상태에 머물러 있었던 까닭에 협상을 통한 공동이익의 창출이라는 결과가 이루어지지 않았던 것이라고 볼 수 있다.

이러한 인식 하에 다음 장에서는 남북 스포츠 교류를 시기적으로 구분한 후 남과 북의 선택을 게임이론의 틀을 사용해 전략적으로 분석할 것이다.[84] 게임이론은 복잡한 상호작용을 단순화시킴으로써 주어진 상황에서 무엇을 선택하는 것이 가장 합리적인지를 보여준다. 게임이론에서는 2명이 상호작용하는 상황을 협력(Cooperation: C)과 배반(혹은 비협력 Defection: D)으로 단순화함으로써 주어진 상황에서 가장 합리적인 선택이 무엇인가를 보여준다. 행위자가 2명이고 협력과 배반만이 있다고 가정할 때 2×2의 4가지 결과(CC, CD, DC, DD)를 예측할 수 있으며, 상정된 상황에 따라 다양한 조합이 가능하다.

본 장에서는 국제정치에서 협력과 갈등의 문제를 설명하는데 있어 가장 빈번히 사용되는 수인의 딜레마prisoner's dilemma,[85] 겁쟁이 게임chicken game,[86] 사슴사냥stag

---

83 협상에 있어 조화(harmony)와 교착(deadlock)의 의미에 관해서는 Keohane 1984, 51–55; Oye 1986; Axelrod and Keohane 1986 등을 참조할 것.

84 게임이론에 대한 입문서로서는 Hamburger 1979; Morrow 1994, 보다 확장된 논의는 Shubik 1983, 고전적 논의는 Luce and Raiffa 1957; Schelling 1960 등을 참조할 것. 한글 단행본으로는 김영세 1998; 김재한 1995; 정준표 2000 등을 참조할 것.

85 두 명의 죄수가 중범죄 혐의로 기소되었다. 당국은 경미한 범죄를 입증할 증거밖에 갖고 있지 않다. 만약 둘 모두 입을 다문다면(협력한다면) 둘 모두 미약한 처벌을 받을 것이다(CC). 만약 한 명이 고백하고 다른 한 명이 입을 다문다면 배반자는 석방되고(DC) 협력자는 중형을 선고받게 될 것이다(CD). 둘 모두 고백한다면 둘 다 중간정도의 형을 선고받을 것이다(DD). (게임이 1회라고 가정할 때) 각 죄수의 선호도는 DC > CC > DD > CD의 순서를 갖는다.

86 두 명의 운전자가 길 한복판에서 마주보고 달린다. 한 명이 피하고 다른 한 명이 피하지 않을 경우 피한 자는 겁쟁이라고 놀림을 받게 될 것이고(CD), 피하지 않은 자는 영웅이 될 것이다(DC). 둘 다 피하지 않는다면 충돌로 인한 심각한 손실을 경험할 것이며(DD), 둘 모두 피한다면 겁쟁이라고 놀림 받는 것이 희석될

hunt[87] 등을 사용하고 있으나, 무엇보다도 먼저 남과 북의 상황이 과연 '상호작용에 의한 게임'이 가능한가를 살펴볼 것이다. "갈등을 관찰할 때면 교착(상호 이익의 부재상황)을 생각하고, 협력을 관찰할 때면 조화(배반으로부터의 이득이 없는 상황)를 생각하라"는 오이(Oye 1986, 7)의 지적처럼 남과 북의 관계가 과연 전술한 게임의 틀에 의해 분석될 수 있는지의 여부를 살펴보는 것이 선행되어야 할 것이기 때문이다.

남과 북의 전략적 선택을 분석하기 위해 가장 먼저 남과 북의 상황이 '상호적'인가 (교착 혹은 조화의 상태가 아닌가)의 여부를 판단하고, '상호적'일 경우에는 게임 구조의 결정을 위해서 먼저 게임의 '결과'에 대한 각 행위자들의 선호도를 결정하고, 이에 따라 결정된 게임의 구조에 의한 지배전략dominant strategy, 즉 가장 합리적 선택이 무엇인가를 파악함으로써 남북 양측이 이러한 지배전략 하에서 스포츠를 어떠한 식으로 활용했는지를 파악하고자 한다.

---

① 상호성(교착 혹은 조화 여부)에 대한 판단
②-1: 판단의 결과가 상호적일 경우 → 결과에 대한 선호도 분석 → 게임 구조 결정 → 지배전략 결정
②-2: 판단의 결과가 상호적이지 않을 경우 → 그침

Ⅱ 남북 스포츠 교류 – 휴전에서 냉전종식까지

북한과의 스포츠 교류를 검토함에 있어 여러 가지 방법의 시기적 구분이 있을 수 있겠으나 본 연구에서는 냉전의 종식을 기준으로 냉전종식 이전과 이후 둘로 구분하여 검토한다. 휴전에서 냉전종식까지의 시기는 다시 두 시기로 나눌 수 있다. 첫 번째 시

것이다(CC). (게임이 1회라고 가정할 때) 각 운전자의 선호도는 DC > CC > CD > DD의 순서를 갖는다.
[87] 한 무리의 사냥꾼들이 사슴을 둘러싸고 있다. 모두가 협력한다면 모두들 배불리 먹을 수 있을 것이다(CC). 만약 한 사람이 지나가는 토끼를 쫓아간다면 사슴은 도망갈 것이다. 배반자는 조금 먹을 수 있게 되지만 (DC) 나머지는 모두 굶어야 한다(CD). 만약 모두가 토끼를 쫓아간다면, 모두가 토끼를 잡아서 매우 조금 먹을 수 있는 기회가 생긴다(DD). (게임이 1회라고 가정할 때) 각 사냥꾼의 선호도는 CC > DC > DD > CD의 순서를 갖는다.

기는 남과 북의 첨예한 체제 경쟁 속에서 국제적 승인을 획득하기 위한 남북 간의 소모적 논쟁이 이어졌던 휴전협정 이후부터 1979년 유신 체제의 종말까지의 '승인 획득 및 경합기', 두 번째 시기는 신냉전이 시작되고 한국이 올림픽 유치를 확정지은 이후 체제 경쟁에서 사실상의 승리를 선언하는 한편, 북한은 서울 올림픽의 방해에 몰두하고 한국은 스포츠를 정치적 승인과 정당성 확보의 도구로서 활용하고자 하였던 1980년부터 1987년까지의 정치와 스포츠의 결합이 그 어느 때 보다 두드러졌던 '정치적 공방기'이다.

1. 승인 획득 및 경합기: 1953~1979

(1) 승인 획득기: 교착 vs 조화의 게임 구조

이 시기의 남북 스포츠 교류는 다시 전기와 후기로 나눌 수 있다. 전기는 남북 간의 본격적인 대화가 시작되기 이전인 1970년까지로, 이 시기는 IOC 가입을 둘러싼 북한의 의도적 접근과 북한의 IOC 가입 이후의 의무사항에 따른 남북접촉기라고 볼 수 있다.

1950년대에는 남북 간 직접대화가 없었다. 스포츠 교류 또한 북한이 IOC 가입을 위해 노력하는 와중에 IOC를 매개로 한 간접적 남북대화가 추진되었을 뿐이다. 남북 스포츠 교류의 시작은 IOC 가입을 목적으로 한 북한 측의 의도적 접근으로 시작되었다. 한국의 대한올림픽위원회KOC: Korean Olympic Committee는 1947년 6월 20일 스톡홀름에서 개최된 IOC 총회에서 가입을 승인받았고, 산하경기단체들도 국제경기연맹에 가입했으나, 북한은 IOC에 가입하지 못한 상태였다(대한올림픽위원회 1996).

이 시기 남북한 정부는 국제적 승인의 문제를 둘러싸고 매년 UN에서 표 대결을 벌일 만큼 국제적 승인 획득의 문제를 중시하였다. 따라서 북한의 입장에서는 IOC에의 가입을 통한 승인 획득이 절실한 상황이었다. 이것이 북한으로 하여금 남측에 스포츠 교류를 제안하는 동기가 되었다고 볼 수 있다.

북한은 1956년 제3차 노동당 대회에서 남북 스포츠 교류 문제를 최초로 언급하고, 1957년 12월에는 제17회 로마 올림픽 대회 단일팀 구성을 위해 공동 노력할 것을 남측에 제의하였다. 그러나 북측의 남한과의 접촉노력은 북측이 1957년 불가리아 소피아에서 개최된 제54차 IOC 총회에서 잠정적 가입승인을 받게 됨과 동시에 끝났다. IOC

가입이라는 목표가 달성된 까닭에 더 이상 남측과의 접촉 노력을 할 필요가 없었기 때문이다.

이와 같은 북한의 대화제의를 남과 북의 전략적 선택의 측면에서 살펴보자면 남측은 협력(C: 대화에 응함)으로 얻을 수 있는 어떠한 이익도 존재하지 않는 교착의 상태에 처해 있었다면, 북측은 배반(D: 대화하지 않음)으로 생기는 이득이 전혀 없는 조화의 상태에 처해 있었다고 볼 수 있다. 북측으로서는 어떻게 해서든지 남측과 대화를 진행해야 했기 때문에 배반이 불가능해진다. 즉 남측의 선택과 상관없이 북측은 항상 협력을 택해야 하는 상황인 것이다. 반면 남측의 입장에서는 항상 배반하는 것이 최선의 선택이다. 남측으로서는 대화에 응하지 않는다고 해도 아쉬울 것이 전혀 없는 반면, 대화에 응할 경우 북한보다 경제적으로 취약한 상황으로 인하여 대화의 장이 북의 선전장으로 바뀔 가능성이 상존하고,[88] 북한에 협력할 경우 북의 국제적 승인 획득에 도움을 주는 입장이 되는 까닭에 정권안정을 위한 반공적 분위기 유지에 전혀 도움이 되지 않는다. 따라서 남측의 입장에서는 북과의 협력으로 인해 생기는 이익이 전혀 없는 상태인 까닭에 교착의 게임 구조를 갖게 된다. 이와 같이 조화와 교착의 게임 구조가 대치하고 있는 상황에서는 실질적인 협상이 진행되는 것이 불가능하다. 한쪽은 언제나 협력하려고 하고, 한쪽은 언제나 배반하려고 하는 게임 구조가 드러나 있는 상황에서는 협상이 성립되지 않기 때문이다. 결국 남북은 실질적 접촉을 갖지 못했고,[89] 북한이 IOC에 가입한 이후에는 의무적 남북회담만이 존재했을 뿐이다.

북한이 IOC에 가입한 이후, 1958년에서 1970년까지는 스포츠 분야에서의 의무적 남북회담이 존재했던 시기라고 볼 수 있다. 1957년 북한은 IOC 가입승인을 받게 되는데, 이때 IOC는 북한 국가올림픽위원회NOC: National Olympic Committee의 사업한계를 북한 내로 국한시키고, 올림픽 참가와 같은 대외적인 사업은 서울에 본부를 둔 KOC에 있음을 확인하였다. 따라서 북한 NOC의 올림픽 참가는 한국 KOC를 통하지 않을 수 없게 되어 북한으로서는 남북체육회담 제의가 불가피하게 되었다(통일원 1987, 19-20). IOC의 남북 단일팀 구성 권고에 따라 1963년 1월 24일 스위스 로잔 IOC 본부 사무실에서 IOC 중재로 제1차 남북체육회담이 개최되었고(대한올림픽위원회 1992,

---

88 일부의 연구는 이 시기 북한의 남북교류제의가 북한의 남한에 대한 상대적인 국력의 우위에 기반한 자신감에서 유발한 것이라고 지적하고 있다. 홍관희 외 2000, 40.

89 북측의 단일팀 구성이나 체육회담 제안도 IOC 가입에 필요한 명분을 쌓기 위한 수단의 성격을 띠었기 때문에 진정한 남북접촉은 없었다고 볼 수 있다. 황옥철 2007, 147-148.

6-7) 동년 5월 17일부터 6월 1일까지는 홍콩에서 제2차 남북체육회담이 개최되었다 (정동성 1998, 64). 이 시기 남북대화의 게임 구조는 '교착 vs 조화'로 인한 협상진전불가 의 상태에 해당한다. 남으로서는 북한과의 경제력을 비교당하기 싫고 북의 주도권을 인정하기도 싫은 까닭에 협력을 통한 상호이익이 부재한 교착(남한)의 상태에 해당하 고, 북한으로서는 올림픽 참가를 위한 접촉이 필요하고 경제적 우위를 자랑하고 싶은 까닭에 대화를 피할 까닭이 없는 조화(북한)의 상태에 있었기 때문에, 남북 간의 대화 는 형식적인 수준에 머물렀을 뿐이고, 남북 간 협상을 통한 공통의 이익 창출은 불가능 했다고 볼 수 있다.

(2) 경합기: 교착의 게임 구조

1971년 8월 12일 대한적십자사가 남북적십자회담 개최를 북한적십자 중앙위원회 에 제의하면서 본격적인 남북대화의 시대가 열리기 시작했다. 이후 박정희 대통령이 사망하고 유신 체제가 끝나는 1979년까지 남북 간에는 4건의 사회·문화 분야 회담이 개최되었다.[90]

이 시기 남과 북의 스포츠 교류는 1972년의 7·4 남북공동성명 이후 1972년 뮌헨 올 림픽 당시 남북올림픽위원장의 남북체육공동성명, 1976년 대한축구협회장의 남북축 구교환경기 제안, 1978년 남한측의 서울 세계사격선수권대회 초청담화, 1979년 북한 측의 제35회 세계탁구선수권대회 단일팀 구성 제안, 1979년 북한의 모스크바 올림픽 경기 대회 단일팀 구성 제안 등을 꼽을 수 있다. 그러나 여러 차례의 제안과 회담이 오 고갔음에도 불구하고, 실질적인 성과는 단 한 건도 이루어지지 않았다.

1971년부터 1979년까지 남과 북은 인도적 분야에 있어서는 85회에 이르는 회담을 개최할 만큼 활발한 접촉을 벌였으나, 체육회담을 포함한 사회·문화 분야에서는 상 대적으로 미미한 수준에 불과하였고, 이루어진 제안들도 실질적인 성과를 목표로 했 다기보다는 구색 맞추기 용에 불과하였다는 점을 지적할 수 있을 것이다.

이 기간 동안 1972년의 7·4 남북공동성명 이후 한동안 활발하게 전개되었던 남북 회담은 남한에서는 유신 체제의 성립, 북한에서는 김일성 1인 독재 체제의 공고화와

---

90 남북회담 본부 제공 회담통계자료
　　http://dialogue.unikorea.go.kr/ukd/be1/usrCmsStat/List.do?tab=1 검색일: 2018년 3월 30일.

더불어 시들해졌다. 더불어 남북 스포츠 교류는 각 체제의 우위를 과시하고자 하는 정치적 선전의 수준을 벗어나지 못하고 있었다. 이 시기 남북 스포츠 교류는 어떤 구체적인 성과도 없었고, 일방적 선언에 그치는, 상호 간의 체제 선전과 기세싸움에서의 우위장악을 위한 선언적 쟁투의 수준에 머물러 있었던 시기라고 볼 수 있을 것이다.

이를 전략적 선택의 측면에서 보자면 남과 북 모두에 있어 상호 협조로 인한 이익이 부재한 교착의 게임 구조를 갖고 있던 시기라고 볼 수 있다. 남한과 북한 모두 이 시기 냉전적 대결 구조와 체제 경쟁으로 인하여 상대방의 대화제의에 응할 경우(C) 체제 유지에 전혀 도움이 되지 않는다는 전략적 판단 하에 일방적 배반(D: 대화에 응하지 않음)의 선호도를 갖고 있던 것이다. 즉 상대방이 어떤 선택을 하건 나의 선택은 배반인 구조에서는 '협력'이라는 것이 어떤 의미도 갖지 못하며, 이 시기 남과 북의 상황이 이러한 상호 교착의 게임 구조에 속한다고 평가할 수 있다.

2. 정치적 공방기: 1980~1987 – 교착상태의 지속

1980년대 한국은 제5공화국의 출범으로 새로운 군사독재정부를 맞이하게 되었다. 10·26사건으로 박정희가 사망한 이후, 12·12 신군부 쿠데타, 5월 광주에서의 무력진압 등 제5공화국의 집권세력들이 정권을 장악하는 과정에서 경험하고 저질렀던 사건들은 그들이 장악한 권력의 정당성에 심각한 손상을 입혔고, 정권의 주역들에게 국내적 지지기반과 대외적 승인의 문제에 대한 끊임없는 우려를 불러 일으켰다. 그 결과 신군부세력은 자신들의 취약한 정치적 기반을 확보하기 위해 대내적으로는 억압적 통제 메카니즘을 구축하고 국내 정치 문제를 공동화시켰으며, 대외적으로는 안보를 강조하며 미국과의 관계를 긴밀히 함으로써 쿠데타에 의한 정권찬탈을 인정받는 동시에 끊임없는 정상외교와 올림픽 유치와 같은 이벤트성 행사를 개최하여 국민의 관심을 밖으로 돌림으로써 정권의 안정을 꾀하려 하였다. 이 과정에서 스포츠는 이와 같은 대내적 및 대외적 목적을 동시에 충족시킬 수 있는 효과적인 수단으로서 활용되었다. 전두환 정부는 '행사 공화국', '올림픽 공화국'이라고 불릴 만큼 국제행사와 스포츠 경기에 집중하였다. 한국 역사에서 그 이전에도 그리고 그 이후에도 이 시기만큼 스포츠가 국가정책결정의 중요한 모티브로 작동한 적은 없었으며, 이는 무대를 세계로 넓혀 보아도 찾기 드문 사례에 속한다(정기웅 2010b, 330-333).

한편 북한에서는 1970년대의 김일성 독재 체제 구축을 통해 김일성의 영구집권이 완성되었으나, 체제 경쟁에 있어서는 휴전 이후 한동안 우위를 차지하였던 북한경제가 한국과의 경쟁에서 완전히 뒤로 밀려난 상태였다. 특히 한국의 서울 올림픽 유치는 북한 체제에 심각한 위협으로 인식되었다. 북한은 1983년의 미얀마 아웅산 묘역 테러 사건과 1987년의 KAL 858기 폭파 사건을 통해 이를 방해하려 하였고, 남북 간에는 정치적·군사적으로 긴장이 매우 고조된 시기였다.

이 시기 남북대화는 경색국면을 벗어나지 못하고 있었다. 1980년부터 1987년까지 총 31건의 남북대화가 이루어졌으며, 이 중 사회·문화 분야는 7건에 달함으로써 다른 시기에 비해 상대적으로 많은 비중을 차지하고 있음을 발견할 수 있다. 그러나 이 시기 남북체육회담은 남과 북 양측 모두에 있어 정치적 선전의 장 이상의 역할을 담당하지 못했으며, 상호정치적 공방으로 가득 차 있었다. 이 시기 대표적인 남북 스포츠 교류는 1984년의 LA 올림픽 남북 단일팀 구성을 위한 회담과 1988년의 서울 올림픽 공동 개최 및 남북 단일팀 구성을 위한 회담을 지적할 수 있다.

1984년 LA 올림픽 남북 단일팀 구성을 위한 남북체육회담이 1984년 4월 9일부터 5월 25일까지 판문점 중립국 감독위원회 회의실에서 개최되었다(대한올림픽위원회 1992, 24-25). 제1차 체육회담(4.9)에서 한국 측은 북한당국이 자행한 미얀마 아웅산 테러 사건과 최은희·신상옥 납치 사건은 남북한 간의 긴장과 대결을 격화시키는 중대한 도발 행위라고 지적하면서 이러한 상황에서는 남북의 체육인사들이 마음 놓고 접촉하고 협력할 수 없음을 지적했다. 이에 대해 북한 측은 "유일팀 구성을 논의하는 마당에 논제와는 전혀 관계가 없는 미얀마 사건과 같은 정치 문제를 개입시키는 것은 체육 문제와 맞지 않다."고 맞대응했다. 제2차 체육회담(4.30)에서 북한 측은 제1차 회담이 무산된 책임을 한국 측에 전가하고 미얀마 아웅산 테러 사건에 대해서도 자기 측과 아무런 관련이 없는 사안이라고 주장하였다. 제3차 체육회담(5.25)에서 한국 측의 제안에 대해 북한 측은 체육회담에서 남측이 정치적 발언으로 난관을 조성하고 제23회 LA 올림픽 경기 대회 유일팀 출전을 방해한 것에 대해 인정하고 사죄할 것과 앞으로 회담에 정치 문제를 들고 나오지 않고 또한 정치도발을 하지 않겠다는 보장 요구 등을 전제조건으로 내세우면서 의제토의를 거부하였다. 특히 제4차 회담일자를 결정하자는 한국 측 제의에 대해 전화통지문을 통해 연락하자고 하면서 일방적으로 회담을 중단시켰다. 그후 한국 측의 제4차 체육회담 제의에 대해 북한이 3차 회담에서 제기한 두 가지 전제조건을 내세워 거부함으로써, 제23회 LA 올림픽 경기 대회에 남북한이 단일팀으로 출전하기 위한 체육회담은 성과 없이 끝났다(통일부 2002, 56-59).

남북대화를 협상론적인 관점에서 분석한 연구들은 남북대화가 합의를 도출하기 위한 진의협상이 아니라 합의 외적인 것을 위한 의사협상pseudo negotiation의 형태를 갖는다는 점을 지적하고 있으며, 이는 북한이 적대적이며 공격적인 협상형태로 일관하는 전사적 이론에 바탕하고 있기 때문이라고 주장한다(박상현 2007, 265). 전사적 이론에 따르면 북한에게 협상은 공동이익을 극대화하는 협력의 장이 아니라 '전쟁의 연장'에 불과하다.

북한과의 스포츠 협상에 대한 연구들도 북한이 남북 스포츠 회담에서 합의보다는 정치적 선전과 명분 획득에 치중하였다고 주장한다. 북한은 스포츠 회담을 체제 유지 및 강화 그리고 남한의 국론분열 분위기 조성을 위한 정치적 수단으로 삼았다는 것이다.[91] 더불어 남북 협상이 성공을 거둘 수 없었던 가장 근본적인 원인으로서 사회·문화교류인 스포츠를 정치에 이용하려 한 북한의 대남혁명전략을 지적한다.

그러나 역사 속에서 스포츠는 언제나 비정치성을 표방해 왔음에도 불구하고 실상에 있어서는 지극히 정치적으로 작동하였으며, 남북관계에 있어 스포츠 활동을 정치적 수단으로 활용하고 남북한 스포츠 협상을 상대방에 대한 비방과 선전의 장으로 사용한 것은 북한만이 아니었다. 서울 올림픽 유치를 비롯한 제5공화국의 스포츠 정책들은 명백히 정치적 의도를 갖고 추진되었으며, 상기한 LA 올림픽 남북 단일팀 구성을 위한 회담에서 한국 측이 1983년의 미얀마 아웅산 폭파 사건을 회담의 선결의제로 내세웠던 것은 한국도 남북 스포츠 회담을 대북 압박과 정치적 선전의 장으로 활용한 실례라고 볼 수 있다.[92]

LA 올림픽 단일팀 구성 협상이 아무런 성과 없이 끝이 났으나, 북한에게는 해결해야 할 당면의 과제가 하나 더 있었다. 바로 서울 올림픽이었다. 북한은 서울 올림픽 개최를 방해하기 위하여 크게 두 가지 공작을 전개하였다. 첫째는 공포 분위기를 조성하여 참가 선수와 임원들이 불참하도록 유도하는 것이었고, 둘째는 공동주최를 표방한 대남협상을 벌임으로써 한국 국민들의 단독 올림픽 개최 반대를 유도하여 올림픽 개최

---

91 남북스포츠 협상을 연구한 논문 중에서 북한의 의사협상적 행태에 관한 논의는 김동선 2000; 김미숙 2004; 이학래 2004 등을 참조할 것.

92 이와 관련하여 이학래는 한국스포츠에 대한 자기반성을 통해 한국의 체육사도 객관성과 독자성을 상실한 채 체제의 치적이나 정권차원의 정치이념 모색에 따라 좌우되어 왔음을 지적하고 있다(이학래 2001, 14).

를 불가능하게 만들려는 방향으로 시도되었다(외교통상부 1999, 259).

공포분위기 조성을 위한 북한의 시도는 두 차례의 테러로 나타났다. 1983년 10월의 아웅산 테러 사건과 1987년 11월의 대한항공 858기 폭파 사건이 그것이다. 아웅산 테러는 전두환 대통령의 서남아·대양주 6개국 공식 순방 첫 방문국인 버마(현 미얀마)의 아웅산 묘소에서 일어난 폭발 사건으로 대통령의 공식·비공식 수행원 17명이 사망하고 14명이 중경상을 입었다. 대한항공 858기 폭파 사건은 1987년 11월 바그다드발 서울행 대한항공기에 폭탄을 장치, 안다만 열도 상공에서 폭파시킴으로써 탑승객 전원을 사망케 한 사건으로, 이 사건은 특히 전세계적인 탈냉전 무드에도 불구하고 한반도를 여전히 냉전의 잔재로서 머무르게 하는 강력한 족쇄로서 작용하였다.

공포분위기 조성과 더불어 진행된 북한의 또 다른 시도는 남북한 공동개최 제시와 올림픽 개최지 변경 요구였다. 1984년 12월 16일 북한 올림픽위원회의 위원장 김유순은 IOC 위원장인 사마란치에게 편지를 보내 88 올림픽 개최지 변경을 요구하고 나섰다. 이에 따라 남과 북은 IOC측의 주도로 1985년 10월부터 1986년 6월까지 스위스 로잔에서 1988년 서울 올림픽 경기 대회 개최와 관련된 남북회담을 4차에 걸쳐 개최하였으나 아무런 성과를 거두지 못했다. 이 회담들에서 북한은 개최 전 종목의 2분의 1 분산개최 요구에서 출발하여, 6개 종목 개최를 주장하다가, 1988년 1월 11일 서울 올림픽 대회 불참을 선언했다.

이 시기 남과 북의 전략적 선택을 '서울 올림픽 남북한 공동개최의 건으로 한정하여 살펴보면' 다음과 같은 해석이 가능할 것이다. 남측의 선호도는 DD > DC > CD > CC의 변형된 교착 게임의 선호도를 갖는다(C는 공동개최 수락, D는 공동개최 거부). 북측의 입장에서도 DD > DC > CD > CC의 선호도를 갖는다.

먼저 남측의 입장에서는 공동개최를 수락하는 것(C)이 전혀 바람직하지 않은 선택이었다. 올림픽을 통해 정권의 정당성을 홍보하고 체제 경쟁에서 압도적인 우위를 차지하는 것이 목표였던 만큼 남한의 입장에서는 공동개최를 거부(D)하는 것이 합리적인 선택이 된다. 이때 북한이 거부(DD)해 준다면 공동개최 무산의 책임을 북한에 돌릴 수 있게 되고, 설혹 북한이 수락(DC)한다고 할지라도 남한으로서는 (당시의 냉전적 대치 상황과 남북한 체제 경쟁을 감안한다면) 공동개최 무산의 책임을 지더라도 올림픽 개최의 과실을 혼자서 독차지 하는 것이 보다 합리적인 선택이라고 여길 것이다. 또한 상황에 의해 어쩔 수 없이 공동개최를 수락한다고 할지라도(C) 북측이 찬성(CC)보다는 반대

(CD)해주는 것을 더 바랄 것이다. CD의 경우 남측으로서는 공동개최에 찬성했으나 북측이 반대해서 어쩔 수 없이 포기하게 되었다는 명분 획득이 가능해지기 때문이다. 만약 CC의 경우가 벌어진다면 남측으로서는 올림픽 개최의 과실을 북측과 나누어야 하고, 명분에 있어서도 우위를 점하기 힘든 까닭에 최악의 결과가 된다.

다음 북측의 입장에서도 공동개최를 거부(D)하는 것이 합리적인 선택이다. 이미 경제력 면에서 남한과 많은 격차를 보이고 있고 올림픽을 개최할 여력이 없는 상황에서는 남한이 반대(DD)해줌으로써 공동개최 무산의 책임을 남측에 돌릴 수 있게 되는 것이 최선의 결과이고, 설혹 남측이 수락(DC)한다고 할지라도 북한으로서는 거부하는 것이 체제의 안정을 유지하고 경제적 부담을 더는 선택이 될 것이다. 상황에 의해 공동개최를 수락하게 되는 경우(C)에도 남측이 찬성(CC)보다는 반대(CD)해주는 것이 더 바람직한 결과이다. 남한의 경우와 마찬가지로 북한으로서도 CD의 경우 명분 획득이 가능한 반면, CC의 경우 체제 안정성 저하, 외부세계의 분위기 유입, 경제적 부담과 같은 북으로서는 결코 맞이하고 싶지 않은 결과를 가져올 것이기 때문이다. 서울 올림픽 공동개최에 대한 남한과 북한의 게임트리는 <표 7-1>, <표 7-2>와 같이 나타낼 수 있을 것이다.

표 7-1 서울 올림픽 공동개최에 대한 남북한의 게임트리(남한)

남한의 선택	수락 C		거부 D	
북한의 선택	수락 C	거부 D	수락 C	거부 D
결과	CC 공동개최	CD 공동개최 무산	DC 공동개최 무산	DD 공동개최 무산
남한 입장에서 결과에 대한 해석	• 장점: 공동개최 수락의 명분 획득 • 단점: 올림픽 개최의 과실을 북과 나누어야 함/북한과의 접촉으로 인한 불안요소 증폭/명분에 있어 우위 획득 실패	• 장점: 공동개최 수락의 명분 획득/단독 올림픽을 통한 체제 경쟁에서의 승리선언 기회 획득 • 단점: 단독 올림픽의 당위성 상실/(냉전적 대치상황 하에서) 내부의 정치적 불안요소 증폭	• 장점: 단독 올림픽을 통한 체제 경쟁에서의 승리선언 기회 획득/북한과의 접촉으로 인한 내부적 불안요소 차단 가능 • 단점: 명분의 상실	• 장점: 북한 책임론을 제기함으로써 명분에 있어 우위 획득 가능/단독 올림픽을 통한 체제 경쟁에서의 승리선언 기회 획득/북한과의 접촉으로 인한 내부적 불안요소 차단 가능
선호도	4th	3rd	2nd	1st

출처: 저자 작성.

　　사실 이와 같은 게임 구조는 이 시기 전반에 걸쳐 큰 변화 없이 지속되었다고 볼 수 있다. 남의 입장에서도 북의 입장에서도 협력이란 바라는 바가 아니었으며, 내부적 상황과 국제정세로 인하여 대결구도를 선호하였기 때문이다. 즉 남북 간의 게임 구조는 여전히 교착 상태에 머물러 있었기 때문에 이 시기 진정한 의미의 협상이란 난망한 것이었다고 볼 수 있다.

표 7-2 ▷▷ 서울 올림픽 공동개최에 대한 남북한의 게임트리(북한)

북한의 선택	수락 C		거부 D	
남한의 선택	수락 C	거부 D	수락 C	거부 D
결과	CC 공동개최	CD 공동개최 무산	DC 공동개최 무산	DD 공동개최 무산
북한 입장에서 결과에 대한 해석	• 장점: 공동개최 수락의 명분 획득 • 단점: 올림픽 개최로 인한 경제적 부담감 / 외부세계의 자유로운 분위기 유입 / 체제 안정성 저하와 불안감 증폭 / 김일성 유일지도 체제가 흔들릴 가능성	• 장점: 공동개최 수락의 명분 획득 • 단점: (냉전적 대차상황 하에서) 내부의 정치적 불안 요소 증폭 / 선언한 정책실패에 대한 부담감으로 인한 리더의 권위 상실	• 장점: 체제안정성 유지 / 외부세계로부터의 자유로운 분위기 차단 / 경제적 부담으로부터의 탈피 • 단점: 명분의 상실	• 장점: 남한 책임론을 제기함으로써 명분에 있어 우위 획득 가능 / 체제안정성 유지 / 외부세계로부터의 자유로운 분위기 차단 / 경제적 부담으로부터의 탈피
선호도	4th	3rd	2nd	1st

출처: 저자 작성.

　　이 시기 남북관계에서 스포츠는 그 어느 때 보다도 강한 정치적 도구성을 노정시켰으며, 남북 모두에게 있어 스포츠 협상은 정치적 선전의 장 이상의 의미를 갖지 못하였다. 그러나 이 시기 스포츠의 도구적 사용만을 놓고 본다면 북측보다는 오히려 남측이 더욱 강한 집착을 보였음을 발견할 수 있다. 남측에게 있어 스포츠는 국가정책결정의 중요한 모티브이자 수단으로 작용하였으며, 스포츠를 통해 정권의 대내외적 정통성을 확보함과 동시에 통치의 수단으로 사용하고자 하였기 때문이다.

남북 스포츠 교류 – 냉전종식 이후 현재까지

냉전종식 이후의 시기 또한 두 시기로 나눌 수 있다. 첫 번째 시기는 1988년 서울 올림픽의 성공적 개최와 북한의 수세 탈출을 위한 적극적 접근, 남한의 호응으로 특징지어지는 '모험적 접근과 호응기', 그리고 국민의 정부와 참여 정부 시기 남북 밀월기로 이어지는 2007년까지의 '조화기'이다. 2008년 이명박 정부 출범 이후 현재에 이르기까지의 남북 스포츠 교류는 특별한 움직임 없이 사실상 소강상태에 빠져 있으므로 논의에서 제외한다.[93]

1. 모험적 접근과 호응기: 1988~1997 – 사슴사냥

1988년 12월 21일 김유순 조선올림픽위원장은 김종하 대한올림픽위원장에게 서한을 보내 1990년 9월 베이징에서 열리는 제11회 아시아경기대회에 남북 단일팀 구성 문제를 협의하기 위해 쌍방 올림픽위원회의 부위원장을 단장으로 하는 5명의 대표 간 회담을 1989년 2월 하순에 판문점에서 가질 것을 제의했고, 한국 정부는 이를 수락했다(대한올림픽위원회 1992, 55).

제11회 베이징 아시아경기대회 단일팀 구성을 위한 남북체육회담은 1989년 3월 9일부터 1990년 2월 7일까지 9차례의 본회의와 6차례의 실무접촉을 통해 이루어졌다. 양측대표들은 제5차 회담과 제6차 회담에서 선수단 호칭, 단기, 단가, 선수 선발, 훈련, 임원 구성, 비용부담, 관리 기구 등 단일팀 구성에 관해 10개 항목에 있어 거의 합의에 이르렀다. 그러나 협의형식과 합의사항에 대한 이행보장의 문제에 대한 이견으로 제9차 회담을 끝으로 결렬되었다(대한올림픽위원회 1992, 56–57).

LA 올림픽과 서울 올림픽 단일팀 협상에 이어 베이징 아시안게임의 단일팀 구성 또한 실패하였다. 그러나 실제 공동사무국 파견업무를 보장하기 위한 조치를 성문화하는 등 당시로서는 매우 합리적인 방법으로 의견들이 조율되었고 정부에서도 남북체육교류의 근본적 대책을 마련한 점 등을 높게 평가해야 한다는 의견 또한 존재한다(황옥

---

93 이 원고가 작성된 시기가 2017년 이전인 까닭에 2018년 평창 동계올림픽을 전후하여 남북 간에 진행된 접촉에 대해서는 다루고 있지 않다. 이에 대해서는 본서 제13장에서 별도의 장을 할애하여 다루고 있음을 밝힌다.

철 2007, 152).

베이징 아시아경기대회의 단일팀 구성은 좌절되었지만 아시아경기대회 시에는 남
북이 공동응원을 행함으로써 세계의 이목을 집중시켰다. 베이징 아시아경기대회 기간
중 남북공동응원 등 화해 분위기가 고조되는 가운데 1990년 9월 23일 베이징 호텔에
서 남과 북의 체육부장관들(남: 정동성, 북: 김유순) 간에 회담이 이루어졌다. 이 회담에
서 남북은 남북통일축구대회 개최에 원칙적으로 합의하는 한편, 바르셀로나 올림픽
경기 대회 등 주요 국제 경기 대회의 단일팀 구성·참가와 남북체육교류 문제 등을 협
의하기 위한 남북체육회담을 조속한 시일 내에 개최하기로 합의하였다. 또한 이 회담
에서 남북 체육장관들은 일제 치하에서 민족혼을 일깨우는데 커다란 기여를 한 바 있
는 경평축구대회를 남북통일축구대회라는 이름으로 복원하여 개최할 것을 합의하였
다(정동성 1998, 181–184).

이 합의에 따라 1990년 10월 9일부터 13일까지 평양에서, 그리고 10월 21일부터 25
일까지 서울에서 남북통일축구대회가 개최되었고, 이 기간 중 한국 측의 정동성 체육
부장관과 북한 측의 김유순 국가체육위원회위원장은 3차례 회담(1·2차 평양, 3차 서울)
을 갖고 남북체육회담 재개, 남북 단일팀 구성 등 공동관심사에 관해 1990년 10월 25
일 공동합의문을 발표하였다(대한올림픽위원회 1992, 94–95).

이와 같은 합의에 따라 국제 경기 대회 참가 및 남북체육교류 문제를 협의하기 위한
체육회담이 1990년 11월 29일부터 1991년 2월 12일까지 4차에 걸쳐 판문점 평화의 집
과 통일각에서 번갈아 개최되었다. 이 회담을 통해 선수단 호칭, 단기, 단가, 선수 선발
방법에 합의를 이루면서 분단 이후 처음으로 남북 단일팀을 구성하여 1991년 4월 일
본에서 열린 제41회 세계탁구선수권대회와 6월 포르투갈에서 열린 제6회 세계청소년
축구선수권대회에 '코리아Korea'라는 단일팀으로 참가함으로써 국제 대회에의 단일팀
참가가 실현되었다. 이후 한국 측은 1992년 바르셀로나 올림픽 경기 대회의 남북 단일
팀 구성을 위해 제5차 체육회담을 제의했으나 북한은 회담 개최를 불과 5일 앞둔 8월
12일 한국으로 귀순한 유도 선수 이창수씨 문제를 구실로 체육회담을 일방적으로 무
산시켰다(통일부 2002, 62).

1988년 올림픽의 성공적 개최와 남한의 국력신장은 남북한 체제 경쟁에서 남한측
이 완전한 우위에 올라섰음을 보여주는 상징적 사건이었다. 서울 올림픽 이후 1991년
남북기본합의서의 채택에 이르는 기간 동안 상기한 바와 같이 북한은 남측과의 스포

츠 교류에 매우 적극적인 태도로 임했다. 1971년부터 2010년까지 사회·문화 분야에서 총 54회의 회담이 개최되었는데, 1989년에서 1991년까지의 3년 동안 개최된 회담이 23회에 이른다. 무엇이 북한으로 하여금 이러한 적극성을 띠게 하였는가?

박상현은 이를 그리코(Joseph M. Grieco)의 '상대이익의 민감도'와 관련하여 설명하고 있다(박상현 2007, 270-271). 그리코(Joseph M. Grieco)는 협상에 임하는 당사자들의 선택과 관련하여 '상대이익의 민감도'라는 개념을 제시하였다. 그에 따르면 국가 간 협력이 쉽게 일어나지 않는 이유는 국가들의 '상대적 이익relative gain'에 대한 중시에 있다는 것이다. 즉 국가 간의 협력을 통해 공동이익mutual interest이 발생할 것이 확실한 상황에서도 참여국들은 협력을 통해 이익이 발생한다는 사실절대적 이익absolute gain 보다는 '누가 더 많은 이익을 가져가는가'하는 상대적 이익에 더욱 관심을 가진다는 것이다. 그리고 국가가 상대적 이익에 더 많은 관심을 가지게 되는 이유는 '전이성fungibility'[94]때문이라는 것이다. 따라서 상대적 이익의 민감도가 높을수록 자국에 위협이 되기 때문에 위험한 선택이 되고, 민감도가 낮을수록 안전한 선택이 된다. 상대적 이익의 민감도는 국력에 따라 또 이슈에 따라, 그리고 협력대상국에 따라 달라진다. 그리코는 첫째, 국가의 국력이 강할수록 상대적 이익에 둔감하다. 둘째, 안보 이슈에서 민감도가 가장 높고, 경제 이슈와 사회문화 이슈에서는 점차 낮아지는 경향이 있다. 셋째, 우방국과의 협력에서는 민감도가 낮지만 적대국가와는 민감도가 높아진다고 정의하고 있다. 이러한 관점에서 본다면, 남북 스포츠 교류에서 북한은 매우 높은 상대적 이익의 민감도를 가지고 있다고 볼 수 있다. 국력 면에서는 한국에 뒤지고 있으며, 여전히 체제 경쟁을 하고 있는 한국과의 스포츠 교류는 민감한 사안일 수밖에 없다. 이러한 상황에서 스포츠가 사회·문화 분야의 교류라고 하더라도 북한은 한국보다 더 민감한 반응을 보일 수밖에 없고, 남북 스포츠 교류를 한다는 자체가 위험한 선택이 된다. 반면 한국은 우월한 국력과 신기능주의적 통일방식을 선택한 상황에서 스포츠 교류에서 북한보다 상대적 이익에 둔감성을 가지게 될 것이다.

상대적 이익의 민감도에 덧붙여 지적할 수 있는 것이 '영역효과frame effect'이다. 영

---

[94] 전이성이란 경제 부문에서 생기는 이익이 안보나 국방 분야의 이익으로 전이가 가능하고 결국 더 많은 (상대)이익을 가져가는 국가가 상대에 대한 안보위협이 된다는 개념이다. 그리코는 신기능주의적 자유주의자들과의 논쟁에서 사회문화교류도 안보위협으로 발전할 수 있다는 점을 지적하였고, 이는 사회문화교류가 체제위협으로 발전할 수 있다는 함의를 갖는다(Grieco 1998; 박상현 2007에서 재인용).

역효과는 전망이론prospect theory[95]의 가장 중요한 함의의 하나로서, 인간의 선택이 합리적 선택이론에서 주장하는 것과는 달리 효용을 극대화하는데 집중하는 것이 아니라 "이익 중에서 선택하는 이익영역gain frame에서는 손실을 회피하는 안전한 선택을 선호하고, 손실 중에서 선택하는 손실영역loss frame에서는 손실을 감수하는 위험한 선택을 선호한다."는 것이다. 즉 남북한이 각기 이익 중에서 선택하는 이익영역에 있을 경우에는 위험을 회피하는 선택을 선호하게 되지만, 손실영역에 있을 때는 위험감수적인 선택을 선호한다는 것이다.

이상의 영역효과와 상대적 이익의 민감도를 고려해 볼 때 북한은 한국의 서울 올림픽 성공적 개최와 냉전의 해체로 인해 심각한 체제위협을 느끼고 있었고, 이는 북한이 스스로를 손실영역에 위치하는 것으로 인식하게 하였다고 볼 수 있다. 따라서 손실영역에 있는 북한으로서는 위험감수적인 선택을 선호하게 될 것이고, 이것이 1988년부터 1991년 사이에 나타나는 남한과의 적극적 대화노력으로 결과하게 되었다고 해석할 수 있다.[96] 즉 국제적 고립과 경제적 어려움이 계속되는 상황에서 "고립에 의해 고사되느냐, 아니면 체제위협이 급속히 확산될 위험을 감수하고 남북교류를 통해 위기를 극복하느냐"의 선택 중에서 위험감수적인 남북교류를 채택하였다고 해석할 수 있다.

이러한 상황을 게임이론의 틀에서 바라보면 북한과 남한의 선호도는 모두 CC > DC > DD > CD의 사슴사냥의 선호도를 갖는다(C는 대화응낙, D는 대화거절). 협력하는 것이 지배전략으로 채택될 가능성이 가장 높은 사슴사냥의 게임 구조가 북한의 적극적 접근과 남한의 호응이라는 형식으로 표현되었으며, 역대 가장 활발한 남북접촉을 가능케 했다고 볼 수 있다. 이를 게임트리로 만든다면 <표 7-3>, <표 7-4>와 같이 정리할 수 있을 것이다.

---

95 전망이론과 영역효과에 대해서는 Kahneman and Tversky 1979; Kahneman and Tversky 1981 등을 참조할 것.

96 북한의 체제위기와 협상태도의 변화에 대해서는 Snyder 1999; 김도태 1995; 김용호 2000; 임동원 1997 등을 참조할 것.

표 7-3 모험적 접근과 호응기 남북 스포츠 교류에 대한 남북한의 게임트리(남한)

남한의 선택	수락 C		거부 D	
북한의 선택	수락 C	거부 D	수락 C	거부 D
결과	CC 교류 성사	CD 교류 무산	DC 교류 무산	DD 교류 무산
남한 입장에서 결과에 대한 해석	• 장점: 남북관계에 있어 남한의 주도권 획득 가능/대화와 협력 노력에 대한 명분 획득/북한과의 접촉을 통한 북한 내부변화 모색 가능/남북관계 개선 가능 • 단점: 보수적 세력으로부터의 반발 초래	• 장점: 대화와 협력 노력에 대한 명분 획득 • 단점: 남북관계에 있어 주도권 상실/정책실패로 인한 보수로부터의 반발 유발/내부의 정치적 혼란 유발 가능성	• 장점: 남북관계에 있어 남한의 주도권 과시/북한에 대한 단호한 태도 과시로 보수적 세력의 집결을 통한 내부의 정치적 지지 강화 • 단점: 대화와 협력 노력에 대한 명분 상실/남북관계 개선 가능성 상실	• 장점: 남북관계 진전의 어려움에 대한 국민적 관심 환기 가능/북한과의 접촉 차단으로 인한 내부의 정치적 혼란 차단 • 단점: 남북관계 개선 가능성 상실/내부의 정치적 혼란 유발 가능성
선호도	1st	4th	2nd	3rd

출처: 저자 작성.

표 7-4 모험적 접근과 호응기 남북 스포츠 교류에 대한 남북한의 게임트리(북한)

북한의 선택	수락 C		거부 D	
남한의 선택	수락 C	거부 D	수락 C	거부 D
결과	CC 교류 성사	CD 교류 무산	DC 교류 무산	DD 교류 무산
북한 입장에서 결과에 대한 해석	• 장점: 남북 교류를 통한 상황의 반전 기도 가능/대화와 협력 노력에 대한 명분 획득/관계개선을 통한 남한으로부터의 경제적 지원 획득 가능/남한 내부에 북한 우호적인 세력 증대 가능 • 단점: 내부적 반발 초래 가능성	• 장점: 대화와 협력 노력에 대한 명분 획득 • 단점: 남북관계에 있어 주도권 상실/정책 실패로 인한 내부로부터의 반발 및 정치적 혼란 유발 가능성	• 장점: 남한에 대한 단호한 태도 유지로 내부 세력의 결집 유도를 통한 체제 안정성 유지/남북관계에 있어 북한의 주도권 과시 • 단점: 대화와 협력 노력에 대한 명분 상실/남북관계 개선 가능성 상실	• 장점: 남한에 대한 단호한 태도 유지로 내부단속 강화/협력 실패의 원인을 남한 탓으로 돌릴 수 있음 • 단점: 남북관계 개선 가능성 상실
선호도	1st	4th	2nd	3rd

출처: 저자 작성.

2. 조화기: 1998~2007 – 조화상태의 지속

1991년 12월 31일 남과 북은 '남북 사회의 화해와 불가침 및 교류협력에 관한 합의서이하 남북기본합의서'를 채택하였고, 1992년 2월 19일 평양에서 열린 제6차 남북고위급 회담에서 합의서를 발효시켰다. 그러나 합의서에 따른 다양한 정책들이 시행되기도 전에 1993년 3월 12일 북한은 NPT 탈퇴를 선언하였고, 이는 한반도를 위기의 소용돌이 속으로 몰아넣었다. 북한과 미국 간의 핵협상이 진행되는 동안, 1994년 7월 김일성이 사망함으로써 북한 사회 내 위기분위기가 고조되었지만, 미국과의 핵협상은 계속 진전되어 1994년 10월 21일 제네바 합의를 체결함으로써 북 핵 위기는 일단락되었으나, 북한은 통미봉남通美封南과 선군정책을 앞세우고 고립정책을 추구함으로써 남북 간의 교류는 사실상 단절된 상태에 이르게 되었다. 이러한 정치상황으로 인해 스포츠 분야에서도 아무런 교류가 진전되지 못했으며, 1998년 방콕 아시안게임을 앞두고 단일팀 구성을 의제로 제안된 남북체육회담 역시 북한의 거부로 성사되지 못하였다.

이와 같은 상황이 전환점을 맞이하게 된 것은 국민의 정부가 출범하면서 부터였다. 국민의 정부는 출범 초기부터 일관되게 '햇볕정책'으로 대표되는 대북유화책을 추구하였고, 이는 북한과의 관계에 많은 변화를 초래하였다.

이 시기의 스포츠 교류는 주로 기업 주도로 이루어졌다. 시작은 1990년 11월 현대고 정주영 회장의 북한방문이었다. 이후 핵 위기로 인해 한동안 단절되었던 남북 스포츠 교류는 1999년 9월 현대가 북한과 합작으로 평양에 실내종합체육관을 건설하여 기부하고, 실내체육관의 기공식을 전후로 남북 농구 경기를 개최함으로써 재개되었다. 북한의 남녀 통일 농구단은 현대산업개발의 정몽헌 회장 초청으로 1999년 12월 22일 서울에 도착하여 3박 4일의 일정을 마치고 북한으로 돌아갔다.

2000년 6월 분단 55년 만에 개최된 남북정상회담은 남북관계에 획을 긋는 대사건이었다. 남북정상은 공식적으로 통일의 실현방식에 대한 합의를 이루었고, 신속한 통일 대신 장기간의 평화공존과 협력에 동의하였다. 정상회담은 거의 모든 분야에서의 남북대화 정례화를 위한 기반을 구축하였으며, 6·15 공동선언을 통해 정상회담 후속대화의 틀을 제시하였다. 스포츠 분야에 대한 언급은 공동선언문 제4항에서 찾을 수 있는데 "남과 북은 경제협력을 통하여 민족경제를 균형적으로 발전시키고 사회, 문화, 체육, 보건, 환경 등 제반 분야의 협력과 교류를 활성화하여 서로의 신뢰를 다져나가

기로 하였다.”로 명기하고 있다.

정상회담 이후 남북체육교류는 활기를 띠기 시작했는데, 주로 합작사업의 형태로 나타났다. 현대아산의 체육시설 건설사업, 우인방 커뮤니케이션의 금강산랠리사업, 삼성이 평양현지공장 설립을 앞두고 평양체육관에 전광판을 기증하고 이를 기념하기 위해 치른 ‘통일탁구대회’ 등이 대표적인 주요 사업으로서 거론될 수 있을 것이다.

6·15 선언 후 남북 스포츠 교류의 첫 번째 작품은 21세기를 여는 첫 번째 올림픽 제전인 2000년 시드니 올림픽 동반입장이었다. 시드니 올림픽 대회 메인스타디움에서 실시된 제27회 시드니 올림픽 입장식에서 남북한 선수들은 손에 손을 맞잡고 코리아라는 이름의 한반도 깃발을 앞세우고 동반 입장했다.

그러나 이와 같은 상징적 사건에도 불구하고, 남북 스포츠 교류가 모든 분야에서 긍정적 결과물을 낳은 것은 아니다. 북한은 2000년부터 지속된 2002년 FIFA 한일 월드컵 대회의 남북분산개최와 관련된 남북 협의에 매우 소극적인 태도를 보였으며, 2001년 봄 일본 오사카에서 개최 예정이었던 46회 세계탁구선수권대회를 위한 남북 단일팀 구성을 위한 회담제의에도 응하지 않았다. 이처럼 2000년 6·15 남북공동선언에서 스포츠 교류를 위한 공동의 노력이 합의된 이후에도 북한은 2002년 초까지 스포츠 교류에 소극적인 자세로 일관하였다. 2002 월드컵의 경우도 분산개최와 단일팀 구성이 목표로 논의되면서 남한 축구협회 회장이 FIFA 부회장과 함께 방북해서 현안 사항을 협의해 나갔으나 결국 무산되었다(성문정 2004, 13-14).

2002년은 남북 스포츠 교류에 역사적 사건이 발생한 해로 평가된다. 휴전 이후 한국에서 이루어지던 국제행사에는 무조건 불참하던 북한이 대규모 선수단을 이끌고 2002년 부산 아시안게임에 응원단과 더불어 참석한 것이다. 역시 같은 해 남북태권도 시범단 교류가 있었고, 태권도 이질성 극복을 위한 공동학술대회를 실시하는 등 민간 교류에도 전향적 자세를 보이기 시작했다. 그 후 2003년 대구 유니버시아드대회에도 선수단과 응원단을 파견하였고, 민간차원의 남북체육교류도 성사시켰다.

이러한 가운데 남북한의 체육수뇌부가 분단 이후 첫 국제 종합 대회 단일팀 구성을 위한 실무협상에 돌입하게 된다. 남북한은 2006년 12월 카타르 도하에서 열리는 아시안게임에 단일팀을 파견하기로 합의했다. 김정길 KOC 위원장은 2005년 9월 8일 중국 광저우에서 북측의 문재덕 조선올림픽위원회 위원장과 회동을 갖고 2006년 아시안게임 남북 단일팀 구성에 원칙적으로 합의하고, 조속한 실무위원회 구성 그리고 2006년 봄 남북 축구 단일팀과 브라질 대표팀의 친선 경기 등 3가지 안에 합의했다. 이 자리에서 셰이크 아메드 알—사바(Sheikh Ahmad al Sabah) 아시아올림픽평의회(OCA: Olympic Council of Asia) 회장은 "남북한이 아시안게임에 단일팀을 파견한다면 OCA규정을 한시적으로 개정해서라도 이를 돕겠다."고 밝혔다.

남북한은 2006년 카타르 도하 아시안게임 단일팀 구성 합의에 이어 2008년 베이징 올림픽 단일팀 구성에도 합의했다. 남북한은 2008년 올림픽 단일팀 파견을 위해 2005년 12월과 2006년 6월 개성에서 2차례 체육회담을 갖고 단일팀의 단기와 단가, 훈련방안 등에 대해 대략적인 합의를 이뤘지만, 선수단 구성 비율에 대해서는 이견을 보였다. 이후 3차와 4차 회담에서도 양측은 이견을 좁히지 못했고, 결국 회담은 실패로 끝나고 말았다.

이 시기 남과 북의 스포츠 교류는 매우 활발한 양상을 띠었으며, 단일팀 구성을 통한 국제 대회 참가 합의라는 구체적 성과를 거두었다. 그러나 이는 남과 북의 협력에 의해 도출된 공동의 이익창출이라고 보기보다는 남측의 일방적 양보에 의한 '배반으로부터의 이득이 존재하지 않는 조화' 상태에서 이루어진 성과라고 보는 것이 타당할 것이다.

다음과 같은 설명이 가능하다. 이 시기 햇볕정책으로 대표되는 한국의 대북정책, 특히 스포츠 정책은 기능주의이론의 확산효과spillover effect와 많은 부분 유사점을 갖는다. 기능주의 이론은 두 사회 간에 기능적인 상호의존관계가 생기면 공동의 통합이익이 생겨나고, 이 공동이익은 두 사회를 불가분의 관계로 만들어 통합촉진의 가장 큰 요인이 됨과 동시에, 한 부문에서 형성된 기능적 협조관계는 다른 분야의 협력관계를 이끌어 낸다고 주장한다.[97] 통합의 방법으로는 국민의 필요를 충족시켜 줄 수 있고, 국가 간의 갈등으로부터 비교적 자유로운 기능적·기술적 차원의 협조를 도모한다. 이를 통해 국가들이 상호이익을 얻게 되면 보다 큰 협력을 유발할 수 있는 다른 영역들로 확산되어 나가고 궁극적으로는 정치적 통합에까지 이를 수 있다는 점진적 단계의 통합방법을 추구한다는 것이다.

북한은 한국의 통일정책이 이와 같은 기능주의적 원칙에 기반하고 있다는 것을 잘 인식하고 있었다고 볼 수 있다. 따라서 한국이 남북한 인적·물적 교류를 통해 북한을 개혁과 개방으로 유도하고 최종적으로 한국에 유리한 통일조건을 조성하는 것을 목표

---

97 남북한 체육교류에서 한국의 대북 기능주의적 접근방법에 관한 논의는 유호근 2007을 참조할 것.

로 하고 있다는 사실 또한 잘 인식하고 있었다. 더불어 국민의 정부와 참여정부가 햇볕 정책에 강하게 집착하고 있다는 사실 또한 잘 알고 있었다고 보아야 한다. 이는 바꿔 말하면 북한은 굳이 한국과의 협상에서 무언가를 얻으려 하지 않고, 그때그때 자신의 기호에 따라 한국의 제안 혹은 정책에 맞장구를 쳐주기만 하면 원하는 바를 얻을 수 있다는 뜻이 된다. 즉 이 시기 남북한의 스포츠 교류는 갈등조절을 통해 이익을 얻어내는 협상 혹은 협력의 상태가 아닌 조화의 상태에 가깝다고 볼 수 있다는 것이다.

이 시기 남북 스포츠 교류에 임했던 북한의 태도는 이와 같은 맥락에서 이해될 수 있다. 즉 북한은 한국 측의 정책목표를 충분히 이해하고 있었으며, 교류협력을 통해 북한 체제변화를 유도하려는 한국과 '보다 많은 접촉'과 '보다 많은 교류'를 받아들여 한국의 통일정책에 말려들기 보다는, '제한된 접촉'과 '선호하는 교류'만을 받아들여 국제적 고립과 경제적 어려움을 극복하기 위해 시간벌기나 숨고르기를 했다라고 평가할 수 있을 것이다. 따라서 이 시기 남과 북의 전략적 선택은 일방적 배반(DC) 보다는(상대방의 대응전략에 상관없이) 보답 없는 협력(CD)을 선호했던 남측의 정책적 선택으로 인하여 상호작용이 존재하지 않는 북한의 일방적 이득이 발생하는 조화의 구조였다고 평가할 수 있을 것이다.

Ⅳ 소결 및 함의

본 장에서는 1953년 휴전 이후 2007년에 이르기까지의 남북한 교류를 검토하고 이 과정에서 스포츠가 담지하고 있는 것으로 간주되었던 도구적 유용성에 대하여 검토하고자 하였으며, 이와 같은 연구의 수행을 위해 게임이론의 전략적 선택의 틀을 활용하였다.

분단 후 노무현 정부까지의 남과 북의 협상 구조를 살펴볼 때 이는 교착 vs 조화 → 교착 → 사슴사냥 → 조화의 과정을 거친 것으로 파악되었다. 이명박 정부 출범 이후 2017년 현재까지의 남북관계는 교착의 상태라고 보는 것이 적절할 것이다. 이러한 과정을 간략히 정리하면 <그림 7-1>과 같이 나타낼 수 있으며, 이와 같이 교착과 조화의 상태가 반복되는 상황에서는 사실상 '상호의존적 목적을 가진 2인 이상의 행위자들의 상호작용'이라는 의미에 있어서의 협상은 불가능하다고 볼 수 있다.

그림 7-1 ▷ 남과 북의 전략적 상호작용

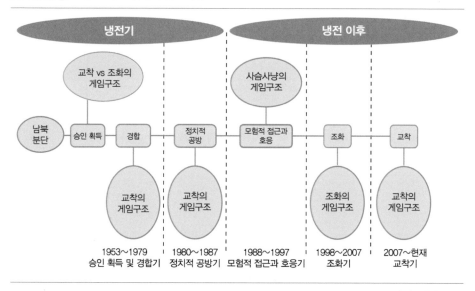

출처: 저자 작성.

남북교류에 있어 스포츠가 가장 활발하게 접촉을 위한 도구로서 사용된 것은 1989년에서 1991년까지의 3년 동안이었다. 이 시기 동안 북한이 남한과의 적극적인 대화를 모색했던 것은 북한이 인식하고 있던 상대적 이익과 영역효과로 인한 것이었고, 스스로를 손실영역에 위치하는 것으로 인식하고 있던 북한이 위험감수적인 선택을 선호하게 된 것이라고 해석할 수 있다. 이 과정에서 남한과의 접촉의 도구로서 스포츠가 사용되었던 것이다. 이는 스포츠 자체가 남북교류를 촉발시켰다기보다는 남과 북의 정치적 결단이 이루어진 이후에야 남북 정부에 의해 추구되는 정책목표의 달성을 위해 스포츠가 도구로서 사용되었음을 보여준다. 따라서 일부 기능주의적 접근법을 채택한 연구들이 주장하고 있는 바와 같이 스포츠 교류가 '한 부문에서 형성된 기능적 협조관계가 다른 분야의 협력관계를 이끌어 내는' 기능주의적 확산효과의 시발점으로서 작동했다기보다는, 단지 남과 북의 정해진 정책목표 달성을 위해 스포츠가 도구적으로 사용되었다고 보는 것이 보다 더 타당할 것이라고 여겨진다. 즉 스포츠는 남북교류에 있어 훌륭한 도구적 활용성을 갖지만 이를 가능케 하는 것은 남북 정부의 정치적 판단과 전략적 선택이라고 평가할 수 있을 것이다.

이명박 정부 출범 이후 2017년 현재까지의 남북관계는 교착의 상태를 유지하고 있다고 볼 수 있다. 김정일 사후 권력을 승계한 김정은의 경우에도 남한과의 적극적 관계모색에 나서지 않고 있다. 현재 경직되어 있는 남북관계의 변화모색을 위해서는 남 혹은 북 어느 쪽에서든 현재의 교착 구조를 다른 선호도를 갖는 게임의 구도로 바꿀 필요가 있다. 이 과정에서 스포츠는 선호도의 변화를 유도하기 위한 효과적인 도구로서 사용될 수 있을 것이다. 그리고 이 과정에서 북한이 먼저 움직이기를 기다리는 것 보다는 남한이 먼저 움직이는 것이 훨씬 더 효과적이라고 여겨진다. 그러나 북한의 핵도발로 인해 북에 대한 제재조치가 강력하게 시행되고 있는 현 상황에서 어떠한 남북관계의 재개를 위한 노력이 가능할지 참으로 답하기 어려운 문제라고 할 수 있다. 하지만 남북관계가 핵 위기로 경색되어 있던 시절에도 스포츠 교류는 남북대화의 장을 제공하였음이 기억되어야 할 것이다. 따라서 스포츠를 이용한 북한과의 대화재개 가능성은 상존하고 있으며, 이를 위한 정부당국의 결단이 필요하다. 급변하고 있는 세계정세 속에서 아직까지도 냉전의 잔재로서 남아 있는 한반도에서의 상황변화를 통해 국가이익을 극대화하기 위한 전략적 선택이 더욱 절실히 요구된다.[98]

---

98 본고의 작성 이후 상황의 변화로 남북 간에 접촉이 이루어졌고, 이는 남측의 적극적 제안과 북측의 호응에 따른 것이었다고 볼 수 있다는 점에서 이와 같은 제안의 적실성이 증명되었다고 생각한다.

참 고 문 헌

강인덕·송종환 외. 2004. 『남북대화: 7·4에서 6·15까지』. 서울: 극동문제연구소.

김도태. 1995. "탈냉전기 북한의 대남협상행태: 지속성과 변화." 『사회과학과 정책』 17−2.

김도태·제성호. 1994. 『핵관련 북한의 협상전략전술분석』. 서울: 민족통일연구원.

김동선. 2000. "남북체육회담의 성패요인과 전망." 『한국체육학회지』 39−4.

김동선. 2001. "우리나라 통일과정에서 스포츠 교류의 역할." 『한국체육학회지』 40−2.

김미숙. 2004. "북한의 스포츠 이념과 남북 스포츠 교류의 한계에 관한 연구." 『한국체육철학회지』 12−2.

김범식. 1996. "국가연합단계의 남북한 체육교류 방안." 『스포츠과학논집』 창간호.

김영세. 1998. 『게임이론: 전략과 정보의 경제학』. 서울: 법문사.

김용호. 2000. "북한의 대외협상 행태 분석." 『국제정치논총』 40−4.

김재한. 1995. 『게임이론과 남북한관계』. 서울: 소화.

대한올림픽위원회. 1992. 『남북체육교류 자료집』. 서울: 대한올림픽위원회.

대한올림픽위원회. 1996. 『KOC 50년사』. 서울: 삼성인쇄.

박동운. 1979. "혁명전략과 협상전술." 『공산권연구』 7월호.

박상현. 2007. "남북 스포츠 협상의 평가와 전망." 『통일정책연구』 6−2.

박상현·윤홍근. 2010. 『협상게임: 이론과 실행전략』. 서울: 인간사랑.

박주한. 1997. "냉전 체제의 종식과 남북한 스포츠 교류." 『움직임의 철학: 한국 스포츠 무용 철학 회지』 5−2.

성문정. 2004. "남북체육교류의 현황과 정책적 과제." 『남북체육교류 학술토론회 자료집』 서울: 한국체육학회.

송종환. 2002. 『북한 협상행태의 이해』. 서울: 오름.

안민석. 2000. "남북체육교류 활성화 방안." 『한국스포츠사회학회보』 17.

양순창. 2010. "중국의 스포츠 외교: 대만의 명칭 문제를 중심으로." 『한국정치학회보』 44−2.

유석진. 2000. "세계화와 국가주권." 국제정치경제연구회 편저. 『20세기로부터의 유산: 세계경제 와 국제정치』. 서울: 사회평론.

유승희. 2000. "남북체육교류 활성화 방안." 『스포츠포럼 21』 10.

유호근. 2007. "남북한 스포츠 교류의 정치적 함의: 기능주의적 시각을 중심으로." 『세계지역연구 논총』 25−1.

이학래. 1992. 『한민족 화합을 위한 남북체육교류의 진전과 전망』. 서울: 대한올림픽위원회.

이학래. 2001. "민족통일체육 기반조성의 과제와 전망." 민족통일체육연구원, 『남북통일체육의 법적 과제』. 서울: 사람과 사람.

이학래. 2004. "한민족 화합을 위한 남북체육교류의 진도와 전망."『남북체육교류 국제학술대회 보고서』. 서울: 한국학술정보.

임동원. 1997. "남북고위급회담과 북한의 협상전략." 곽태환 외.『북한의 협상전략과 남북한관계』. 서울: 경남대학교 극동문제연구소.

정기웅. 2008. "스포츠를 통한 국가위신의 고양: 가능성과 한계."『글로벌정치연구』1−1.

정기웅. 2010a. "소프트 파워와 메가 스포츠 이벤트: 도구적 관계성에 대한 비판적 고찰."『국제정치논총』50−1.

정기웅. 2010b. "전두환 정부의 외교정책과 1988년 서울 올림픽." 함택영·남궁곤 편.『한국 외교정책: 역사와 쟁점』. 서울: 사회평론.

정기웅. 2010c. "남북한 교류에서 스포츠의 도구적 유용성에 대한 검토."『Oughtopia』25−3.

정동성. 1998.『스포츠와 정치』. 서울: 사람과 사람.

정준표. 2000. "국제정치경제와 게임이론." 여정동·이종찬 편.『현대 국제정치경제』. 서울: 법문사.

정찬모. 2002. "남북체육교류의 역사와 발전방향."『한국체육사학회지』10.

조한범. 1999.『남북사회문화교류·협력의 평가와 발전방향』. 서울: 통일연구원.

통일부. 2002.『남북회담 추진결과』.

통일원. 1987.『남북대화 이전 시대 통일 문제 관련 자료집』.

홍관희 외. 2000.『대북포용정책의 발전 방안 연구: 남북화해협력 촉진 방안』. 서울: 통일연구원.

홍양호. 1997.『탈냉전 시대 북한의 협상행태에 관한 연구』. 서울: 단국대학교 대학원 박사학위논문.

황옥철. 2007. "남북체육회담의 변천사 고찰."『한국체육사학회지』19.

Axelrod, Robert and Robert O. Keohane. 1986. "Achieving Cooperation Under Anarchy: Strategies and Institutions." Kenneth A. Oye. ed. *Cooperation Under Anarchy*. Princeton: Princeton University Press.

Biersteker, Thomas J. and Cynthia Weber. eds. 1996. *State Sovereignty as Social Construct*. Cambridge University Press.

Churchman, David. 1993. *Negotiation Tactics: Process, Tactics, Theory*. Boston: University Press of America.

Grieco, Joseph M. 1998. "Anarchy and the Limits of Cooperation: A Realist Critique of the Newest Liberal Institutionalism." *International Organization*, 42−3.

Hamburger, Henry. 1979. *Games as Models of Social Phenomena*. San Francisco: W. H. Freeman.

Hoberman, John. 1984. *Sports and Political Ideology*. Austin: Univ. of Texas Press.

Houlihan, Barrie. 2007. "Politics and Sport." Jay Coakley and Eric Dunning. eds. *Handbook of Sports Studies*. London: Sage.

Ikle, Fred Charles. 1964. *How Nations Negotiate*. New York: Haper and Row.

Kahneman, Daniel and Amos Tversky. 1979. "Prospect Theory: An Analysis of Decision under Risk." *Econometrica*, 47.

Kahneman, Daniel and Amos Tversky. 1981. "The Framing of Decisions and the Psychology of Choice." *Science*, New Series, 211－4481.

Keohane, Robert O. 1984. *After Hegemony: Cooperation and Discord in the World Political Economy*. Princeton: Princeton University Press.

Lewicki, Roy J., Bruce Barry and David M. Saunders. 2007. *Essentials of Negotiation*. 4th edition. N.Y.: McGraw－Hill.

Luce, R. Duncan and Howard Raiffa. 1957. *Games and Decisions*. New York: Wiley.

Morrow, James D. 1994. *Game Theory for Political Scientists*. Princeton: Princeton University Press.

Oye, Kenneth A. 1986. "Explaining Cooperation Under Anarchy: Hypotheses and Strategies." Kenneth A. Oye. ed. *Cooperation Under Anarchy*. Princeton: Princeton University Press.

Schelling, Thomas. 1960. *Strategy of Conflict*. Cambridge: Harvard University Press.

Shubik, Martin. 1983. *Game Theory in the Social Sciences: Concepts and Solutions*. Cambridge: MIT Press.

Snyder, Scott. 1999. *Negotiating on th Edge: North Korean Negotiating Behavior*. Washington D.C.: United States Institute of Peace Press.

Solomon, Richard H. and Quinney, Nigel. 2010. *American Negotiating Behavior*. Washington D.C.: United States Institute of Peace Press.

United States Institute of Peace. October 2002. *Special Report 94: U.S. Negotiating Behavior*.

Wall, James A. 1985. *Negotiations: Theory and Practise*, Glenview: Scott Foresman Company.

■ 본 장의 내용 중 일부는 정기웅. "남북한 교류에서 스포츠의 도구적 유용성에 대한 검토." 『Oughtopia』 25－3 (2010)에 수록된 바 있음을 밝힌다.

1972년 뮌헨 올림픽: 평화세계에의 테러

스포츠가 갖는 명징한 상징성으로 인하여, 국가는 스포츠 경기의 성적에 정치적 가치를 부여하게 되고, 이는 국민대중의 정서와 결합된다. 그 결과 국제 스포츠 경기에서 거둔 승리가 민족적인 우수성의 증거라고 생각하거나, 특정 국가의 사회·경제체제의 가치를 평가하는 척도로 이용되는 경향을 쉽게 발견할 수 있다.

스포츠는 또한 정권의 대내적 응집성 향상 혹은 정치적 조작을 위해 사용될 수도 있다. 특히 권위주의 국가의 경우 대중과 엘리트의 충성확보를 위해 빈번히 동원된다. 대중은 프로파간다propaganda와 상징을 통하여 국가의 성공을 자신의 성공과 동일시하게 되며, 엘리트는 이벤트의 진행과정을 통해 이루어지는 이익의 분배를 통해 정권에 대한 충성과 그 응집성을 공고히 한다. 선거를 통해 책임을 지거나 재정적 감시를 받아야 할 필요가 없는 권위주의적 분위기 속에서 추구되는 이와 같은 정치·경제적 목적의 결합은 매우 광범한 비용 초과와 부패로의 길을 열어준다. 국내외에서 국가의 이미지를 고양시키겠다는 열망은 어마어마한 돈을 쓰는 것을 정당화 시켜주기 때문이다. 이 과정에서 부패의 연결고리 속에 엘리트들에 대한 이익의 분배가 자연스럽게 이루어진다.

이러한 관점에서 접근했을 때 올림픽은 체제 유지의 매우 훌륭한 도구요 수단으로 작동할 수 있다. 근대 올림픽의 역사에서 이와 같이 올림픽을 체제 유지와 정권 선전의 도구로서 사용하려고 하였던 가장 최초이자 두드러진 시도는 1936년의 베를린 올림픽이었다. 히틀러와 나찌는 베를린 올림픽을 독일 민족의 우수성을 세계에 과시하는 기회로 삼으려 하였고, 온갖 국가적인 상징들과 노력을 동원하여 베를린 올림픽을 정치 올림픽으로 만들고자 하였다.

사실 베를린 올림픽은 IOC와 독일의 스포츠 행정가들, 그리고 나찌의 합작의 결과였다고 말해야 옳을 것이다. 제3제국의 올림픽에 대한 매우 훌륭한 준비에 고무된 IOC는 국제적인 보이콧 움직임에도 불구하고 베를린에서의 올림픽 개최를 밀어 붙인다(Mandell 1987, 68−82).

결국 개최된 베를린 올림픽은 근대 올림픽 운동사에 있어서 하나의 이정표와도 같은 것이었다. 관중들의 숫자와 참여자의 숫자가 이전의 모든 기록을 넘어섰다. 예식은 상징적 혁신으로 가득 차 있으며, 올림픽의 신화적 특질을 더욱 빛나게 하였다. 예로서 '성화봉송'과 같은 것들은 오늘날 개막식의 하이라이트로 꼽히고 있는데, 이것은 바로 괴벨스(Joseph Goebbel)의 선전청에서 고안해 낸 것이었다(Alkemeyer and Richartz 1993, 81). 나찌는 서구의 기자들로 하여금 성화봉송로를 따라 움직이게 함으로써 나찌의 농업주의의 배경이 되는 목가적인 독일의 농촌들을 목도하게 하고자 하였다. 베를린 올림픽에서 과시된 히틀러와 나찌의 시도는 완벽한 성공을 거두었다고 보기는 힘들지만, 베를린 올림픽의 사례가 이후 많은 국가 지도자들에게 하나의 실례와 영감을 제공하였음을 부인하기 힘들다.

독일은 2차 세계대전에서 패배하고 패전국으로서 힘겹고 어려운 재건의 시기를 걷게 된다. 동과 서로 나뉘어 분단된 국토, 서베를린은 동독 속의 섬으로서 자리하고 있었고, 경제는 회복할 수 없을 만큼 붕괴되었다. 그러나 독일국민들은 이러한 잿더미 속에서 다시 재건의 노력을 시작하였고, 그 노력은 기대를 배반하지 않았다. 1970년대에 접어들었을 때 독일은 신흥 경제대국으로서 자리매김하고 있었으며, 이러한 독일 경제의 기적을 세계의 사람들은 '라인강의 기적'이라고 부르며 칭송해 마지않았다.

폐허를 딛고 일어서 새롭게 건설된 국토 위에서, 냉전의 엄혹함이 여전히 존재하고 있던 시기, 독일은 올림픽을 개최함으로써 독일과 독일국민의 부흥을 세계시민들에게 보여주고 싶어 했다. 특히 1971년 미·중의 핑퐁외교로 시작된 데탕트의 분위기는 1972년 뮌헨 올림픽을 앞둔 세계시민들의 기대감을 더욱 증폭시켰다. 독일은 역대 어느 올림픽보다 많은 예산과 준비를 통해 올림픽을 준비하였으며, 뮌헨 올림픽이 '새로운 독일'의 탄생을 세계만방에 알리는데 도움이 될 것을 믿어 의심치 않았다. 뮌헨 올림픽에 참여한 선수단의 규모가 이러한 기대를 반영하였는데, 뮌헨 올림픽에는 그 당시까지의 올림픽 사상 최대 규모인 122개국 7,147명의 선수가 참가하였다.

올림픽이 국가의 목적을 위해 동원될 수 있다면, 다른 한편에는 이러한 국가목적을 훼손함으로써 혹은 올림픽 그 자체의 화제성과 시선 집중성을 활용하여 어떠한 사건을 일으킴으로써 무언가의 목적달성을 꾀하는 시도 또한 존재할 수 있음이 상기될 필요가 있다. 독일 올림픽에 쏟아 부은 독일의 노력과 세계인의 기대는 준비된 어두운 무대를 위한 밑바탕으로 활용되었다. 올림픽 경기 기간 중 소위 '검은 구월단'이라 불리는 테러집단의 이스라엘 선수 학살 사건이 발생하여 올림픽 선수촌을 피로 물들임으로써 뮌헨 올림픽은 영원히 '핏빛 올림픽'으로 기억되게 되었고, 독일의 노력은 빛이 바래고 말았다. 2016년 리오 올림픽을 앞두고 미국의 인터넷 매체인 Daily Beast는 뮌헨 올림픽을 역대 최악의 올림픽으로 선정하였다.[99] 본 장에서는 1972년 뮌헨 올림픽과 거기서 발생한 테러 사건을 중심으로 올림픽과 평화, 그리고 테러리즘에 대하여 고찰하고자 한다.

① 올림픽과 독일

메가 이벤트란 '대규모의(상업적 행사와 스포츠 행사를 포괄하는) 문화적 행사들로서 극적인 특성을 갖고 있고 대중에게 어필하며 국제적 중요성을 갖는 것'으로 정의되곤 한다(Roche 2000). 메가 프로젝트는 이와 같은 메가 이벤트에 견줄만한 사업 계획이라고 할 수 있을 것이다. 이와 같은 메가 이벤트 및 프로젝트는 주최 도시와 지역 혹은 국가에 매우 중대한 결과를 가져다주며 또한 광범한 매체에 의해 주목받고 취급된다(Horne and Manzenreiter 2006, 2). 메가 스포츠 이벤트란 이러한 메가 이벤트의 개최가 스포츠의 영역에서 이루어지는 것을 지칭하며 올림픽과 월드컵은 두 개의 가장 전형적인 메가 스포츠 이벤트들이다.

메가 이벤트 혹은 프로젝트를 조직하고 개최하는 측에서는 대개 대중에 대하여 희망적인 이야기들과 긍정적 전망들을 제시한다. 예로서, 올림픽의 개최가 국가의 위신

---

99 http://www.thedailybeast.com/the−all−time−worst−olympic−games 검색일: 2018년 3월 30일.

을 증진시키고, 스포츠 참여를 증가시킬 것이며(Hughes 2012), 새로운 직업을 창출하고, 새로운 형태의 경제적 자극을 제공하며, 여행의 증가를 가져오고, 일자리를 창출한다와 같은 것들이다. 이러한 행태는 "스포츠는 정치적 상징 조작 및 경제적 자본 축적의 기제mechanism로서 작동한다."는 언명에 정확히 들어맞는다.

냉전시기까지는 이러한 두 축 중 정치적 상징 조작으로서의 역할에 더 무게 중심이 기울어져 있었다. 국가의 입장에서 메가 이벤트의 개최는 무엇보다도 그것이 국가의 어떤 정치적 선전 목적에 부합하기 때문에 추진되는 경우가 많았던 것이다. 즉 국가의 '이미지 확장'이야 말로 메가 스포츠 이벤트 개최의 제1의적 목표로서 간주되는 것이다. 독일에서 치러진 두 번의 올림픽은 이 범주에서 크게 벗어나지 않는다.

독일에 있어 올림픽의 경험은 1936년 베를린 올림픽으로부터 시작한다. 정권을 잡은 나찌는 국민적 통합과 일체성을 이루어내기 위하여 베를린 올림픽을 그 기회로 삼고자 했다.[100] 국제 사회는 올림픽을 보이콧 할 것인가의 문제를 놓고 광범한 논의를 진행하였다. 미국은 보이콧에 가장 가깝게 접근하였지만, 마지막 순간 초청을 받아들이기로 결정하였다.[101] 나찌는 올림픽을 자신들의 이데올로기 홍보의 기회로 생각하고, 네 개의 거대한 스타디움과 수영장, 야외극장, 폴로 경기장, 그리고 남자 선수들을 위한 150개의 별장이 있는 올림픽 선수촌을 건설하였다. 경기 내내 올림픽 경기장은 나찌의 휘장으로 뒤덮여 있었다. 베를린 올림픽에서 최초로 텔레비전 중계가 시작되었고, 경기 결과가 텔렉스로 전송된 최초의 경기이기도 했다. 올림픽을 홍보의 장으로 사용하고자 했던 나찌의 기대는 일정 부분 충족되었던 것이 사실이다. 그러나 그 이후 벌어진 제2차 세계대전과 독일의 패배는 베를린 올림픽의 영광을 과거의 빛바랜 것으로 만들었으며, 전쟁 중 벌어진 유대인 학살을 비롯한 비인도적 행위들은 독일 국가와 국민들에게 멍에처럼 남겨진 것이 되었다.

뮌헨 올림픽 개최가 결정되었을 때 베를린의 기억은 독일인들에게 극복해야 할 대상으로 남아 있었다. 전쟁의 폐허를 딛고 일어서서 다시 개최하게 된 올림픽, 그 올림픽에 기대하는 독일 국민들의 심정이 어떠한 것이었을지는 쉽게 짐작할 수 있다. 독일인들은 뮌헨을 세밀한 도시 계획 하에 다듬고 단장하였다. 그들이 세계에 보여주고 싶

---

100 독일 올림픽의 개최가 결정된 것은 나찌가 정권을 장악하기 전인 1931년이었다. 히틀러는 1933년 정권을 잡았고, 올림픽이 개최되는 1936년에 이르러 나찌는 독일에 대한 통제권을 완벽히 장악하였으며 이미 인종차별적 정책들을 실행하고 있었다.
101 https://www.thoughtco.com/1936-olympics-in-berlin-1779599

었던 것은 제2차 세계대전 패전 직후의 폐허가 된 독일이 아니라 눈부시게 발전한 새롭고 평화로우며 민주적인 독일의 모습이었다.

더구나 뮌헨은 바로 나찌의 본고장이라고도 할 수 있는 지역이었다. 나찌가 사라진 지금 나찌의 본고장에서 올림픽을 성공적으로 치러 냄으로써 과거의 기억들을 묻어버리고 새로운 독일의 모습을 전세계에 과시하고 싶어 하였다. 개방, 우정, 평화와 같은 올림픽의 정신은 이러한 목적 달성에 더욱 어울리는 것이었다.

1972년 9월 5일 사건이 벌어지기 전까지 뮌헨 올림픽은 대성황을 이루고 있었다. 미국의 수영 선수 마크 스피츠(Mark Spitz)가 7관왕에 오르며 세계의 이목을 집중시켰고, 이대로 올림픽이 끝난다면 독일은 그 목표를 훌륭히 달성할 수 있을 것이라고 기대하였다.

❚❚ 뮌헨 올림픽과 검은 구월단

1. 테러리스트의 습격과 비극적 종결

"1972년 9월 5일 새벽 4시 30분. 독일 뮌헨 올림픽 선수촌은 깊고 평화로운 잠에 빠져 있었다. 선수촌을 둘러싸고 있는 2m 높이의 철조망 담장의 한 곳에서 그때 약간의 웅성거림이 일어났다. 밤새 선수촌 밖 유흥가에서 시간을 보내다 돌아온 미국 선수 몇 명이 담을 넘으려 시도하고 있었던 것이다. 그들은 월장을 시도하는 그 순간, 자신들처럼 선수촌에 몰래 들어가려던 젊은이 8명을 발견했다. 어둠 속에서 그들의 얼굴 생김이나 인종을 구별하기는 어려웠지만, 다른 나라 소속 선수들인 것 같았다. 몇 사람은 어깨에 묵직한 더플백을 메고 있었다. 미국 선수들은 이들이 담을 넘는 것을 도와준 뒤 잘 자라는 인사까지 해주고 손을 흔들며 헤어졌다. 그러나 이들은 다른 나라 소속 선수들이 아닌 테러리스트들이었다(신영 2006)."

이들 테러리스트들은 사전에 위치를 파악해놓은 이스라엘 선수들의 아파트 숙소로 접근했다. 이스라엘 선수단이 투숙한 건물은 코놀리슈트라셰Connollystraße 31동이었다. 자동소총과 수류탄으로 무장한 테러리스트들은 곧바로 22명의 이스라엘 선수들이 묵고 있던 숙소로 향했다. 이들은 미리 훔친 열쇠로 이스라엘 선수 아파트 숙소 두 곳의 문을 따고 급습했다. 당시 숙소에서는 선수 및 코치들이 아무 것도 모른 채 잠들어 있었다.

테러리스트들은 "이 방이 이스라엘 선수 방입니까?"라고 물으면서 문을 열고 들이닥쳐 선수들을 향해 총격을 가한다. 총성과 비명에 놀란 이스라엘 선수들은 재빨리 창문을 통해 몸을 피했지만 이미 2명은 죽고 9명은 인질로 붙잡힌 상태였다. 숙소에 머무르고 있던 22명의 선수단 중 2명은 숙소에 없었고, 9명은 탈출에 성공하였으며, 2명은 저항하다 죽었고, 9명이 인질이 되었다.

복면을 한 괴한들은 자신들을 팔레스타인 무장저항단체 '검은 구월단' 소속이라고 주장하였다. '검은 구월단'은 야세르 아라파트(Yasser Arafat)가 이끄는 파타Fatah당의 분파였으며, '검은 구월'은 팔레스타인 게릴라들이 요르단 정부군의 토벌작전으로 큰 타격을 받은 1971년 9월을 의미한다. 검은 구월단은 같은 해 11월 요르단의 총리를 보복의 의미로 암살한 게릴라들이 자신들을 그렇게 부른데서 유래하였다. 검은 구월단은 이 작전을 '이크릿과 비람Ikrit and Biram'이라고 명명하였다.[102]

선수촌과 조직위원회, 그리고 독일 정부는 상상하지도 못했던 사건을 직면하고 충격에 빠졌다. 인질범들은 새벽 동이 트자마자 이스라엘 팀의 펜싱코치인 안드레 스피처(Andre Spitzer)와 사격코치 케하트 쇼(Kehat Shorr)를 머리에 총을 겨눈 채 창가로 끌고 나왔다. 이들은 이스라엘 내에 수감된 팔레스타인 죄수 234명과 독일 교도소에 있는 적군파 단원 안드레아스 바데르(Andreas Baader)와 울리케 마인호프(Ulrike Meinhof)를 당장 석방하라고 요구하였다.

경찰 600명이 장갑차를 동원하여 선수촌을 차단하였다. 흰색 테니스 모자에 검은 안경을 착용한 테러리스트들의 우두머리는 자신들의 요구가 12시까지 이행되지 않을 시 매 시간마다 2명씩 총살에 처할 것이라고 협박하였다. 뮌헨과 본, 예루살렘의 수장들을 연결하는 전화기가 뜨거워졌지만, 그 협상의 결과는 그다지 희망적이지 않았다. 이스라엘의 골다 메이어(Golda Meir) 수상은 서독이 이스라엘 선수단의 생명을 책임져

---

102 이크릿과 비람은 1948년 이스라엘의 무장 테러조직인 하가나가 팔레스타인 주민들을 사살하고 추방한 사건을 벌였던 두 개의 마을 이름이다.

야 하며, 이스라엘은 테러리스트들의 공갈에 굴복하지 않겠다고 선언한다. 서독은 주지사급 인사 9명과 인질로 잡힌 선수단을 교환하자고 제안하였으나 테러리스트들은 이를 거부하였다.

이러한 대치상황이 전 세계에 21시간 동안 연속적으로 TV 중계되었다. 9 · 11 이전에 벌어진 이 충격적인 사건은 근대세계의 테러리즘이 어떤 것인가 하는 것을 전 세계의 관중들에게 소개하였다.[103]

요구사항의 이행을 한정한 시간이 12시에서 3시로 그리고 또 5시로 연장되었다. 이스라엘에서는 더 이상의 접촉을 거부하였으며, 독일 내무장관 겐셔는 테러단과 교섭 끝에 이스라엘 인질들을 만나게 된다. 테러리스트들은 몸값을 주겠다는 서독 정부의 제안은 거부하고 "이집트 카이로까지 이송해주겠다."는 제안만을 받아들인다. 밤 10시가 지나 테러리스트들은 인질 9명과 함께 서독 정부가 제공한 버스에 올라 지정된 헬기장에 도착하여 2대의 헬기로 갈아타고 군 공항인 후스텐펠드부루크로 향한다.

군 공항에는 500명의 군 병력이 동원되어 포위망을 확보한 상태였다. 대기시켜놓은 비행기 안에는 독일 군인들이 타고 있었고, 공항 곳곳에는 저격수들이 배치되어 있었다. 밤 10시쯤 인질범과 인질들은 두 대의 헬리콥터에 나눠 타고 공항에 도착했다. 독일 군 · 경찰 당국은 이들이 헬리콥터에서 내려 비행기로 갈아타는 순간 인질구조작전을 펼칠 계획이었다. 그러나 당시만 하더라도 독일 군 · 경은 테러진압경험이 전혀 없었다. 무선통신장치조차 장착하지 않은 독일 저격병들이 신호착오로 사격을 시작하자, 인질범들은 헬기 한 대에 폭탄을 투척하고 자폭하는 동시에 선수 9명을 모두 살해했다. 인질 전원과 5명의 게릴라가 현장에서 죽고, 이 과정에서 독일 군경 몇 명도 사망했다. 구조작전은 완전 실패였다. 공항 건물 옥상에서 이 과정을 지켜보던 이스라엘 군관계자는 "도저히 믿을 수 없는 오합지졸 작전"이라며 통한의 눈물을 흘렸다. 그나마 인질범 3명을 현장에서 체포한 것이 그날의 성과라면 성과였다.

올림픽 경기는 첫 번째 인질이 살해되고 12시간 후 IOC가 모든 경기를 중단할 것을 요청하였을 때까지 예정대로 진행되었다. 이스라엘과 *New York Times*는 올림픽의 중단을 요구하였다. 이에 IOC 집행위원회가 소집되어 올림픽의 지속 여부를 논의하였으나, 희생당한 이스라엘 선수들을 위해 추모식을 갖고 올림픽을 속개하기로 결정

---

103 http://deadspin.com/the−story−behind−the−masked−horror−of−the−munich−olympi−1792823912
　　검색일: 2018년 3월 30일.

하였다.

뮌헨 조직 위원회의 회장 빌리 다우메(Willi Daume)는 남은 경기 일정을 취소해야 한다고 주장했지만 브런디지(Avery Brundage) 위원장은 올림픽을 맑고 순수하고 정직하게 남겨야 한다며 경기를 속개시켰다. 이스라엘 정부와 사무엘 랄킨(Shmuel Lalkin) 이스라엘 대표팀 책임자는 브런디지의 결정에 지지를 보냈다. 9월 6일 추도식 이후 이스라엘 대표팀은 모두 뮌헨에서 철수하였다. 9월 9일 이스라엘은 시리아와 레바논의 팔레스타인 지역에 폭격을 가하였다(Mechikoff and Estes, 2005). 국적에 관계없이 모든 유태인 선수들에게는 경비가 배치되었고, 이미 경기를 마친 유태계 미국 수영 선수이자 7관왕인 마크 스피츠는 인질극이 한창일 때 뮌헨을 떠났다. 이집트 대표팀은 보복 사건 발생을 염려하며 7일 철수하였다. 필리핀과 알제리 대표팀 역시 철수하였으며, 네덜란드와 노르웨이 대표팀 일부가 떠났다. 경기에 남은 선수들도 경쟁 의욕을 느끼지 못하게 되었다.

4일 후, 사망한 테러범 5명의 시체도 리비아로 보내졌다. 리비아 정부는 이들을 영웅으로 대접해 정중하게 안장했고, 이들 테러리스트들은 아랍 사회에 의해 영웅으로서 받아들여졌다. 그들의 유서는 라디오로 방송되고 그들의 전 재산이었던 500달러와 37마르크는 팔레스타인 독립을 위해 헌금되었다. 그들의 유서에는 다음과 같은 내용이 적혀 있었다.

> "우리는 살인자도 아니요 도적도 아닙니다. 우리는 설 땅도, 조국도 없이 방황해야 하는 민족입니다. 우리는 아랍국가와 아랍민족들의 생존을 위해 죽음을 각오한 청년들입니다. 우리가 흘린 피 한 방울, 한 방울 마다 이 나라의 승리와 해방의 불길을 타오르게 하는 기름방울이 될 것입니다. 우리는 전 세계의 운동 선수들에게 올림픽을 지연시킨 죄를 사과드립니다. 우리는 다만 여러분에게 24년간이나 해결되지 못한 문제를 두고 방황하는 민족이 있다는 것을 알려드리고 싶었을 뿐입니다. 우리는 비참한 우리의 처지를 세계 청년 여러분들이 몇 시간 동안 지켜보아야 했다고 해서 큰 해를 입혀드리는 것으로는 생각하지 않습니다. 그러나 왜 우리의 땅이 점령국들의 국기가 휘날리는 밑에서 없어져 버려야 합니까? 왜 전 세계가 올림픽을 구경하며 즐기는 눈을 가지고도, 우리의 울부짖음을 들어줄 귀는 없습니까?"[104]

---

[104] http://bemil.chosun.com/nbrd/gallery/view.html?b_bbs_id=10044&num=44076 검색일: 2018년 3월 30일.

이들의 유서를 어떻게 받아들일 것인가? 민족을 사랑하는 애국 청년들의 고뇌에 찬 결단인가, 아니면 단지 테러를 정당화하기 위한 억지주장에 불과한 것인가? 쉽게 답하기 힘든 문제일 것이다.

사실 위의 유서만 보고 있으면 이들의 외침은 매우 애국적인 주장으로 들린다. 팔레스타인 민족의 입장에서 그들은 영웅일 수도 있다. 그러나 그 반대편에 있는 사람들에게 그들은 테러리스트요 살인범이다. 그들이 인질로 붙잡힌 선수들의 신체를 절단하고 잔인하게 처형했다는 사실이 40여년이 지나 밝혀졌다. 독일 당국은 테러 사건과 관련한 보고서를 유족에게 공개하지 않고 있다가 20년이 지난 1992년 보고서를 유가족에게 공개하였다. 이후 유가족들은 보고서 내용에 대해 침묵을 지키다가 2015년 뉴욕타임스와의 인터뷰[105]를 통해 테러 사건 보고서 내용을 밝히게 된다(홍성완 2015).

살아남은 세 명의 테러리스트들은 10월 29일 서독 루프트한자 여객기를 공중 납치한 무장단체의 요구로 석방돼 이스라엘을 격분시켰다. 또한 카다피는 아라파트에게 500만 불을 지원하며 검은 구월단이 11명의 이스라엘 선수들을 죽인 것에 찬사와 만족을 표명하였다.

자국 선수들의 희생에 분노한 이스라엘은 즉각 보복에 돌입하였다. 이른바 '신의 분노 작전Operation Wrath of God'이다. 뮌헨 학살 계획에 연루된 팔레스타인인들과 '검은 구월단' 요인들을 암살하기 위해 이스라엘 비밀정보원 모사드의 정예 멤버들이 암살단원으로 발탁됐다. 이들은 팔레스타인 해방기구PLO의 내부정보원과 유럽의 친이스라엘 정보기관들의 도움으로 암살 대상 리스트를 작성했다. 1순위는 이탈리아 PLO의 책임자이자 검은 구월단 간부로 알려진 와델 아델 자와이터였다. 그는 10월 16일 이탈리아에서 총에 맞아 사망했다. 1992년 프랑스 파리에서 PLO 정보책임자이자 뮌헨 사건 모의자 중 한 사람이었던 아테프 베이소가 암살당한 것을 마지막으로 꼭 20년 동안 이어져 온 '신의 분노 작전'은 사실상 종결된 것으로 알려졌다.

그러나 미국 시사주간지 *Time*의 이스라엘-팔레스타인 문제 전문가인 아론 클라인에 따르면, 모사드가 신의 분노 작전에 따라 암살한 사람들 중 베이소를 제외하고 대부분은 뮌헨 사건과 직접 연관이 없었던 반이스라엘 팔레스타인 운동가들이었다. 핵심 모의자들은 동유럽 공산국가나 아랍국 내에 깊숙이 은신해 모사드의 손길이 미치기 어려웠던 반면, 서유럽에서 별다른 보호막 없이 지냈던 무고한 팔레스타인 운동가

---

105 https://www.nytimes.com/2015/12/02/sports/long-hidden-details-reveal-cruelty-of-1972-munich-attackers.html 검색일: 2018년 3월 30일.

들이 모사드의 표적이 됐다는 것이다. 뮌헨 사건의 실질적 주모자인 아부 다우드는 81년 바르샤바 커피숍 인근에서 13발의 총탄을 맞고도 살아남았고, 지난 1999년 프랑스에서 『예루살렘에서부터 뮌헨까지』란 자서전을 발간하기도 하였다.

다른 한편 1973년 4월 9일 이스라엘은 '청춘의 봄 작전'을 개시하였다. 모사드와 이스라엘군IDF은 공조하에 베이루트Beirut로 진격하여 검은 구월단을 운용하는 파타 중앙의 정보부를 담당하고 있는 모하마드 유수프 알−나자르(Mohammad Yusuf al−Najjar, Abu Yusuf), 이스라엘 내 PLO 작전을 총괄하는 카말 아드완(Kamal Adwan), PLO의 대변인 카말 나시르(Kamal Nassir)를 제거하는 것이었다. 일군의 사이렛(Sayeret) 특수부대원들은 차 두대를 몰아 베이루트로 곧장 가서 나자르, 아드완, 나시르를 죽인 뒤에 레바논 해안가에서 9척의 미사일 보트와 순시선들을 탈취하였다. 다른 특수부대원들은 베이루트의 팔레스타인 해방 인민전선(PFLP: Popular Front for the Liberation of Palestine) 본부와 파타 폭약 공장을 폭파하였다.

2. 뮌헨의 비극과 그 이후

1972년 뮌헨 올림픽 선수촌에서 빚어진 팔레스타인 무장조직원들에 의한 이스라엘 선수 학살 사건은 20세기 현대사에서 중동갈등과 테러리즘의 심각성을 최초로 전 세계에 각인시킨 사건이었다. 또한 위성통신기술의 발전 덕분에 세계최초로 TV 생중계된 테러 사건이기도 했다. 2001년 9 · 11 테러가 일어나기 29년 전 일이다. 깨끗한 경쟁과 세계평화의 장이었던 올림픽은 유혈 참사현장으로 바뀌었고, 전 세계는 엄청난 비극에 경악했다.

그렇다면 이 참사는 누구의 잘못인가? 사실 아랍계가 올림픽 기간 중 말썽을 부릴 것이라는 루머는 올림픽 개최 전부터 존재하였다. 독일의 원래 계획은 12,000명의 선수들을 수용하는 올림픽 선수촌을 통제구역으로 지정함으로써 보안 문제를 해결하려고 하였다. 그러나 언론에서는 선수촌을 에워싼 경찰들이 마치 게쉬타포 같다고 비난해 댔고, 나찌의 망령을 떠올리게 하고 싶지 않았던 독일 정부가 한 발 물러서면서 경계가 허술해졌다. 올림픽의 개최지가 나찌의 기억이 남아 있는 바로 그 곳 뮌헨이었던 까닭에, 경찰과 군대를 감추고 경비를 완화시켰던 것이다.

이스라엘은 자국 선수단의 특별 신변보호를 위해 올림픽 개최 2개월 전부터 서독과 논의를 해왔다. 그러나 막상 올림픽이 개최되고 축제 분위기가 고조되면서 경비나 보안은 느슨해 질대로 느슨해졌다. 선수들에게 선수촌의 담장은 넘으라고 존재하는 것이었다.

사건 발생 후 이스라엘은 서독이 특별경호에 신경을 쓰지 않았다고 비난하였고, 서독은 이스라엘이 특별경호 제의를 거부했다고 맞섰다. 어느 쪽의 주장이 맞느냐를 따지는 것은 부질없는 일이다. 테러는 발생했고, 선수들은 사망했으며, 뮌헨 이후 테러리즘과 폭력 그리고 올림픽 사이에는 마치 어떠한 결합이 존재하는 것처럼 받아들여지게 되었다.

2년 후 독일 월드컵이 개최되었을 때 서독 적군파는 1972년의 망령을 되살아나게 했다. 이들은 체포된 동지들의 석방을 요구하며, 경기장에 로켓탄을 발사하겠다고 협박했다. 1972년의 악몽을 잊지 못했던 독일 정부는 50여대의 장갑차, 6대의 탱크, 1,200명의 군대를 동원하여 삼엄한 경비 하에 경기를 진행시키는 수밖에 없었다.

뮌헨의 경험은 이후 스포츠 경기에서의 테러를 통한 정치적 대의명분 주장의 사례로서 활용되었다. 특히 9·11 이후 세계가 테러의 물결에 휩쓸리게 되면서 많은 사람이 몰리는 스포츠 경기장에서의 테러는 항상 주의해야 할 사안이 되었다.

2001년 9·11 이후에는 올림픽 게임이 테러리스트의 공격 목표가 될 것이라는 우려가 더욱 증가하였다. 2001년의 9·11 테러는 메가 스포츠 이벤트 계획의 전면에 위기관리의 문제를 대두시켰다. 관람객들을 위한 보안조치는 강화되었고, 조직위는 더욱 강화된 안전기준을 고려하게 되었다(Toohey and Taylor 2008, 451).

Ⅲ 메가 스포츠 이벤트와 테러리즘

1. 테러, 테러리즘

테러 또는 테러리즘이란 사전적 개념으로는 '극단적 공포' 또는 '정치적인 목적 달성을 위한 폭력의 행사 혹은 위협'이라고 규정된다. 테러리즘은 테러에 비해 좀 더 포괄적 조직적 이념적인 의미를 내포한다고 하는 견해도 있으나 통상 테러리즘을 줄여 테러로 사용하는 경우가 많고 실무에서도 별로 구분 없이 쓰고 있다(Forte 1986, 39-51; 조광래 2003, 128에서 재인용).

테러리즘은 사회에 공포와 두려움을 주입시키기 위한 폭력의 위협, 개별적인 폭력

행위, 또는 폭력에 의존하는 조직적인 운동이라고 볼 수 있다. 테러리즘의 목적은 의도된 희생자intended victims의 행동에 수정이나 변화를 부과하거나 또는 희생 대상자보다 더 많고 광범위한 다른 대상자들에 대해서 본보기로 이용하는데 있다. 이와 같이 테러리즘의 폭력은 실제로 표출되거나 단지 위협으로 나타나거나, 강제의 궁극점 ultimate of coercion이라는 성격을 갖고 있다(박동균·신의주 2007, 164–165).

상기한 바와 같이 테러리즘에 대한 정의는 매우 다양하다. 어느 장소에서 누구에 의해 사용 되느냐에 따라 그 정의가 바뀌기도 한다. 루틀리지Routledge 출판사가 2011년 발간한 테러리즘 연구 사전에서 편자인 슈미드(Alex P. Shmid)는 테러리즘을 다음과 같이 정의하고 있다.

> "테러리즘은 반복적인 폭력적 행동으로 불안감을 불러일으키는 방법이다. (반) 비밀의 개인, 집단, 혹은 국가행위자들이, 개별적, 범죄적 혹은 정치적 이유로 실행한다. 암살과는 대조적으로 폭력의 직접적 대상물이 주된 목표물인 것은 아니다. 폭력의 직접적인 피해자들은 (우연한 대상일 경우) 임의로 (대표적 혹은 상징적 대상일 경우) 선택적으로 선정되며, 이 피해자들이 메시지 전달자의 역할을 수행하게 된다. 테러리스트집단과 위태로운 피해자들, 그리고 주된 목표물들 간의 위협과 폭력에 근거한 커뮤니케이션 과정은 주된 목표물들을 조작하는데 사용되고, 이로써 (테러리스트집단이 주로 추구하는 바가 위협인지, 강제인지, 선전인지에 따라) 이들을 테러의 목표, 요구의 목표 혹은 주의집중의 목표로 변모시킨다(Schmid 2011, 61)."

전통적 테러리즘은 다음과 같은 특징을 갖는다. 첫째, 폭력violence을 들 수 있다. 이는 유일하게 보편적으로 받아들여지고 있는 테러리즘의 특성이다. 둘째, 심리적인 영향과 공포이다. 테러리즘은 심리적으로 극단적인 상태를 불러일으키며 그 기간 또한 장기적이다. 이러한 이유에서 테러리즘은 궁극적으로 자신의 목표를 달성하게 된다. 셋째, 모든 테러리즘은 어떠한 정치적 목표를 갖는다. 넷째, 의도적으로 비전투요원을 가해자로 포함한다. 테러리즘의 시각으로 볼 때 비무장 민간인들조차 어떠한 상징, 수단, 동물 혹은 타락한 존재로 비춰지고 목표를 위해 희생되어도 좋은 것으로 보기 때문이다. 또한 이런 희생은 테러리즘을 통해 얻고자 하는 공포감과 대중의 관심을 얻는 데 필요한 결정적 요소로 평가받는다(박보현 2013, 58).

근래에 이르러서는 전통적 테러리즘과 구분되는 개념으로서 뉴테러리즘이 사용된다. 뉴테러리즘이라는 용어는 미국의 9·11 테러 사건을 기점으로 각국의 언론매체에서 사용하기 시작하였다. 대개의 경우 9·11 테러를 기준으로 그 이전의 테러를 테러리즘이라 하고 그 이후를 뉴테러리즘으로 구분한다(Park 2011, 58). 이러한 뉴테러리즘은 '주체의 불명확성, 대상의 불분명성, 피해수준의 대형화, 테러조직의 정밀망화, 테러목적의 변질, 테러수단의 변화, 발생지역의 세계화, 공포의 신속한 확산, 테러범의 다양화'와 같은 특징들을 갖는다(민영현 2012, 634-640).

과거의 테러리즘은 한 국가 혹은 사회 내에서 일어나는 국내 갈등의 한 수단이었으며, 그 목적과 대상이 비교적 선명하게 드러났기 때문에 국경과 지역의 봉쇄를 통해 피해를 최소화 할 수 있는 여지가 남아있었다. 그러나 오늘날 세계화와 동시에 진행되고 있는 탈국경화는 테러리즘의 봉쇄에 적지 않은 장애요소로 작용하게 됨으로써 쉽게 예측하거나 이를 사전에 예방하기가 더욱 어려워졌다. 또한 테러에 필요한 자금을 외국에서 지원받는 것과 같이 초국가적 측면이 부각됨에 따라 오늘날의 테러 조직은 초국가적 지구네트워크 차원의 위협을 새롭게 가하고 있다. 즉 테러리즘을 유발시키는 수많은 갈등은 각자의 초국가적 과정을 갖는다(Baylis, Smith and Owens 저, 하영선 외 옮김 2009, 397). 따라서 불특정적이고 개방적인 스포츠 행사에 대한 테러리즘의 위협은 어느 때보다 높아졌으며, 그 파괴력 또한 클 수밖에 없다(박보현 2013, 56). 뮌헨 이후 스포츠 무대는 테러리즘의 훌륭한 목표물이 될 수 있음을 모두에게 각인시켰으며, 스포츠 무대와 테러리즘의 결합은 더욱 초국적이 된 까닭에 스포츠 세계의 테러리즘은 그 어느 때보다 우려할 만한 수준이 되었다.

2. 메가 스포츠 이벤트와 테러리즘

애트킨슨과 영(Atkinson and Young 2002, 54)은 스포츠와 테러리즘의 관계에 대하여 다음과 같이 설명하고 있다.

> "여러 가지 이유로, 개별적 테러리스트나 테러조직은 경기에 참여하는 선수들, 경기를 관람하는 관중들, 혹은 스포츠 경기의 선별된 기업 후원가들 중에서 적절한 목표를 찾을 수가 있다. 특히 체육 경기가 국제적인 청중들의 관심을 끌어당길 때, 지역적으로

이미 갈등상황에 있는 곳의 국제적 청중들로부터, 스포츠는 정치적 스파링과 다른 이를

향한 정치적 폭력의 수행적이며 유포적인 형태들로서 수단으로 활용될 수 있다."

<표 8-1>은 1980년대 이후 스포츠 이벤트와 관련하여 발생한 테러리스트 공격의 사례들이다. 이 사례들에서 확인할 수 있듯이 매우 다양한 형태의 테러가 발생함을 확인할 수 있다.

표 8-1 ▶ **뮌헨 이후 메가 스포츠 이벤트와 관련된 테러 사건**

1982	뉴델리 아시아 경기대회	인도 뉴델리	시크 교도들이 개회식장 앞에서 반대 구호 및 유인물 살포
1986	서울 아시아 경기대회	한국 김포공항	국제선 2층 청사 쓰레기통에서 TNT 폭발, 4명 사망, 32명 부상
1996	애틀랜타 올림픽	미국 애틀랜타	센테니얼 올림픽 공원 안에서 콘서트 도중 폭탄 터짐, 이후 4차례 연쇄 테러 발생, 2명 사망 150여명 부상
1997	그랜드 내셔널 승마 대회	영국 리버풀	IRA 반군에 의한 연쇄 폭탄 테러, 사망자 없음, 6만 여명 대피
2002	챔피언스리그 준결승	스페인 마드리드	차량폭탄 이용한 테러, 17명 부상
2002	크리켓 경기	파키스탄 카라치	자살폭탄 테러로 뉴질랜드 국가대표 크리켓팀 공격, 14명 사망
2005	런던 올림픽	영국 런던	런던 올림픽 유치 이튿날 7·7 동시 다발 테러 발생, 56명 사망, 700여명 부상
2008	마라톤 대회	스리랑카	타밀 타이거 반군 자살폭탄테러, 15명 사망, 90여명 부상
2010	아프리카 컵 오브 네이션스	앙골라	토고 대표팀 버스에 대한 총격 테러 공격, 3명 사망, 10여명 부상
2010	마라톤 대회	미국 피츠버그	전자레인지에 담긴 폭발물 발견, 부상 및 사망자 없음
2013	마라톤 대회	미국 보스턴	두 차례 폭탄 터짐, 3명 사망, 176명 부상

출처: 저자 작성.

상기한 사건들 중 보스턴마라톤 폭탄테러는 전통적인 테러리즘에서 벗어난 뉴테러리즘의 양상을 대표한다고 할 수 있을 것이다. 전통적 테러리즘이 분명한 테러의 배후세력과 목적을 드러내는 반면, 목적이 불분명할 뿐만 아니라 그 배후세력이 누구인지 쉽게 파악조차 할 수 없으며, 대상 또한 불특정다수를 노리는 형식의 뉴테러리즘이 보스턴마라톤 폭탄테러를 통해 재현된 것이라 할 수 있다. 특히 보스턴마라톤 테러와 같

은 뉴테러리즘은 독일 사회학자 울리히 벡(Ulrich Beck 2009)이 언급한 세계화의 역설
이기도 하다. 즉, 경제 분야를 중심으로 한 세계화는 국가 간의 경계선을 허무는 동시
에 위험 또한 국가의 범위를 넘어서 전 세계가 동시에 공유하는 상황으로 몰고 간다.
전통적 테러리즘은 국가 밖에서 유입되는 통제 가능한 대상이었으나, 세계화에 따른
탈국경화는 테러의 국적마저 허물게 함으로써 그 위험은 더 넓어졌다. 이러한 현상을
보스턴마라톤 폭탄테러가 증명하고 있으며, 향후 일어날 테러의 양상을 예측할 수 있
는 단초를 제공해 주고 있다고 평가할 수 있을 것이다(박보현 2013, 63).

　＜표 8-2＞는 지난 10년간 테러 발생추세와 사망건수를 보여준다. 지난 10년간 테
러 발생건수는 소폭의 증감을 경험해 왔으며, 2015년의 테러 건수는 상당한 수준으로
감소하였다. 그러나 테러로 인한 사망자수는 급격히 증가하였음을 확인할 수 있다. 이
는 무기 체계의 강화와 불특정 다수에 대한 테러가 진행됨으로써 발생한 결과라고 해
석할 수 있다.

표 8-2 ▶▶ 최근 10년간 테러 발생 추세

구분	2006	2007	2008	2009	2010	2011	2012	2013	2014	2015
건수	2,891	3,435	3,211	3,376	2,937	3,542	3,928	4,096	3,736	2,255
사망	13,894	14,265	11,373	9,696	10,250	8,803	9,869	11,889	15,909	17,329

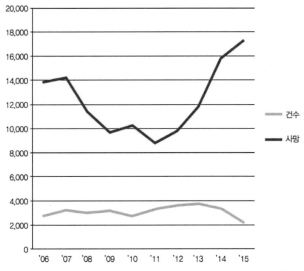

출처: 2016 경찰백서, 319.

Ⅳ 소결 및 함의

국제 스포츠 경기에는 다양한 국가가 참가한다. 정치, 종교, 문화, 이념 등 여러 이유로 적대시하고 있는 국가의 선수단과 응원단이 동시에 참여할 수도 있다. 이들 서로 대립하고 있는 참가국 선수단 및 응원단 간의 갈등뿐만 아니라 개최 국가 내부에서도 어떤 충돌로 인한 갈등 발생 가능성이 높다(조광래 2003, 128). 뮌헨은 이러한 갈등의 요소를 훌륭히 충족시키고 있었다.

뮌헨의 경우는 독일이 만든 무대를 테러리스트가 사용함으로써 최악의 결과를 남긴 경우에 속한다. 평화와 화합의 장으로서 마련된 올림픽 무대가 유혈과 충격의 현장이 되고 말았으며, 과거 영광의 회복이라는 목표는 처참히 실패하였다.

뮌헨 올림픽의 목표에 대해서는 여러 평가가 가능할 것이지만, 크게 '패전국 이미지 삭제 및 강대국으로서의 부활을 과시, 국가적 위신의 확장, 국민통합의 달성, 경기활성화' 등으로 정리할 수 있을 것이다. 그러나 이 모든 목표의 달성 정도는 테러리스트의 공격으로 말미암아 물음표로 남겨질 수밖에 없었으며, 국가적 위신의 확장 같은 경우 위신의 확장 보다는 오히려 위신의 추락과 망실에 가깝다고 할 수 있을 것이다.

<그림 8-1>은 독일이 뮌헨 올림픽 개최를 통해 달성하고자 했던 정책목표의 성취정도를 임의의 선 위에 표시한 것이다.

그림 8-1 ▷ 뮌헨 올림픽 정책 목표 달성의 정도에 대한 평가

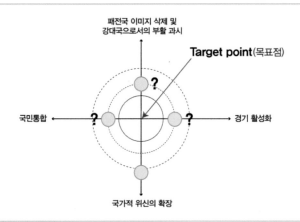

출처: 저자 작성.

사실 뮌헨의 성취의 정도를 평가하는 것은 여러 어려움이 있다. '테러리스트들에 의한 선수 살해'라는 사실이 다른 모든 것들을 압도하여 실패한 올림픽으로 취급되고 있지만, 테러리스트들에 의한 공격이 발생하기 전까지 뮌헨 올림픽은 흥겨운 잔치의 분위기였고 역대 가장 많은 선수와 임원들이 참여한 대회이기도 하였다. 또 TV 화면에 비쳐진 독일의 모습은 독일이 패전의 상처를 딛고 부활하였음을 세계에 과시하는데 전혀 부족함이 없었다. 검은 구월단의 이스라엘 선수단 살해도 어떤 의미에서는 독일 국민들로 하여금 과거의 망령에 대해 다시 한 번 생각하게 함으로써 독일의 국가 정책 방향에 대한 통찰의 계기를 마련하였다고도 볼 수 있다. 그러나 이는 지극히 희망적인 편견에 근거한 판단이라고 할 수 있는 까닭에 뮌헨 올림픽의 정책 목표 달성의 정도에 대한 평가는 여러 부문에서 물음표로 남겨질 수밖에 없는 것이다.

결국 독일은 과거의 흔적들을 지우고자 개최했던 올림픽 무대에서 기대와는 정반대로 다시 한 번 유대인들과의 아픈 과거를 되살리게 만드는 비극적 사건을 경험하였고, 스포츠 무대에서의 테러가 갖는 상징성과 효과성을 여실히 드러냄으로써 이후의 테러리스트 공격에 대한 준거로서 자리매김하게 되었다. 뮌헨 올림픽은 올림픽을 개최한 이들이 노렸던 목적 달성에 실패하였을 뿐만 아니라, 오명을 뒤집어썼으며, 가장 피하고 싶은 사례가 되었다. 9·11 이후 이러한 스포츠 무대의 테러 대상화는 더욱 심화되고 있으며, 안전확보의 문제가 경기 진행의 제1의적 조건이 되었다.

국제 스포츠 행사의 정치·외교적 요소를 이용한 국제 테러조직이나 국내 범죄단체들의 테러 가능성은 상존한다. 국제 스포츠 행사는 무차별적 극단적 테러의 손쉬운 목표물이 될 수 있다. 국제 스포츠 행사시 테러가 발생할 경우 주최국가의 국제적 신뢰도 저하, 행사자체의 무산 또는 의의 퇴색, 유사 테러의 모방사례지속 등 부작용이 발생하게 된다(조광래 2003, 142). 따라서 오늘날 국제 스포츠 행사 개최에 있어서는 안전 및 테러예방 대책이 가장 중요한 요소들 중 하나로 취급받고 있다(정진호·유광의 2013, 91). 안전을 확보하지 못한 메가 스포츠 이벤트의 개최는 재앙에 다름 아닐 수 있음을 명심해야 한다.

참 고 문 헌

민영현. 2012. "독일의 테러 대응 체제와 대응법제 연구: 독일법제의 소개와 우리나라의 입법방향을 중심으로." 『국외훈련검사 연구논문집』 27.

박동균·신의주. 2007. "국제행사에 대한 테러대응 사례분석과 정책적 함의." 『한국경호경비학회지』 14.

박보현. 2013. "스포츠 테러리즘의 변화와 특징 - 1972년 뮌헨 올림픽 검은 구월단 사건과 2013년 보스턴마라톤 폭탄테러를 중심으로 - " 『한국시큐리티융합경영학회지』 2 - 1.

신영. 2006. "뮌헨 올림픽 참사, 시작부터 그 이후까지." 『프레시안』 2006년 2월 9일.

정진호·유광의. 2013. "국제 스포츠행사에 대한 테러 사례분석과 최근 테러의 추세와 대응에 관한 연구." 『한국시큐리티융합경영학회지』 2 - 1.

조광래. 2003. "국제스포츠행사의 테러행위 대책." 『경호경비 연구』 6.

홍성완. 2015. "뮌헨 올림픽 테러참상 43년만에 드러나." 『연합뉴스』 2015년 12월 2일.

Alkemeyer, Thomas and Alfred Richartz. 1993. "The Olympic Games: From Ceremony to Show." *OLYMPIKA: The International Journal of Olympic Studies*, 2.

Atkinson, M. and Young, K. 2002. "Terror games: Media treatment of security issues at the 2002 Winter Olympic Games." *OLYMPIKA: The International Journal of Olympic Studies*, XI.

Baylis, John, Steve Smith and Particia Owens. 2011. *The Golbalization of World Politics*. New York: Oxford University Press.

Baylis, John, Steve Smith and Particia Owens, 하영선 외 옮김. 2009. 『세계정치론』. 서울: 을유문화사.

Beck, U. 2009. *Macht und Gegenmacht im globalen Zeitalter*.

Flybvjerg, Bent. 2006. "Design by Deception: The Politics of Megaproject Approval." in Saunders, William. ed. *Urban Planning Today*. Minneapolis: University of Minnesota Press.

Forte, David F. 1986. *Terror and Terrorism: There is Difference*. Northern University Law Review.

Horne, John and Wolfram Manzenreiter. 2006. "An introduction to the sociology of sports mega - events." *The Sociological Review*, 54 - 2.

Hughes, Kate. 2012. *Mega Sports Events and the Potential to Create a Legacy of Increased Sport Participation in the Host Country*. in Shipway, Richard and Alan Fyall. ed. *International Sports Events: Impacts, Experiences, and Identities*. London: Routledge.

Mandell, Richard D. 1987.*The Nazi Olympics* 2nd ed. Urbana/Chicago: University of Illinois Press.

Mangan, J. A. 2008. "Prologue: Guarantees of Global Goodwill: Post—Olympic Legacies -Too Many Limping White Elephants?" *The International Journal of the History of Sport*, 25—14.

Mechikoff, R. and Estes, S. 2005. *A History and Philosophy of Sport and Physical Education*. New York: McGraw—Hill.

Müller, Martin. 2012. "Popular Perception of Urban Transformation Through Mega—Events: Understanding Support for the 2014 Winter Olympics in Sochi." *Environment and Planning C: Government and Policy*, 30—4.

Roche, Maurice. 2000. *Mega—events and Modernity: Olympics and Expos in the Growth of Global Culture*. London: Routledge.

Schmid, Alex P. 2011. "The Definition of Terrorism." in Alex P. Shmid. ed. *The Routledge Handbook of Terrorism Research*. New York: Routledge.

Shaw, Christopher A. 2008. *Five Ring Circus*. Gabriola Island: New Society Publishers.

Toohey, Kristine and Tracy Taylor. 2008. "Mega Events, Fear, and Risk: Terrorism at the Olympic Games." *Journal of Sport Management*, 22.

Whitson, David and John Horne. 2006. "Underestimated Costs and Overestimated Benefits? Comparing the Outcome of Sports Mega—Events in Canada and Japana." in Horne, John and Wolfram Manzenreiter ed. *Sports Mega—Events: Social Scientific Analyses of a Global Phenomenon*. Malden, MA: Blackwell.

http://bemil.chosun.com/nbrd/gallery/view.html?b_bbs_id=10044&num=44076 검색일: 2018년 3월 30일.

http://deadspin.com/the—story—behind—the—masked—horror—of—the—munich—olympi—1792823912 검색일: 2018년 3월 30일.

http://www.thedailybeast.com/the—all—time—worst—olympic—games 검색일: 2018년 3월 30일.

https://www.nytimes.com/2015/12/02/sports/long—hidden—details—reveal—cruelty—of—1972—munich—attackers.html 검색일: 2018년 3월 30일.

https://www.thoughtco.com/1936—olympics—in—berlin—1779599 검색일: 2018년 3월 30일.

2008년 베이징 올림픽과 2014년 소치 올림픽: 민족주의의 부흥과 소프트 파워의 확장

사람들은 특정 목적을 달성하기 위해 집단을 구성한다. 종종 이러한 공동의 정체성이 정치적 성격을 띠게 된다. 집단의 목적이 집단 자신의 운명을 스스로 결정하는 자결 self-determination에 있는 경우 공동의 정체성은 민족주의가 된다. 스포츠팬은 다른 사람과 일체감을 느끼지만 정치적 열망을 갖고 있지는 않으며, 따라서 그들이 공유하는 공동의 정체성은 민족주의가 아니다. 그러나 한 무리의 사람들이 어떤 특정 영토 내에서 자신들의 정치적 지배를 추구한다면 그것은 민족주의이다. 요컨대 민족자결이 민족주의의 핵심요소로서 작용한다. 여기서 스포츠가 끼어들 틈새가 발생한다.

스포츠팬이 느끼는 일체감, 스포츠가 선사하는 집단적 정체성의 형성은 이러한 민족주의의 확장을 위하여 훌륭한 도구적 역할을 수행한다. 스포츠의 도구적 유용성과 정치적 사용에 대해서는 이미 수차에 걸쳐 언급한 바 있다. 이러한 스포츠의 정치적 도구성은 스포츠 민족주의에 이르러 극에 달한다. 스포츠와 결합한 민족주의는 정치세력의 목적달성을 위한 효과적인 도구로서 사용되어 왔으며, 역사 속에서 많은 사례들을 발견할 수 있다.

본 장에서는 베이징 올림픽과 소치 올림픽의 경우를 통해 스포츠가 정치적 도구로서 민족주의의 발흥을 위해 사용된 사례들을 고찰하고자 한다. 고찰의 방향은 스포츠의 종속변수적 정치적 도구성과 독립변수적 위상을 모두 포괄하는 것이 될 것이다. 이를 위해 먼저 스포츠가 정치적 도구로 사용되는 일반적 사례들을 살펴보고, 스포츠와 국가 간의 관계에 대한 이론적 접근들을 분류하며, 마지막으로 베이징 올림픽과 소치 올림픽의 경우를 연구의 사례로 삼아 전술한 사항들을 검토할 것이다.

 스포츠와 민족주의

1. 민족, 민족국가, 민족주의, 그리고 스포츠

정치적 도구로서의 스포츠를 논할 때 민족과 민족국가, 혹은 민족주의를 반드시 언급할 필요가 있다. 현대 스포츠의 탄생 자체가 산업화의 진행 및 민족국가의 등장과 함께라고 할 수 있으며, 스포츠의 정치적 도구성은 이와 같은 사실과 불가분의 관계에 있기 때문이다(정기웅 2008, 38).

민족이란 무엇인가? 민족의 정의를 내리자면 역사적으로 문화적으로 구축된 '상상의 공동체'라고 할 수 있을 것이다.[106] 이 상상의 공동체의 형성에는 인쇄술의 발전과 서적의 대량출판, 더 나아가 미디어의 발전이 결정적 역할을 담당한다. 인쇄술이 발전함으로써 서적의 대량출판이 가능해졌고, 활자어로 채택된 소수의 방언이 표준어로 자리 잡으면서, 동일한 표준어를 사용하는 공동체로 민족의 경계가 확정되어지고, 이에 따른 민족의식이 고양되기 시작하는 것이다(이대희 2002, 104). 서적과 신문은 동시성을 통해 민족을 재현하는 수단으로 작동하고, 미디어는 의제설정agenda setting 작용을 통해 공통의 가치를 창출해 낸다.

민족주의는 집단 스스로의 운명에 대한 통제권의 획득과 유지의 목적을 지니고 있는 중요한 사회적 구분에 바탕을 두는 공동의 정체성 의식이다. 민족주의의 원천은 다양하다. 동일한 인종, 언어, 종교, 문화, 역사, 지리적 근접성 등 이 모든 것들이 동료애와 어떤 특정 집단에 속해 있다는 소속감을 만들어낸다. 그 결과 인간은 집단이나 공동체를 구성한다. 우리는 사회적 존재이다. 공동체는 우리가 다른 사람과 어떻게 상호작용할 것인지 그리고 누구와 상호작용할 것인지를 규정한다. 공동체는 우리 자신 및 다른 사람에 대한 우리의 인식에 영향을 미친다. 우리는 다른 사람을 우리 집단에 속한

---

106 '상상의 공동체' 개념은 Anderson, 윤형숙 역 2002에서 빌려온 것임.

사람 또는 속하지 않은 사람으로 구분한다. 비록 우리는 복수의 정체성을 갖고 있지만, 그 중 가장 중요한 정체성이 국적 내지 민족성이며(김계동 외 옮김 2014, 48), 스포츠는 이러한 민족성이 부여하는 민족의식과 매우 잘 어울린다.

사실 현대 스포츠가 산업화 및 민족국가와 함께 등장했다는 사실을 환기한다면 스포츠의 민족주의적 성격은 그 탄생에서부터 주어진 것이라고 할 수 있다. 민족국가와 민족주의는 프랑스 혁명 이후 전 유럽에 전파되는데, 이 시기는 산업화가 유럽에 전파되는 시기와 동일하다. 스포츠는 쉽게 국경을 초월해서 전파되었지만 다른 분야와 마찬가지로 민족국가의 틀 안에서 조직되었고, 국제 경기는 민족국가의 이름으로 치러졌다. 다만 산업화와 민족국가의 형성이 앞선 영국과 같은 경우에는 스포츠가 민족국가나 민족주의와는 간접적 또는 우회적인 관계를 가지고 산업 사회의 질서나 교육과 보다 더 직접적인 관계를 가지면서 발전한 반면, 독일과 같이 산업화나 민족국가의 형성이 늦은 경우에는 양자의 관계는 보다 직접적이어서 스포츠는 민족국가의 형성과 민족주의의 고양에 부응하도록 직접적으로 요구 받았던 것이다(이대희 2002, 105). 이와 같은 민족주의와 올림픽의 결합은 스포츠의 정치적 도구성이 담보되는 상황에서 어쩌면 필연적인 것일지도 모른다.

올림픽 경기에서 민족주의의 강화는 경기 운영의 의식적 절차와 강한 관련성을 갖는다. 경기가 시작되는 개막식에서부터 선수들은 국가별로 차례로 입장하고, 경기장에 각 나라의 국기가 높이 게양되며, 모든 참가자들은 출신국 특유의 유니폼을 착용한다. 관중들이 그들에게 보내는 환영의 강도는 자국이 그 국가와의 관계 속에서 보유한 정치적 친소의 정도에 따라 달라지며, 메달 시상식에서 이루어지는 상위 입상자의 소속 국가의 국기게양식에 이르면 민족적 감성의 자극은 극에 달한다. 입상자의 이름이 호명되고, 입상자가 소속된 국가의 국기가 게양되며, 우승자가 속해있는 국가國家의 국가國歌가 연주되는 의식은 올림픽에서 민족적 요소가 결코 배제될 수 없는 것임을 보여준다. 이에 더해 경기에서의 순위와 점수에 대한 국가와 매스컴의 관심이 집중되고, 각국 NOC들은 위신과 명예를 추구하며, 매번 경기 주최국은 이전의 경기 주최국보다 시설, 건축, 서비스 등에서 더 나은 평가를 받으려고 애쓴다는 점 등의 여러 요인들은 올림픽이 정치 그리고 민족주의와 결합할 때 어떠한 방식으로 작동되는지를 분명하게 보여준다.

올림픽에 있어 정치성과 민족주의의 문제가 선명하게 노정되기 시작한 것은 1936

년의 베를린 올림픽부터라고 할 수 있을 것이다. 올림픽이 갖는 정치성과 민족주의 두 성향 모두 베를린 올림픽을 통해 여실히 세상에 모습을 드러내었으며, 1936년 이후의 올림픽 경기들은 민족주의적 감정들이 난무하는 무대가 되었다. 이후 냉전의 세계에서 올림픽 경기에서의 우승에 대한 집착과 우승을 정치적 이데올로기적 승리와 동일시하는 경향은 민족주의적 감정을 더욱 자극하였으며, 냉전은 종식되고 세상은 하나가 되었다라고 주장되는 오늘날에 있어서도 민족주의적 감정은 사라지지 않고 오히려 스포츠를 통해 더욱 공고화되어 표출되고 있다.

2. 세계화와 (스포츠) 민족주의

세계화globalization는 1990년대 후반에 들어와 기존의 근대성/탈근대성modernity/ postmodernity 논쟁을 대체하면서 사회과학 전반에 걸쳐 정치 · 경제 · 문화적 현상을 이해하기 위한 핵심 키워드로 자리 잡았다(Miller 외 2001). 세계화는 간단히 시간과 공간의 응측(Harvey 1989) 또는 개인 · 집단 · 공동체 · 국가 등 전통적 사회단위 간의 글로벌 상호연결 및 의존의 증가로 개념화된다. 세계화 과정의 심화로 인하여 이제 개개인의 일상생활 구석구석 세계화의 영향을 받지 않는 곳이 없다(김방출 · 권순용 2007, 76).

세계화 논쟁의 정점에는 전통적 사회분석단위로서 국민국가nation−state의 생존과 미래에 대한 진단이 자리 잡고 있다. 국민국가를 중심으로 하는 기존의 전통적 · 사회적 경계를 초월하는 세계화 과정이 심화되는 시점에서 국민국가의 존재성 기반에 대한 지속적인 의문이 제기되어 왔다. 과연 세계화 과정이 국민국가 기반을 잠식하고 그 경계를 허물어뜨리는지(Ohmae 1995; Poli 2007) 아니면 국민국가의 경계가 그다지 영향을 받지 않거나 더욱 공고해지는지(김영명 2002; 이대희 2002; 정기웅 2004)에 대한 물음들이다.

한편 다른 시각에서 글로벌the global과 지역the local의 관계가 새로운 방식으로 변화 및 재구성되거나(Held 외 1999) 양자 간의 밀접한 상호유기적 관계가 더욱 두드러지고 있다는 분석(Tomlinson 1999) 또한 많은 주목을 받고 있다. 즉 글로벌과 지역은 서로 분리된 용기containers가 아니고 상호 구성적인 사회과정mutually constitutive social processes이라는 인식(Tomlinson 1999, 182)이다.

스포츠와 관련해서도 세계화 현상은 1990년대부터 핵심적 연구주제로 활발한 논의의 대상이 되어왔다. 주로 스포츠의 세계화 과정이 기존의 사회단위인 국민국가의 경계를 초월하는 궁극적으로 동질화된(예를 들면, 서구화 미국화 등) 전 지구적 스포츠 문화를 만들어내는가에 대한 분석에 주된 관심이 주어져 왔다. 세부적인 입장의 차이는 있겠지만, 학자들 사이에 일반화된 결론을 보면, 스포츠의 세계화 과정은 어느 정도 특정한 문화적 동질화를 수반하면서도 동시에 지역 행위자들의 차이, 개별성, 다양한 문화적 욕구, 그리고 지역의 정체성을 형성하고 재확인하는 복잡한 과정이라는 점에서 합의가 이루어지는 것 같다(Maguire 1999). 즉, 동질성homogeneity과 이질성heterogeneity을 동시에 생산하는 다요인적이고 다면적인 과정이라는 결론이다. 이러한 동질성과 이질성 간의 역동적 상호보완적 관계는 세계화 과정의 표준적 개념인 글로벌과 지역의 상호 관련성 및 의존의 증가와 같은 선상에 있는 분석으로 볼 수 있다(김방출·권순용 76).

같은 선상에서 세계화의 진전에도 불구하고 스포츠 민족주의는 약화되기보다 오히려 더욱 강화되고 있다(Andrews and Cole 2002; Hargreaves 2002; Rowe 2003; Tomlinson and Young 2006). 베이르너(Bairner 2001, xi)에 의하면 "세계화 동인은 민족 정체성의 중요성을 감소시키고 동시에 스포츠와 민족주의의 연결고리를 약화시킨다고 생각되지만… 세계화 과정의 진전에도 불구하고 스포츠, 민족정체성, 그리고 민족주의의 관계는 어느 때보다 강하게 남아있다."는 것이다.

국경을 넘나드는 자본의 이동이 용이해지고 세상이 통합의 흐름을 향하여 움직일수록, 자기 것, 자기 민족에 대한 정체성 확보의 욕구는 강력해질 수밖에 없으며, 이는 스포츠를 통한 민족적 감성의 강화라는 결과로 나타나게 된다고 판단된다(Dyreson 2003; Rowe 2003; Jackie 2008; Maguire 2008).

Ⅱ 베이징 올림픽과 스포츠 민족주의

2008년 베이징 올림픽은 아시아에서 개최된 세 번째 올림픽이다. 1964년 도쿄 올림픽이 냉전의 한복판에서 개최되었다면, 1988년 서울 올림픽은 냉전의 막바지에 개최됨으로써 냉전종식을 촉진시키는 역할을 하였고, 2008년 베이징 올림픽은 동서 냉전의 종식 이후 아시아에서 처음으로 개최된 올림픽이었다. 이 세 번의 올림픽들은 일본, 한국, 중국 세 국가의 발전과정에 있어서도 중요한 의미를 갖는다고 할 수 있으며, 스포츠의 세계사적 흐름 속에서도 획을 긋는 역할을 하고 있다.

도쿄 올림픽이 전후세계의 일본으로 하여금 패전을 딛고 다시 우뚝 선 모습을 세계에 알리는 역할을 했다면, 서울 올림픽은 냉전의 종식을 촉진시키고 방송과 결합된 스포츠가 얼마만큼이나 강력한 파급효과를 가질 수 있는지를 부각시켰고, 베이징 올림픽은 냉전 후 세계질서의 구축과정에서 새로운 강대국 등장의 신호탄으로서 작동함과 동시에 또한 세계화된 세상에서 스포츠와 정치의 관계가 어떠한 변화의 궤적을 따를 것인지를 관찰할 수 있는 기회를 제공하여 주었다.

베이징 올림픽만을 놓고 본다면 스포츠와 국가의 관계에서 압도적 우위에 서 있는 것은 국가인 것으로 보여진다. 중국은 공공연히 베이징 올림픽을 국가위신의 고양의 장소로 삼겠다고 공언하였고, 그 결과를 놓고 보자면 달성하고자 했던 국가적 목표들을 충분히 달성했다고 판단된다.

베이징 올림픽에는 역대 최대인 205개국이 참가했다. 개·폐막식에 참석한 각국 정상도 사상 최대인 100여명에 달했다. 미국 주도의 워싱턴 체제Washington Consensus에 맞선 베이징 체제Beijing Consensus의 출발신호탄이란 분석이 나오기도 했다. 중국은 또 미국식 글로벌 스탠더드 대신 중국식 스탠더드를 고집해 국제관계의 준거틀norm을 새롭게 짜려는 의도를 드러냈다. 개·폐막식의 국가별 입장순서를 알파벳이 아닌 한자 간체자簡體字 획수로 정한 것이 대표적 사례다.

중국은 베이징 올림픽을 통해 위기관리 능력 또한 과시했다. 올림픽 직전까지 서방 언론들은 티베트와 소수민족 문제를 끊임없이 제기하며 테러 등 돌발사태 가능성을 우려했지만 대회는 무사히 치러졌다. 테러는 없었고, 중국은 55개 소수민족 대표 어린이 55명을 개막식에 등장시켜 '중국은 굳게 통합되어 있다. 내부 문제에 간섭하지 말라'는 강력한 메시지를 국제 사회에 전달하였다.

또한 중국은 베이징 올림픽을 통해 군사력 외의 다른 부문에는 현재의 일극다강(一極多强: 미국을 주축으로 EU·일본·중국·러시아 등이 강세를 보이는 상황) 체제에서 벗어나 미국·중국 등 최소한 몇 개국이 대등한 지위를 갖는 다극 구도로의 전환의지 또한 드러냄으로써 올림픽을 통한 강대국으로서의 자리매김에 성공했다고 말할 수 있을 것이다.

1. 베이징 올림픽을 바라보는 두 개의 시각

2008 베이징 올림픽이 개최되기 전 이를 바라보는 시각은 중국에 대한 평가가 어느 쪽에 위치하느냐에 따라 크게 낙관과 비관으로 나뉘었다. 중국인들은 베이징 올림픽이 자국의 국가위상을 높이고 중화민족의 위대함을 드러내는 계기가 될 것이라고 바라보았다. 반면 서구의 시각은 다르다. 적어도 올림픽이 개최되기 바로 직전까지도 서구는 베이징 올림픽에 대해 부정적인 전망을 내놓았다. 중국이 갖고 있는 여러 가지 문제로 인하여 베이징 올림픽이 성공적으로 끝날 수 있을 것인지는 두고 보아야 한다는 입장이 그것이다.

다음의 두 인용구는 베이징 올림픽을 바라보는 두 개의 시각차를 극명하게 드러내 보여준다.

2001년 7월 13일 저녁, 수만 명의 사람들이 천안문 광장으로 몰려나왔다. IOC의 2008 올림픽 베이징 개최 결정을 축하하기 위해서였다. 폭죽이 터지고, 국기가 휘날렸으며, 차들은 요란스럽게 경적을 울려댔다. 축하할만한 순간이었다. 중국의 장쩌민(江澤民) 주석과 다른 지도자들은 대중에게 올림픽을 함께 준비하자고 역설했다. "개최권을 획득했다는 것은 국제 사회의 존경과 신뢰와 호감을 얻어냈다는 것을 뜻한다."라고 베이징 올림픽 조직위원회 부위원장인 왕웨이(王偉)는 말했다. 신화통신은 베이징 올림픽 개최 결정은 "중국의 상승하고 있는 국제적 위상을 나타내는 또 하나의 이정표이자 중국 민족의 위대한 르네상스에 있어서의 역사적 사건"이라고 축하했다(Economy and Segal 2008).

올림픽에서는 언제나 드라마를 기대해도 좋다. 2008년의 베이징 또한 다를 바 없을 것이다. 베이징 올림픽 또한 멋진 이야기 거리들과 황홀한 화면을 제공할 것이다. 그러나 이번 올림픽의 화면들은 단지 선수들이 역경을 극복하거나 기록을 깨뜨리는 것에 한정되지 않을 것이다. 여러분은 중국 경찰과 전 세계에서 몰려온 활동가들 사이의 충돌을 목도하게 될 것이다. 그 활동가들을 움직이게 하는 대의명분은 인권에서 지구온난화, 다르푸르에서 티벳, 기독교에서 파룬공에 이르기까지 다양한 것이 될 것이다(Naím 2007).

올림픽을 유치하는 것이 중국 인민과 중국의 지도자들에게는 국가의 급속한 경제적 성장과 근대화를 세계만방에 자랑하는 훌륭한 기회가 될 것이라고 여겨졌던 반면에 서구의 입장에서는 성장하는 중국의 모습이 두렵게 비쳐졌을 수도 있을 것이다.

그러나 결과에 대한 평가가 어떠하든 간에 베이징 올림픽의 시작과 끝이 성공적이었다는 평이 대부분이었다. 그러나 일면으로 베이징 올림픽의 성공은 중국에 대한 서구 세계의 두려움을 더욱 강화시켰으며, 이후 중국이 보이고 있는 국가주의적·패권주의적 경향들은 이러한 우려와 두려움이 결코 쓸모없는 것이 아니었음을 증명한다. 2008년 베이징 올림픽이 개최되었던 당시 중국의 부상과 베이징 올림픽을 바라보는 국제정치적 시각들은 다음과 같이 정리될 수 있을 것이다.

표 9-1 ▶ 중국의 부상과 베이징 올림픽을 바라보는 시각

구분	낙관주의	비관주의
자유주의	• 올림픽의 성공: 상호의존의 확대 → 평화보전 • 제도의 성공적 작동 • 올림픽 이후 민주화 달성 → 중산층의 확대, 미국과의 협력 강화	• 권위주의적이며 불안정한 중국 정권 (올림픽 이후 권위주의 국가의 이행기에 주변국가와 충돌 가능성) • 민주주의로의 이행시 발생 가능한 위험성(올림픽의 성공 → 경제성장 → 내부 불만의 확대 → 민족주의에의 호소) • 미국 정부: 자유민주주의 채택 압박 (민주평화론에 근거한 대만지지) • 상호작용효과 (민주화가 되지 않아도 갈등 가능성 있음/대중국 경계심의 확산 → 대중국 강경파의 득세 → 갈등의 확산)
현실주의	• 중국의 힘: 제한적 • 중국의 의도: 제약적 • 안보딜레마: 제한적 (능력의 한계 → 목표제한/오인과 갈등을 줄이는 기제 작동/영토분쟁의 가능성 낮음)	• 중국의 힘: 올림픽 이후 급부상 • 중국의 의도: 소수민족 압박과 팽창주의의 심화 • 안보딜레마: 심화 (이익과 관심의 확대, 목표의 조정, 미국의 예방조치 가능성, 안보딜레마의 심화)
구성주의	• 정체성, 전략문화, 규범: 제도적 접촉을 통한 유연성의 확대와 순화(softening) (국제제도에의 참여가 정체성, 전략문화, 규범의 변화를 가져옴으로써 국제체제와 조화를 이루게 할 것임)	• 올림픽을 비롯한 국제 사회와의 접촉으로 충격과 위기를 경험함으로써 경직화되고 강화됨(hardening) (정신적, 사회적 구성의 역사적 뿌리/반복된 상호작용이 정체성의 변화와 강화라는 동시작용 효과 창출: 미·중간 상호의심의 확산 → 자기중심적 해석 → 협력보장 없음)

출처: 이희옥 2008, 7의 표가 저자에 의하여 수정됨.

2. 베이징 올림픽의 도구성에 대한 평가

현대의 국가들 중에서 중국은 스포츠를 가장 효과적으로 정치와 외교에 활용한 대표적 사례라고 할 수 있다. 중국은 자신이 처한 구체적인 국내적·국제적 상황에 맞추어 스포츠의 상징성을 다각적으로 활용하였으며, 이는 애초부터 스포츠를 정치적인 것으로 인식하는 중국 공산당 지도부의 사상적 배경과도 밀접한 관계를 가지고 있다. 당 지도부는 스포츠의 정치적 및 외교적 함의를 선수들을 포함한 모든 스포츠 관계자들에게 강조하였으며, 특히 여기서 말하는 외교적 함의는 해당 시기 중국 정부의 외교적 목표를 그대로 반영하고 있었다. 스포츠에 대한 정치적 접근은 중국이 대내적 통합을 달성하고 국제적 스포츠 강국으로서의 위상을 확보하는 바탕이 되었을 뿐만 아니라 국제적 스포츠 영역에서도 대외정책노선을 일관성 있게 추진할 수 있게 하였다(양순창 2007, 324).

중국은 IOC에서의 단일 대표성이 받아들여지지 않자 1958년 IOC와 그 밖의 8개 스포츠 국제 기구로부터 탈퇴하여 20여 년 동안 올림픽에 불참하였다가 1979년 다시 가입하였다. 이 과정은 본서의 제4장, '핑퐁외교와 데탕트의 시작'에서 다루고 있기도 하다. 그 후 국제 스포츠의 무대에서 중국은 스포츠를 통한 입국을 최고의 목표로 삼아왔다. 그것이 긍정적인 국가 이미지를 형성하고 자긍심과 자기 확신을 가져다줄 것이라고 생각했기 때문이다. 1980년 중국 다이빙 대표팀의 슬로건은 '아시아를 넘어서 세계수준에 이르자'였으며 이는 이후 중국 체육정책의 주요 목표가 되었다(Dong 2005, 532). 베이징 올림픽은 중국이 19세기 동아시아의 병자에서 21세기 부강한 나라, 민주적인 나라, 문명의 중국으로 변신하는 모습을 세계에 알리는 도구로서 사용되었다.

중국의 정치 지도자들과 스포츠 지도자들은 그들이 스포츠를 민족적 자부심과 민족 정체성을 고양시키기 위한 도구로 간주하고 있음을 공공연히 밝혀 왔다(Dong 2005, 533). 그들은 현대 중국의 경쟁력 있는 스포츠가 민족주의에 의하여 동기부여 되어졌으며, 동시에 애국심의 고취에도 공헌하고 있다고 보았다. 다음과 같은 언급은 스포츠에 대한 중국지도자들의 인식을 잘 드러내 보여주고 있다.

중국의 목표는 가까운 미래에 세계 강국이 되는 것이다. 스포츠는 종종 효과적인 정치적 도구로서 사용된다. 메가 스포츠 이벤트를 개최할 수 있는 능력은 중국 정치안정과 경제 번영의 상징이 되어왔다. 장쩌민 전 주석은 한 때 언급한 바 있다. "베이징 올림픽의 개최는 중국의 국내적 안정과 경제적 번영을 진전시키기 위한 것이다. 올림픽의 개최는 국민의 사기를 진작시킬 것이며 중국 본토와 해외에 있는 중국민족의 결합을 강화시킬 것이다(Xu 1992, 36–37)."

올림픽은 이러한 중국 지도자들의 목표를 달성시키기 위한 훌륭한 무대를 제공하였다. 베일과 상(Bale and Sang 1996, 39)에 따르면 전쟁을 제외하고 그 어떤 결합도 대표된 스포츠 팀만큼 국가를 단결시키는 것은 없으며, 스포츠 경기에서의 유대감이 올림픽에서보다 더 극적으로 드러나는 곳은 없다. 베를린 올림픽이 아리안 민족의 우수성을 나타내기 위한 히틀러의 도구로서 사용되었다면, 베이징 올림픽은 중화민족의 우수성을 나타내고 중국이 새로운 강대국으로서 등장했음을 세계만방에 과시하기 위한 도구로서 사용되었다. 이와 같은 중국의 의도가 가장 잘 드러난 것이 바로 개막식과 베이징 올림픽 공식 슬로건이었다고 할 것이다.

베이징 올림픽 조직위원회는 2005년 6월 26일 'One World One Dream'을 베이징 올림픽 슬로건으로 공식지정 하였으며, 3대이념(녹색 올림픽, 과학기술 올림픽, 인문 올림픽)을 캐치프레이즈로 제시하였다. 환경 올림픽이란 의미를 가진 '녹색 올림픽'은 '붉은 공산주의국가 중국'의 국가브랜드를 '시장경제국가 중국'이라는 긍정적인 이미지로 전환하고자 함을 보여주고 있다. 또한 '과학기술 올림픽'을 통해 현대화된 경제력과 기술력을 과시하겠다는 의도와 '인문 올림픽'을 통해 동양문화의 종주국 격인 자국의 문화를 홍보하겠다는 의도를 나타내고 있다. 즉 'One World One Dream'은 단순한 표어가 아닌 개최국 중국의 대의를 대변한다고 해도 과언이 아닐 것이다(조문기 2007, 125–126).

베이징 올림픽의 슬로건은 오랜 역사적 변천과정을 통한 그들의 숙원이었던 One하나된 일체, 동일에 대한 열망과 중화사상을 기반으로 한 자국 우월주의, 자국 중심사상 등을 내재하고 있다고 볼 수 있다. 즉 중화사상을 기반으로 한 중화민족주의를 상징하며 함축하고 있다고 볼 수 있는 것이다(조문기 2007, 133).

중국은 올림픽 개최를 통해 자국 이미지를 향상시키고, 세계 속에서의 강대국의 위상을 과시하고자 하였지만, 과연 그 결과는 어떠했을까? 올림픽 경기 중계를 통해 전세계에 비쳐진 중국의 이미지가 반드시 호의적인 쪽으로만 전달되었다고 볼 수 있을까?

퓨 리서치 센터Pew Research Center는 수 년째 몇몇 주요국가에 대한 호감도 조사를 실행해 오고 있다. 이 자료에 근거해 올림픽 전과 후의 동북아 주요국들의 중국에 대한 호감도 변화를 살펴보면 <표 9−2>와 같다.

표 9-2 ▶ 중국에 대한 호감도의 변화[107]

구분	2006년	2007년	2008년	2009년
한국	설문결과 없음	52%	48%	41%
미국	52%	42%	39%	50%
일본	27%	29%	14%	26%
러시아	63%	60%	60%	58%
중국	94%	93%	95%	95%

출처: Pew Research Center.

<표 9−2>를 놓고 봤을 때 중국인들 스스로가 자국에 대해 갖는 호감도는 계속해서 매우 높은 수준을 보여 자국에 대한 자부심이 매우 큼을 볼 수 있다. 하지만 한국의 경우 호감도가 매년 감소하는 추세를 보이고 있고, 일본의 경우는 올림픽이 개최되었던 2008년에 오히려 급격히 떨어졌다가 올림픽 이후 다시 증가하였지만, 이는 2006년, 2007년과 큰 차이가 없다. 미국은 감소세를 보이다가 올림픽 이후 호감도가 증가하였고, 러시아는 다른 3개국과 비교했을 때 상대적으로 높은 호감도를 보이고 있지만 조금씩 감소하는 추세를 보이고 있다.

단지 베이징 올림픽의 경우만을 가지고 메가 스포츠 이벤트와 국가 이미지 향상 간에 존재하는 상관관계에 대해 섣부른 결론을 내리거나 일반화를 시도하는 데에는 무리가 있다. 그리고 위의 설문 또한 올림픽과 관련한 문제들에 집중되어 있지 않고 일반적 호감도의 조사에 머무르고 있다는 한계를 갖는다. 그러나 일단 위의 결과만을 놓고 보았을 때 한국, 미국, 일본, 러시아의 경우에는 베이징 올림픽이 중국에 대한 호의적인 이미지를 상승시키는데 큰 도움이 되지 못했음을 알 수 있다. 물론 중국에 대한 호감도의 변화는 올림픽 이외에도 시기에 따른 여러 국제정치경제적인 요인들이 작동한

---

107 설문 항: 여러분은 중국에 대하여 '호감/약간 호감/약간 비호감/비호감' 중 어떤 의견을 갖고 계십니까? (표 안의 숫자는 '약간 호감'이상이라고 응답한 사람의 비율) 출처: Pew Research Center http://pewglobal.org/database/?indicator=24&survey=7&response=Favorable&mode=chart 검색일: 2016년 4월 15일.

까닭이겠지만, 위의 조사결과는 "메가 스포츠 이벤트의 개최가 국가 이미지의 향상에 도움을 준다."라는 일반적 믿음에 대하여 좀 더 조심스런 접근이 필요함을 보여준다.

이와 관련하여 메가 스포츠 이벤트의 개최에는 항상 '실패가 가져오는 국가 이미지 하락'이라는 역효과가 존재할 수 있음이 상기되어야 한다.[108] 이벤트 개최에 대한 평판이 호의적이며 운영이 성공적으로 이루어지고 경제적 득실계산에서도 흑자로 끝났을 때에는 개최국의 이미지 상승에 플러스의 요인으로 작용하겠지만, 이벤트 기간 중에 사고가 발생하거나, 운영이 성공적이지 못했을 경우, 또 경제적 득실계산의 결과가 적자로 드러났을 때 주최국이 감내해야 할 부담은 결코 적지 않다. 예로서 1972년 9월 독일 뮌헨에서 개최되었던 올림픽을 이야기할 때면 항상 팔레스타인 과격단체인 '검은 구월단' 소속 테러리스트들에 의한 이스라엘 선수단 숙소 습격과 살해 사건이 언급되고, 1976년의 캐나다 몬트리올 올림픽을 언급할 때면 항상 '경제적으로 실패한 올림픽', '올림픽으로 진 부채를 2006년에 이르러서야 다 갚은 도시'라는 설명이 따라 다닌다. 이처럼 메가 스포츠 이벤트의 개최에 성공했다고 할지라도 그 운영에 실패했을 경우, 그에 따른 선입견과 불명예가 개최도시와 국가에 그 이벤트가 존재하는 한 영원히 따라 다니게 된다는 점은 메가 스포츠 이벤트 개최의 성공과 실패가 갖는 양면적 특성을 잘 드러내 준다고 할 수 있을 것이다.

이와 같이 베이징 올림픽이 중국 공산당에 의하여 '중화'의 위대함과 자국의 경제성장과 안정성을 만방에 과시하는 도구로서 사용되었던 반면에, 국제 스포츠 기구들이나 초국적 자본의 경우 베이징 올림픽에서 국가에 철저히 눌려있었다고 할 수 있다. 물론 여기에는 여러 가지 평가가 가능할 수 있다. 중국이 올림픽의 성공적 개최를 위해 여러 가지를 포기했다는 주장 또한 존재한다.

그러나 중국이 베이징 올림픽을 통해 목표로 추구했던 것들을 성공적으로 성취했다는 것이 전반적인 평가이다. 이러한 점들을 감안했을 때 베이징 올림픽에서 스포츠는 국가의 도구로서 훌륭하게 사용되었다고 볼 수 있을 것이며, 중국은 소정의 목표를 달

---

108 물론 성공과 실패에 대한 판단은 중점을 둔 목표와 처한 입장에 따라 다를 수밖에 없다. 소프트 파워라는 개념 자체가 보이지 않는 힘에 관한 것이며, 메가 스포츠 이벤트의 개최의 성공과 실패의 문제 또한 단지 경제적 득실이나 관광객 수의 증감 등과 같은 계량적 지표들에만 의존하여 판단할 수 없는 면이 존재하기 때문이다. 그러나 운영과정에서 인명 피해가 발생한다거나, 메가 스포츠 이벤트 개최로 인한 경제적 손실이 국가재정에 심각한 위협을 가하는 수준에 도달한다면, 이는 명백한 실패의 사례로서 제시될 수 있을 것이다.

성하였다고 평가할 수 있을 것이다.

베이징 올림픽을 통해 중국이 추구했던 목표들을 간략화시켜 그 성공 여부에 대한 임의의 평가를 한다면 <그림 9-1>과 같이 나타낼 수 있을 것이다. 즉 대외적인 긍정적 국가 이미지 구축에서는 절반의 성공을, 경제적 이익 측면에서 평가하였을 때는 쏟아 부은 막대한 양의 재화를 감안하였을 때 별 실속은 없었음을, 공산당의 유일 지배성 강화 부문에서는 대단히 성공적이었음을, 마지막으로 내부적 단합의 확보와 하나의 중국 원칙을 재확인하는데 있어서도 대단히 성공적이었다고 평가할 수 있을 것이다. 최소한 중국의 입장에서는 베이징 올림픽이 손해 보는 장사는 아니었던 것이다.

그림 9-1 〉 베이징 올림픽과 중국의 국가목표 달성

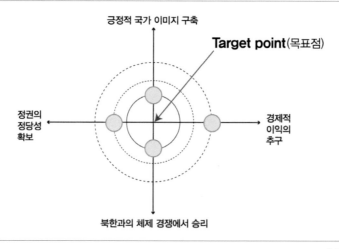

출처: 저자 작성.

III 소치 동계올림픽과 위대한 러시아

1. '돈 잔치' 소치 동계올림픽

2014년 2월, 세계의 눈은 동계올림픽이 개최되고 있는 러시아 소치Sochi에 집중되었다. '열정적이고 멋진 여러분의 올림픽Hot, Cool, Yours'을 모토로 17일간 펼쳐진 소

치 동계올림픽에는 88개국, 2,800여명의 선수가 출전함으로써 역대 동계올림픽 사상 가장 많은 수의 참가국과 참가 선수를 기록했다.[109] 소치는 참가국과 참가 선수의 수에서 뿐만이 아니라 비용 면에서도 역사상 가장 비싼 올림픽이라는 기록을 남겼다. 러시아는 소치 동계올림픽에 무려 500억 달러(약 54조원)[110]의 예산을 쏟아 부었고,[111] 이는 하계 및 동계를 포함한 역대 올림픽 소요예산 중 가장 많은 액수이다.

1998년과 2002년 두 차례에 걸쳐 동계올림픽 개최권 획득에 연달아 실패한 후, 2007년 7월 4일 과테말라Guatemala시에서 개최된 119회 국제올림픽위원회IOC 총회에서 재도전한 소치가 2014년 동계올림픽 개최도시로 선정되었을 때 푸틴(Vladimir Putin) 러시아 대통령은 러시아의 승리는 "의심할 바 없는 우리 조국에 대한 평가"라고 언급하였다(Kishkovsky 2007). 1980년 모스크바 올림픽에서 맛보았던 실망을 극복하고자[112] 러시아는 그 누구도 예측하지 못했던 어마어마한 재정적·정치적 자본을 올림픽에 쏟아 부었다.

소치가 2007년 유치 당시 예상했던 소요예산은 120억 달러 정도였다. 인플레이션과 상황 변화, 그리고 역대 올림픽에서 항상 예산이 초기 예측치보다 더 들었다는 점을 감안하더라도 120억 달러에서 500억 달러로의 증가는 거의 네 배 이상의 예산이 소모되었음을 의미한다.[113] 더군다나 소치 올림픽은 동계올림픽이다. 일반적으로 동계올림픽 예산은 하계올림픽 예산의 4분의 1, 아주 많은 경우에도 절반을 넘지 못한다고 평가된다. 영국이 2012년 런던 올림픽에서 사용한 비용이 150억 달러였고, '사상 최대의 비용' 혹은 '돈 잔치'로 불렸던 2008 베이징 하계올림픽의 소요예산이 420억 달러였다는 점을 상기한다면, 러시아가 소치에 쏟아 부은 돈이 얼마만한 것인지, 그리고 소치

---

109 http://www.olympic.org/sochi−2014−winter−olympics 검색일: 2016년 4월 15일.
110 이하 표기되어 있는 달러는 모두 미국 달러화(USD)를 의미함.
111 논자에 따라 510억 달러 혹은 그 이상을 주장하는 경우도 있으나 대개의 경우 소요예산을 500억 달러로 추정하고 있다. 이는 올림픽을 위해 러시아 시민 1명당 350달러를 지출했다는 의미이다. 이에 대한 보다 자세한 논의는 Müller 2011, 2014; Bowring 2014 등을 참조할 것.
112 1980년 모스크바 올림픽의 경우 61개국이 보이콧(boycott)을 결정하여 참가하지 않았다. 모레티(Anthony Moretti 2013)는 올림픽에 대한 정치의 간섭을 언급하면서 모스크바 올림픽의 보이콧과정을 미국 정치와 미디어의 결탁이라는 비판적 시각에서 다루고 있다.
113 2006년의 제안서(bid book)에서 처음 제시되었던 예산은 60억 달러 정도였고, 2009년 지역발전부 (Ministry of Regional Development)는 추정에 따라 2009년에서 2012년 사이에 270억 달러 이상을 투자해야 한다고 제안하였으며, 이후 예산은 꾸준한 증가를 거쳐 500억 달러에 도달하게 되었다. "Olimpiada vystavila shchet" (The Olympics Publish Their Bill), *Vedomosti* (September 29, 2009) www.vedomosti.ru/newspaper/article/214969 Arnold and Foxall 2014, 6에서 재인용.

가 얼마나 많은 비용을 지불하고 치러진 대회인지 쉽게 짐작하게 된다.[114] 아무튼 비용의 문제를 차치하고라도 러시아는 소치에 온 힘을 쏟아 부었고, 소치 동계올림픽을 '강한 러시아'의 모습을 세계 각국에 보여줄 수 있는 기회로 삼고자 했다.

이는 소치 동계올림픽이 아주 많은 '세계 최초'로 가득 차도록 하였는데, 예로서 올림픽 성화는 봉송 사상 최초로 우주로, 북극으로, 수중으로 내려가 바이칼 호의 밑바닥까지 운반되었다. 러시아는 말 그대로 '강대한 국가에 걸맞는 위대한 올림픽을 개최하고 싶은 마음으로 가득 차 있다'는 것을 가능한 모든 방법을 동원하여 표출하였다. 결국 소치에서 러시아는 금메달 13개, 은메달 11개, 동메달 9개 등 총 33개의 메달을 수확하여 러시아 동계올림픽 참가사상 최다 메달수를 기록하며 종합우승을 달성하였다. 돈 잔치는 올림픽이 끝난 이후에도 계속되어 메달 획득 선수들에 대한 막대한 포상이 이루어졌고, 모스크바 크렘린궁 앞 붉은 광장에서 메달리스트들에게 수여된 45대의 벤츠자동차에 이르러 러시아의 올림픽 쇼는 그 화려한 절정을 보여 주었다.

쇼는 끝났고, 러시아에게 남은 것은 '올림픽의 저주'를 피하기 위한 방안의 강구이다. 역대 최악의 재정적 실패의 사례로 꼽히는 1976년의 캐나다 몬트리올Montreal 올림픽의 경우 15억 달러에 달하는 부채를 상환하는데 30년이 걸렸다.[115] 소치의 부담 또한 만만치 않아서 크라스노다르 크라이Krasnodar Krai 주지사인 트카초프(Alexander Tkachev)는 새로 건설된 스포츠 시설들을 유지하는 데만 1년에 3억 5천만 달러가 필요하다고 주장하였다(Volkov 2014). 블룸버그Bloomberg 통신의 경우 한 발 더 나아가 소치가 올림픽 시설물들을 유지하는 데만 연간 17억~22억 달러가 필요할 것이라고 예측하였다.[116] 인구 40만의 조그만 도시 소치가 과연 이 금액을 부담할 수 있을 것인가? 소치를 더욱 불안하게 하는 것은 올림픽이 끝나는 순간 소치에 집중되어 있던 러시아 정권 핵심부의 관심도 함께 사라졌을지 모른다는 점이다. 앞으로 소치는 몬트리올만큼이나 긴 세월을 재정 적자와 싸워야 할 수도 있다.[117]

---

114 소치 올림픽에 사용된 비용이 역대의 모든 동계올림픽에 사용된 비용을 합친 것 보다 많다는 주장도 존재한다. 이에 관해서는 Aron 2014; Nemtsov and Martynyuk 2013을 참조할 것.

115 재정적 실패의 대표적 사례로 자주 인용되는 캐나다 몬트리올의 경우 최초 올림픽 경기 개최를 계획할 때 1억2천5백만 달러의 소요예산을 예상하였으나 최종적으로는 20억 달러를 사용했다. 결국 몬트리올은 15억 달러의 빚을 질 수 밖에 없었고 이 빚은 2006년 12월에야 다 갚을 수 있었다.

116 https://archive.org/details/BLOOMBERG_20140528_080000_The_Pulse 검색일: 2016년 4월 15일.

117 최소한 소치의 재정형편과 관련하여 이러한 우려는 어쩌면 너무 앞서 나간 것일지도 모른다. 소치 동계올림픽은 처음부터 끝까지 국가 주도하에 이루어졌기에 재정적자가 온전히 소치 지방 정부만의 부담으로 남을 가능성은 매우 적기 때문이다. 더불어 2014년 6월에 예정되어 있던 G8 정상회담을 비롯한 다양

화려한 축제의 이면에는 이 밖에도 다른 많은 우려 섞인 사건들이 감춰져 있었다. 특히 올림픽 개최 전부터 우려를 불러 일으켰던 북코카서스North Caucasus와 관련된 테러행위들,[118] 올림픽 기간 중 발생한 우크라이나의 폭력 사태와 대통령 도피, 소치의 올림픽 시설물 건설을 둘러싼 횡령과 부패의 소문들은 소치의 이면이 밝은 빛이 아님을 보여준다. 2013년 12월 발생한 볼고그라드Volgograd의 자살폭탄 테러 이후 소치는 10만 명에 달하는 군인들이 둘러싼 하나의 요새로 변모했으며, 러시아 보안당국은 모든 관람객들에게 특별여권을 발급했다. 이는 잠재적인 테러분자들뿐만 아니라 정치적 반대자들을 걸러내기 위한 조치였으며, 서방 신문들에 의하여 역사상 가장 폐쇄적인 올림픽이라는 평을 받게 만들었다. 올림픽 기간 내내 입가를 떠나지 않았던 푸틴의 미소는 올림픽의 종료와 함께 얼어붙은 냉혹한 얼굴로 바뀌었다. 특히 올림픽이 끝난 후 더욱 심각하게 전개된 우크라이나 사태는 러시아와 서방 간의 대결 국면으로 진전됨으로써 러시아 경제를 비롯한 상황 전반에 부정적 영향을 끼쳤다.[119]

푸틴이 많은 돈을 쏟아 부으면서 보여주고자 했던 '강한 러시아'는 어쩌면 올림픽이 끝나는 순간 사라져 버린 것인지도 모른다. 그렇다면 러시아는 이러한 결과, 특히 경제적 부담을 예상하지 못한 것일까? 그 답은 '아니다'에 가깝다. 메가 스포츠 이벤트, 특히 올림픽의 개최와 관련하여 장밋빛 전망만을 쏟아내던 과거와 달리 오늘날 스포츠의 경제학에서는 메가 스포츠 이벤트가 그다지 경제적으로 이득이 되지 않음을 보여주는 많은 경험적 연구들이 존재한다(박보현 2008; 안영도 2002; 정희준 2008; Horne 2007; Siegfried and Zimbalist 2006; Szymanski 2002; Flyvbjerg 2006; Whitson and Horne 2006). 더군다나 소치에 사용된 돈의 규모를 생각한다면 애시 당초 소치에 투자한 만큼의 경제적 이익을 단기간에 뽑아낸다는 것은 거의 불가능에 가깝다. 아니 처음부터 아예 돈을 벌 생각이 없었다고 보는 것이 더 적절할 것이다. 그렇다면 이러한 것들이 충분히 예견 가능한 상태에서 러시아는, 아니 푸틴은 왜 그토록 많은 돈과 에너지를 쏟아 부었는가?

소치 올림픽의 개최는 경제적 이익의 추구보다는 정치적 목적 달성을 위해서였다는

활용 계획은 소치를 살리고자 하는 러시아 정부의 의지를 보여준다. 그러나 우크라이나 사태로 G8 정상회담이 취소됨으로써 소치에 대한 우려는 깊어지고 있다.

118 북코카서스 지역의 사정 및 테러 등에 관해서는 Petersson 2014, Orttung and Zhemukhov 2014 등을 참조할 것.

119 우크라이나 사태가 러시아 경제에 미치는 영향과 전망에 대해서는 민지영 2014를 참조할 것.

주장이 가능하다. 여기서 올림픽이 얼마나 빈번하게 정치적으로 사용되어 왔는지를 다시 지적하는 것은 새삼 진부할 뿐이다. 스포츠, 특히 올림픽의 정치적 사용에 관한 많은 기존의 연구들이 있고, 소치의 경우도 이와 같은 범주에서 크게 벗어나지 않는다.[120] 러시아에게 있어 올림픽의 개최는 1990년대 소연방의 해체 이후 겪어야만 했던 사회적 혼란과 경제적 격변을 극복하고 러시아가 다시 강대국으로 재건되었음을 세계에 과시할 수 있는 기회로서 받아들여졌기 때문이다. 이는 동시에 푸틴의 개인적 성취와 동일시되어짐으로써 그의 집권을 공고히 하는 효과를 갖는다.

소치 올림픽은 크게 두 가지 차원에서 분석될 수 있다. 첫째, (대내적으로는) 국내적 과시와 지대의 분배를 통한 대중과 엘리트의 지지 및 충성의 확보이며, 둘째, (대외적으로는) 국가 이미지 고양을 통한 소프트 파워의 증진이다.

2. 위대한 러시아와 올림픽

러시아의 국제관계는 현재 러시아를 위요한 국제정세 속에서 대내외적으로 위대한 러시아의 부활을 내세우는 동시에 대내적으로는 푸틴 권력의 공고함을 다지고자 하는 지배집단과 이에 대응하는 내부 집단의 상호작용이 표출된 결과라고 볼 수 있을 것이다.

러시아에 있어 이러한 상호작용은 어떠한 방식으로 표출되는가? 푸틴 시대 러시아의 키워드를 하나만 선택한다면 그것은 '강한 러시아' 혹은 '위대한 러시아' 라고 할 수 있다. 이것은 러시아 특유의 대국주의[121] 및 장대함의 과시와 맞물려 푸틴 정부 하에서의 유난히 많은 메가 이벤트 및 프로젝트들의 입안으로 연결되었다.

메가 이벤트란 "대규모의 (상업적 행사와 스포츠 행사를 포괄하는) 문화적 행사들로서 극적인 특성을 갖고 있고 대중에게 어필하며 국제적 중요성을 갖는 것"으로 정의되곤 한다(Roche 2000). 메가 프로젝트는 이와 같은 메가 이벤트에 견줄만한 사업 계획이라고 할 수 있을 것이다. 이와 같은 메가 이벤트 및 프로젝트는 주최 도시와 지역 혹은 국가에 매우 중대한 결과를 가져다주며 또한 광범한 매체에 의해 주목받고 취급된다(Horne and Manzenreiter 2006, 2).

---

120 올림픽의 정치적 이용에 관해서는 Hill 1992; Senn 1999; Grix 2013; 정기웅 2010; 정기웅 2012 등을 참조할 것.
121 러시아의 대국주의 및 정치적 신화와의 연관관계 등에 대해서는 Persson and Petersson 2014를 참조할 것.

메가 이벤트 혹은 프로젝트를 조직하고 개최하는 측에서는 대개 대중에 대하여 희망적인 이야기들과 긍정적 전망들을 제시한다. 예로서, 올림픽의 개최가 스포츠 참여를 증가시킬 것이며(Hughes 2012), 새로운 직업을 창출하고, 새로운 형태의 경제적 자극을 제공하며, 여행의 증가를 가져오고, 일자리를 창출한다와 같은 것들이다. 그러나 올림픽에 대한 기존의 연구들은 조직위가 올림픽의 이점을 과다하게 계상한다는 것을 보여주며(Flyvbjerg 2006; Whitson and Horne 2006), 대개의 경우 이러한 낙관적인 희망들이 항상 실현되었다 라기 보다는 오히려 그 반대의 경우가 더 많았던 것이 사실임을 알 수 있다(Owen 2005; Whitson and Horne 2006; Shaw 2008; Müller 2012). 망간(Mangan 2008, 1870) 같은 이는 "동계올림픽이 주된 경제 효과를 가져왔다는 어떠한 소중한 증거도 존재하지 않는다."라고 까지 언급한 바 있다.

러시아 권위주의적 정권 하에서의 집중화된 메가 이벤트 혹은 프로젝트는 정권의 정치 경제적 목표 달성에 매우 많은 도움을 주었다는 주장 또한 존재한다(Orttung and Zhemukhov 2014, 175). 크게 세 가지 측면에서 접근할 수 있다. 첫째, 메가 프로젝트는 러시아의 국제적 이미지를 향상시키고 그 최신의 성취를 외부로부터 인정받는 효과를 갖는다. 둘째, 메가 프로젝트는 이질적 지역과 도시 지역의 통합적 발전이 결여되고 있는 상황에서 예산 투입의 우선순위를 규정짓는 사실상의 정책을 제공할 수 있다. 셋째, 메가 프로젝트는 뚜렷한 이데올로기 부재로 특징지어지는 오늘날과 같은 시기에 대중들로 하여금 사회가 직면하고 있는 무거운 문제들로부터 벗어나게 함으로써, 또한 러시아의 현 정치경제 시스템의 안정성을 유지하는데 핵심적인 엘리트들에게 지대rent를 배분하는데 도움을 줌으로써 대중과 엘리트의 충성을 유지시키는데 도움을 준다.

이와 같은 맥락에서 평가한다면, 러시아에 있어 메가 이벤트 혹은 프로젝트는 적어도 집권층에게 있어서는 실失보다는 득得이 많은 것으로 받아들여지고 있음을 미루어 짐작할 수 있다. 이러한 배경 하에서 푸틴은 '러시아 10년 영광의 계획'을 수립하고 2007년 소치 올림픽 유치로부터 2018년 러시아 월드컵에 이르기까지의 10년을 메가 이벤트 및 프로젝트로 가득 채움으로써 '위대한 러시아'의 모습을 대내외에 과시할 기회로 삼고자 하고 있다.

일부 논자들은 러시아에 있어서의 메가 이벤트 및 프로젝트들에 대하여 매우 비판적인 입장을 취한다. 그들 주장의 요지는 "러시아의 메가 이벤트 및 프로젝트는 다른 연방 예산이 소요되는 프로젝트와 같은 논리 하에 작동된다. 예로서 국가 무기 조달 프로그램과 같은 것들 말이다(Bryce—Rogers 2013). 즉 그것들은 매우 많은 국가 기금의 사용을 요구하며, 이 모두를 관통하는 한 가지 공통된 사실이 있다면 그것은 이 모든 이벤트 및 프로젝트들이 관련자들에게 부패의 기회를 제공한다는 것이다(Hedlund 2014).”와 같은 것이다. 이와 같은 맥락에서 소치를 비판하는 논자들 중 일부는 소치의 엄청난 예산 낭비의 한 예로서 해변지대인 소치 올림픽 공원과 산악지대인 크라스나야 폴랴나Krasnaia Poliana를 연결하는 도로 건설에 사용된 비용을 예로 들곤 한다. 이 도로의 건설비용은 건설이 진행되는 동안 초기의 27억 달러에서 점점 증가하여 종국에는 78억 달러에 이르기까지 증가하였는데[122] 이는 미국 항공우주국NASA의 화성탐사로봇 계획에 소요되는 예산보다도 더 많은 액수이다. 러시아판 에스콰이어(Esquire)는 그 돈이라면 그 도로를 21.9cm 두께의 푸아그라foie gras로 덮을 수 있을 정도라고 언급하였다.[123] 이는 소치 올림픽 준비과정에 있어 예산집행이 얼마나 비효율적으로 이루어졌는지,[124] 그리고 그 보이지 않게 사라진 돈은 어디로 갔는지를 추측하게 만드는 단적인 예라고 하겠다(Arnold and Foxall 2014, 6).

동계올림픽, 소치, 그리고 경제적 효과

1. 러시아는 왜 올림픽을 택하였는가?

스포츠가 갖는 명징한 상징성으로 인하여, 국가는 스포츠 경기의 성적에 정치적 가치를 부여하게 되고, 이는 국민대중의 정서와 결합된다. 그 결과 국제 스포츠 경기에서 거둔 승리가 민족적인 우수성의 증거라고 생각하거나, 특정 국가의 사회 경제 체제

---

122 논자에 따라 약간씩 차이가 있으며 82억 달러라는 주장도 있음.

123 에스콰이어는 다양한 비교를 통해 도로건설에 사용된 비용의 막대함을 보여준다. 그 도로는 1.1cm 두께의 블랙 캐비어(Черная икра), 9cm 두께의 루이비통(Louis Vuitton) 핸드백, 4.7cm 두께의 모피코트, 6cm 두께의 송로버섯, 13.85cm 두께의 헤네시 코냑 등으로 뒤덮일 수 있다는 식으로 비교되었다. http://esquire.ru/sochi—road 검색일: 2016년 4월 15일.

124 러시아 회계청(Audit Chamber of Russia)은 국영기업들이 소치에서 5억 달러 이상의 돈을 잘못 사용했다고 지적하였으며, 러시아 정부에 대한 비판자들은 유용된 기금이 300억 달러를 넘어선다고 주장한다 (Aron 2014, 3).

의 가치를 평가하는 척도로 이용되는 경향을 쉽게 발견할 수 있다.

스포츠는 또한 정권의 대내적 응집성 향상 혹은 정치적 조작을 위해 사용될 수도 있다. 특히 권위주의 국가의 경우 대중과 엘리트의 충성확보를 위해 빈번히 동원된다. 대중은 프로파간다propaganda와 상징을 통하여 국가의 성공을 자신의 성공과 동일시하게 되며, 엘리트는 이벤트의 진행과정을 통해 이루어지는 지대의 분배를 통해 정권에 대한 충성과 그 응집성을 공고히 한다. 선거를 통해 책임을 지거나 재정적 감시를 받아야 할 필요가 없는 권위주의적 분위기 속에서 추구되는 이와 같은 정치경제적 목적의 결합은 매우 광범한 비용 초과와 부패로의 길을 열어준다. 국내외에서 국가의 이미지를 고양시키겠다는 열망은 어마어마한 돈을 쓰는 것을 정당화시켜주기 때문이다. 이 과정에서 부패의 연결고리 속에 엘리트들에 대한 지대의 분배가 자연스럽게 이루어진다.

러시아의 경우에는 또한 메가 이벤트 혹은 프로젝트를 통해 공산주의의 붕괴로 말미암아 창출된 이데올로기적 공허를 채워주는 방식으로 러시아의 성취를 강조함으로써 (그 허약한 제도에도 불구하고) 기존의 체제를 유지하는데 도움을 주고 있다는 평가 또한 존재한다(Orttung and Zhemukhov 2014, 176). 이러한 관점에서 접근했을 때 올림픽은 체제 유지의 매우 훌륭한 도구요, 수단으로 작동한다.

소치는 또한 올림픽 유치가 권력의 헤게모니 강화를 통한 정치권력의 재생산을 위해 이용되고 있다는 주장을 가능케 한다. 이러한 주장은 "스포츠 메가 이벤트 유치 도전에 나서는 주체세력은 스포츠 메가 이벤트의 장점을 부각시킴으로써 대중들의 지지를 얻고자 하지만, 이러한 지지의 궁극적 목적은 스포츠 메가 이벤트의 유치가 아닌 정치권력의 헤게모니 강화와 재생산이라는 정치적 측면에 있다."는 인식에 근거한다. 소치에서 열광적으로 표출되었던 "로씨야"의 외침이 푸틴 대통령에게는 "푸틴"이라는 연호로 들렸을지도 모른다. 이는 강한 러시아를 원했던 푸틴, 그리고 러시아 국민들의 구미에 맞는 일이었다.

2. 러시아는 왜 소치를 택하였는가?

정치적이고 경제적인 문제, 보안의 문제, 환경과 기후의 문제 등을 이유로 소치에서 올림픽이 개최되는 것에 대한 많은 비판이 이루어졌다(Peterson and Vamling 2013). 어떤 면에서 소치를 선택한 것은 '신중하게 계산된 위험a carefully calculated risk'이라고 할 수 있다(Petersson 2014, 31). 소치는 북 코카서스 공화국에 인접해 있고 1990년대 이래 내부적 소요가 빈번하게 발생해온 곳이다. 가장 불안한 이 지역에서 질서 있고 안전한 올림픽을 치러 낸다면, 이는 체제에 상징적 승리를 부여할 수 있을 것이며, 러시아가 국내를 안정시켰다는 것을 과시할 수 있게 할 것이라는 계산이 작용했음을 발견할 수 있다.

소치로 장소결정을 하는 데 있어 푸틴이 결정적 역할을 수행했다는 데 대해서는 이견의 여지가 없다. 무엇보다도 소치는 푸틴이 가장 좋아하는 스키 리조트이다(Meredova 2013). 소치로의 장소결정은 대중적 논의 없이 비밀리에 결정되었다. 푸틴이 러시아에 있어 이루어지는 모든 결정을 통제하는 것은 아니지만, 그는 이 문제에 대하여 특별한 관심을 가지고 있었다. 그 결정은 2007년 혹은 그 이전의 어떤 때에 이루어진 것으로 추측되는데, 그것은 아마도 러시아 군대가 북부 코카서스 지방의 반란을 진압할 수 있게 되고 급등하는 기름 값에 근거한 강력한 경제성장기를 기대할 수 있을 때였다고 추측된다. 하지만 그 상황은 2008년 코카서스 에미레이트The Caucasus Emirate가 테러리스트 전선에 등장하고, 조지아Georgia 공화국과의 5일 전쟁, 세계경제침체로 인한 러시아의 경제 전망에 있어서의 급속한 하락 등으로 극적인 변화를 맞이하게 된다. 새로운 테러리스트의 위협과 경제적 불안함의 발호 하에서, 소치에 게임을 유치하겠다는 결정은 이전보다 덜 논리적으로 보이게 되었다. 마지막으로 모든 경기시설과 인프라가 아무런 기반도 없는 상태에서 새롭게 건설되어야 한다는 것은 매우 극적인 상황이었다.

그러나 역설적으로 이와 같은 약점들이 소치의 올림픽 유치에 있어서는 강점으로 돌변하였다. 첫째, 아무런 인프라가 없다는 것은 최신의 인프라를 갖춘 새로운 시설을 도입할 수 있다는 뜻이다. IOC는 기반 시설이 없는 도시들을 좋아한다. 왜냐하면 기반 시설이 없다는 것은 그들이 새롭고도 최신인 설비를 구축해야만 한다는 것을 뜻하기 때문이다(Large 2012, 32). 더불어 새로운 시설을 도입한다는 것은 외부의 기술을 갖춘 업체들에게 사업의 기회를 제공한다. 수백억 단위의 공사가 창출되고 이를 외부에 오픈할 수 있다는 제안은 오히려 소치를 매력적인 개최도시로 만들었다. 두 번째, 소치가 갖는 정치적 약점의 극복을 통해 푸틴은 완전한 러시아를 만들고자 하였다. 일부 분리주의자들과 러시아 전통주의자들이 주장하는 남부러시아의 배제가 아닌, 적극적 투자를 통한 연방에의 흡수를 통해 하나의 정상국가로서의 러시아, 온전한 러시아를 만들고자 했던 것이다(Persson and Petersson 2014). 그 결과의 성공여부를 떠나 이와 같은 역발상적 접근은 소치를 훌륭한 올림픽 개최지로서 비춰지게 만들었다.[125]

물론 소치가 갖는 장점도 결코 무시할 수 없다. 소치는 흑해 연안의 휴양지로서 사계절 온화한 기후로 소연방 시절부터 러시아에 이르기까지 최고의 휴양지로 꼽혀왔다. 소치는 진흙화산과 만년설 등 사계절의 특성을 동시에 갖고 있는 천혜의 지역이며, 1989년부터 매년 6월 '키노타브르 Кинотавр'로 불리는 소치 영화제를 개최해 왔다. 기후는 아열대에 속하고 1월도 평균기온이 3.7도로 따뜻하지만, 코카서스 산맥에는 눈이 내린다. 이런 특성 때문에 동계올림픽 기간 스케이트 종목은 흑해에 인접한 소치 시내의 경기장에서, 스키 종목은 크라스나야 폴랴나 스키장에서 펼쳐진다. 크라스나야 폴랴나는 해발 600m 지점에 위치한 드넓은 고원지대다. 러시아는 이 두 지역을 연결하기 위해 기차노선을 신설했다.[126]

3. 소치 올림픽은 성공적이었는가?

소치 올림픽의 성공여부를 따지기 위해서는 먼저 성공과 실패의 기준이 뚜렷이 제시되어야 한다. 경제적으로 성공했으나 정치적으로 실패한 경우도 있을 것이고, 정치적으로 성공했으나 경제적으로 실패한 경우도 있을 것이다. 또 둘 다 절반의 성공으로 남은 경우도 있을 것이고, 그 반대의 경우도 가능할 것이다. 더불어 같은 결과라고 할지라도 그것을 받아들이는 입장에 따라 그 해석이 달라질 수도 있을 것이다. 그렇다면 성공이냐 실패냐를 말하기 위해서는 무엇보다도 어디에 초점을 두고 성공과 실패의 기준을 정할 것인지가 논의되어야 한다.

본서에서는 러시아로 하여금 올림픽 유치를 결정짓게 했던 두 가지 요소의 측면에서 성공과 실패를 판단한다. 첫째, (대내적으로는) 국내적 과시와 지대의 분배를 통한 대중과 엘리트의 지지 및 충성의 확보이며, 둘째, (대외적으로는) 국가 이미지 고양을 통한 소프트 파워의 증진이다. 추가적으로, 소치 동계올림픽의 개최 목적이 경제적 이익 확

---

125 사실 소치에 대한 평가에 있어 서방언론의 태도는 일관되게 비판적이었다고 할 수 있다. 그러나 러시아와 IOC의 입장에서 이와 같은 비판적 태도는 납득하기 어려운 것이었을 수도 있다.

126 이 신설된 기차노선에 대한 논의는 앞의 각주 125를 참조할 것.

보와는 거리가 있다고 할지라도 그것이 러시아 경제에 어떠한 영향을 미쳤는지 간략히 언급할 것이다.

(1) 국내적 과시와 지지 및 충성의 확보

국내적 과시를 통해 얼마만큼의 지지와 충성을 확보할 수 있었는가는 러시아 시민들의 푸틴에 대한 지지율이 어떻게 변했는가를 살펴봄으로써 확인할 수 있다. 아래의 <그림 9-2>는 2008년 이후의 푸틴에 대한 지지율 변화를 보여준다. "다음 주 일요일에 러시아 대선이 있고 당신이 후보자를 선택한다면 누구를 선택할 것인지 말해주세요."라는 질문에 푸틴을 선택한 사람들의 비율이다. 그림을 보았을 때 2012년과 2013년 과반 이하였던 푸틴에 대한 지지율이 2014년 올림픽 폐막 직후인 3월을 기점으로 과반을 넘어서고 있는 것을 볼 수 있다. 이와 같은 지지율 변화에는 올림픽을 제외한 다른 요소, 특히 우크라이나 사태에 대한 푸틴의 강경대응 등도 영향을 미쳤을 수 있지만, 한 가지 확실한 것은 올림픽이 푸틴의 지지율이 상승하는데 어떠한 형태로든 영향을 미쳤을 것이라는 점이다.

그림 9-2 러시아 시민들의 푸틴에 대한 지지율 변화

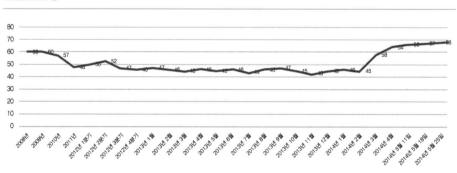

출처: Фонд Общественное Мнение, *Домцнанмы,* № 21 (2014.5.29.), ст. 3.

<그림 9-3>은 러시아 시민들의 푸틴에 대한 신뢰도의 변화를 보여준다. "최근 몇 년 동안 당신의 푸틴에 대한 신뢰도는 커졌는가, 줄어들었는가?" 라는 질문에 대한 응답자의 비율을 나타낸 것이다. <그림 9-3> 또한 <그림 9-2>와 비슷한 패턴을

보인다. 2013년 2월까지 푸틴에 대한 신뢰가 감소했다는 대답이 푸틴에 대한 신뢰가 증가했다는 대답보다 더 높은 비율을 보이다가 2014년 3월을 기준으로 역전되어 푸틴에 대한 신뢰가 증가했다고 응답한 사람의 비율이 급격히 늘어난 것을 볼 수 있다.

그림 9-3 〉 러시아 시민들의 푸틴에 대한 신뢰도 변화

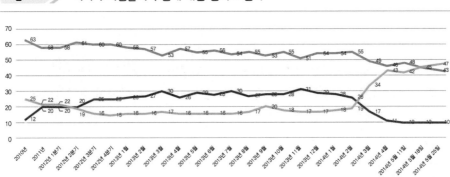

출처: Фонд Общественное Мнение, *Доминанты*, № 21 (2014.5.29.), ст. 4.

소치 올림픽이 푸틴에 대한 러시아 시민들의 지지 및 신뢰도를 높였다는 또 다른 근거로서 레바다 센터(Levada Center 2014)의 여론조사 결과를 들 수 있다. 올림픽 폐막 직전인 2월 21일부터 25일까지 실시된 여론조사에서 러시아 시민들의 90% 이상이 티비로 올림픽 경기를 시청했다고 응답했으며,[127] 77%는 소치 올림픽이 성공적이었다고 평가했다. 81%의 시민들이 애국심이 증가했다고 응답했으며, 자긍심과 국가에 대한 신뢰가 높아졌다고 응답한 시민들은 71%에 달하였다.[128] 이 여론조사에서 푸틴이라는 이름이 직접적으로 사용된 것은 아니지만, 설문항목이 의미하는 바를 감안할 때 이와 같은 긍정적 답변은 러시아 시민들의 푸틴에 대한 지지와 신뢰를 보여주고 있다고 해석할 수 있을 것이다.

물론 소치 동계올림픽 직후 전개된 우크라이나 사태가 미친 강력한 영향을 무시할 수는 없다. 공교롭게도 올림픽 폐막과 우크라이나 사태의 진전이 시차를 두지 않고 이루어짐으로써 올림픽이 미친 영향만을 온전히 잡아내는 것은 어려운 일이 되었다. 이

---

127 소치 동계올림픽 개최 기간은 2014년 2월 7일부터 23일까지임(현지시각 기준).
128 http://www.levada.ru/03-03-2014/itogi-olimpiiskikh-igr-v-sochi 검색일: 2016년 4월 15일.

와 같이 다른 많은 복합적 요인들이 존재하는 가운데 너무 단순하게 파악하는 것일 수도 있지만, 최소한 위에 제시한 근거들을 놓고 보았을 때는 올림픽이 푸틴에 대한 지지도와 신뢰도에 긍정적 영향을 미쳤음을 확인할 수 있으며, 이는 올림픽을 통해 국민적 일체감을 조성하고 자신에 대한 지지를 높이려고 했던 푸틴의 의도가 성공적이었음을 보여준다.

다른 한편으로 지대의 배분을 통한 엘리트의 충성확보에 있어 얼마나 성공적이었는가를 보여주는 직접적 증거는 찾기 힘들다. 그러나 푸틴이 엘리트의 충성확보를 매우 중시하고 있으며, 그것이 비교적 성공적이었음을 보여주는 하나의 사례로서 비밀리에 크렘린궁에서 거행된 훈장수여식을 들 수 있을 것이다. 러시아에서 비교적 독립적 보도행태를 유지하고 있다고 평가되는 베도모스티Vedomosti의 보도에 따르면, 푸틴은 올림픽을 개최함에 있어 핵심적 역할을 수행한 인사들에게 3월 말 대중에게 공개하지 않고 비밀리에 훈장을 수여하였다(Tovkailo, Terenteva, Nikolskiy 2014). 이때 훈장을 받은 이들은 인테로스Interros의 소유주 포타닌(Vladimir Potanin), 스베르방크Sberbank 행장 그레프(German Gref), 가즈프롬Gazprom 의장 밀러(Alexei Miller), 러시아철도 사장 야쿠닌(Vladimir Yakunin), 레노바Renova 회장 벡셀베르크(Viktor Vekselberg) 등이다. 이들이 대표로 있는 회사들은 올림픽 인프라를 건설하는데 있어 핵심적 역할을 수행하였지만, 그 자금은 궁극적으로는 국가예산에서 빠져 나갔다(Orttung 2014, 8). 그리고 이들에 의해 집행된 예산이 얼마나 방만하게 사용되었는지는 이미 앞에서 지적한 바 있으며, 사라진 예산이 어디로 갔을 것인가는 쉽게 미루어 짐작할 수 있을 것이다.

(2) 소프트 파워: 강한 러시아와 국가 이미지

소치 올림픽 개최 목적 중의 하나는 러시아의 대외 이미지를 향상시키겠다는 것이었다. 그러나 아래의 <표 9-3>과 <표 9-4>에서 확인할 수 있듯이 올림픽이 결정되고 난 이후에도 러시아의 이미지에 특별한 변화가 보였다고 보기는 힘들다. 아니 오히려 G7 국가의 경우 러시아에 대한 이미지가 지속적으로 하락하고 있는 것을 발견할 수 있다.[129] 특히 2014년 우크라이나 사태 발발 이후의 러시아 이미지는 급속히 하

---

129 소치 동계올림픽 개막 1년전인 2013년 세계경제포럼(World Economic Forum)이 작성한 보고서는 러시아가 볼리비아, 베네수엘라에 이어 여행자들에게 가장 불친절한 도시 세계 3위에 올랐다고 언급하였다

락해서 올림픽이 러시아의 대외 이미지에 어떠한 긍정적 영향을 끼쳤든 그것을 모두 상쇄하고도 남을 만큼의 부정적 이미지를 증가시켰음을 알 수 있다(Orttung 2014, 7). 2013년의 경우와 비교해 보았을 때 조사대상 38개 국가 중에서 호감도가 증가한 국가는 6개 국가에 불과하며 나머지 국가들은 호감도가 제자리이거나 감소한 것을 확인할 수 있다.

물론 우크라이나 사태가 없었을 경우의 이미지 변화를 확인할 수 있다면 더욱 좋겠지만, 현실적으로 그 데이터를 얻을 수 없는 상황에서, 올림픽 직후 갤럽Gallup이 미국에서 실시한 설문조사를 통해 유추해 볼 수 있을 것 같다. 갤럽의 미국인들의 러시아에 대한 호감도 조사는 "위대함을 보여주는 것은 러시아의 몫이지만 그것을 받아들이고 인정하는 것은 세계, 즉 나머지의 몫이다."는 것을 너무나도 명확히 보여주고 있다. 갤럽 조사에서 러시아와 푸틴에 대한 미국인들의 비호감도는 지난 20년 동안 가장 높은 수치를 기록하고 있다(<표 9-4>, <그림 9-4>, <그림 9-5> 참조).

결국 이로 미루어 볼 때 (미국의 러시아에 대한 특별한 애증의 관계를 감안한다고 할지라도) 러시아의 올림픽 개최가 다른 국가들, 특히 서구 국가들에 대하여 이미지 향상에 있어 긍정적 영향을 끼쳤으리라고 보기는 힘들다고 평가할 수 있을 것이다.

표 9-3 ▶▶ 러시아에 대한 각국의 호감도 변화(% Favorable)

구분	2007	2009	2011	2012	2013	07-13 변화	2014	전년대비증감
U.S.	44	43	49	37	37	−7	19	−12
Canada	52	51	−	−	42	−10	−	−
Britain	47	45	50	38	38	−9	25	−13
France	35	43	53	36	36	+1	26	−10
Germany	34	42	47	33	32	−2	19	−13
Italy	37	−	−	23	31	−6	20	−11
Spain	35	36	46	36	38	+3	18	−20
Greece	−	−	−	61	63	−	61	−2
Poland	34	33	35	34	36	+2	12	−24
Czech Rep	41	−	−	37	41	0	−	−

(Blanke and Chiesa 2013).

Turkey	17	13	18	16	19	+2	16	−3
Egypt	46	48	35	31	30	−16	24	−6
Jordan	48	42	31	26	25	−23	22	−3
Lebanon	48	57	53	48	46	−2	45	−1
Palest. ter.	30	33	34	−	29	−1	41	+12
Tunisia	−	−	−	40	35	−	35	0
Israel	29	31	29	−	21	−8	30	+9
Australia	−	−	−	−	42	−	−	−
China	54	46	47	48	49	−5	66	+17
Indonesia	36	32	35	−	43	+7	38	−5
Japan	22	23	28	22	27	+5	23	−5
Malaysia	46	−	−	−	47	+1	34	−13
Pakistan	18	10	15	20	19	+1	11	−8
Philippines	−	−	−	−	35	−	46	+11
S. Korea	54	50	−	−	53	−1	43	−10
Argentina	19	23	−	−	26	+7	19	−7
Bolivia	−	−	−	−	22	−	−	−
Brazil	−	−	33	27	34	−	24	−10
Chile	47	−	−	−	39	−8	34	−5
El Salvador	−	−	−	−	27	−	23	−4
Mexico	38	29	23	25	28	−10	21	−7
Venezuela	−	−	−	−	40	−	36	−4
Ghana	55	−	−	−	49	−6	42	−7
Kenya	57	35	34	−	47	−10	49	+2
Nigeria	−	−	−	−	38	−	41	+3
Senegal	−	−	−	−	42	−	39	−3
S. Africa	−	−	−	−	26	−	25	−1
Uganda	32	−	−	−	28	−4	34	+10

출처: Simmons 2014. (Pew Research Center) 저자에 의하여 수정됨.

표 9-4 ▶▶ 러시아에 대한 미국인들의 견해(%)[130]

구분	매우 호감	전반적 호감	전반적 비호감	매우 비호감	의견 없음
2014 Feb 6–9	5	29	43	17	6
2013 Feb 7–10	7	37	36	14	7
2012 Feb 2–5	6	44	33	11	6
2011 Feb 2–5	5	46	32	10	7
2010 Feb 1–3	6	41	35	10	7
2009 Feb 9–12	4	36	38	15	7
2008 Feb 11–14	4	44	35	11	5
2007 Feb 1–4	6	47	32	9	6
2006 Feb 6–9	5	53	27	8	7
2005 Feb 7–10	6	55	27	6	6
2004 Feb 9–12	7	52	26	9	6
2003 Mar 14–15*	4	37	40	12	7
2003 Feb 3–6	6	57	20	6	11
2002 Feb 4–6	11	55	20	7	7
2001 Feb 1–4*	6	46	27	15	6
2000 Nov 13–15	5	35	39	14	7
2000 Mar 17–19	5	35	39	12	9
1999 Nov 4–7	4	34	44	14	4
1999 May 7–9	4	42	36	13	5
1999 Apr 13–14	3	30	45	14	8
1999 Feb 8–9	6	38	34	10	12
1997 Nov 21–23	7	49	29	7	8
1996 Mar 8–10	6	46	29	10	9
1995 Apr 21–24	5	44	32	12	7

---

130 설문항: 다음으로 몇몇 다른 국가들에 대한 전반적 견해를 묻고자 합니다. 러시아에 대한 당신의 전반적인 견해는 어떤 것인가요? 매우 호감, 전반적으로 호감, 전반적으로 비호감, 매우 비호감 중 하나를 택해 주세요(Next, I'd like your overall opinion of some foreign countries. What is your overall opinion of Russia? Is it very favorable, mostly favorable, mostly unfavorable, or very unfavorable?). / * 표본 수 절반 / ** 1989－1992까지는 설문 시 Russia 대신 Soviet Union을 사용하였음.

1994 Feb 26–28	8	48	28	11	5
1992 Feb 6–9**	12	45	20	13	10
1991 Nov 21–24**	7	45	24	12	12
1991 Aug 23–25**	9	51	22	9	9
1991 Aug 8–11**	11	55	19	6	9
1991 Mar 14–17**	6	44	32	10	8
1991 Jan 30–Feb 2**	8	49	26	9	8
1990 Sep 10–11**	7	51	23	9	10
1990 May 17–20**	7	48	24	8	13
1990 Aug 10–13**	8	43	27	13	9
1989 Feb 28–Mar 2**	7	55	20	9	9

출처: http://www.gallup.com/poll/1642/russia.aspx 검색일: 2016년 4월 15일.

그림 9-4 〉〉 러시아에 대한 미국인들의 견해[131]

설문항: 러시아에 대한 당신의 전반적 견해는?

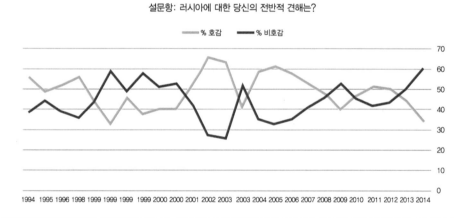

출처: http://www.gallup.com/poll/167402/americans-views-russia-putin-worst-years.aspx
검색일: 2018년 3월 30일.

---

131 〈그림 9-4〉는 〈표 9-4〉의 내용을 바탕으로 구성되었음. 연도가 중복되는 것은 같은 해에 여러 번
의 설문조사가 실시되었기 때문임.

그림 9-5 푸틴에 대한 미국인들의 시각

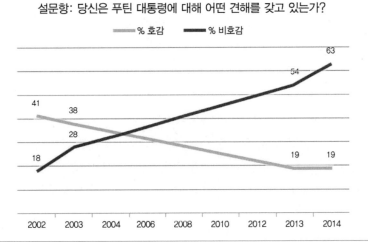

설문항: 당신은 푸틴 대통령에 대해 어떤 견해를 갖고 있는가?

출처: http://www.gallup.com/poll/167402/americans-views-russia-putin-worst-years.aspx
검색일: 2018년 3월 30일.

(3) 소치 올림픽에 대한 평가

이러한 맥락에서 평가했을 때 소치 올림픽은 러시아 지배 엘리트와 정권의 유지에 긍정적 역할을 했다고 볼 수 있다. 그러나 그것이 반드시 소기의 목적을 달성했다고 볼 수 있는 것만도 아니다. 세 가지 측면에서 그러하다.

첫째, 세계적인 메가 이벤트의 개최는 지배집단의 입장에서 긍정적 측면과 부정적 측면을 동시에 갖는다. 메가 이벤트 개최를 하나의 수단으로서 사용하고자 하는 것이 지배집단의 의도이지만, 일단 국제 사회와의 약속을 거쳐 메가 이벤트를 개최하기로 결정될 경우 이는 지배집단을 구속하는 하나의 족쇄로서 작용할 수도 있다. 메가 이벤트는 단지 국가에 의한 도구로 사용되는 것 그 이상인 것이다. 메가 이벤트의 속성은 국가로 하여금 자신의 주권을 일정부분 양도하게 하고 국제적 스탠다드, 특히 소위 웨스턴 스탠다드Western Standard를 어쩔 수 없이 받아들이게 한다. 따라서 푸틴의 올림픽도 그의 의도대로 모든 것들이 움직였다고 보기는 힘들다(Gronskaya and Makarychev 2014, 43). 1988년 서울의 경험에서 볼 수 있듯이, 세계가 주목하는 메가 이벤트의 개최는 개최국으로 하여금 주변의 시선에 많은 신경을 쓰게 하는 것이다.[132] 물론 그러한 주변의 시선을 무시하고 나만의 독자적인 길을 고집할 수도 있겠지만, 어느 정도까지는 외부의 시선의 영향을 받는 다는 것을 부인할 수 없다.[133]

둘째, 경제적 부담의 측면에서이다. 러시아의 경우 올림픽 개최 당시에는 천연자원 가격의 상승으로 유리한 국가재정을 이끌어 나갈 수 있으며, 소치의 부담 정도는 아무렇지도 않은 수준이었다. 그러나 천연자원 가격이 하락한 현재의 상황은 러시아로 하여금 매우 심각한 상황에 처하게 하였다. 러시아의 국가 재정은 흔들리고 있으며, 앞으로 예정되어 있는 많은 사업들과 지금까지 행해온 사업들을 감안했을 때, 그리고 러시아 경제의 현 상태를 감안했을 때, 과연 국가가 언제까지 이러한 일방적 퍼주기 혹은 지대의 배분을 통해 살아나갈 수 있을 것인가에 대해 회의적이 될 수밖에 없다. 어디선가 하나의 움직임이 어긋나는 경우 지금까지의 선순환 구조가 일시에 정지하고 파국으로 치닫는 상황이 발생할 수 있다.

경제적 측면에서 감안해야 할 또 다른 하나는 메가 이벤트 개최를 통한 지대의 분배가 모두를 만족시키지는 않는다는 것이다. 지대의 분배를 통해 엘리트의 충성심을 확보할 수 있는 것은 사실이지만, 이는 동시에 그 분배과정에서 소외된 집단의 강한 반발을 이끌어 낼 수밖에 없다. 2013년 2월 러시아의 블로거인 비취코프(Yegor Bychkov 2013)는 올림픽에 쓰일 예정인 450억 달러의 돈이 러시아 내부의 스포츠 진작을 위해 더 나은 방식으로 쓰일 수 있다고 계산을 통해 주장함으로써 러시아의 블로그계를 뜨겁게 달구었다. 그는 그 돈이면 러시아의 모든 도시에 수영장과 아이스링크와 축구 경기장과 헬스 센터를 지을 수 있다고 계산하였다. 이러한 건설과 동시에 또한 아이스 스케이트와 롤러스케이트, 축구공, 배구공, 야구공을 사서 5세에서 25세 사이의 주민 모두에게 나누어 줄 수 있다고 주장하였다. 또한 푸틴의 비판자들인 넴초프(Boris Nemtsov)와 마르티뉴크(Leonid Martynyuk)가 저술하고 배포한 2013년 5월의 보고서는 "세계적인 가격 상승에 따라 소치 올림픽은 240억 달러를 치러야만 하며, 이는 푸틴대통령이 발표했던 120억 달러의 두 배가 되는 돈이다. 나머지(260억 달러)는 횡령과 뇌물이다."라고 밝히고 있다(Nemtsov and Martynyuk 2013). 2013년 6월 레바다 센터Levada Center

---

132 서울 올림픽 개최가 제5공화국의 지배집단에 미친 영향과 상관관계에 대해서는 정기웅 2010을 참조할 것.
133 그러나 그럼에도 불구하고 러시아의 경우 올림픽 정신에 충실하기 보다는 국가이익에 더욱 충실할 것이라는 주장 또한 존재한다. 이와 같은 논의에 대해서는 Alekseyeva 2014를 참조할 것.

가 실시한 여론조사는 러시아 시민의 65%가 올림픽을 위해 사용되는 돈이 효율적으로 사용되고 있지 않거나 그저 도둑질 당하고 있다고 믿는다는 것을 보여주고 있다 (Levada Center 2013).

셋째, 피로감의 확산이다. 국제행사의 잦은 반복과 규모의 확대는 국민으로 하여금 기시감과 피로감을 느끼게 한다. 한 두 차례의 이벤트가 아니라 매일 매일이 이벤트일 경우 그것은 축제의 즐거움보다는 축제가 끝난 후의 피로함을 더 크게 모든 국민에게 부여한다. 더군다나 그러한 축제의 준비와 진행을 위해 감당해야 할 부담이 늘어나면 늘어날수록 이러한 피로감은 심해질 것이다. 이와 같은 피로감의 확산은 지도자에 대한 피로감과 직결된다. 1999년 푸틴이 대통령 권한대행에 오르고 2000년 러시아 대통령에 당선된 이래 최고 권력자의 자리를 유지한지 벌써 15년의 세월이 흘렀다. 막 대통령에 당선됐을 시 40대였던 나이는 이제 60대에 접어들었다. 40대였던 푸틴의 이미지는 젊고 역동적이며 활기찬young, dynamic and vibrant 지도자의 모습이었을지 모르지만, 지금은 곳곳에서 침체된 푸티니즘stagnant Putinism, 활기를 잃은 지루한 대통령이라는 불평이 터져 나오고 있다(Judah 2013). 이는 푸틴의 인기와 장악력 또한 어느 한 순간 물거품처럼 사라질 수 있음을 뜻하며, 러시아 경기의 지속적 침체는 푸틴 지배에 부정적으로 작용할 가능성이 훨씬 큰 까닭에, 그 퇴장의 시기는 매우 빠른 시일 내에 이루어질 수도 있다.

푸틴은 이러한 매너리즘과 피로감을 극복하고 새로운 역동성을 확보하기 위해 메가 이벤트와 프로젝트를 유치하고 계획했을 수도 있다. 그리고 그와 같은 메가 이벤트와 프로젝트의 성공을 자신의 성공과 동일시하고 싶었는지도 모른다. 소치 동계올림픽에서 그 시도는 성공하였다. 적어도 러시아 입장에서는 성공적이었던 소치 동계올림픽의 폐막 직후 최소한 러시아 내부에서는 푸틴에 대한 지지율과 신뢰도가 급속히 상승하였고, 그의 권력은 더욱 공고화 된 듯이 보인다. 그러나 이와 같은 승승장구가 언제까지나 계속될 것이라고 보는 것은 지나친 낙관이다. 더군다나 지금과 같이 러시아 외부에 있어 일부를 제외한 모두가 온통 러시아에 비우호적인 경우에는 더욱 그러하다. 내부의 통제에 조금이라도 실패하는 순간, 혹은 내부의 지지가 사그라지기 시작하는 순간, 막강한 외압은 푸틴과 러시아로 하여금 또 다른 어려운 선택의 기로에 자리하게 할 것이다.

다음으로 러시아의 국가 이미지 상승이라는 측면에서 평가했을 때 이는 그다지 성공적이지 못했다고 볼 수 있다. 혹여 어떤 긍정적 효과가 있었다고 할지라도, 올림픽 폐막 직후 이어진 우크라이나 사태로 인하여 러시아의 이미지는 (특히 서구에서) 극도로 악화되었다. 하지만 다른 한편으로 외부의 압력에 연연하지 않는 강인한 국가지도자의 면모를 과시함으로써 이와 같은 위기가 푸틴에게는 러시아 내부에 대한 통제력을 공고히 하는 기회로서 작용했다고도 할 수 있다. 즉 러시아의 동계올림픽 개최 목적의 비중을 어느 쪽에 더 부여하느냐에 따라 성공과 실패에 대한 판단 또한 달라질 수밖에 없을 것이다. 대내적 목적이 더 우선시된다면 충분히 성공적이었다고 자평할 수 있을 것이고, 대외적 목적이 더 우선시된다면 온전히 성공적이었다고 주장하기에는 많은 약점이 존재한다. <그림 9-6>은 이러한 평가를 간략히 도식화한 것이다.

그림 9-6 〉〉 소치 올림픽과 러시아의 국가목표 달성

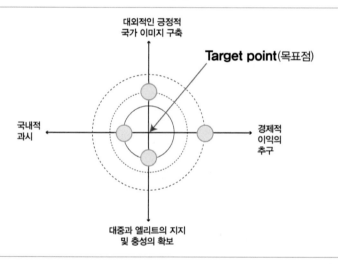

출처: 저자 작성.

소결 및 함의

본서에서는 베이징 올림픽과 소치 동계올림픽을 고찰하였다. 둘 모두 완벽한 성공이라고 평가하기에는 어딘가 미진한 점이 남는다. 그렇다고 완전한 실패라고 평가하는 것 또한 무리이기는 하다. '절반의 성공과 절반의 실패?' 아니면 '많은 성공과 약간의 상처?' 어떠한 표현이 베이징과 소치를 적절히 담아낼 수 있을 것인가?

1. 매력과 상대성의 문제

베이징과 소치의 사례는 소프트 파워의 관계적 성격에 대해 다시 생각하게 한다.[134] 파워는 항상 관계의 맥락에 의존한다(Baldwin 1979). 이는 소프트 파워의 경우에도 똑같이 적용된다. 특히 소프트 파워는 타자가 보는 발신자의 이미지와 이념, 정책에 대한 평가로 얻거나 잃는 것이다. 따라서 소프트 파워는 관계적 성격을 갖게 되며, 정체성과 깊은 연관이 있다. 자기 정체성은 타자와의 끊임없는 간주관적 소통과 관계 구조의 결과이며, 자기 스스로 규정하는 정체성과 타자가 규정해주는 정체성이 일치할 때 소프트 파워는 발휘될 수 있다. 그러나 정체성의 정치는 본질적으로 자기중심적이어서 타자의 시각을 진실로 받아들이기 보다는 자기가 구성한 현실, 즉 자기의 이해관계가 걸리는 현실을 진실로 삼아 발신하려는 경향이 일반적이다. 자기가 보기에 매력적인 것이 남에게도 매력적일 것이란 전제가 그것이다(손열 2009, 135). 이러한 관계적 성격을 무시할 때 국가들은 쉽게 일방적 발신의 함정에 빠진다.

경쟁에서의 승리가 국가의 매력을 높일 수는 있지만 어떤 것이 매력적인가는 그것을 느끼는 상대방에 따라 달라질 것이다. 어떤 국가에게는 메가 스포츠 이벤트에서의 메달 획득이나 우승이 매력적이고 존경스럽게 보일 수도 있겠지만, 또 다른 국가에게는 국가 중심의 엘리트 스포츠 육성이나 민족주의적 성향의 노정이 두렵고 무서운 것으로 비쳐질 수도 있을 것이다. 우수하고 강한 민족이라는 발신자의 매력의 투사가 수신자에게는 전체주의적이고 집단주의적이며 침략적인 민족의 비우호적인 모습으로 받아들여질 가능성이 얼마든지 존재한다. 설문조사 결과가 보여주는 러시아에 대한

---

134 소프트 파워의 관계적 성격에 대한 논의는 손열 2009; Nye 김원석 옮김 2008 등을 참조할 것.

호감도의 저하는 소치 올림픽이 그 기대했던 바와 같은 '위대한 러시아'의 과시 여부 달성과는 상관없이 '매력적인 러시아'라는 이미지를 투사하는 데는 실패하였음을 보여준다.

2. 경쟁과 승리의 역설

메가 스포츠 이벤트는 본질적으로 경기의 장이다. 경기의 장에서는 항상 승자와 패자가 나뉘게 된다. 그런데 경기장에서의 성공이 항상 타자로 하여금 호의적 반응만을 불러일으킨다고 볼 수 있을까? 오히려 어떤 면에 있어 일방적 성공은 부정적 반응을 가져오지 않을까?

스포츠에서의 경쟁이 가져오는 역효과를 이해하기 위해서는 현대스포츠의 본질적인 특성이 승패를 가르는 경쟁이라는 점을 고려해야만 한다. 모두가 승리 또는 일등을 목표로 하는 스포츠에서 경쟁상대는 정복해야 할 대상으로 간주된다. 당연히 승리하지 못한 쪽, 정복당한 쪽에서는 불유쾌한 감정을 가질 수밖에 없다. 또한 스포츠는 반드시 상대를 필요로 한다. 경기에서의 상대는 이겨야 할 대상이지만, 경쟁상대가 없이는 경기가 성립되지 않기 때문에 상대방이 반드시 필요하다. 따라서 현대스포츠는 '우호적인 경쟁'을 표방한다.

이런 까닭에 이와 같은 경쟁이 일방적 방향으로 전개된다면 역효과가 발생할 수밖에 없다. 경쟁을 지속하기 위해서는 상대가 반드시 존재해야 함을 인식하고, 상대와의 관계에 있어 일방적 입장에 서는 것을 피해야만 한다. 미국과 중국의 핑퐁외교는 미국이 중국에 선수단을 파견할 때는 탁구 선수단을 파견했고, 중국이 미국에 선수단을 파견할 때는 농구 선수단을 파견함으로써, 경기에서의 승패가 양국의 위신에 전혀 영향을 미치지 않는다는 전제가 있었기에 20여 년이나 막혀 있던 교류의 징검다리를 놓을 수 있었던 것이다(Kropke 1974; Nafziger 1978).

경쟁에서의 승리가 국가의 매력을 높일 수는 있지만 어떤 것이 매력적인가는 그것을 느끼는 상대방에 따라 달라질 것이다. 어떤 국가에게는 메가 스포츠 이벤트에서의 메달 획득이나 우승이 매력적이고 존경스럽게 보일 수도 있겠지만, 또 다른 국가에게는 국가 중심의 엘리트 스포츠 육성이나 민족주의적 성향의 노정이 두렵고 무서운 것으로 비쳐질 수도 있을 것이다. 우수하고 강한 민족이라는 나의 매력의 투사가 상대방에게는 전체주의적이고 집단주의적이며 침략적인 민족의 비우호적인 모습으로 받아들여질 가능성이 얼마든지 존재하는 것이다. 이와 같은 경쟁과 승리의 속성은 매력의 투사가 항상 대상과 관계를 세심하게 고려하여 상황에 따라 방법을 달리하여 이루어져야 한다는 것을 시사하고 있다.

3. 평가 및 함의

두 가지 요소에 근거해 베이징과 소치의 성공과 실패를 평가해 보자. 첫 번째는 올림픽이 대중과 엘리트의 지지와 충성을 확보하는데 도움이 되었는가이며, 다른 하나는 국가 이미지를 고양시킴으로써 소프트 파워를 증진시키는데 긍정적 역할을 하였는가이다. 결론적으로 베이징과 소치의 경우 '절반의 성공과 절반의 실패'라고 평가할 수 있을 것이다.

먼저 지지와 충성의 확보라는 관점에서 평가해보자. 메가 이벤트 및 프로젝트들은 현존하는 정권을 유지하는 강력한 정치적 역할을 하였다. 대중과 지배연합에 있어 엘리트들의 충성심을 보존함으로써 말이다. "이데올로기적 공허"(Popescu 2006)의 시대에 메가 이벤트를 개최한다는 것은 매체를 더 거대한 아이디어에 대한 논의로 가득 채움으로써 공산주의 혹은 민주주의 이데올로기를 대신할 수 있게 한다. 마찬가지로 유흥과 일단의 발전적 목표를 제공함으로써 메가 이벤트는 크라스테프(Ivan Krastev 2011)가 소위 '좀비 권위주의zombie authoritarianism'라고 명명한 상태로 접어들게 된다. 이 속에서는 사람들이 설혹 그 상태에 대해 반드시 만족하지 않더라도 현상을 수동적으로 받아들인다. 올림픽을 비롯한 메가 이벤트들은 주최국의 국민들에게 자국에 대한 자긍심을 갖게 하며, 그 확장선상에서 그들의 지도자들에 대한 자긍심을 갖게 한다. 게임을 위한 준비는 광범한 강압적 만족감을 만들어낸다. 티비는 국내의 대중들, 즉 시청자들에게 자신들의 국가가 발전하고 있으며 정권의 반대자들에 의해 옹호되는 정치적 저항과 같은 것들에 연계될 이유가 없다는 것을 확신시키는데 도움을 줄 수 있게 된다(Spa, Rivenburgh, and Larson 1995, 231). 국가가 획득한 많은 메달들과 메달리스트들에 대한 포상, 그리고 타국과의 비교는 국민으로 하여금 '우리는 1등 국민, 우리 국가는 1등 국가'라는 자긍심을 갖게 하는데 확실히 도움이 되며, 이는 지도자와 지배층에 대한 긍정적 수용으로 연결된다.

베이징과 소치는 양 국가의 역사에 있어 성공과 실패로 나아가는 매우 중대한 변곡점으로 기록될 가능성이 높다. 여기서 성공의 길로 나아가느냐, 아니면 실패의 길로 나아가느냐는 지도자 개인, 정치적 지배집단, 국민, 그리고 세계시민과 국제 사회와의 역동적 상호작용 속에 결정될 것이다.

참 고 문 헌

강정인 · 안외순. 2000. "서구중심주의와 중화주의의 비교 연구."『국제정치논총』40 − 3.

김계동 · 민병오 · 윤미경 · 차재권 옮김. 2014. Michael T. Snarr and D. Neil Snarr.『세계화와 글로벌 이슈』. 서울: 명인문화사.

김방출 · 권순용. 2007. "스포츠 민족주의 재인식: 전지구화, 스포츠, 기업 민족주의."『체육과학연구』18 − 1.

김영명. 2002. "세계화와 민족주의: 약소국 시각 정립의 방법."『한국정치학회보』36 − 2.

류준상. 1999. "올림픽과 정치와의 관계."『한국레저스포츠학회지』3.

류준상. 2000. "올림픽과 민족주의에 대한 연구."『한국레저스포츠학회지』4.

마이클 페인. 2006.『올림픽 인사이드』. 서울: 베리타스북스.

민지영. 2014. "우크라이나 위기가 러시아 경제에 미치는 영향과 전망."『KIEP 지역경제포커스』8−8.

박호성. 2003. "국제 스포츠 활동과 사회통합의 상관성, 가능성과 한계."『국제정치논총』42 − 2.

박홍규 · 정홍익 · 임현진 공편. 1992.『스포츠 사회학』. 서울: 나남.

방중영 · 허종국. 1998. "족군 · 종족 · 민족 · 그리고 중화민족."『한국과 국제정치』14 − 1.

손열. 2009. "소프트 파워와 정책 담론: 경합하는 일본의 정체성." 김상배 엮음.『소프트 파워와 21세기 권력: 네트워크 권력론의 모색』. 서울: 한울아카데미.

신성곤. 2004.『중국사』. 서울: 서해문집.

안민석 · 정홍익 · 임현진 편저. 2002.『새로운 스포츠 사회학』. 서울: 백산서당.

양순창. 2003. "스포츠의 정치적 상징성과 상징조작 기제에 관한 연구."『국제정치논총』43 − 3.

양순창. 2007. "중국 스포츠 외교의 전개과정과 특징에 관한 연구."『대한정치학회보』14 − 3.

우철구 · 박건영 편. 2004.『현대 국제관계이론과 한국』. 서울: 사회평론.

윤혜준. 1999. "스포츠와 대중민족주의."『계간사회비평』20.

이강우 · 김석기. 2006. "메가 스포츠 이벤트의 정치경제학."『한국체육철학회지』14 − 2.

이대희. 2002. "세계화와 민족주의의 공존: 스포츠의 세계화를 통한 민족주의."『21세기 정치학회보』12 − 2.

이문기. 2008. "베이징 올림픽 이후 중국 국내정치의 과제와 전망." 평화재단 제23차 전문가포럼 발표논문집.

이학래 · 김종희. 1999. "박정희 정권의 정치이념과 스포츠 내셔널리즘."『한국체육학회지』38 − 1.

이학준. 2006. "올림픽과 국가주의: 다른 시선."『한국체육철학회지』14 − 4.

이희옥. 2008. "베이징 올림픽 이후 중국의 대외전략." 평화재단 제23차 전문가포럼 발표논문집.

임현진. 2002. "전 지구화, 한국 사회 및 스포츠."『계간사상』여름호.

정기웅, 2008. "스포츠를 통한 국가위신의 고양: 가능성과 한계."『글로벌정치연구』1-1.

정기웅. 2004. "세계화 시대 민족주의의 역설."『세계지역연구논총』22-1.

정기웅. 2010. "전두환 정부의 외교정책과 1988년 서울 올림픽." 함택영·남궁곤 편.『한국 외교정책: 역사와 쟁점』. 서울: 사회평론.

정기웅. 2012. "올림픽의 정치경제와 평창 동계올림픽."『한국시민윤리학회보』25-2.

정준영. 2003.『열광하는 스포츠 은폐된 이데올로기』. 서울: 책세상.

정희준. 2004. "민족주의와 스포츠: 남한근대사와 이들의 관계에 대한 성찰."『한국스포츠사회학회지』17-1.

정희준. 2008. "스포츠 메가 이벤트와 경제효과: 그 진실과 허구의 재구성."『한국스포츠사회학회지』21-1.

조문기. 2007. "2008년 베이징 올림픽 슬로건("One World One Dream")의 중화민족주의적 성격에 관한 연구."『한국사회체육학회지』31.

조문기·백승세. 2007. "21세기 올림픽의 미래지향적 전환."『한국사회체육학회지』31.

조성렬. 2008. "베이징 올림픽 이후 중국의 진로: '하나의 세계,' 조화인가, 패권인가." 평화재단 제23차 전문가포럼 발표논문집.

Allison, Lincoln. ed. 2005. *The Global Politics of Sport: The Role of Global Institutions in Sport*. London: Routledge.

Anderson, Benedict. 윤형숙 역. 2002.『상상의 공동체, 민족주의의 기원과 전파에 대한 성찰』. 서울: 나남.

Andrews, David L. and Cole, C. L. 2002. "The Nation Reconsidered." *Journal of Sport & Social Issues*, 26-2.

Arnold, Richard and Andrew Foxall. 2014. "Lord of the (Five) Rings: Issues at the 2014 Sochi Winter Olympic Games." *Problems of Post−Communism*, 61-1.

Aron, Leon. 2014. "Russia's Precarious Olympics." *AEI Russian Outlook*. Winter.

Bairner, Alan. 2003. "Political Unionism and Sporting Nationalism: An Examination of the Relationship Between Sport and National Identity Within the Ulster Unionist Tradition." *Identities: Global Studies in Culture and Power*, 16.

Bairner, Alan. 2005. "Sport and the nation in the global era." in Lincoln Allison ed., *The Global Politics of Sport: The Role of Global Institutions in Sport*. London: Routledge.

Baldwin, David. 1979. "Power Analysis and World Politics: New Trends versus Old Tendencies." *World Politics*, 31-2.

Bale, John. and Sang, Joe. 1996. *Kenyan Running: Movement Culture, Geography and Global Change*. London: Frank Cass.

Blanke, Jennifer and Thea Chiesa. eds. *The Travel and Tourism Competitiveness Report*

2013. World Economic Forum.

Boniface, Pascal. 1998. "Football as a Factor (and a Reflection) of International Politics." *The International Spectator*, 23−4.

Bourg, Jean François. 1999. "Le sport à l'épreuve du marché." Géopolitique, 66.

Bowring, Bill. "The Five Extraordinary Features of the Sochi Winter Olympics." E−International Relations. http://www.e−ir.info/2014/01/24/the−five−extraordinary−features−of−the −sochi−winter−olympics/ 검색일: 2016년 4월 15일.

Bryce−Rogers, Athena. 2013. "Russian Military Reform in the Aftermath of the 2008 Russia-Georgia War." *Demokratizatsiya: The Journal of Post−Soviet Democratization* 21−3.

Bychkov, Yegor. 2013. "Vmesto Olimpiada v Sochi". http://egor−bychkov.livejournal.com /2013/02/02/ 검색일: 2016년 4월 15일.

Caffrey, Kevin. 2008. "Olympian Politics in Beijing: Games but not Just Games." *The International Journal of the History of Sport*, 25−7.

Close, Paul. and Askew, David. and Xin, Xu. 2007. *The Beijing Olympiad: The Political Economy of A Sporting Mega−Event*. London: Routledge.

Coakley, Jay. 2002. "사회이론은 스포츠에 대해 우리에게 무엇을 말해 줄 수 있는가?" 안민석·정 홍익·임현진 편저. 『새로운 스포츠사회학』. 서울: 백산서당.

Collins, S. 2007. "East and West: Confrontational Diplomacy." *The International Journal of the History of Sport*, 24−8.

Dong, Jinxia. 2005. "Women, Nationalism and the Beijing Olympics: Preparing for Glory." *The International Journal of the History of Sport*, 22−4.

Dyreson, Mark. 2003. "Globalizing the Nation−Making Process: Modern Sport in World History." *The International Journal of the History of Sport*, 20−1.

Economy, Elizabeth C. and Segal, Adam. 2008. "China's Olympic Nightmare: What the Games Mean for Beijing's Future." *Foreign Affairs*, July/August 2008.

Flybvjerg, Bent. 2006. "Design by Deception: The Politics of Megaproject Approval." in Saunders, William. ed. *Urban Planning Today*. Minneapolis: University of Minnesota Press.

Grix, Jonathan. 2013. "Sport Politics and the Olympics." *Political Studies Review*, 11−1.

Gronskaya, Natalia and Andrey Makarychev. 2014. "The 2014 Sochi Olympics and 'Sovereign Power': A Political Linguistic Perspective." *Problems of Post−Communism*, 61−1.

Habermas, Jurgen. 1998. "Beyond the Nation State?." *Peace Review*, 10−2.

Harey, D. 1989. *The condition of Postmodernity*. Oxford: Blackwell.

Hargreaves, John. 1986. *Sport, Power and Culture*. New York: St. Martin's Press.

Hedlund, Stefan. 2014. *Russia as an Energy Superpower: Empty Threat or Serious*

Problem? Boulder, CO: Lynne Rienner Publishers.

Held, D., McGrew, A., Goldblatt, D. and Perraton, J. 1999. *Global Transformations: Poltics, Economics, and Culture.* Stanford, CA: Stanford University Press.

Hill, Christopher R. 1992. *Olympic Politics.* Manchester: Manchester University Press.

Hoberman, John. 2008. "The Olympics." *Foreign Policy*, July/August 2008.

Hogan, Jackie. 2003. "Staging the Nation: Gendered and Ethnicized Discourses of National Identity in Olympic Opening Ceremonies." *Journal of Sport & Social Issues* Vol. 27, No. 2.

Horne, John and Wolfram Manzenreiter. 2006. "An introduction to the sociology of sports mega−events." *The Sociological Review*, 54−2.

Horne, John. 2007. "The Four 'Knowns' of Sports Mega−Events." *Leisure Studies*, 26−1.

Hughes, Kate. 2012. *Mega Sports Events and the Potential to Create a Legacy of Increased Sport Participation in the Host Country.* in Shipway, Richard and Alan Fyall. ed. *International Sports Events: Impacts, Experiences, and Identities.* London: Routledge.

Humphreys, Brad R. 2008. "Rings of Gold." *Foreign Policy*, July/August 2008.

Judah, Ben. 2013. *Fragile Empire: How Russia Fell In and Out of Love with Vladimir Putin.* New Haven: Yale University Press.

Kishkovsky, Sophia. 2007. "After Celebrating Winning Bid, Russia Has Work Ahead." *The New York Times.* July 6.

Krastev, Ivan. 2011. "Paradoxes of the New Authoritarianism." *Journal of Democracy*, 22−2.

Kropke, R. 1974. "International sport and the social sciences." *Quest*, 22.

Large, David Clay. 2012. *Munich 1972: Tragedy, Terror, and Triumph at the Olympic Games.* Lanham, MD: Rowman and Littlefield Publishers.

Levada Centre. 2013. "Obscestvennoe mnenie ob izderzkach Olimpiacy." June 6. http://www.levada.ru/books/obshchestvennoe−mnenie−2012−eng.

Lovell, Julia. 2008. "Prologue: Beijing 2008 − The Mixed Messages of Contemporary Chinese Nationalism." *The International Journal of the History of Sport*, 25−7.

Maguire, Joseph. 1999. *Global Sport: Identities, Societies, Civilizations.* Cambridge: Polity.

Maguire, Joseph. 2008. "'Real politic' or 'ethically based': Sport, globalization, migration and nation−state policies." *Sport in Society*, 11−4.

Mangan, J. A. 2008. "Preface: Geopolitical Games − Beijing 2008." *The International Journal of the History of Sport*, 25−7.

Meredova, Alina. 2013. "Sochi Tour: Vladimir Putin's Favorite Playground." *Telegraph*, December 5.

Miller, T., Lawrence, G., McKay, J. and Rowe, D. 2001. *Globalization and Sport.* London: Sage

Mobley, Alex M. 2008. "Sharing the dream: The opening ceremonies of Beijing." *Journal of*

Sport & Social Issues, 32−4.

Moravcsik. A. 1997. "Taking Preferences Seriously: A Liberal Theory of International Politics." *International Organization*, 51−4.

Moretti, Anthony. 2013. "The Interference of Politics in the Olympic Games, and How the U.S. Media Contribute to It." *Global Media Journal − Canadian Edition*, 6−2.

Nafziger, J. A. R. 1978. "The regulation of transnational sports competition: down from Mount Olympus." B. Lowe, D. B. Kanin and A. Strenk. eds. *Sport and International Relations*. Champaign, IL.: Stipes.

Naím, Moisés. 2007. "The Battle of Beijing." *Foreign Policy*, November/December 2007.

Nemtsov, Boris and Leonid Martynyuk. 2013. "Winter Olympics in the Sub−Tropics: Corruption and Abuse in Sochi." http://www.interpretermag.com/winter−olympics −in−the−sub−tropics−corruption−and−abuse−in−sochi/ 검색일: 2016년 4월 15일.

Ohmae, K. 1995. *The Borderless World*. New York: Harper Business.

Orttung, Robert W. and Sufian Zhemukhov. 2014. "The 2014 Sochi Olympic mega−project and Russia's political economy." *East European Politics*, 30−2.

Persson, Emil and Bo Petersson. 2014. "Political mythmaking and the 2014 Winter Olympics in Sochi: Olympism and the Russian great power myth." *East European Politics*, 30−2.

Petersson, Bo, and Karina Vamling. eds. 2013. *The Sochi Predicament: Contexts, Characteristics, and Challenges of the Olympic Winter Games in 2014*. Newcastle upon Tyne: Cambridge Scholars Publishing.

Petersson, Bo. 2014. "Still Embodying the Myth? Russia's Recognition as a Great Power and the Sochi Winter Games." *Problems of Post−Communism*, 61−1.

Poli, Raffaele. 2007. "The Denationalization of Sport: De−ethnicization of the Nation and Identity Deterritorialization." *Sport in Society*, 10−4.

Popescu, Nicu. 2006. "Russia's Soft Power Ambitions." *CEPS Policy Brief*, 115.

Pound, Dick. 2006. *Inside The Olympics: A Behind−the−Scenes Look at the Politics, the Scandals, and the Glory of the Games*. Canada: Wiley.

Rebeker, Robert. 2008. "Sport as an opiate of international relations: The myth and illusion of sport as a tool of foreign diplomacy." *Sport in Society*, 11−4.

Roche, Maurice. 2000. *Mega−events and Modernity: Olympics and Expos in the Growth of Global Culture*. London: Routledge.

Rowe, David. 2003. "Sport and The Repudiation of the Global." *International Reviews for the Sociology of Sport*, 38−3.

Senn, Alfred Erich. 1999. *Power, Politics, and the Olympic Games*. Champaign: Human Kinetics Press.

Siegfried, John and Andrew Zimbalist. 2006. "The Economic Impact of Sports Facilities, Teams and Mega-Events." *The Australian Economic Review*, 39-4.

Spa, Miguel de Moragas, Nancy K. Rivenburgh, and James F. Larson. 1995. *Television in the Olympics*. London: John Libbey.

Strenk, Andrew. 1977. "Sport As an International Political and Diplomatic Tool." *Arean Newsletter*, 1.

Szymanski, S. 2002. "The Economic Impact of the World Cup." *World Economics*, 3-2.

Tomlinson, Alan. and Young, Christopher. 2006. *National Identity and Global Sports Events*. New York: State University of New York Press, Albany.

Tomlinson, John. 1999. *Globalization and Culture*. Cabmridge: Polity.

Whitson, David and John Horne. 2006. "Underestimated Costs and Overestimated Benefits? Comparing the Outcome of Sports Mega-Events in Canada and Japana." in Horne, John and Wolfram Manzenreiter ed. *Sports Mega-Events: Social Scientific Analyses of a Global Phenomenon*. Malden, MA: Blackwell.

Xu, Qi. 1992. "A New Height in Beijing." *China Sports* 10.

Фонд Общественное Мнение. *Домцнанмы*, №. 21 (2014.05.29.), с т. 3.

■ 본 장의 내용 중 일부는 정기웅. "스포츠의 정치적 도구성에 대한 재고찰: 2008 베이징 올림픽을 중심으로." 『한국시민윤리학회보』 21-2 (2008) 및 정기웅. "러시아 메가 이벤트와 소치 동계올림픽의 정치경제: 성공과 실패의 변곡점." 『현대정치 연구』 7-2 (2014)에 수록된 바 있음을 밝힌다.

제4부

스포츠 외교:
그 밖의 이야기들

스포츠 외교의 신화

　본서의 제1부가 스포츠 외교의 이론적 틀을 다루고 있다면, 제2부와 제3부는 성공과 실패의 이야기들을 사례 중심으로 이론과 결합하여 분석하고자 하였다. 제4부에서는 제2부와 제3부에서 사례 연구의 한 부분으로서 취급되기는 하였지만 분석의 주된 대상으로 제시되지 못했던 것들을 중심으로 논의를 전개한다.

올림픽과 정치선전: 스미스와 카를로스의 블랙 살루트

스포츠의 정치적 도구로서의 유용성은 본서를 관통하는 주제의식이며, 이미 수차에 걸쳐 언급된 바 있다. 특히 메가 스포츠 이벤트는 국가, 집단, 개인으로 하여금 그정치적 의사를 표명할 수 있는 훌륭한 무대로서의 역할을 제공한다. 반면, 스포츠 세계의 주된 행위자들은 스포츠가 항상 비정치적임을 강조한다. 그러나 비정치적임을 강조한다는 사실은 역설적이게도 스포츠가 그만큼 정치적으로 이용되는 경우가 많다는 사실의 반증에 다름 아니다.

스포츠의 정치성이 가장 두드러지게 표출되는 동시에 가장 많은 주목을 받게 되는무대는 올림픽이다. 비슷한 규모의 메가 스포츠 이벤트로서 월드컵이 존재하고, EXPO또한 메가 이벤트로 취급되지만, 월드컵과 EXPO의 정치선전의 무대로서의 효용성은올림픽과 비교할 때 현저히 떨어진다. 이는 올림픽의 출범에서부터 현재에 이르기까지의 역사 속에서의 경험과 무관하지 않다.

사실 근대 올림픽은 출범 당시부터 정치적 고려로부터 분리되어야 하는 이벤트로서고안되었음이 강조되었고, 올림픽 헌장은 올림픽이 개인들 간의 경쟁일 뿐, 국가들 간의 경쟁이 아니며, 올림픽 깃발이 휘날리는 동안 그곳은 올림피아드임을 강조하고 있지만, 올림픽이 정치적 목적에 의하여 이용되어 왔음은 부인할 수 없는 사실이다(Pound 2006, 88−89). 버그(Chris Berg 2008, 15)는 이러한 현상에 대하여 이렇게 지적하였다. "스포츠 경기는 올림픽의 형식일지 모른다. 그러나 민족주의와 지정학이야말로 그 핵심에 들어 있는 것이다.”

세계화의 진전, 정보통신기술의 발달로 지구촌의 국가들은 항상 연결되어 있다. 이 연결된 세상에서 자신의 목소리를 상대방에게 알리는데 있어서 전 세계의 시청자들이 주목하는 올림픽의 무대는 매력적인 정치선전의 장이 아닐 수 없다. 물론 세계화의 진전과 정보통신기술의 발달만이 올림픽 무대를 정치선전의 장으로 만드는 주된 요인인 것은 아니다. 세계화의 진전 및 기술의 발달이 큰 영향을 끼친 것은 맞지만, 그와는 무관하게 올림픽 무대는 그 태생에서부터 한시도 정치적 의도로부터 자유로웠던 적이 없었던 것이 사실이기 때문이다.

올림픽의 탄생 이후 오늘에 이르기까지 올림픽 무대를 둘러싸고 수없이 많은 정치적 사건들이 발생하였다. 그리고 그러한 정치적 사건들은 대개의 경우 국가의 주도하에 국제정치 무대에서의 공간을 확보하기 위한 것들이 많았다. 즉 올림픽 무대는 국가 대 국가의 대항 및 항전의 장으로서 활용되었던 것이다. 이러한 국가중심성에 변화를 가져온 상징적이고도 결정적 사건, 즉 개인과 집단에 의해 국제정치 속에서의 세력다툼이 아닌 국가 내부의 정치적 문제를 세계의 무대에서 제기함으로써 국내적 변화를 일으키려고 하였던 시도가 이루어진 것은 1968년 멕시코 올림픽이었다.

남자 육상 200m 시상식에서 행해진 스미스와 카를로스의 블랙 살루트Black Salute 는 올림픽의 정치선전 무대로서의 기능이 국가중심적 무대에서 개인과 집단으로 확장되었음을 알리는 상징적 사건이었다. 본 장에서는 스미스와 카를로스의 블랙 살루트의 사례를 중심으로 스포츠의 무대에서 정치적 아젠다의 강조가 행해졌던 역사 속의 사례들을 되짚어 봄으로써 올림픽 무대의 정치선전의 장으로서의 효용성과 한계, 그리고 그 변화양상들에 관하여 고찰해 보고자 한다.

Ⅰ 1968년 멕시코 올림픽과 블랙 살루트

1968년의 세계는 격동적이고도 의미 있는 정치적 사건들로 가득 차 있었다. 프랑스는 68혁명으로 들끓어 올랐으며, 체코는 프라하의 봄을 경험하였다. 미국에서는 흑인 인권운동가인 마틴 루터 킹(Martin Luther King, Jr.) 목사와 민주당의 유력한 대선후보였던 로버트 케네디(Robert F. Kennedy)가 암살당했다. 국제연합에서는 세계인권선언 제정 20주년을 맞이해 1968년을 '세계 인권의 해'로 지정하였다. 국제사면위원회는 1968년의 상황에 대하여 다음과 같이 서술하고 있다.

> "멕시코 올림픽이 개최된 1968년은 전 세계 곳곳에서 학생들과 운동가들이 현실을 변화시키기 위해 봉기를 일으키고, 그 중 많은 곳에서 정부들과의 충돌이 있었던 해이다. 미국에서는 반전 시위와 행진이 전국적으로 확산되면서 학생들에 의해 대학들이 폐쇄되었다. 런던에서는 8만 명이 베트남전쟁에 반대하며 행진했고 북아일랜드에서는 민권운동이 본격화 되었다. 5월에는 파리의 학생들이 시위에 이어 대규모 총파업을 일으켰다. 체코슬로바키아에서는 소련군이 정치개혁운동을 억압함에 따라 광범위한 대중적 저항이 일어났다. 그리고 1968년 올림픽 개막을 불과 며칠 앞둔 멕시코시티 도심에서는 경찰과 군대, 그리고 신원불명의 무장인원이 틀라텔롤코의 제3문화광장을 포위했다. 광장은 경찰의 야만적 행위에 항의하는 시위에 참석하는 사람들로 가득 차 있었으며, 이는 7월에 진압 경찰부대인 '그라나데로스'가 학생들을 과잉진압 한 후 일어난 일반 학생 쟁의에 이어지는 것이었다."[135]

1968년 10월 2일, 멕시코 올림픽 개막 10일 전, 멕시코시티의 틀라텔롤코 지역에서는 양심수 석방을 요구하면서 올림픽 개최를 반대하는 학생 시위가 벌어지고 있었다. 오후 6시 무렵, 장갑차량과 보병부대가 중화기와 총검을 사용해 발포하기 시작했다. 이들은 학생들로 가득 찬 광장과 주변 가택들을 향해 총격을 가했으며, 많은 이들이 다치거나 죽었다. 사망자에 대한 통계는 불확실하다. 멕시코 정부는 사망자가 44명이라고 발표하고 44구의 시체를 공시했으나 10구는 아직까지도 신분이 확인되지 않고 있다. 그러나 인권단체들은 대략 267명 사망, 1,000명 이상 부상이라고 주장한다.[136] 후에 이 사건은 오늘에 이르기까지 멕시코 역사상 최악의 집단학살 사건으로 남아 있다. 학생들이 요구한 것은 '1917년 헌법의 실현, 표현의 자유보장, 노동조합 활동의 자유, 자유선거의 보장' 등이었지만, 그들에게 돌아온 것은 군대의 총격이었다. 이 사건을 목도한 멕시코 지식인들은 "마침내 혁명이 죽었다."고 선언했다(임영태 2016, 120-121).

---

135 https://amnesty.or.kr/840/ 검색일: 2017년 6월 15일.
136 https://www.thoughtco.com/1968-olympics-in-mexico-city-1779607 검색일: 2017년 6월 15일.

이처럼 멕시코 올림픽은 시작부터 뒤숭숭한 분위기 속에서 이루어졌다. 올림픽 개최로 멕시코시티가 세계인의 주목을 받고 있는 상황에서 벌어진 학생 시위와 발포, 그리고 이어진 소요상황은 어쩌면 멕시코 올림픽이 지금까지의 올림픽과는 다를 것이라는 어떤 불길한 징조였는지도 모른다. 국내적 문제의 해결을 위해 올림픽이라는 세계적 스포츠 행사의 무대를 활용하고자 하는 학생들의 시도에 멕시코 정부는 폭력과 탄압으로 대응하였다.

연일 계속되는 시위 속에서도 올림픽은 진행되었고, 대회 기간 중 벌어진 한 사건은 세계인의 이목을 집중시킴으로써 이후 스포츠 세계, 특히 올림픽 경기에 있어서의 정치적 항의 표시의 시금석이 되었다. 이 사건은 후일 사람들이 멕시코 올림픽을 회고할 때면 반드시 언급할 만큼 멕시코 올림픽과 동일시되는 정도의 상징성을 확보하였으며, 세계 인권운동사의 한 페이지를 장식하게 되었다. 또한 이 사건은 멕시코 올림픽 이후 현재에 이르기까지 올림픽 개최국의 인권상황에 대하여 초점을 맞출 때면 언제나 빠지지 않고 언급되는 상징적 사건이 되었다.

이 사건의 주인공은 미국 육상 대표팀에 속해있던 두 명의 육상 선수인 스미스(Tommie Smith)와 카를로스(John Carlos)였다. 이들은 남자육상 200m 결승에서 1위와 3위를 차지하였다. 시상식이 개최되었을 때 이 두 선수는 시상대 위에 서서 미국 국기를 바라보지 않은 채 머리를 숙였다. 스미스는 검은색 양말을 신고 검은 스카프를 목에 두르고 오른손에 검은 장갑을 낀 채 오른손을 들어 올렸으며, 카를로스는 검은색 양말을 신고 왼손에 검은 장갑을 끼고 왼손을 들어 올렸다. 검은색 양말은 '흑인의 가난'을, 스미스가 목에 두른 검은색 스카프는 '흑인의 자부심'을, 왼손에 들고 있던 흰색 상자는 올리브 나무 묘목이 담긴 것으로서 '평화'를 상징하는 것이었으며, 손에 낀 검은색 장갑은 '흑인으로서의 정체성'을 상징하는 것이었다. 카를로스가 목에 걸고 나온 은색 목걸이는 고통 받는 흑인을 상징하고, 풀어헤친 점퍼는 미국 노동자들과의 연대감을 표시하기 위한 것이었다. 스스로의 몸짓과 자신의 온 몸에 두르고 있는 것을 상징으로 가득 채운 것이다. 훗날 이 사건에 대해 스미스는 TV 인터뷰에서 다음과 같이 말하였다.

> "나는 오른손에 검은 장갑을 끼었고, 카를로스는 같은 장갑의 다른 한 짝을 왼손에 끼었다. 내가 들어 올린 오른 손은 미국 흑인들의 힘을 상징한다. 카를로스가 들어 올린 왼손은 미국 흑인들의 단결을 상징한다. 그 둘이 함께 모여 통합과 힘의 아치를 형성한다.

> 내가 목에 두른 검은색 스카프는 흑인의 자부심을 상징하는 것이었다. 신발을 신지 않고
> 검은 양말만을 신었던 것은 인종차별적인 미국에 살고 있는 흑인들의 가난을 상징한다.
> 우리 노력의 총합은 흑인의 존엄함을 되찾고자 하는 것이었다(Edwards 1969, 104)."

이들이 벌인 세리모니ceremony의 여파는 심대했다. 시상식이 끝난 직후 이들은 올림픽 정신을 위배했다는 이유로 올림픽 선수촌에서 추방당해 미국으로 돌아가야 했다. IOC는 "올림픽의 기본 원칙은 올림픽 안에서 정치는 어떠한 역할도 담당할 수 없다는 것이다. 미국 선수들은 이 보편적으로 통용되는 원칙을 위반하였다 ··· 자신들의 국내 정치적 견해를 광고하기 위해"라고 천명함으로써 이들의 추방에 정당성을 부여하였다(Durant 1973, 185).

두 선수가 미국 공항에 도착해서 입국할 때 백인 우파단체들은 이들에게 토마토를 던졌다. 이들은 미국 육상연맹에서 제명되었을 뿐 아니라, 여러 매체들로부터 "순수한 올림픽을 정치화했다."는 비난 혹은 비판에 직면하였다.

Ⅱ 정치선전: 올림픽 경기의 사례들

어떤 의미에서 멕시코 올림픽에서 보여준 스미스와 카를로스의 세리모니가 낯설거나 새삼스러운 것은 아니다. 올림픽 경기는 그 태생부터 정치적 의사표명으로부터 자유롭지 못했기 때문이다. 1896년 제1회 아테네 올림픽에서 2014년 소치 동계올림픽에 이르기까지의 기간 동안 올림픽 경기가 정치선전의 장으로 사용된 사례들을 짧게 정리해 보면 다음과 같다.

1896년 그리스 아테네에서 제1회 올림픽 경기가 개최되었을 때 쿠베르탱은 독일의 참가를 저지하려고 시도하였다. 이는 보불전쟁에 패한 조국 프랑스의 분노를 잊지 못했기 때문이었다. 하지만 출발부터 유럽 열강의 하나인 독일이 빠진 올림픽 경기라는 것을 방지하기 위해 독일의 참가는 성사되었다.

1900년 2회 대회의 개최지는 쿠베르탱의 모국인 프랑스 파리에서 개최되었다. 이는 20세기를 알리는 첫 대회를 조국에서 개최하고자 했던 쿠베르탱의 의지 때문이었지

만, 정작 프랑스에서는 아무도 올림픽에 관심을 보여주지 않아 재정 확보에 어려움을 겪었으며, 독립된 국제 대회가 되지 못한 올림픽은 파리 국제박람회의 부속행사로 개최되었다. 쿠베르탱은 이를 '부끄러운 부속물humiliated vassal'이라고 표현하였다.

이후 1908년 런던 올림픽의 개막식 때는 미국 선수단이 입장하며 미국 국기가 게양되지 않았다는 이유로 영국 국왕인 에드워드 7세에게 경의를 표하는 의식을 거절하고 경례를 생략한 채 본부석을 지나쳤다.

1920년 앤트워프 올림픽은 1차 세계대전 종전 직후에 개최되었다. 전쟁으로 인해 야기된 파괴와 인명의 상실 때문에 많은 국가들이 올림픽에 참가하지 못하였다. 또 올림픽에 침략자들을 초청해야 하는가의 문제가 대두되었다. 올림픽 이상이라는 것이 모든 국가들의 참여가 허락되어야 한다는 것이었기에 결과적으로는 독일과 오스트리아 불가리아, 터키, 그리고 헝가리의 참가는 저지되지 않았다. 그러나 동시에 이들 국가에 초청장 또한 발송되지 않았다(이들 국가들은 1924년 올림픽에도 초청받지 못하였다). 더불어 러시아를 무너뜨리고 건국된 소련Soviet Union도 참석하지 않기로 결정하였다.[137] 앤트워프 대회는 최초의 선수대표 선서가 있었으며, 올림픽 깃발이 처음으로 사용된 대회이기도 하다.

1936년 베를린 경기가 가졌던 정치성은 너무나도 유명하다. 1931년 IOC가 베를린을 개최지로 선정하였을 때 그들은 히틀러(Adolf Hitler)의 권력 장악을 전혀 예측하지 못하였다. 1936년 올림픽 개최의 해, 나찌는 독일에 대한 통제권을 장악하였고, 이미 인종차별적 정책을 실행하고 있었다. 1936년 올림픽을 보이콧해야 하느냐는 논의가 국제 사회에서 광범위하게 이루어졌다. 미국은 보이콧에 가장 근접하였지만, 마지막 순간 초청을 받아들이기로 결정하였다.[138] 나찌는 올림픽을 자신들의 이데올로기 홍보의 기회로 생각하였다. 그들은 네 개의 거대한 스타디움과 수영장, 야외극장, 폴로 경기장, 그리고 남자 선수들을 위한 150개의 별장이 있는 올림픽 선수촌을 건설하였다. 경기 내내 올림픽 경기장은 나찌 휘장으로 뒤덮여 있었다. 이 게임은 최초로 텔레비전 중계가 되었고 경기 결과를 텔렉스 전송한 최초의 경기이기도 하다. 또한 성화봉송이 시작되었다.

1948년 2차 세계대전 종전 후 개최된 첫 올림픽인 런던 올림픽 경기에서는 전쟁의

---

137 https://www.thoughtco.com/1920-olympics-in-antwerp-1779595 검색일: 2017년 6월 15일.
138 https://www.thoughtco.com/1936-olympics-in-berlin-1779599 검색일: 2017년 6월 15일.

주범이었던 독일과 일본이 초대받지 못하였고, 공산권의 종주국으로서의 자리를 확보해 나가기 시작하고 있던 소련은 "올림픽은 부르주아지bourgeoisie대회"라며 참가를 거부하였다. 불가리아 또한 소련에 동조하여 대회 참가를 취소하였으며, 북아일랜드가 영국 귀속 문제를 이유로 철수하였다.

1952년 헬싱키 올림픽에서는 미국의 반대에도 불구하고 소련이 하계올림픽에 참석하였다. 냉전이라는 커튼이 전 세계에 드리워지고 있는 이 시기 미국과 소련의 대립이 표면화된 것이다. 이로써 올림픽 역사상 처음으로 정치적 노선에 따라 선수를 분리하는 상황이 전개되었다. 소련은 자국의 선수와 불가리아, 체코슬로바키아, 헝가리, 폴란드, 루마니아 등 동구권 국가들을 위한 별도의 선수촌을 만들어줄 것을 요구하였다. 경기가 끝난 후 소련 공산당의 기관지인 프라우다는 소련의 체육인들이 우수성을 뽐냈으며 소련이 가장 많은 메달을 획득하였다고 선전하였다(실제에 있어 미국은 40개의 금메달을 포함하여 총 76개의 메달을 획득하였으며, 소련은 22개의 금메달을 포함하여 총 71개의 메달 획득에 그쳤을 뿐이다).

1956년 멜버른 올림픽에는 네덜란드, 이집트, 이라크, 스페인 등이 영국과 프랑스의 수에즈 침략에 항의하여 불참하였다.

1972년 뮌헨 올림픽에서는 로디지아(지금의 짐바브웨)가 영연방으로부터 독립을 일방적으로 선언하자 영국이 로디지아에서 행해지고 있는 인종차별정책을 이유로 올림픽에 참가하지 못하도록 압력을 행사했다. 뮌헨 올림픽에서 발생한 검은 구월단 테러리스트들에 의한 이스라엘 선수 학살은 올림픽 역사상 최악의 사건으로 기록되고 있으며, 본서의 제8장에서 자세히 다루고 있다.

1976년 몬트리올 올림픽에서는 뉴질랜드가 남아프리카공화국과 럭비 경기를 가졌다는 이유로 아프리카 26개국이 뉴질랜드를 올림픽위원회에서 축출할 것을 주장하며 몬트리올 올림픽 참가를 거부하였다.

1980년 모스크바 올림픽은 1979년에 발생한 소련의 아프가니스탄 침공을 비난하며 미국 팀을 비롯한 자유진영 일부가 경기 보이콧을 선언하였고, 이에 대한 반발로 1984년 LA 올림픽 때 소련을 비롯한 동구권 일부가 참가를 거부하였다. 이 두 번의 보이콧으로 인하여 올림픽은 반쪽이 났고, 1972년부터 계속된 악재로 인하여 올림픽의 존폐 여부가 심각한 의제로 대두되었다.

1988년 서울 올림픽은 자유진영과 공산진영이 모두 참가하여 개최된 올림픽이었으나, 북한을 비롯한 쿠바, 세이셸 등이 보이콧을 선언하였고, 마다가스카르는 대회참가를 선언했지만 나중에 철회하였다. 알바니아는 공산주의 국가였기 때문이라기보다는 국가의 고립적 성격 때문에 불참하였고, 에티오피아, 니카라과는 대한민국의 수교국이었으나 자국의 내부 사정 때문에 참가하지 못하였다. 결국 모든 회원국이 참여함으로써 올림픽을 부흥시키고자 했던 IOC의 희망에는 완벽히 부합하지 못하였지만, IOC 회원국 중 상기 7개국을 제외한 모든 회원국이 참여함으로써 올림픽 부활의 신호탄을 쏘아 올렸다.

2000년 시드니 올림픽과 2004년 아테네 올림픽에서는 남북한 선수단이 올림픽 개막식에 공동 입장함으로써 세계의 이목을 집중시켰다. 남과 북의 관계가 순조로운 시기 이루어진 두 번의 올림픽 개막식 공동입장은 통일에 대한 국민의 열망을 고조시켰다.

2008년 베이징 올림픽은 부활을 알리고자 하는 중국의 희망과 이를 견제하고자 하는 서구국가들의 시도가 곳곳에서 노정되었다. 특히 개막식을 앞두고 티벳 독립운동에 대한 중국의 탄압을 이유로 일부 서구국가의 정상들과 유명인들이 올림픽 개막식 보이콧 성명을 발표한 바 있다.

2012년 런던 올림픽에서는 축구 3·4위전에서 일본을 꺾고 승리한 한국 대표팀의 박종우가 '독도는 우리 땅'이라고 적힌 종이를 들고 세리모니를 펼쳐서 IOC가 제재를 검토한 바 있다.[139]

2014년 소치 동계올림픽의 경우 러시아는 위대한 러시아의 부활을 선전하기 위해 막대한 예산을 쏟아 부으면서 올림픽 준비에 만반을 기하였다. 그러나 러시아의 공격적 대외정책을 이유로 서구 국가지도자들 및 유명인들이 개막식 참가 불참 선언 및 보이콧 움직임을 보인 바 있다.

위에 제시한 사례들 대부분의 공통점은 사건들이 주로 '국가의 이미지, 위신, 의사표명' 등과 관련되어 있으며, 그 주도적 행위의 단위가 국가라는 것이다. 즉 국가를 대표하는 올림픽 대표팀의 행동을 통해 국제 무대에서 관철시키고자 하는 국가의 의지를 표명하는 정치적 행동에 속한다고 볼 수 있다. 이런 맥락에서 볼 때 멕시코 올림픽에서 이루어진 스미스와 카를로스의 블랙 살루트는 그 행위의 목표가 국내정치적 인

---

139 올림픽은 아니지만, 2007년 중국 장춘에서 개최된 동계아시안게임에서는 은메달을 딴 한국의 여자 쇼트트랙 선수들이 시상대에서 "백두산은 우리 땅"이라고 적힌 글씨를 펼쳐 들어 중국의 항의를 불러일으킨 바 있다.

권상황이었다는 점을 감안할 때 다른 사례들과는 구분된다고 할 수 있다. 즉 올림픽 무대의 정치적 사용은 매우 광범위하게 이루어져 왔으나, 이때 주가 된 행위자는 대부분 국가였고, 그 행위가 목표로 하고 있는 대상은 상대국 혹은 국제 사회였다. 그러나 스미스와 카를로스의 경우는 행위자가 개인이었을 뿐만 아니라, 그 행위가 목표로 하고 있는 대상이 자국내의 인권상황이었다는 데서 차이가 존재한다.

III 올림픽과 국가주의

1. 올림픽과 의례

스미스와 카를로스 이전까지 스포츠는 주로 국가에 의해 동원되어 왔다. 이는 여러 이유에 기인한다. 먼저 스포츠는 승패를 갈라야만 하는 경쟁적 특성으로 인해 공동체와 이 공동체의 정체성 형성에 대단히 효과적인 매개물로서 사용되어 왔다. 특히 19세기 민족주의의 확산과 맞물려 스포츠가 하나의 상상적 공동체를 생산·재생산하는데 크게 기여했다고 여겨진다. 원래 상층계급의 소일거리였던 스포츠는 이겨서 감격할 것 없고, 져서 낙담할 것 없는 아마추어의 세계였는데, 근대국가의 형성을 계기로 개인이 아닌 국가와 민족이 다른 이민족과 승패에 자존심을 걸고 싸우는 민족사적 영역으로 변신하였다는 것이다(윤혜준 1999). 이는 스포츠 경기의 국가적 의례와 결합함으로써 더욱 강화되었다.

1900년 제2회 파리 올림픽은 올림픽이 정치적 행사로서 국가적 의례로 제도화된 계기였다. 파리 올림픽에서부터 금메달을 획득한 나라의 국가가 울려 퍼지는 동안 다른 메달리스트는 부동의 자세로 경의를 표하는 국가주의 의례가 시작되었다. 이러한 경기 운영의 의례적 절차는 올림픽의 국가주의적 성향을 더욱 강화시켰다(이강우·김석기 2006, 170).

또 다른 대표적 의례는 개막식이다. 경기가 시작되면서부터 개막식에서 선수들은 국가별로 차례로 입장하고 각 나라의 국기는 높이 게양되고 모든 경기자들은 각 나라들 특유의 유니폼을 착용한다. 동시에 개막식은 개최국이 가장 공을 들이는 순간이기도 하다. 그 어떤 경기도 올림픽 경기만큼이나 전세계에서 티비를 시청하는 사람들의 마음을 사로잡지는 않는다. 그 다른 어떤 이벤트도 그토록이나 예술적이면서도 많은 비용을 들여 어떤 한 국가의 자존심을 전달하려고 애쓰지 않는다(Vitiello 2008, 48). 그리고 개막식은 종종 개최 국가의 역사를 과시하거나 미묘하게 재조명함으로써 세계인에게 개최 국가가 전하고자 하는 내용을 상징을 통해 전달한다.

또한 메달 시상식에서 이루어지는 입상자의 소속 국가의 국기 게양식은 가장 명백한 민족주의적 요소를 보여준다. 입상자의 이름과 소속된 국가들의 국기가 게양되며, 우승자가 속해 있는 나라의 국가가 연주되는 의식은 올림픽 정신과 민족주의는 상호 견제와 보완이라는 이념과 실제상의 불가분의 영향관계를 이루면서 변천해왔다(곽형기 2001).

베르그(Berg 2008, 16)는 이에 대해 "운동 선수들조차도, 승자의 포디움에 올라서서는 국기를 둘러쓴 채 국가를 부른다. 이때 그들은 스포츠가 아닌 정치야 말로 지배적인 올림픽 이벤트임을 깨달아야만 한다."고 지적한 바 있다.

아이러니컬한 것은 이와 같은 근대 올림픽의 많은 화려한 치장들이 전체주의적인 개최국들에 의하여 개발되었다는 사실이다. 성화봉송은 나찌의 선전원들이 고안해낸 것이었다. 그들은 서구의 언론인들로 하여금 나찌의 농업 이데올로기를 뒷받침할 수 있는 목가적인 독일의 마을들을 돌아볼 수 있도록 하기 위해 성화봉송 프로그램을 진행하였다.

1980년의 모스크바 올림픽은 올림픽의 역사에서 또 다른 한 획을 긋는다. 바로 개막식에 대한 집중적 투자이다. 많은 서방국가의 불참 속에 진행된 모스크바 올림픽의 개막식은 소비에트 사회주의의 우월함을 보여주기 위한 아낌없는 준비 속에 이루어졌으며, 막대한 돈과 물량이 투입되었다. 모스크바 올림픽 개막식은 이후 최근에 이르기까지 아낌없는 '문화적' 개막식의 무대가 마련되는 계기가 되었다.

2. 올림픽과 이미지 확장

메가 스포츠 이벤트 속의 스포츠는 자본주의 체제 하에서의 기회균등과 사회적 유동성이라는 이데올로기를 확산시키고 경제적 약자들을 위계적으로 조직된 자본주의적 질서에 통합시킴으로써 그들 간의 체제 부정적 연대를 약화시키는 자본주의적 생산관계의 문화적 실천형태라고 평가된다(이강우·김석기 2006, 178). 즉 국가는 스포츠를 통한 대중조작과 통제를 시도하는 것이다.

또한 스포츠는 정치적 상징조작의 수단으로서 국가에 의해 사용되는 것이 일반적이다. 그러나 스포츠가 정치적 상징조작의 대상이 되기 위해서는 스포츠만이 제공할 수 있는 고유한 정치적 이해관계가 존재하지 않으면 안 된다. 국가 기구를 현실적으로 운용하고 정치과정을 통제하는 정치 엘리트의 입장에서 볼 때 비합리적 상징으로서의 스포츠는 현존 질서를 유지 및 정당화하는데 유용한 이데올로기적 수단들을 제공하며 이를 통해 정치엘리트들은 사회통합, 갈등해소, 갈등의 은폐 및 전환 등 다양한 정치적 목적을 달성하게 된다(이강우·김석기 2006, 173). 이러한 상황에서 스미스와 카를로스의 시도는 이런 정치엘리트들의 의도와 여러 면에서 상충되는 행위라고 할 수 있다. 스미스와 카를로스는 블랙 살루트 세리머니를 통하여 갈등을 노정시키고 현존질서를 부정하였기 때문이다. 억압받는 흑인 인권에 대한 항의는 명백한 기존질서에 대한 저항이라고 볼 수 있다.

국가의 상징조작은 이미지 확장과 결합함으로써 더욱 효과적으로 활용될 수 있으며, 그 행위의 대상을 국외로 확장시킨다. '이미지 확장'은 국가들이 외교관계에 있어 스포츠를 활용하는 여러 방법 중의 하나이다. 국가들은 스포츠 활동을 통해 스스로를 팔아 자국의 이미지를 고양하고자 하는 다양한 시도들을 행하고 있다.

이러한 '이미지 확장' 효과는 성공의 문제와 수용의 문제로 대별할 수 있다. 성공의 문제는 경기장에서의 성공과 직결되어 있는 것으로서, 어떤 경기에서의 우수한 성적 달성을 국가의 우월성과 동일시하는 것이다. 또 다른 하나인 수용의 문제는 소위 말하는 국제 사회 속에서 자격을 갖춘 한 국가로서 수용되는 것을 의미한다. 위신과 권위는 국가가 갖춰야 할 덕목들 중의 하나이며, 국제 사회의 한 정당한 구성원으로 받아들여진다는 것은 국가가 그 내부의 구성원들 혹은 그와 경합하는 정체성을 갖는 다른 국가적 수준의 행위자에게 정당성을 갖춘 존재로서 자리매김할 수 있음을 뜻한다.

국제적 승인의 문제를 스포츠를 통해 해결하고자 하는 모든 시도들이 이에 속한다. 한국, 중국, 독일과 같은 분단된 국가들의 경우 그 반대편에 존재하는 국가적 수준의 조직체가 존재한다. 이와 같이 경쟁해야 하는 조직체들 간의 다툼에서 자국의 정당성 혹은 정통성을 드러내는 데 있어 국제 무대에서의 수용성은 매우 좋은 선전의 수단이 되는 것이다. 예로서 1969년에는 오직 13개국만이 동독을 승인했으며, 2000년 올림픽에서는 대만 선수들이 '중화공화국 – 대북'이라는 깃발 아래 행진해야 했다. 1970년대 한국도 북한과의 정통성 다툼에서 유엔에서의 표 대결은 물론 국제스포츠 행사에의 참여를 통해 꾸준히 국가의 정통성을 주장해 왔다.

가끔은 그 존재 자체가 전혀 의심받지 않는 몇몇 확립된 국가들조차 자신들의 지위를 표명하기 위해 스포츠를 사용한다.[140] 광범하게 주장되어 온 바와 같이, 올림픽에 대한 중국의 열정은 주로 자국이 국제 체제 내에서 하나의 성숙한 국가로서 받아들여지고 있음을 확인하고 과시하기 위한 열망에 의해 동기부여 되었다고 판단되어지곤 한다(Allison 2005, 5-6).

이러한 '이미지 확장'과 '승인' 혹은 '수용' 효과가 반드시 국가행위자에 의해서만 사용될 필요는 없다. 세계화된 세상에서 다양한 행위자들이 존재하는 가운데 스포츠 경기는 개인 혹은 집단의 이미지 확장을 위하여 사용될 개연성이 상존하는 것이다. 이러한 이미지 확장은 특히 상업적으로 이용될 때 더욱 강력한 효과를 발휘한다. 지금까지 이미지 확장의 주된 대상이자 주체로 작동해왔던 국가라는 행위자의 자리에 제품 혹은 기업이 들어갈 경우 그 파급효과는 능히 짐작할 수 있다. 그런 까닭에 이러한 무대의 정치적 활용을 금지하는 많은 방안들이 고안되었다고 할 수 있다.

그러나 이러한 금지가 강조될수록, 이러한 금지를 무릅쓰고라도 어떠한 정치적 의사를 표명하고자 하는 의지가 존재한다면, 즉 어떤 정치적 행위로 인하여 발생하는 모든 징벌적 행사들을 기꺼이 받아들일 용의가 있다면 올림픽이야 말로 자신의 정치적 의사를 드러낼 수 있는 가장 좋은 자리가 될 수 있다. 스미스와 카를로스의 행위는 이러한 맥락에서 이해될 수 있을 것이다.

Ⅳ 소결 및 함의

여기서 우리는 다시 질문을 던질 수 있다. 그렇다면 스미스와 카를로스는 정말 잘못

---

140 위트슨(David Whitson 2004, 1216)은 올림픽 경기에 참가하는 것은 식민통치의 경험을 가진 국가들이 독립했다는 한 중요한 '징표'로서 사용되었으며, 이와 비슷한 상징으로서 국적기의 존재, UN 회원국으로 가입 등이 이에 속한다고 주장하고 있다.

하였는가? 즉 그들이 올림픽 선수촌에서 추방당하고, 자국의 육상연맹에서 제명되었을 뿐만 아니라, 자신들로 하여금 올림픽이라는 위대한 무대에 출전하도록 허락한 조국을 배신한 철없는 젊은이들이라는 비난을 받을 만큼의 커다란 잘못을 하였는가?

그 대답은 '시기에 따라 다르다'이다. 1968년 올림픽이 끝난 직후 그리고 얼마동안 두 선수들은 화난 젊은 흑인 선수들에 지나지 않았다. 그들은 자신들에게 세계적인 무대에서 경쟁하고 승리할 수 있는 기회를 주었던 조국을 존경하지 않았던 화난 젊은 흑인을 대표하는 존재로서만 비추어졌던 것이다. 그러나 그들이 그러한 저항의 몸짓을 표출하고 20년이 지난 후 그들의 이미지는 미국의 영웅으로 바뀌었다. 개인적인 용기로 인권과 인종적 평등을 위한 투쟁에의 관심을 끌어낸 의미 있는 행동으로 평가받았던 것이다(Henderson 2010, 91)

이러한 이미지 변환과 함께 시상식에서의 행위에 대한 평가도 변화되었다. 그들이 포디움 위에서 취한 행위는 비폭력적인 동시에 위협적인 것이었으며, 또한 온건하면서도 급진적인 것으로서 강력한 영향력을 행사하였다고 평가되었다. 그리고 그것은 흑인 민족주의Black Nationalism와 간 인종적 협력inter-racial cooperation을 보여주는 것으로 추앙되었다. 냉전의 시대 국가 간 경쟁이 첨예하고 국가적 의식이 만연할 때 이와 같이 국가에 반하는 행동을 하는 것은 용기 있는 일이었다는, 해야 할 옳은 일을 한 것이었다는 평가가 뒤따랐다.

어떤 의미에 있어 이들에 대한 비난은 그때까지 국가에 의해 독점되어 왔던 스포츠의 정치적 활용이 개인 혹은 집단에 의해 이루어졌다는 데서 한 원인을 찾을 수 있을 것이다. 스미스와 카를로스 이전까지 올림픽 무대에서의 경쟁이란 국가 대 국가의 문제였다. 즉 스포츠와 월드컵의 무대는 주로 국가의 국제정치적 목적 달성을 위한 도구로서 사용되는 경우가 많았다. 반면 국가에 속하는 개인이나 집단이 그들이 속한 국가 내부의 문제에 대한 국제적 반향을 불러일으키기 위해 동원한 적은 없었다는 것이다. 이러한 고유한 사용자로서의 자격을 탈취(?) 당한 것이 국가 행위자에 의한 과도한 반응으로 귀결되었다는 주장을 제기할 수 있다.

두 선수는 이후 상당한 기간 동안 쉽지 않은 시간을 견뎌야 했지만, 이 사건 자체는 스포츠의 정치적 도구성과 효용성을 극명히 과시하는 계기가 되었다. 올림픽 시상식이라는 무대가 정치적 의사표명의 장으로 활용되었을 때 얼마만큼의 파급효과를 가질 수 있는지를 보여주었다. 이 사건에서 스포츠는 명백한 정치적 진술을 즉시적이고 효과적으로 전달하는 수단으로서 작동하였다.

이 사건은 무언의 항거가 흑인 시민권 운동 시대 이후에 벌어진 다른 어떤 항거보다 더 강력한 힘을 발휘하였던 것으로 평가된다. 후일 이 사건은 인종차별에 관한 가장 호소력 있는 메시지 중 하나인 마틴 루터 킹의 연설 "나에게는 꿈이 있습니다(I have a dream)"와 같은 반열에 자리 잡았다(Simon 2010, 91). 두 선수와 그들 뒤에서 항거를 조율했던 조직에게 올림픽 경기는 완벽한 무대였다.

그러나 사건이 벌어진 직후의 스미스와 카를로스는 행복하지 않았다. 그들은 대표팀에서 축출되었고, 비난받았으며, 개인적으로 힘든 시간을 견뎌야 했다. 올림픽 우승자로서 누릴 수 있는 영광과 혜택으로부터 배제되는 것은 결코 쉬운 일이 아니었을 것이다. 이들의 행동이 긍정적 평가를 받게 된 것은 사건이 발생하고도 수십 년이 지난 후의 일이다.

여기서 미국의 인권운동에 대하여 자세하게 다루고 싶은 생각은 없다. 그러나 우리가 명심해야 할 것은 이 시기를 기점으로 올림픽 무대에서 개인이 갖는 의미가 달라졌다는 것이다. 외교에 있어서의 국가중심성, 스포츠의 도구적 유용성 등을 받아들이는 동시에, 행위자의 차원이 국가에서 개인으로, 행위의 대상이 국제 무대에서 국내 무대로 달라졌다는 점을 명확히 인식할 필요가 있다.

세월이 흐른 후 이 두 선수에 대한 평가는 완전히 뒤바뀐다. 이들 두 선수의 몸짓에 내재된 것은 우상파괴적인 애국주의iconoclastic patriotism였다고 평가되었다. 그들은 미국의 인종주의에 근본적으로 도전함으로써 미국에 대한 헌신을 보여 주었던 것으로 칭송되었다(Shaw 2006, 33).

하트만(Hartmann 2003, 269)은 다음과 같이 지적하였다. "그들의 시위를 촉발시켰던 실제적인 경험과 고충 그리고 급진적인 의지는 경시되거나 무시되었다. 그들의 개인적인 용기와 평등, 존엄, 정의에 대한 추상적인 헌신을 이유로 말이다."

2008년 LA에서 개최된 ESPN의 올해의 선수 시상식에서 스미스와 카를로스는 스포츠와 사회에 대해 가장 의미 있는 인간적 공헌을 한 선수에게 수여되는 아서 애쉬 상 Arthur Ashe Award를 수상하였다. 유명한 흑인 배우 사무엘 잭슨(Samuel L. Jackson), NBA 올스타이자 두 차례 MVP 수상에 빛나는 스티브 내쉬(Steve Nash) 등이 상을 소개하였고, 영화배우 톰 크루즈(Tom Cruise)가 등장하여 9분간의 다큐멘터리 상영 후 이들을 호명하고 상을 수여하였다. 참석한 전원이 기립하여 박수하였음은 물론이다

(Ratchford 2009, 49).

올림픽 헌장 가장 앞부분에 명시된 올림픽 이념의 기본 원칙 제4항은 다음과 같이 규정하고 있다. "스포츠 활동은 인간의 권리이다. 모든 인간은 어떠한 차별 없이 올림픽 정신 안에서 스포츠 활동을 할 수 있어야 한다. 이는 우정과 솔리다리티 그리고 페어플레이 정신에 기반한 상호 이해를 요한다." 또 제6항은 다음과 같이 규정하고 있다. "올림픽 헌장에 명시된 권리 및 자유는 인종, 피부색, 성별, 성적 지향성, 언어, 종교, 정치적 또는 기타 의견, 민족 또는 사회적 출신, 재산, 출생 또는 기타 신분 등 어떠한 종류의 차별 없이 향유할 수 있도록 보장되어야 한다(Olympic Charter 2015, 18)." 제1장 제2조 IOC의 사명과 역할 제6항에서는 IOC는 "올림픽 운동에 영향을 미칠 수 있는 일체의 차별에 저항하는 활동을 한다."라고 규정되어 있다.

올림픽 헌장 속에 '차별discrimination'이라는 용어는 여섯 번 등장하며, 모두 차별의 금지를 규정하고 있다. 그러나 사실 올림픽의 이러한 '보편주의'는 가끔씩 공평무사함과 충돌하기도 한다. 근대 올림픽 운동의 창시자인 쿠베르탱에게 있어서 어떤 국가의 정치 제도라는 것은 단지 그 문화의 반영에 불과한 것이었기 때문이다. 올림픽 운동에 있어서 전체주의라든지 공산주의, 흑백차별 같은 것은 어떤 착오나 탈선이 아니라 받아들여질 수 있는 국제 문화적 잡동사니의 한 부분일 뿐인 것으로 취급되었다(Berg 2008, 16). 그 결과 올림픽의 보편성의 원칙 하에서는 '근본적인 윤리적 원칙'에 대한 충순忠順을 제시하는 부분이 거의 존재하지 않았다. 하지만 이러한 보편주의에 의한 무시는 세월의 흐름과 인식의 변화에 따라 수많은 수정을 거치게 되었고, 오늘날에 있어 차별의 철폐는 (최소한 표면적으로는) 올림픽 운동의 가장 중요한 한 부분이 되었다.

 V 그 밖의 이야기 – 잊혀진 한 사람

잊혀진 한 사람에 대해 이야기함으로써 본 장을 마치고자 한다. 1968년 멕시코 올림픽의 남자 육상 200m 시상식의 무대, 스미스와 카를로스 외에 등장하는 또 한 명의 선수가 있다. 바로 2위를 차지한 호주 선수 피터 노먼(Peter G. Norman)이다. 노먼은 스미스와 카를로스의 의견에 동조해 스스로 동참하였다. 노먼은 이 둘과 함께 OPHR 뱃지를 달았다.[141] 이로 인해 노먼 역시 같은 수준의 처벌을 당했다. 노먼은 육상 경기에서 호주 최초의 메달을 획득한 국민영웅임에도 불구하고, 매스컴에 의해 철저하게 비판 당했고 매장되었으며, 1972년 올림픽 때는 자격조건을 충족하였는데도 선수로 선발 되는데 실패하였다. 그는 호주 국민들에게도 잊혀진 존재가 되었으며, 2000년 시드니 올림픽 때도 호주 NOC에 의하여 초청받지 못하였다. 반면 미국에서 흑인의 인권이 신 장되면서 스미스와 카를로스는 인종차별에 반대한 용기 있는 행위를 한 선각자로 평 가받게 되었고, 시드니 올림픽에 참가한 미국 대표팀이 노먼을 초대하였다. 노먼이 2006년 사망했을 때, 스미스와 카를로스는 호주를 방문하여 노먼의 관을 운구하였다. 노먼 사후인 2008년에 그 조카인 맷 노먼이 제작한 다큐멘터리 영화 'SALUTE'가 공개 되면서, 사후에나마 겨우 그의 명예를 회복할 수 있었고, 2012년, 44년 만에 호주 의회 는 피터 노먼을 연맹으로부터 퇴출시킨 것에 대해 고인에게 사과하였다.

---

141 OPHR(Olympic Project for Human Rights) 뱃지는 인권을 위한 올림픽위원회(OCHR: Olympic Committee for Human Rights를 상징하는 배지였다. 이 위원회는 미국의 흑인사회학자 해리 에드워즈(Harry Edwards) 가 이끄는 흑인권리단체가 1967년 10월 7일 창설하였으며, 인종차별과 탄압에 저항한다는 목표를 갖고 있었다.

참 고 문 헌

곽형기. 2001. "올림픽 경기의 발전요인에 대한 역사적 고찰." 『체육사학회지』 7.

윤혜준. 1999. "스포츠와 대중민족주의." 『계간사회비평』 20.

이강우·김석기. 2006. "메가 스포츠 이벤트의 정치경제학." 『한국체육철학회지』 14−2.

임영태, 2016. 『희미한 옛 혁명의 그림자』. 파주: 도서출판 들녘.

Allison, Lincoln. ed. 2005. *The Global Politics of Sport: The Role of Global Institutions in Sport*. London: Routledge.

Berg, Chris. 2008. "Politics, not sport, is the purpose of the Olympic Games." *IPA Review*, July 2008.

Edwards, Harry. 1969. *Revolt of the Black Athlete*. New York: Free Press.

Hartmann, Douglas. 2003. *Race, Culture, and the Revolt of the Black Athlete: the 1968 Olympic Protests and their Aftermath*. Chicago: The University of Chicago Press.

Henderson, Simon. 2010. "'Nasty Demonstrations by Negroes': The Place of the Smith−Carlos Podium Salute in the Civil Rights Movement." *Bulletin of Latin American Research*, 29−1.

International Olympic Committee. 2015. *Olympic Charter*.

Durant, John. 1973. *Highlights of the Olympics: From Ancient Times to the Present*. New York: Hastings House Publishers.

Pound, Dick. 2006. *Inside The Olympics: A Behind−the−Scenes Look at the Politics, the Scandals, and the Glory of the Games*. Canada: Wiley.

Ratchford, Jamal L. 2009. "Black Fists and Fool's Gold: The 1960s Black Athletic Revolt Reconsidered: The LeBron James Decision and Self−Determination in Post−Racial America." *The Black Scholar*, 42−1.

Shaw, Todd C. 2006. "Two Warring Ideals: Double Consciousness, Dialogue, and African American Patriotism Post−9/11." in Juan Battle, Michael Bennett, and Anthony Lemelle. eds. *Free at Last? Black America in the Twenty−First Century*. New Brunswick: Transaction Publishers.

Smith, John Matthew. 2009. "It's Not Really My Country: New Alcindor and the Revolt of the Balck Athlete." *Journal of Sport History*, 36−2.

Vitiello, Greg. 2008. "How Host Nations Use the Olympics to Burnish their Country's Public Image" *Television Quarterly*.

Whitson, David. 2004. "Bringing the world to Canada: 'The Periphery of the centre'" *Third World Quarterly*, 25−7.

https://amnesty.or.kr/840/ 검색일: 2017년 6월 15일.
https://www.thoughtco.com/1920−olympics−in−antwerp−1779595 검색일: 2017년 6월 15일.
https://www.thoughtco.com/1936−olympics−in−berlin−1779599 검색일: 2017년 6월 15일.
https://www.thoughtco.com/1968−olympics−in−mexico−city−1779607 검색일: 2017년 6월 15일.

메가 스포츠 이벤트와 경제효과

근대 올림픽의 출범 이후 얼마 지나지 않아 올림픽은 2차 세계대전 직전 전쟁과 나치즘을 위한 선전 무대로 활용되었고, 전후에는 신흥산업국의 내셔널리즘nationalism이나 경제성장을 과시하는 무대로 거대화되어 왔다. 1960년 로마Rome 대회 이후에는 선진국 그룹 진입 기념 이벤트로서 국가의 '수도'에서 올림픽을 개최하는 것이 대세였다. 1976년 몬트리올Montreal 올림픽의 막대한 재정적자 이후 올림픽 개최 반대운동이 전개되면서 한때 개최권 반납사태가 일어나는 등 올림픽이 '시대에 뒤떨어진' 산물로 취급되던 시기도 있었으나, 1984년 미국 LA 올림픽의 상업적 이윤 추구는 올림픽의 모습을 근본적으로 변화시켰다. LA 올림픽 이후 올림픽은 방송권과 결합된 '스포츠 쇼'로 전환되었으며, 이후 올림픽은 급속도로 상업화되었다. 오늘날에 이르러 올림픽 개최는 국가에 경제적 부담을 주는 쓸모없는 행사라기보다는 경제의 한 단계 도약을 가능케 할 돌파구로서 선전되며, 창출되는 이익에 대한 지분의 분배를 놓고 치열한 다툼이 벌어지는 것이 일상적인 모습이 되었다.

특히 몬트리올과 LA의 대비는 매우 극적이다. 몬트리올 올림픽은 개최로 인하여 발생한 부채를 올림픽 유치를 주도한 몬트리올 시와 퀘벡 주 정부가 모두 떠안았다. 마케팅 개념이 없었던 몬트리올 시와 조직위는 대회 종료 후 파산지경에까지 이르러 대회 소요경비를 회수하는데 30년이라는 시간이 필요했고,[142] 대회 종료 직후에는 올림픽

---

[142] 재정적 실패의 대표적 사례로 자주 인용되는 캐나다 몬트리올의 경우 1976년 몬트리올 올림픽으로 진

개최 희망도시가 격감하고 올림픽 자체의 존립까지 위태롭게 되었다. 반면 1984년 LA 올림픽은 IOC의 과감한 상업적 개념 전환 아래 조직위원장이었던 피터 위버로스(Peter V. Ueberroth)에 의해 위버로스 매직이라고 불릴 정도의 성공적인 대회 마케팅을 이룰 수 있었다. 야구 커미셔너인 위버로스는 대회 방송권과 스폰서 권리를 활용한 공격적인 마케팅을 전개하였다. 그 결과 2억 2,300만 달러라는 올림픽 사상 최대의 흑자를 기록하였다. LA 올림픽의 상업적 성공에 고무된 IOC는 재정확보를 위해 보다 전문적인 마케팅을 실시하기로 결정하고 4년 주기의 TOPThe Olympic Partner 프로그램을 제도화하였다.[143]

결국 올림픽에 있어 정치적 상징조작이나 국가위신, 이미지 확장의 문제와 더불어 경제적 이득의 문제가 전면에 등장하게 된 것이다. 1970년대 말 이후, 특히 1976년 몬트리올 올림픽의 부채가 광범위하게 공론화 된 이후, 스포츠 메가 이벤트들에 대한 분석의 주요한 부분은 올림픽 경기 개최에 대한 긍정적 전망과 올림픽 경기가 지역의 경제·사회·문화 방면에 끼친 실제적 효과 사이의 차이에 대한 분석이 차지해 왔다(Vigor, Mean and Tims 2004).

오늘날에 있어서는 스포츠 메가 프로젝트가 가져다줄 이익에 대한 전망과 그 실제적 후속 결과 사이에는 심대한 차이가 존재할 가능성이 있다는 것이 상당한 정도로 받아들여지고 있는 듯하다(Flyvbjerg, Bruzelius and Rothengatter 2003). 메가 프로젝트를 지지하는 이들은 긍정적 경제 전망을 내놓는 경향이 있는데 반해 그 반대자들은 공적 부채와 '기회비용'에 대한 걱정을 늘어놓는다. 특히 그러한 공적 자금이 눈부시고도 현혹적인 올림픽 경기장의 건설이나 기념비적인 건축물의 사용에 사용될 때 더욱 그러하다(Whitson and Home 2006, 71). 그들은 올림픽은 일시적이고 단기적인 경기부양효과와 사회기반시설을 확충하는 데는 틀림없이 효과적이지만, 그 외의 경제적 효과는 대단히 제한적이거나 존재하지 조차 않을 뿐 아니라 조달 가능한 재원 이상의 재정적 부담을 가져오기도 한다고 주장한다.

메가 이벤트 혹은 프로젝트를 조직하고 개최하는 측에서는 대개 대중에게 희망적인 이야기들과 긍정적 전망들을 제시한다. 예로서, 올림픽의 개최가 스포츠 참여를 증가

빚 15억 달러를 2006년 12월에야 다 갚을 수 있었다. 도시가 부담해야 하는 비용이나 세수가 분배되는 방식을 놓고 볼 때 메가 스포츠 이벤트를 통해 경제적으로 손해를 보는 경우가 대부분이라는 것이 올림픽의 경제적 효과에 대한 일반적 평가이다(Andranovich, et al. 2001; Preuss 2004).

143 http://www.olympic.org/los−angeles−1984−summer−olympics 검색일: 2017년 6월 15일.

시킬 것이며(Hughes 2012), 새로운 직업을 창출하고, 새로운 형태의 경제적 자극을 제공하며, 여행의 증가를 가져오고, 일자리를 창출한다와 같은 것들이다. 그러나 올림픽에 대한 기존의 연구들은 조직위가 올림픽의 이점을 과다하게 계상한다는 것을 보여주며(Flyvbjerg 2006; Whitson and Horne 2006), 대부분의 경우 이러한 낙관적인 희망들이 항상 실현 되었다 라기 보다는 오히려 그 반대의 경우가 더 많았던 것이 사실임을 알 수 있다(Owen 2005; Whitson and Horne 2006; Shaw 2008; Müller 2012). 망간(Mangan 2008, 1870) 같은 이는 "올림픽이 주된 경제 효과를 가져왔다는 어떠한 소중한 증거도 존재하지 않는다."라고 까지 언급한 바 있다.

그러나 사실 올림픽을 주최하는 입장에서 이러한 경제적 이득은 어쩌면 부수적인 것에 불과할지도 모른다. 특히 1984년 LA 올림픽에서 올림픽의 상업화로의 전환이 이루어지기 전까지 올림픽은 기꺼이 국가예산을 들여서라도 훌륭히 완수해야 할 이벤트요 축제로서 간주된 것이 사실이다. 결국 시기적 상황과 국가 목표에 따라 올림픽 개최의 방점은 바뀔 수밖에 없다.

이러한 올림픽의 성격 변화를 시기별로 구분하고자 하는 여러 시도가 있었다. 강정호와 남동현(1996, 92-93)은 올림픽을 부활기1896-1916, 대전기1920-1940, 냉전기1944-1952, 도약기1956-1964, 시련기1968-1984, 정착기1988-현재로 구분하였다. 한편, 삼성경제연구소는 올림픽 경기 정신의 성격변화를 아마추어리즘 전성기1896-1932, 사상 및 이념기1936-1984, 상업주의기1984-1996, 순수성 회복과 인류발전 기여기2000-현재로 분류한 바 있다(삼성경제연구소 2000). 올림픽의 어떤 측면에 중점을 두느냐에 따라 그 시기 구분에는 차이가 발생할 수밖에 없다.

본서에서는 올림픽 출범 이후 현재에 이르기까지의 시간 동안 변화해온 올림픽 성격의 특징을 내용과 중점사안에 따라 <그림 11-1>과 같이 다섯 개의 구간으로 구분하고 있다.

<그림 11-1>의 분류에서 확인할 수 있듯이 현재의 올림픽은 정치적 목적이 우선시되는 시기를 지나 경제적 목표의 달성을 우선시하는 경향을 노정하고 있다고 볼 수 있다. 본 장에서는 도시 혹은 국가가 메가 스포츠 이벤트를 개최하고자 결정할 때 내세우는 여러 이유들 중의 하나로 제시되는 메가 스포츠 이벤트의 경제적 효과에 대해 검토한다.

그림 11-1 >> 올림픽의 변천과정

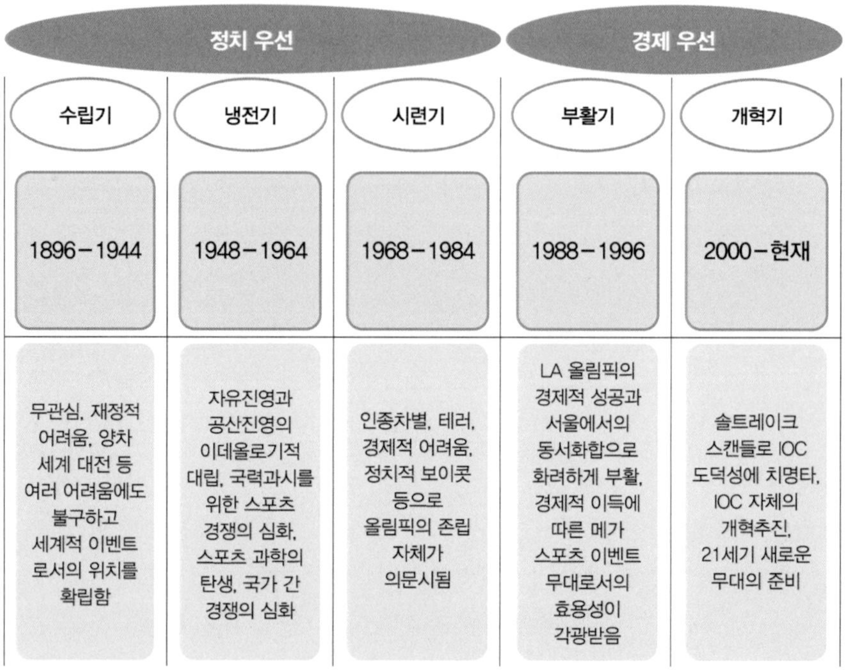

정치 우선			경제 우선	
수립기	냉전기	시련기	부활기	개혁기
1896-1944	1948-1964	1968-1984	1988-1996	2000-현재
무관심, 재정적 어려움, 양차 세계 대전 등 여러 어려움에도 불구하고 세계적 이벤트로서의 위치를 확립함	자유진영과 공산진영의 이데올로기적 대립, 국력과시를 위한 스포츠 경쟁의 심화, 스포츠 과학의 탄생, 국가 간 경쟁의 심화	인종차별, 테러, 경제적 어려움, 정치적 보이콧 등으로 올림픽의 존립 자체가 의문시됨	LA 올림픽의 경제적 성공과 서울에서의 동서화합으로 화려하게 부활, 경제적 이득에 따른 메가 스포츠 이벤트 무대로서의 효용성이 각광받음	솔트레이크 스캔들로 IOC 도덕성에 치명타, IOC 자체의 개혁추진, 21세기 새로운 무대의 준비

출처: 저자 작성.

I 메가 스포츠 이벤트의 개최 이유

1990년대 이후, 도시들이 올림픽 개최에 집중하는 이유는 대략 다음의 세 가지로 정리할 수 있다. 첫째, 올림픽은 경제적 투자 유치를 위한 결정적 사건이 될 수 있다. 정부보조금과 IOC 지원금, 외국의 직접투자, 그리고 올림픽 특수를 통한 소비지출 등은 충분히 매력적인 요인이 된다. 둘째, 올림픽 준비는 도시 전체의 모습을 단기간 내에 바꿀 수 있는 좋은 계기가 된다. 셋째, 올림픽의 유치는 전 세계적인 주목을 끌 수 있는 계기가 되며, 이는 도시의 브랜드 가치를 확장시킴으로써 적극적 마케팅을 통해 새로운 관광과 사업, 전시회, 회의, 이벤트 등을 유치할 수 있는 기회를 제공한다. 이러한 이유로 시간이 흐를수록 더욱 더 많은 도시들이 올림픽 유치에 관심을 기울이고 있는 것이다.

특히 국가 차원의 '이미지 확장'과 더불어 도시 차원의 '이미지 변신' 또한 주요한 원인으로 작동한다. 즉, 메가 스포츠 이벤트 개최를 통하여 도시의 이미지를 '새롭게 부여'하고자 하는 것이다. 이러한 이미지 변신은 대개의 경우 이미지 빌딩과 매력의 발신, 그리고 정체성 변형을 통해 이루어진다고 이야기된다(Whitson 2004, 1215). 당연한 귀결로 이러한 변형을 이루기 위해서는 상당한 정도의 경제적 출혈을 감내해야만 한다. 하지만 동시에 올림픽 개최도시 혹은 국가들은 이러한 경제적 출혈을 올림픽에서 벌어들이는 수입으로 상쇄시킬 수 있을 것이라고 기대한다.

그러나 사실 이러한 경제적 이득에 대한 기대가 일상화된 것은 그리 오래된 일이 아니다. 이러한 경제적 이득에 대한 기대는 1984년 LA 올림픽 이후에나 가능해졌다. 오히려 LA 올림픽 이전의 올림픽이라는 것은 국가 이미지 상승을 위해 억지로 떠맡는 부담스러운 행사에 불과했을 뿐이다. 그리고 이러한 정치적 의도와 도시 변형 의도의 결합이 최악의 결과를 가져온 곳이 바로 몬트리올의 경우이다. 몬트리올 올림픽의 경우 여러 복합적 이유로 인하여 15억 달러의 경제적 손해를 보았으며, 도시가 이 빚을 갚기까지는 30년이라는 세월이 필요했다.

보통 한 도시의 물리적 특성은 1년에 1%도 바꾸기 어렵지만, 올림픽은 일시적으로 막대한 변화를 가능케 한다. 즉, 올림픽이 영향을 미치는 도시재개발의 범위는 크게 1차 구조로 스포츠 – 레저, 2차 구조로 주택과 여가활용, 3차 구조로 고용과 교통에까지 확대되는 것이다. 따라서 소요 비용 역시 크게 시설 정비비와 대회운영비로 나뉜다. 문제는 대회운영비가 흑자라고 하더라도, 시설 정비비는 적자인 경우가 대부분이라는 사실이다.

세계도시는 전자통신이 구비된 오피스 환경과 도심회귀의 분위기, 그리고 편리한 이동을 가능케 하는 국제 항공들과 같은 설비를 갖추고 있다. 생산자 서비스들의 집적이 장소적 이익을 유도하고, 다국적 기업들은 산업과 관련된 서비스 복합체에 의존하는 구조를 갖는다(Sassen 2001). 그러나 세계도시들의 경제 구조는 불안정한 고용 구조라는 높은 위험성과 사회적 격차를 안고 있고, 공간적 양극화의 형태로 다양한 갈등들이 내포되어 있다. 올림픽은 이렇듯 세계도시가 직면한 환경 속에서 스포츠 시설들의 건설뿐만 아니라, 쇠퇴하는 인프라에 대한 재건설을 가능케 하는 기회를 제공하는 것이다(Preuss 2004, 93–94). 이와 같은 가시적 효과 앞에서는 도시 내에 존재하는 정치세력들 간의 갈등조차 때로는 소소한 것으로 만들기도 한다.

올림픽의 개최가 갈등하는 정치적 힘들을 통합하고, 고용창출과 도시재개발의 기회를 제공할 수 있다는 점에 주목한 세계도시들은 적극적으로 메가 스포츠 이벤트의 유치에 뛰어들고 있다. 2012년 올림픽 개최지 선정의 경우 런던의 가장 강력한 경쟁자들은 뉴욕과 파리였다.

그 운영에 있어 막대한 자원의 동원과 비용의 사용을 요구하는 메가 스포츠 이벤트로서의 올림픽은 단기간의 엄청난 집중을 필요로 한다. 이는 도시의 운영에 있어 장점으로 작용할 수도 있고, 단점으로 작용할 수도 있다. 가장 특징적인 것은 단기간의 경기 운영을 위해 상당히 많은 액수의 건설비용이 필요한 반면, 올림픽이 끝나고 나면 지속적 사용과 이윤의 창출을 담보받기 힘든 거대한 시설들이 남게 된다는 사실이다. 다시 말해서 올림픽 개최를 위한 일정의 압력과 특수한 올림픽 규격에 의한 '규제'가 존재하므로, 해당 도시의 재개발에 돌이킬 수 없을 정도로 막대한 도시 계획의 문제를 초래하는 측면이 복합되어 있다는 것이다(Preuss 2004, 72–80). 따라서 과거 올림픽이 대규모의 물리적 도시 계획을 통해 단기간에 도시 인프라(도로, 상하수도 등)를 건설하는 데 치중했던 반면(예컨대, 1964년 도쿄, 1988년 서울), 최근의 올림픽은 재정, 장소판촉, 안전, 도시재생, 관광 등의 도시 관리적 측면이 중시되고 있다(Coaffee 2011, 143–147). 범죄 감소와 환경 문제 등처럼 '총체적 국가 개입 프로그램의 성격'을 보이며(1992년 바르셀로나, 2008년 베이징, 2012년 런던 등), 도시 문제(주택수요)뿐만 아니라 해당 도시의 발전 방향 설정과 커뮤니티 응집 등 이른바 더 사회통합적인 '도시재생사업'을 지향하게 되었다. 이러한 다양한 측면에도 불구하고 실제로 재정적인 문제를 살펴보면, 개최도시 시민들의 생활을 위협할 정도로 커다란 재정적 문제를 개최도시들(뉴욕, 솔트레이크, 아테네, 바르셀로나, 런던 등)에서 일으켰다(Lenskyj 2008).

이러한 문제점들은 세계 도시의 반열에 들어서지 못하는 도시의 경우 더욱 크게 부각될 수 있다. 세계 도시들의 경우 도시 자체의 재정창출에 의존하거나 새로운 연계를 통하여 재정적 문제를 어떤 식으로든 해결할 가능성이 있으나, 그렇지 못한 도시들의 경우 지자체 내부의 역량으로는 올림픽 시설물들의 건설은 물론이요 행사 후 관리에 상당한 한계를 드러낼 수밖에 없기 때문이다. 도시가 올림픽 인프라에 의해 영향을 받는 정도의 크기는 현재에 가까울수록 더욱 확대된다. <표 11-1>과 <표 11-2>는 하계올림픽과 동계올림픽이 도시 인프라에 끼친 영향을 보여준다.

표 11-1 > 하계올림픽이 도시 인프라에 끼친 영향

시기구분	내용
제1기 1896–1904	소규모, 엉성하게 조직되었으며, 반드시 새로운 개발을 수반하지는 않음
제2기 1908–1932	소규모, 조직 수준 향상, 목적형 스포츠 시설의 건설
제3기 1936–1956	대규모, 잘 조직되어짐, 목적형 스포츠 시설의 건설, 이러한 건설이 도시 인프라에 약간의 영향을 끼침
제4기 1960–	대규모, 잘 조직되어짐, 목적형 스포츠 시설의 건설, 이러한 건설이 도시 인프라에 심대한 영향을 끼침

출처: Chalkley and Essex 1999, 369–394; Essex and Chalkley 2004, 201–232.

표 11-2 > 동계올림픽이 도시 인프라에 끼친 영향

시기구분	내용
제1기 1924–1932	스포츠 시설과는 별개로 진행됨, 인프라의 최소한의 변화
제2기 1936–1960	인프라적 수요가 등장하였으며, 특히 교통·수송의 측면에서 그러함
제3기 1964–1980	지역 발전의 도구로 사용, 특히 교통·수송과 올림픽 선수촌이 그러함
제4기 1984–	대규모의 도시 변형, 여기에는 복합적 올림픽 선수촌 건설이 포함됨

출처: Chalkley and Essex 1999, 369–394; Essex and Chalkley 2004, 201–232.

이러한 인프라 건설은 결국 국민들에게 직접적인 피해를 끼치게 된다. 국가는 국민 정서에 호소하는 각종 비합리적 상징조작과 함께 경제적 수익성에 대한 합리적 상징조작을 강화한다. 단기적으로 재원을 확보하는 것이 어려운 경우에는 차관이나 차용에 의존하기도 한다. 하지만 비용의 사회화에 따른 대다수 국민들의 경제적 부담은 수익성과 경제적 파급효과라는 주장 속에 묻혀버리고 만다. 더구나 메가 스포츠 이벤트 유치에 대한 기여도를 경쟁적으로 주장하는 정치권과 자신의 정치적 입지를 위해 자신의 지지 기반인 지역에 경기시설을 갖추고자 하는 경쟁은 때로 과잉투자나 중복투자를 초래하기도 하는데, 지역안배나 다수의 대기업에 대한 고려로 과잉투자가 일어날 경우 과잉투자로 인한 경제적 부담은 결국 국민에게 전가된다. 이와 함께 경제적 효과조차 단기적인 것에 불과할 뿐 장기적인 지속력을 갖는 사례는 찾아보기 어렵다는 것은 이 문제의 심각성을 더한다(이강우·김석기 2006, 179).

Ⅱ 메가 스포츠 이벤트와 경제효과

1. 메가 스포츠 이벤트 개최와 경제성장

올림픽이 국가의 정치 영역에 있어서 뿐만 아니라 경제 영역에 있어서도 막강한 영향력을 갖는다는 것은 주지의 사실이다. 올림픽은 재정 지출 및 민간 투자에 의한 국내 경기의 활성화를 유발할 수 있고, 간접적으로 국가의 홍보를 통한 기업 및 상품 이미지의 제고를 가져온다. 이와 같은 올림픽의 개최와 운영에는 엄청난 시설투자와 스포츠 상품구매가 요구되며, 올림픽에의 참여와 개최가 가져다줄 유무형의 이익에 대한 관심 때문에 각국은 막대한 비용을 지불하고서라도 이를 자국에 유치하기 위해 노력한다. 따라서 올림픽을 개최하게 되었을 때, 개최국은 당연히 투자한 자금만큼의 수익성을 기대하게 마련이며, 이를 위해서는 대회의 상업화가 필수적이게 된다. 근래에 이르러 국가가 판단하는 올림픽의 성공 정도는 행사에 참여한 팀들의 숫자와 자국 팀의 순위뿐만이 아니라 그 수익성에 달려 있다고 해도 과언이 아니다. 이처럼 국가들이 메가 스포츠 이벤트를 유치할 때면 여러 가지 이유를 내세우지만 그 중에서도 경제적 이유를 가장 앞세우곤 한다(Dobson and Sinnamon 2001).

메가 스포츠 이벤트의 경제적 가치는 스포츠 이벤트 자체의 경제적 가치와 그것을 유치하고 개최함으로써 얻게 되는 경제적 파급효과의 두 가지로 구분할 수 있을 것이다. 흔히 국가는 올림픽과 같은 메가 스포츠 이벤트의 개최가 개최도시 및 국가, 참가 선수, 그리고 스폰서들에게 막대한 경제적 파급효과를 가져다줄 것이라고 주장한다. 그러나 도시가 부담해야 하는 비용이나 세수가 분배되는 방식을 놓고 볼 때 솔트 레이크 시티나 몬트리올, 아테네의 경우처럼 실상은 메가 스포츠 이벤트를 통해 경제적으로 손해를 보는 경우가 대부분이다(Andranovich, et al. 2001, 126). 올림픽을 개최한 국가의 정부는 천문학적 재정 부담 때문에 올림픽이 끝난 뒤 거의 예외 없이 GDP국내총

생산 성장률이 떨어지는 부작용을 겪었다(<그림 11-2> 참조).

그림 11-2 〉〉 올림픽과 GDP 성장률[144]

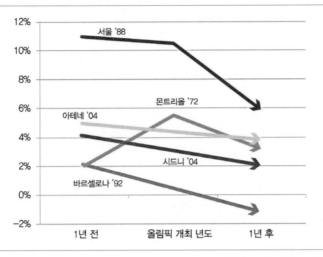

출처: Foreign Policy July/August 2008.

실제에 있어서 올림픽 개최와 관련한 경제효과에 있어 올림픽의 개최가 올림픽 조직위원회에 가져다주는 대회를 통한 흥행 흑자 외에 창출 가능한 실질적이고도 증명 가능한 이득은 찾기 힘들다. 지자체 간 출혈 경쟁은 정치적 개입을 가져올 뿐 아니라 긍정적 효과에 못지않은 부정적 영향도 동반하기 때문이다. 지금까지의 메가 스포츠 이벤트 유치는 국가 및 지역발전, 그리고 경제성장이라는 선전적 수사에 밀려 무시되어 왔지만, 이제 상황은 더 이상 메가 스포츠 이벤트 유치에 무조건적으로 우호적이지만은 않다(정희준 2008).

메가 스포츠 이벤트의 개최가 도시와 국가에 부담으로 작용하였음을 보여주는 수많은 사례들이 존재한다. 1996년 애틀랜타Atlanta 올림픽은 기존 시설을 활용했기 때문에 대회 자체흥행은 흑자였지만 결국 16억 달러의 공공투자는 시와 시민의 부담으로 남게 됐다. 1992년의 바르셀로나Barcelona 올림픽도 조직위는 3백만 달러 흑자를 보았

---

144 그러나 사실 이와 같은 통계가 실질적으로 올림픽과 GDP 간의 실제적 상관관계를 정확히 보여주고 있는가에 대해서는 반론 또한 존재할 수 있다. 올림픽 이후의 세계적 경제상황, 지역적 힘의 변동, 국가 정치권의 변화 같은 다른 요인들로 인하여 경제성장이 하락할 수도 있기 때문이다. 즉 반드시 올림픽을 유치한 것 때문에 GDP 성장률이 떨어졌다고 확언하기에는 그 근거가 미약하다는 반론이 가능하다.

지만 바르셀로나시는 21억 달러, 스페인 정부는 40억 달러의 부채를 남겼다. 2004년 아테네 올림픽의 경우 그리스는 개최비용으로 10조원이 넘는 비용을 지불하게 됨으로써 그 책임소재를 놓고 정치권 간 공방이 벌어지고 대회준비에 차질을 빚는 바람에 세계적 뉴스가 되기도 했다. 2004년 아테네의 예상지출액은 16억 달러였지만 실제는 160억 달러를 사용했기 때문에 발생한 사건이었다. 2008년 베이징의 경우에도 예상 지출액은 16억 달러였지만 실제로는 400억 달러를 사용하였으며, 2012년 런던의 경우 계획은 80억 달러였으나 결과적으로는 열배 가까운 돈이 소요된 것으로 추정되고 있다. 따라서 올림픽조직위원회가 중계권료, 입장료, 광고판매나 스폰서십 등을 통해 얻게 되는 대회 자체 흥행수입은 개최 국가나 도시가 떠안아야 하는 막대한 비용 내지는 적자와 비교할 때 큰 의미가 없게 되는 것이다. <그림 11-3>은 올림픽 개최에 사용된 (공식적) 비용을 보여주고 있으며, <표 11-3>과 <표 11-4>는 올림픽 경기에 사용된 실제 비용이 원래 계획되었던 비용보다 얼마나 더 많이 사용되었는지 그 비율을 보여준다.

그림 11-3 〉〉 **올림픽 개최 비용**

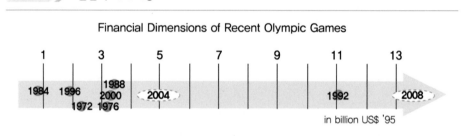

Financial Dimensions of Recent Olympic Games

출처: Lee 2004; Preuss 2004.

표 11-3 〉〉 **스포츠 관련 비용 초과, 올림픽의 경우 1960-2012, 본원통화기준**

경기	나라	유형	실제 비용초과(%)	명목 비용초과(%)
런던 2012	영국	하계	101	133
밴쿠버 2010	캐나다	동계	17	36
베이징 2008	중국	하계	4	35
토리노 2006	이태리	동계	82	113
아테네 2004	그리스	하계	60	97

솔트레이크시티 2002	미국	동계	29	40
시드니 2000	호주	하계	90	108
나가노 1998	일본	동계	56	58
애틀란타 1996	미국	하계	147	178
릴레함메르 1994	노르웨이	동계	277	347
바르셀로나 1992	스페인	하계	417	609
알베르빌 1992	프랑스	동계	135	169
캘거리 1988	캐나다	동계	59	131
사라예보 1984	유고슬라비아	동계	173	1,257
레이크플래시드 1980	미국	동계	321	502
몬트리얼 1976	캐나다	하계	796	1,266
그르노블 1968	프랑스	동계	201	230

출처: Flyvbjerg and Stweart 2012, 10-12.

표 11-4 ▷ 스포츠 관련 비용 초과

측정 규준	하계(%)	동계(%)	총합(%)
비용초과 평균값	252	135	179
비용초과 중위값	118	109	112
최대 비용초과	796(몬트리얼 1976)	321(레이크플래시드 1980)	796
최소 비용초과	4(베이징 2008)	17(밴쿠버 2010)	4

출처: Flyvbjerg and Stweart 2012, 10-12.

따라서 많은 긍정적 전망에도 불구하고 실상은 올림픽의 개최가 국가 경제에 일정 부분 도움을 주는 것이 사실이라고 할지라도 막상 개최도시나 개최국 국민의 입장에서 보았을 때는 직접적인 혜택을 받는다기보다는 간접적인 경제적 이득에 그치는 경우가 훨씬 더 많다고 할 것이다. 대부분의 사람들은 수동적 관객으로서의 혜택을 제외하고는 올림픽으로부터 직접적 이익을 얻지 못하는 것이 현실이다.

2. 메가 스포츠 이벤트 개최의 수혜자들

그렇다면 메가 스포츠 이벤트 개최의 결과로 발생하는 이득은 누구에게로 향하는가? 어떤 의미에서는 메가 스포츠 이벤트의 개최로 가장 큰 이득을 얻는 것은 국제 스포츠 기구들과 그 핵심멤버들, 그리고 초국적 거대 스포츠 기업들이라고 할 수 있다. 올림픽 유치를 둘러싼 국가 간 경쟁이 갈수록 치열해지면서 IOC는 개최지 결정권을 최대의 자산으로 활용하고 있는데, 횟수를 거듭할수록 행사규모가 확대되는 것에 맞추어 유치비용도 증가하고 있다(Leeds and Allmen 2001, 169). 증가한 유치비용만큼 국제스포츠 기구들은 이득을 보는 것이고, 대회의 개최 후 파생되는 이익들은 개최국에 돌아가기보다는 올림픽을 관장하는 초국적 거대 스포츠 기업들에 돌아가는 경우가 대부분이다(정기웅 2008a, 53).

런던 시립대학 비즈니스 스쿨의 경제학과Economics at the Cass Business School at City University London 교수인 스지만스키(Stefan Szymanski 2002)는 메가 스포츠 이벤트에 집착하고 과장된 경제효과를 앞세우는 관료들의 행태를 비판하는 대표적 학자이다. 그는 월드컵 등 메가 스포츠 이벤트의 거시경제적 효과는 없다고 결론 내리면서 국가는 스포츠 이벤트 유치에 나서면서 갖은 경제적 효과를 창조inventing하는 나쁜 버릇을 멈춰야 하고 이들을 단순히 비용 또는 투자액으로 다뤄야 한다고 주장한다. 또 올림픽 등의 메가 스포츠 이벤트는 유치 성공 확률도 매우 낮지만 오랜 기간 전력을 다하는 격심한 유치과정을 거쳐야 하기 때문에 위험부담이 대단히 크다는 것이다. 무엇보다도 성공확률이 매우 낮음에도 엄청난 유치 활동비용을 써야 한다는 점이 그렇다. 다양한 소식통들은 2014 동계올림픽 유치에 성공한 러시아의 소치가 3천만에서 7천만 달러를 유치 활동에 썼다고 하고 두 번째 도전에 실패한 평창의 경우 유치위는 3천만 달러, 외신은 6천만 달러를 지출했다고 전한다. 2016년의 하계올림픽 유치를 위해 각국 조직위가 쓴 돈은 시카고 4천9백만 달러, 리우데자네이루Rio de Janeiro 4천2백만 달러, 마드리드Madrid 4천만 달러, 도쿄 4천8백만 달러 등이었다.[145] 둘째, 대회 기간이나 준비 중에 보이콧, 스캔들, 테러 등 전혀 예측 불가능의 불행한 사건을 겪을 수도 있다는 점 또한 올림픽 개최에 잠재된 리스크이다(정희준 2008, 233-234).

스지만스키는 2009년 10월 4일자 워싱턴 포스트에의 기고문을 통해 이와 같은 자신

---

145 도쿄가 실제 사용한 돈은 150억엔에 달한다는 주장도 있다(김은혜 2011, 91).

의 입장을 다시 한 번 되풀이했다. 그는 "올림픽 개최의 신화Myths About Landing the Olympics"라는 제목의 글을 통해 올림픽 개최의 부담에 대해 역설했다. 그가 제시하고 있는 다섯 가지 근거는 다음과 같다. 첫째, 올림픽은 기대한 만큼의 수익을 가져다주지 않는다. 수익보다는 오히려 경기장 건설과 기반시설 확충을 위한 국민세금으로 충당되는 보조금의 지출을 늘리게 하는 등 경제적 부담을 가져다줄 뿐이다. 둘째, 올림픽 개최권의 획득이 개최도시에 직업창출의 경제적 효과를 가져다주는 것은 아니다.146 올림픽으로 인해 창출되는 많은 일자리들은 개최도시가 아닌 외부의 전문가들에 의해 충당되며, 그들이 벌어들인 돈은 외부로 유출될 뿐이다. 셋째, 올림픽이 관광산업을 촉진시킬 것이라는 기대는 잘못된 것이다.147 올림픽 기간 중 일시적인 관광객 증가가 있을 수도 있지만, 올림픽이 끝난 이후에는 관광객이 오히려 줄어든다는 것을 지금까지의 경험이 보여주고 있다. 넷째, 올림픽 개최를 위해 노력하는 것이 도시의 풍경을 완전히 뒤바꾸어 놓을 것이라는 기대 또한 잘못된 것이다. 그럴 가능성도 있지만, 그렇다고 해도 큰 가치를 갖지 못하는 유산일 뿐이다. 올림픽 경기장들은 대개의 경우 개최도시가 필요로 하는 것보다 훨씬 거대하게 지어져서 유지비용의 부담을 지울 뿐이다. 다섯째, 올림픽이 체육 활동 참여에의 증가를 가져올 것이라는 믿음 또한 환상에 불과하다. 올림픽 경기를 시청하는 관중의 수는 늘어날지 모르나, 그것이 체육 활동의 참여에로 이어지지는 않는다(The Washington Post, October 4, 2009).

LA 올림픽의 성공 이전까지만 해도 메가 스포츠 이벤트에 대한 기업들의 관심은 지금처럼 높지 않았다. 올림픽 후원 프로그램이 오랫동안 존재했음에도 올림픽이 마케팅의 장으로 인식된 것은 오래지 않은 일이다. LA 올림픽은 방송권과 스폰서십을 활용해 5억 5,600만 달러의 비용을 사용하였음에도 2억 3,250만 달러의 흑자를 기록함으로써 메가 스포츠 이벤트의 새로운 활로를 개척했다는 찬사를 받았다. <그림 11−4>에서도 확인할 수 있듯이 1984년 이후 올림픽 방송권은 급속히 증가하게 된다.

---

146 한 도시나 국가가 올림픽 같은 메가 스포츠 이벤트를 개최할 경우 경제효과는 가장 애용되는 선전수사로 등장하게 되고 올림픽 개최 지지자들은 이 경제효과가 궁극적으로 지역의 발전으로 연결될 거라고 주장한다(Roche 1992).

147 올림픽의 관광에 대한 부정적 영향 때문에 올림픽을 개최하는 도시의 관광산업은 개최연도에 적어도 단기적 불황을 맞게 된다는 주장이 존재한다. 올림픽의 해에 관광객 감소를 학자들은 거리두기 요인(stay away factor)이라 표현한다(Shoval 2002, 595). 사람들은 개최지가 물가도 오르고 번잡하며 특히 요즈음에는 테러의 위험이 상존한다고 믿기 때문이다(French and Disher 1997; Shoval 2002). 이들은 관광객은 이벤트가 아닌 관광자원이 유치한다고 주장한다.

그림 11-4 ▷ TV 중계권료 수입

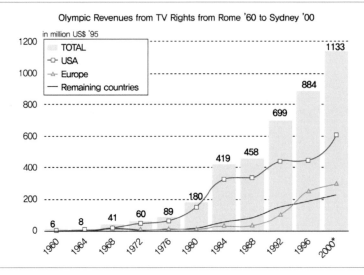

출처: Preuss 2004.

　LA 올림픽 이듬해 IOC는 원스톱 쇼핑one－stop shopping 개념을 올림픽 스폰서십 프로그램에 적용했다. 올림픽이 열릴 때마다 겪어야 하는 복잡하고 불필요한 스폰서십 계약과정을 축소하고 4년마다 계약하는 올림픽 프로그램The Olympics Programme을 만들었다. 올림픽 프로그램은 TOP라고 불리는데(2000년 시드니 올림픽 이후 The Olympics Partners로 명칭이 바뀌었음) 1985년부터 1988년까지 9개 기업을 파트너로 유입해 9,600만 달러의 수익을 올렸다. 1989년부터 1992년까지는 12개 기업에서 1조 7,200만 달러, 2009년부터 2012년까지는 약 9,500만 달러의 스폰서십 수익을 거두는 등 올림픽 대회의 상업주의는 TOP를 필두로 발전하게 되었다(박성배 2016, 169).

　코카콜라, 맥도날드, 삼성전자, 비자 등 글로벌 기업들은 편리해진 스폰서십 계약 방식을 환영하며 TOP 프로그램TOP worldwide sponsorship program에 참여했으며, IOC 는 많은 수입을 확보할 수 있었다. 올림픽 스폰서십 프로그램에 대한 대대적인 정비 이후 TOP 프로그램에 대한 기업들의 관심이 증가했지만, 참여기업의 숫자를 줄이는 과정에서 일반기업들이 참여할 기회는 점점 더 줄어들었고 참여 비용도 천문학적으로 증가하게 되었다(박성배 2016, 169).

　사실 올림픽으로 돈을 벌어들이는 것은 주최국이 아니라 IOC를 비롯한 초국적 기구와 기업이라는 것은 이미 널리 알려진 사실이다(송해룡·최동철 1999). *Foreign Policy*는 2008년 여름 호에서 "Rings of Gold"라는 제목으로 이 문제를 조명한 바 있으며, IOC는 2010년과 2012년의 올림픽을 통해서는 1990년대에 벌어들인 돈의 세배에 가까운 돈을 벌어들일 것으로 예측하고 있다(<표 11-5> 참조). 이 수익금들은 물론 국가올림픽조직위원회에 배분되지만, IOC는 경비로만 수억의 돈을 벌어들이고 있으며, 이것이 IOC를 가장 부유한 국제 스포츠 기구로 만들고 있는 것이다. 반면 올림픽 개최국의 국민들 혹은 개최도시의 시민들이 얻게 되는 경제적 이익은 극히 미미한 것에 지나지 않거나, 오히려 예기치 않은 비용 부담이라는 부정적 효과에 노출될 수도 있음이 지적되어야 할 것이다.

표 11-5 ▷ 올림픽 스폰서십을 획득하는데 소요된 평균 비용(2007년 미 달러화 기준)

올림픽 개최도시	평균 비용
Calgary & Seoul 88	$19.7 million
Albertville & Barcelona 92	$22.4 million
Lillehammer 94 & Atlanta 96	$38.4 million
Nagano 98 & Sydney 00	$65.9 million
Salt Lake City 02 & Athens 04	$68.5 million
Turin 06 & Beijing 08	$74.3 million

출처: Foreign Policy July/August 2008.

3. 가시적·비가시적 효과 & 단기적·장기적 효과

그러나 올림픽의 효과가 눈에 보이는 경제적 효과에만 한정되어 평가되는 것 또한 적절치 못하다. 올림픽의 효과는 직접적이고 가시적인 것 못지않게 비가시적 영역에서도 틀림없이 존재하고 있으며, 더불어 그 효과가 직접적이고 단기적인 것도 있지만 간접적이고 장기적인 것도 존재하기 때문이다. 예로서 올림픽 개최로 인한 세계적 관심의 집중으로 인하여 인권이 개선되고, 시민의 의식에 변화가 생기며, 삶의 질이 상승하는 것과 같은 간접적 효과 등이 제시될 수 있을 것이다. <그림 11-5>는 2002년 시드니 올림픽을 한 예로 들어 올림픽이 미치는 효과를 가시적, 비가시적, 단기적, 장기적의 4분면으로 분류하여 표시해 놓은 것이다.

그림 11-5 ▷ 2002 시드니 올림픽의 효과 분석

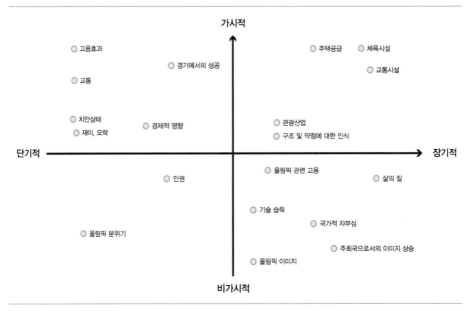

출처: Preuss 2002 및 Preuss 2004를 바탕으로 재구성.

이와 같은 올림픽의 포괄적 효과에 대한 주장은 메가 스포츠 이벤트의 유치가 한 국가 혹은 도시의 정치·경제·사회에 긍정적인 영향을 미친다는 논의들의 좋은 근거가 되어주고 있다(김종기 1989; 노기성 1998, 2001; 서상목 1987). 그러나 올림픽의 효과에 대한 긍정적 평가만큼이나 부정적인 평가들 또한 존재한다는 것은 이미 언급한 바와 같다. 이들은 올림픽이 국가의 정치적 도구로 활용되는 것에 불과하며, 경제적으로도 큰 도움이 되지 않는다는 주장을 펼친다(박보현 2008; 안영도 2002; 정희준 2008; Horne 2007; Siegfried and Zimbalist 2006; Szymanski 2002). 어떤 측면에 주목할 것인지는 논자의 시각에 따라 결정될 것이나, 올림픽의 정치·경제적 효과에 대한 평가는 가시적인 면과 비가시적인 면, 장기적인 면과 단기적인 면 모두를 포괄함으로써 이루어져야 할 것이다.

III 강원도 평창의 경우

2018년 개최를 앞두고 평창은 마무리 공사가 한창이다. 그렇다면 평창의 동계올림픽 개최는 그 지역과 지역민들에게 축복으로 다가올 것인가, 아니면 무거운 부담과 어려움으로 남게 될 것인가?[148]

무엇보다도 평창 동계올림픽의 경우 경기 종료 후의 시설 이용과 유지·보수 등에 대한 의문이 수차에 걸쳐 제기된 바 있다. 강원도 평창의 경우 전통적으로 중앙보다는 지방, 집중 보다는 소외된 지역에 가까웠다. 따라서 평창이 동계올림픽이 끝난 후 그 시설물들을 성공적으로 유지·보수할 수 있을지, 그리고 평창의 동계올림픽 유치가 온전히 경제적 이익의 창출이라는 측면에서 받아들여질 수 있는지에 대해 몇 가지 회의적 시각들이 제시되었던 것이다.

이러한 회의적 시각을 고려할 때, 평창의 경우 올림픽 유치가 지방 권력의 헤게모니 강화를 통한 정치권력의 재생산을 목표로 하고 있었다는 해석은 주목할 가치가 있다.[149] 이 주장에 따르면 "스포츠 메가 이벤트 유치 도전에 나서는 주체세력은 스포츠 메가 이벤트의 장점을 부각시킴으로써 대중들의 지지를 얻고자 하지만, 이러한 지지의 궁극적 목적은 스포츠 메가 이벤트의 유치가 아닌 정치권력의 헤게모니 강화와 재생산이라는 정치적 측면에 있다."는 것이다. 이 주장에 따르면 강원도가 2차례의 실패에도 불구하고 계속해서 동계올림픽 유치에 도전한 것은, 그리고 이를 많은 도민들이 적극적으로 지지한 것은, 그 속에 숨어 있는 정치권력의 맥락 속에서 다루어지는 정치경제적 속성 때문이라는 것이다(박보현 2010, 83).

스포츠는 정치와 불가분의 관계로 인식되고 있다. 이 말은 스포츠가 정치적 도구로 활용되어 왔음을 의미하며, 이는 구체적으로 지배권력의 헤게모니 강화에 기여할 수 있는 정치적 이벤트로서 큰 가치가 있다는 것을 뜻한다. 특히 올림픽, 월드컵과 같은 스포츠 메가 이벤트의 경우 대회 유치와 준비 기간이 5년~7년으로 헤게모니 효과의 지속성은 다른 어느 스포츠와 비교가 되지 않을 정도로 강력하다(박보현 2010, 95). 이

---

148 본고가 작성된 것은 평창 동계올림픽이 개최되기 이전이다. 동계올림픽 폐막 이후의 상황에 대해서는 본서의 제13장에서 검토하고 있다.

149 Jessop의 헤게모니 프로젝트를 이용하여 평창 동계올림픽을 분석한 논문으로는 박보현 2010을 참조할 것.

러한 측면에서 2000년 처음 동계올림픽 유치에 뛰어든 강원도의 정치 지배블록은 2번이나 대회 유치에 실패했음에도 불구하고 도전을 멈추지 않음으로써 일종의 정치적 헤게모니 장악에 성공해 지방자치제도 실시 이후 첫 3선 도지사를 배출하는 정치적 성과를 이끌어냈다. 이러한 결과는 강원도의 동계올림픽 유치 도전이 헤게모니를 강화하고 이를 통해 정치권력의 재생산을 도모하고자 하는 헤게모니 프로젝트적 성격을 보유하고 있음을 드러낸다.

그러나 이와 같은 지역적 헤게모니 강화의 시도는 타 지역과의 마찰 및 갈등을 불러일으키기도 하며, 동시에 동일 지역 내 헤게모니 도전 세력들에 의한 반발을 야기시킨다. 강원도의 경우 세 번의 동계올림픽 유치 도전과정에서 국내 후보도시 선정을 둘러싸고 경쟁 구도를 보인 전라북도와 갈등관계를 형성하였고, 유치 재도전에 따른 전폭적 지지 확보에 실패함으로써 지역주민과의 갈등 또한 노정시켰다. 동계올림픽 유치 삼수도전에 대한 지역 내 갈등은 강원도의 경제성장과 환경정의에 대한 사회적 의제 설정 요인으로 작용함과 동시에 개발에 따른 환경, 환경을 위한 개발, 즉 개발과 보존이라는 상충되는 경쟁적 담론이 형성되는 공간을 만들어 냈다(서세훈 2012; 임태성 2007; 한승백 2010).

평창이 2007년 7월 5일 유치에 실패한 후, 평창의 재도전에 대한 거센 논란이 촉발되었고, 9월 3일 강원도가 세 번째 도전을 선언하자 강원도의 39개 시민단체가 참여하는 강원시민단체연대회의가 유치반대 성명을 발표하면서 불복종 운동을 전개하기 시작했으며, 주요언론도 회의적 내지는 반대의견을 담은 기사와 칼럼을 내보내기 시작했다. 결국 2007년 초 90%를 상회하던 압도적 올림픽 유치 찬성여론은 59.9%까지 떨어진 바 있다(서울경제신문 2007년 9월 6일).

평창의 경우에 드러난 타 지역과의 갈등, 동일 지역 내의 갈등은 올림픽 개최를 둘러싸고 해당 지역 간 또는 정책주체와 지역주민 간의 협상과정에서 노정되었던 정당성 결핍에 의해 갈등이 증폭된 경우라고 평가할 수 있다. 즉 정책결정과정에 있어 실질적인 이해관계자가 배제된 상태에서 정책주체 간 협상이 추진된 결과, 지역적 가치관의 차이로 인해 동계올림픽 유치 재도전에 대한 공론화가 결여된 채 불필요한 갈등이 생산되었다고 말할 수 있는 것이다(서세훈·임태성 2010; 서세훈·박재우 2012).

이러한 갈등은 성장연합 vs 이벤트연합의 대립으로 발전하기도 한다. 올림픽을 계기로 도시재개발을 위해 '성장연합growth coalition'(Logan and Molotch 1987, 2007)이 구성된다면, 시민 사회 역시 다양한 단체들이 연대하는 '이벤트연합event coalition'(Boykoff 2011)을 구성해 반대운동을 전개하기도 한다.[150] 올림픽 유치 활동이 관계 기관들과 많은 자본의 참여로 '제도화－상업화'되었다면, 올림픽 반대운동은 지역과 국경을 넘어 연대하는 '수평적인 조직'을 통해 전개되어 나간다. 이벤트연합은 동질성을 강요하거나 지속성을 과장하는 '사회운동'보다는, 올림픽이라는 계기를 둘러싼 일종의 '운동의 융합a convergence of movements'으로 파악할 수 있다. 유연성과 자발성, 그리고 수평적인 연대감으로 조직되며, 탈중심적이고, 비위계적이며, 반권위주의적인 동맹인 '올림픽 저항네트워크'를 구성하여 활동해 나가는 특성을 갖는다.[151] 더욱이 도시공간에서 스펙터클spectacle을 재현하는 과정에서 메가 이벤트나 도시 관광이 도시 문제들을 감추는 등 일종의 정치적 통합을 형성한다고 기대되곤 한다. 그러나 실제로는 오히려 그동안 감춰져 왔던 불평등한 사회관계와 대립(인종, 계급, 젠더, 지배－구속)을 드러내기도 한다는 반론도 상당한 설득력을 갖는다(정희준 2009; Gotham, 2011). 이와 같은 논의에서 보여지듯이 주최 도시의 독자적 위상 또한 강력한 정치적 성향을 노정한다.

Ⅳ 소결 및 함의

오늘날 메가 스포츠 이벤트 개최가 초래할 수 있는 경제적 파급효과는 이벤트 개최 결정에 있어 가장 최우선적인 고려사항으로 작동하고 있다. 그러나 이미 검토한 것처럼 메가 스포츠 이벤트의 개최가 긍정적 경제효과를 가져올 것이라는 보장은 그 어디에도 없다. 오히려 개최국과 도시의 재정에 부정적 영향을 끼침으로써 그 구성원들이 고통을 감내해야 하는 경우가 적지 않다는 점이 상기되어져야만 한다.

결국 메가 스포츠 이벤트 개최의 효과는 가시적인 면과 비가시적인 면, 장기적인 면

---

150 평창 동계올림픽 유치과정에서 나타난 비정부단체의 특성과 메타포를 보전연합과 개발연합체로 구분해서 분석한 것은 서세훈 외 2010을 참조할 것.

151 2010 밴쿠버 올림픽에 대한 반올림픽 운동은 단지 '투덜대는 무리'에 불과한 것이 아니라 올림픽의 실체 (표면적으로만 윈윈 게임)에 대해 알기 쉽게 설명하는 등 장기적인 공적 교육을 시작했다고 평가했다 (Boykoff 2011, 46). 이벤트연합이라는 개념에 대해서는 Tarrow 2005; Donatella and Tarrow 2005를 참조할 것.

과 단기적인 면 모두를 포괄하는 총합적 측면에서 평가되어야 할 것이며, 이는 메가 스포츠 이벤트 개최 결정과정에서 핵심적 역할을 담당하는 행위자들의 의도에 따라 그 평가에 대한 공정성이 달라질 수 있음 또한 언급될 필요가 있을 것이다.

참 고 문 헌

강정호 · 남동현. 1996. "근대 올림픽 대회의 스포츠의 정치화에 관한 연구." 『제77회 전국체육대회 기념 제34회 한국체육학회 학술발표회 논문집』.

김은혜. 2011. "2016년 도쿄 올림픽의 좌절과 도시의 정치경제." 『공간과 사회』 21 − 3.

박보현. 2010. "한국 지방 정부의 헤게모니 프로젝트: 강원도의 2010/2014년 동계올림픽 유치 도전을 중심으로." 『한국스포츠사회학회지』 23 − 3.

삼성경제연구소. 2000. 『올림픽의 경제학』. CEO Information NO. 263.

서세훈 · 박재우. 2012. "2018 평창 동계올림픽 유치 재도전 과정에서 형성된 공공갈등 구조 분석." 『한국체육과학회지』 21 − 3.

『서울경제신문』 2007년 9월 6일.

송해룡 · 최동철. 1999. 『미디어 스포츠와 스포츠 커뮤니케이션』. 서울: 커뮤니케이션북스.

안양도. 2002. 『월드컵 그 환희의 뒤 끝』. 서울: 비봉출판사.

임태성. 2007. "2018 평창 동계올림픽 유치 재도전." 한국체육학회 · 올림픽성화회 토론회.

정기웅. 2008a. "스포츠를 통한 국가위신의 고양." 『글로벌정치연구』 1 − 1.

정희준. 2008. "스포츠 메가 이벤트와 경제효과 − 그 진실과 허구의 재구성." 『한국스포츠사회학회지』 21 − 1.

정희준. 2009. 『어퍼컷』. 서울: 미지북스.

한승백 2010. 2010. "동계올림픽 유치과정에서 공론장을 통해 나타난 지방 정부와 시민 사회의 관계." 『한국스포츠사회학회지』 23 − 1.

Andranovich, G., Burbank, M. J. and Heying, C. H. 2001. "Olympic cities: Lessons learned from mega−event politics." *Journal of Urban Affairs*, 23 − 2.

Boykoff, Jules. 2011. "The Anti−Olympics." *New Left Review*, 67.

Chalkley, B.S. and Essex, S.J. 1999. *Urban development through hosting international events: a history of the Olympic Games, Planning Perspectives*, 14 − 4.

Coaffee, J. 2011. "Urban Regeneration and Renewal." Gold, J. and Gold, M. eds. *Olympic Cities: City Agendas, Planning and the World's Games, 1896−2016*. 2nd. New York: Routledge.

Dobson, N. and Sinnamon, R. 2001. "A Critical Analysis of the Organization of Major Sports Events." Chris Gratton and Lan P. Henry. *Sport in the City*. London: Routledge.

Essex, S and Chalkley B. 2004. "Mega−sporting events in urban and regional policy: a history of the Winter Olympics." *Planning Perspectives*, 18 − 2.

Flybvjerg, Bent and Allison Stewart. 2012 "Olympic Proportions: Cost and Cost Overrun at the Olympics 1960 – 2012." *Said Business School working papers*. June 2012.

Flybvjerg, Bent. 2006. "Design by Deception: The Politics of Megaproject Approval." in Saunders, William. ed. *Urban Planning Today*. Minneapolis: University of Minnesota Press.

Flybvjerg, Bent., Nils Bruzelius, Werner Rothengatter. 2003. *Megaprojects and Risk: An Anatomy of Ambition*. New York: Cambridge University Press.

Foreign Policy, July/August 2008.

French, S. P. and Disher, M. E. 1997. "Atlanta and the Olympics: A one – year retrospective." *Journal of the American Planning Association*, 63 – 3.

Gotham, K. F. 2011. "Resisting Urban Spectacle: The 1984 Louisiana World Exposition and the Contradictions of Mega Events." *Urban Studies*, 48 – 1.

Horne, John. 2007. "The Four 'Knowns' of Sports Mega – Events." *Leisure Studies*, 26 – 1.

John Baylis, Steve Smith, Patricia Owens편. 하영선 외 옮김. 2009. 『세계정치론』 4판. 서울: 을유 문화사.

Lee, Mike. 2004. *Political, Social and Economic Aspects of the Olympic Games*. London: Imperial College.

Leeds, M. and Allmen, P. V. 2001. *Economics of Sport*. C.A.: Wadsworth Publishing Company.

Lenskyj, H. 2008. "Olympic Impacts on Bid and Host Cities." *Olympic Industry Resistance Challenging Olympic Power and Propaganda*. Albany: State University of New York Press.

Logan, J. and Molotch, H. L. 2007. *Urban Fortunes: the Political Economy of Place*. Berkeley, CA: University of California Press.

Mangan, J. A. 2008. "Prologue: Guarantees of Global Goodwill: Post – Olympic Legacies –Too Many Limping White Elephants?" *The International Journal of the History of Sport*, 25 – 14.

Müller, Martin. 2012. "Popular Perception of Urban Transformation Through Mega – Events: Understanding Support for the 2014 Winter Olympics in Sochi." *Environment and Planning C: Government and Policy*, 30 – 4.

Owen, Jeffrey G. 2005. "Estimating the Cost and Benefit of Hosting the Olympic Games: What Can Beijing Expect from its 2008 Games?." *The Industrial Geographer*, 3 – 1.

Preuss, Holger. 2002. *The Economic and Social Impact of the Sydney Olympic Games*. In IOC/IOA (Hrsg.) Report of the Forty – First Session, (S. 94 – 109). Lausanne: IOC.

Preuss, Holger. 2004. *The Economics of Staging the Olympics*. Northhampton, Massachusetts: Edward Elgar Publishing, Inc.

Roche, M. 1992. "Mega – events and micro – modernization: On the sociology of the new urban tourism." *British Journal of Sociology*, 43－4.

Roche, M. 2000. *Mega－events and Modernity*. N.Y.:Routledge.

Sassen, A. S. 1980. *Gramci's Politic*. London: Croom Helm. Shoval 2002.

Siegfried, John and Andrew Zimbalist. 2006. "The Economic Impact of Sports Facilities, Teams and Mega－Events." *The Australian Economic Review*, 39－4.

Szymanski, S. 2002. "The Economic Impact of the World Cup." *World Economics*. 3－2.

Szymanski, S. 2009. "Myths About Landing the Olympics." *The Washington Post*. 2009.10.4. *The Washington Post*, October 4, 2009.

Vigor, Anthony., Melissa Mean and Charlie Tims. 2004. *After the Gold Rush: A sustainable Olympics for London*. ippr and Demos.

Whitson, David and John Horne. 2006. "The Glocal Politics of Sports Mega－Events: Underestimated costs and overestimated benefits? Comparing the outcomes of sports mega－events in Canada and Japan." *The Sociological Review*, 54－2.

Whitson, David. 2004. "Bringing the world to Canada: 'The Periphery of the centre'" *Third World Quarterly*, 25－7.

http://www.olympic.org/los－angeles－1984－summer－olympics 검색일: 2017년 6월 15일.

12

평창 동계올림픽과 드림 프로그램

Ⓘ 평창의 동계올림픽 유치

2011년 7월 6일(이하 한국시간) 남아공 더반Durban에서 열린 제123차 국제올림픽위원회IOC: International Olympic Committee 총회에서 평창은 독일 뮌헨Munich과 프랑스 안시Annecy를 제치고 2018 동계올림픽 개최지로 선정됐다. 평창은 투표에 참가한 95명 IOC 위원의 과반수인 63표를 득표하여 1차 투표에서 승리를 결정지었다.

이로써 평창은 1999년 2월 25일 동계아시안게임 폐막식에서 동계올림픽 유치를 대외에 천명하고 2000년 동계올림픽 유치위원회를 발족시킴으로써 올림픽 유치 도전을 공식화한 이후 12년 만에 3번의 도전 끝에 올림픽 개최지로 확정되는 기쁨을 안았다. 동시에 대한민국은 1988년 서울 올림픽, 2002년 월드컵 축구 대회, 2011년 대구 세계육상선수권대회에 이어 2018년 동계올림픽을 유치하게 됨으로써 국제적인 4대 스포츠 행사를 모두 유치한 국가가 됐다.

한국의 언론은 "이러한 기록을 보유하고 있는 국가는 프랑스, 독일, 이탈리아, 일본, 러시아 등 다섯 국가뿐이며, 동계올림픽이 흔히 선진국들의 잔치라고 불린다는 점을 감안한다면, 평창 동계올림픽은 그로 인한 경제적 효과 및 국가브랜드 상승효과와 더불어 대한민국의 선진국 진입을 전 세계에 널리 알리는 기회로 활용될 수 있을 것"이라는 논조의 보도를 쏟아 내었다. 다른 한편으로 평창의 경제적 효과와 관련하여 현대경제연구원은 평창 동계올림픽 개최의 경제적 효과가 64조 9,000억 원(직접적 효과 21조 1,000억 원, 간접적 효과 43조 8,000억 원)에 이를 것으로 추정하였다(현대

경제연구원 2011, 2−3).

지금까지 아시아에서는 세 번의 올림픽과 한 번의 동계올림픽이 개최되었다. 1964년 도쿄 올림픽과 1998년의 나가노 동계올림픽, 1988년 서울 올림픽, 2008년 베이징 올림픽이 그것이다. 이들은 한국, 중국, 일본 세 국가의 발전과정 및 올림픽의 발전과정에 있어 중요한 의미를 갖는다. 도쿄 올림픽이 전후세계의 일본이 패전을 딛고 경제대국으로 다시 우뚝 섰음을 세계에 알리는 역할을 담당했다면, 나가노 동계올림픽은 일본이 오랜 경기침체에도 불구하고 여전히 경제 강국임을 과시하는 동시에 21세기의 새로운 발전을 모색하고 있음을 대내외적으로 천명하는 역할을 수행했다. 서울 올림픽은 냉전의 종식을 촉진시키고 방송과 결합된 스포츠가 얼마만큼이나 강력한 파급효과를 가질 수 있는지를 부각시키는 한편 스포츠와 결합한 상업주의의 강력한 영향력을 각인시켰고, 베이징 올림픽은 냉전 후 세계질서의 구축과정에서 새로운 강대국 등장의 신호탄으로서 작동함과 동시에 세계화된 세상에서 스포츠와 결합한 민족주의가 어떠한 변화의 궤적을 따를 것인지를 관찰할 수 있는 기회를 제공하였다(정기웅 2011, 250).[152]

기실 역대 올림픽 경기에 대한 평가에 있어 아시아에서 열린 올림픽 경기들은 각국이 추구하고자 하는 목표를 달성하는데 있어 매우 성공적이었던 것으로 평가된다.[153] <그림 12−1>에서 확인할 수 있듯이 아시아 국가에서 올림픽이 개최된 것은 한국, 일본, 중국에 그친다. 올림픽의 경우 전통적인 강대국들의 잔치였다는 점은 올림픽 개최지역에서 명확히 드러난다. 그런 관점에서 접근하였을 때 아시아 3개국에서 개최된 올림픽은 그 자체만으로 의미를 갖게 되며, 이들 올림픽들이 성공적이었다는 평가를 받는다는 것은 매우 의미 있는 일이라고 말할 수 있다.

---

[152] 아시아에서 개최된 세 번의 올림픽 경기들에 대한 비교평가는 Close, Askew and Xin 2007, 121−144를 참조할 것.
[153] 아시아에서 개최된 올림픽 경기들의 성공과 관련한 논의는 Preuss 2004, 12−27; Preuss 2008, 415−438; Cha 2009, 22−29 등을 참조할 것.

그림 12-1 >> 역대 올림픽 개최지 지역 비율

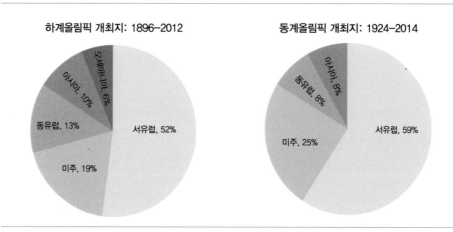

하계올림픽 개최지: 1896-2012

오세아니아: 6%
아시아: 10%
동유럽: 13%
미주: 19%
서유럽: 52%

동계올림픽 개최지: 1924-2014

아시아: 8%
동유럽: 8%
미주: 25%
서유럽: 59%

출처: Data from www.databaseolympics.com
Victor D. Cha. Beyond the Final Score, the Politics of Sports in Asia(New York: Columbia University Press, 2009). 23.

특히 서울 올림픽은 1970년대 이후 경제적 실패와 테러, 정치적 이유로 인한 보이콧 등으로 쇠퇴의 길에 들어서고 있던 올림픽을 다시 부활시켰으며, 한국에게 있어서도 정치·경제적으로 성공적인 올림픽이었다는 부분에 있어 대부분의 평가가 일치한다 (정기웅 2011, 250).[154] 한국 스스로도 서울 올림픽을 매우 성공적인 올림픽으로 평가하고 있으며, 매번 국제 경기를 치를 때마다 (최소한 표면적으로는) 성공적이고 훌륭한 대회였다는 평가를 받아온 까닭에, 평창 동계올림픽 유치는 각별한 의미를 가질 수밖에 없으며, 온 국민이 성공적 개최에 대한 열망을 공유하고 있다고 말할 수 있을 것이다.

II 왜 평창은 올림픽에 도전하였는가?

올림픽과 같은 메가 스포츠 이벤트를 개최하는 목적은 다양한 각도에서 관찰될 수

---

154 서울 올림픽의 의의 및 성공과 관련한 논의는 Manheim 1990; Zubok 2001; 강규형 2003; 정기웅 2010a 등을 참조할 것.

있을 것이다. 근대 올림픽은 쿠베르탱Pierre Coubertin에 의해 1896년 그리스 아테네 Athens에서 부활한 이후 지금까지 약 1세기가 넘는 세월 동안 하계 31회(2016년 8월 브라질 리우데자네이루) 개최, 동계 22회(2014년 2월 러시아 소치) 개최라는 역사를 기록하며 발전하여왔다. 올림픽은 '보다 빠르게, 보다 높게, 보다 힘차게Citius, Altius, Fortius'라는 모토를 추구하는 동시에 '세계평화, 국제친선, 아마추어리즘, 세계인의 동등한 권리'라는 이념으로 스스로를 포장하고 세계평화의 대제전으로서 자리매김하고자 하였으며, '非정치화, 非프로페셔널, 非상업화'를 3대원칙으로 주장하였으나, 오늘날에 와서는 그 의미가 퇴색되었음을 부인하기 힘들다. 올림픽의 이념·이상·원칙은 개최국 및 참여국의 정치·경제적 이유로 인하여 무시되기 일쑤였으며, 오늘날의 올림픽은 국가행위자를 필두로 그 파생되는 이익을 둘러싼 다양한 행위자들 간의 치열한 경쟁의 장 그 이상도 이하도 아니라고 할 수 있다.

이러한 경제적 면모의 중시는 선진국 광역권 중심도시들의 유치 경쟁 합류로 더욱 부각되고 있으며, 올림픽 개최권을 둘러싼 치열한 경쟁을 쉽게 찾아볼 수 있다. 오늘날의 올림픽 개최는 크게 2008 베이징 올림픽처럼 자국의 경제성장 단계가 선진국 그룹에 진입했음을 알리는 '국책 이벤트'로서 기능하는 경우와, 2012 런던 올림픽처럼 일정한 도시 경쟁력을 갖춘 이른바 '세계도시global city'들이 도시발전의 새로운 돌파구를 찾기 위해 유치하는 경우로 대별할 수 있을 것이다. 이처럼 도시 경쟁력을 증명하는 새로운 장으로서 올림픽의 경제적 효과에 대한 기대감은 도시 개발주의와 매우 친화력을 갖게 된다(김은혜 2011, 69-70).

그러나 이와 같이 수도 혹은 세계적 도시가 개최에 뛰어드는 것은 주로 하계올림픽의 경우이며, 동계올림픽은 약간 다른 모습을 표출하고 있다. 개최의 지리적 제약요인과 상대적인 인기도의 저조 때문에 동계올림픽의 개최는 대개 국가적 사업의 모습을 띠거나 세계적 도시들의 경쟁 무대로서 작동하기보다는 도시 경쟁력의 확보라는 측면에서 접근되어지는 경향이 있다. 세계적 도시의 수준에 미치지는 못하지만 동계올림픽 개최의 지리적 자격조건을 갖춘 도시가 국가의 지원을 받아 새로운 도시 경쟁력을 확보하고자 하는 차원에서 접근되어지는 경향을 노정한다는 것이다. 그림 <12-2>는 역대의 동계올림픽 개최지를 보여주며, 절대 다수가 서구유럽에 위치한 소위 선진국들에 몰려있음을 확인할 수 있다.

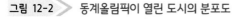

그림 12-2 ▶ 동계올림픽이 열린 도시의 분포도

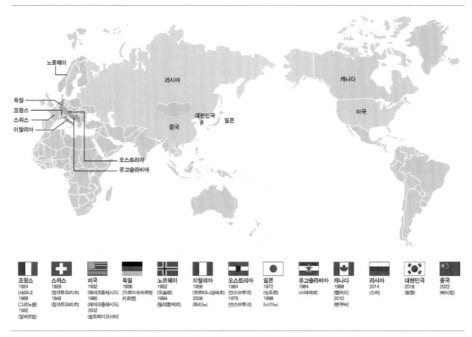

출처: 평창군 올림픽추진단 2016, 15.

　이런 관점에서 볼 때 강원도 평창이 동계올림픽을 유치하게 된 것은 매우 주목할 만한 일이다. 강원도 평창은 인구 5만에도 미치지 못하는 작은 도시에 불과하며, 올림픽 유치가 결정되기 전까지는 대한민국 내에서도 주목받는 도시라고 말하기는 힘들었다.[155] 이 작은 도시와 그 도시가 위치한 강원도가 한국 메가 스포츠 이벤트 개최의 역사에서 차지하는 비중을 돌이켜볼 때 평창의 동계올림픽 유치는 매우 독특한 위상을 갖는다. 현재 강원도의 도세는 다른 지역들과 비교할 때 상대적으로 매우 위축되어 있다고 볼 수 있다. 그럼에도 불구하고 대개의 경우 국가정책의 우선순위에서 항상 밀려났고, 이에 따라 은둔의 고장 강원도라고 에둘러 표현되어왔다. 이에 대한 강원도민들의 상대적 박탈감은 우려할만한 수준이라고 할 수 있다(임태성·박재우 2011, 82).

　그렇다면 평창은 왜 그리고 어떻게 동계올림픽 유치에 도전하였는가? 평창군 올림

---

[155] 평창이 동계올림픽 개최지로 선정된 1년 후인 2012년 9월 기준으로 강원도 평창의 인구는 43,540명, 19,710세대로 구성되어 있었다. 5년 후인 2017년 9월 기준 평창의 인구는 43,093명, 20,954세대로 구성되어 있다. http://stat.happy700.or.kr 검색일: 2017년 10월 20일.

픽추진단이 2016년에 발간한 올림픽 유치백서『눈물겨운 도전 아름다운 성공: 12년의 동계올림픽 유치 도전사』는 다음과 같이 밝히고 있다.

> "1990년대 말 강원도는 16개의 광역 시·도 중 인구수와 경제지수에서 하위권에 위치하고 있었고 도로 및 철도 등 열악한 교통 인프라는 강원도의 성장과 발전을 가로막고 있었다. 강원도의 역점사업인 3각 테크노밸리사업(바이오, 의료기기, 비철금속 등) 또한 다른 광역 시·도와 치열한 경쟁을 벌이고 있었다. 강원도는 이를 극복하기 위해서 타 시도와 중첩되지 않으면서도 관광·레저산업에 대한 전·후방 파급효과가 크고 강원도의 특성에 가장 적합한 새로운 영역으로의 정책 변화가 필요했다. 여기에 강원도를 국제적인 동계스포츠의 중심지로 육성하고 1997 월드컵스키대회와 1999 동계아시안게임을 연계하여 관광국제화를 촉진함과 아울러 경기장, 도로망, 공항 등의 확충으로 지역개발을 앞당기고자 추진하기 시작한 것이 국제 메가 스포츠 대회인 동계올림픽 유치였다. 또한, 지형·기온·적설량·설질 면에서 동계스포츠의 본고장이라는 점, 환동해권과 대북교역의 중심지이며 통일한국의 최일선에 위치하여 급속도로 발전하는 남북관계로 기대되는 '남·북 공동개최'의 최적지라는 점 등이 고려됐다(평창군 올림픽추진단 2016, 17)."

그동안 한국에서는 1986 서울 아시안게임을 시작으로 1988 서울 올림픽, 1997 무주·전주 동계유니버시아드대회, 2002 부산 아시안게임, 2003 대구 유니버시아드대회, 2011 대구 세계육상선수권대회가 치러졌고, 2014 인천 아시안게임, 2015 광주 하계유니버시아드대회가 개최되었다. 이들 중 강원도는 없다. 한 달 여간 대한민국 전 국토를 열광의 도가니로 몰아넣었던 2002 한·일 월드컵축구대회 때의 경우에도 서울, 인천, 수원, 대전, 대구, 전주, 부산, 광주, 울산, 제주 등 다양한 지역에서 경기가 진행되었지만, 강원도는 제외되었다. 즉 한국 내에서도 상대적으로 소외된 지역인 강원도, 그 중에서도 인구 5만에도 미치지 못하는 평창이 2018 동계올림픽 개최지로 선정된 것은 정치·경제적 효과와는 별개로 그 자체만으로도 높은 평가를 받을 필요가 있다.

그러나 문제는 개최 이후이다. 평창은 개최 확정 이후 많은 어려움을 겪어 왔다. 소도시 평창이 세계적인 행사를 치르는 데 있어 많은 어려움에 직면할 수밖에 없었을 것임은 쉽게 예측할 수 있다. 더군다나 지금까지 한국에서 치러진 다른 국제행사들과 비교해볼 때 평창이 받은 지원은 상대적으로 미약한 것이라고 할 수 있다.

Ⅲ 평창과 드림 프로그램

1. 평창 드림 프로그램

평창의 개최확정에 가장 큰 공헌을 하였으며, 이후 훌륭한 하나의 프로그램으로 자리 잡은 드림 프로그램은 주목할 가치가 있다. 평창 동계올림픽 유치의 주요 전략 중 하나로 시작되어 많은 성과를 거두고 있는 드림 프로그램은 글로벌과 지역의 상호구성, 스포츠 외교와 복합 외교의 수렴가능성, 상호성과 지속성의 결합을 보여주는 한 좋은 예로 제시될 수 있다.

드림 프로그램은 평창 동계올림픽 유치의 주요 전략 중 하나로 겨울 스포츠가 발달하지 못한 국가의 청소년을 초청해 동계스포츠 꿈나무로 키운다는 목표를 내세우고 있다. 평창은 2010 동계올림픽 유치 운동 당시 드림 프로그램을 제안했으며, 유치가 실패한 뒤에도 이 프로그램을 지속해왔고, 이는 2011년 평창이 동계올림픽을 유치하는데 많은 도움을 줬다는 평가를 받고 있다.

드림 프로그램은 2004년에 시작되었다. 첫해 22개국 108명의 참가 선수에서 2016년에는 44개국 179명의 선수로 확대되었다. 특히 2011년에는 케냐와 사우디아라비아 등 6개국 24명의 장애 청소년들이 처음으로 참가했으며, 이후 장애인 참가가 정례화되었다.[156]

<표 12-1>는 지금까지 드림 프로그램에 참가한 국가와 참가인원을 정리한 것이다. 지속적으로 참여 국가와 참가인원이 증가한 것을 확인할 수 있다.

표 12-1 ▶ 드림 프로그램 참가국과 참가인원

년도	참가국/ 참가인원	대륙별 참가국
2004	22/108	• 아시아: 인도, 이란, 대한민국, 레바논, 몽골, 네팔, 싱가포르, 태국 • 유럽: 불가리아, 체코, 터키, 우크라이나 • 중남미: 아르헨티나, 멕시코, 페루 • 아프리카: 알제리, 카메룬, 케냐, 세네갈, 남아프리카공화국, 토고, 튀니지

---

156 "드림 프로그램, 평창의 꿈이 되다," 『뉴시스』 2011년 2월 17일.

2005	26/109	• 아시아: 대만, 인도, 이란, 대한민국, 레바논, 몽골, 네팔, 싱가포르 • 유럽: 불가리아, 체코, 마케도니아, 그리스, 라트비아, 몰도바, 터키, 우크라이나 • 중남미: 아르헨티나, 멕시코, 페루 • 아프리카: 알제리, 카메룬, 케냐, 세네갈, 남아프리카공화국, 토고, 튀니지
2006	30/111	• 아시아: 대만, 인도, 이란, 대한민국, 레바논, 말레이시아, 몽골, 필리핀, 싱가폴, 시리아, 태국 • 유럽: 불가리아, 체코, 마케도니아, 그리스, 터키, 라트비아, 돌도바, 루마니아, 우크라이나 • 중남미: 아르헨티나, 멕시코, 페루 • 아프리카: 알제리, 카메룬, 케냐, 세네갈, 남아프리카공화국, 토고, 튀니지
2007	29/116	• 아시아: 대만, 인도, 대한민국, 레바논, 말레이시아, 몽골, 필리핀, 싱가포르, 시리아, 태국 • 유럽: 불가리아, 체코, 마케도니아, 그리스, 라트비아, 몰도바, 루마니아, 터키, 우크라이나 • 중남미: 아르헨티나, 과테말라, 멕시코, 페루 • 아프리카: 알제리, 카메룬, 코트디부아르, 모로코, 남아프리카공화국, 토고, 잠비아
2008	29/115	• 아시아: 대만, 인도, 인도네시아, 대한민국, 레바논, 말레이시아, 몽골, 필리핀, 싱가포르, 시리아 • 유럽: 불가리아, 체코, 마케도니아, 그리스, 라트비아, 루마니아, 우크라이나 • 중남미: 아르헨티나, 콜롬비아, 과테말라, 멕시코, 페루 • 아프리카: 알제리, 카메룬, 코트디부아르, 모로코, 세네갈, 남아프리카공화국, 토고
2009	26/114	• 아시아: 대만, 인도, 인도네시아, 대한민국, 레바논, 말레이시아, 몽골, 필리핀, 싱가포르, 시리아 • 유럽: 불가리아, 체코, 마케도니아, 그리스, 라트비아, 루마니아, 우크라이나 • 중남미: 아르헨티나, 콜롬비아, 과테말라, 멕시코, 페루 • 아프리카: 알제리, 카메룬, 코트디부아르, 모로코, 세네갈, 남아프리카공화국, 토고
2010	26/114	• 아시아: 대만, 인도, 인도네시아, 대한민국, 레바논, 말레이시아, 몽골, 오만, 필리핀, 싱가포르, 시리아, UAE • 유럽: 불가리아, 체코, 그리스, 라트비아, 우크라이나 • 중남미: 과테말라, 멕시코, 페루, 세인트루시아 • 아프리카: 알제리, 카메룬, 코트디부아르, 모로코, 세네갈, 남아프리카공화국, 토고
2011	33/141	• 아시아: 대만, 인도, 인도네시아, 카자흐스탄, 대한민국, 레바논, 말레이시아, 몽골, 파키스탄, 필리핀, 사우디아라비아, 싱가포르, 태국, UAE • 유럽: 체코, 그리스, 우크라이나 • 중남미: 아르헨티나, 콜롬비아, 과테말라, 멕시코, 파나마, 파라과이 • 아프리카: 카메룬, 케냐, 모로코, 나이지리아, 토고, 튀니지, 남아프리카공화국 • 장애참가국: 케냐, 대한민국, 말레이시아, 몽골, 태국

2012	30/136	• 아시아: 브루나이, 캄보디아, 인도, 카자흐스탄, 대한민국, 말레이시아, 몽골, 파키스탄, 필리핀, 싱가포르, 스리랑카, 대만, 태국, 동티모르, UAE, 베트남 • 유럽: 체코, 그리스, 세르비아, 우크라이나 • 중남미: 아르헨티나, 콜롬비아. 코스타리카, 엘살바도르, 과테말라, 멕시코, 파나마, 파라과이, 우루과이 • 아프리카: 카메룬, 케냐, 말라위, 모로코, 나이지리아, 르완다, 남아프리카공화국, 토고, 우간다 • 오세아니아: 파푸아뉴기니 • 장애참가국: 케냐, 대한민국, 말레이시아, 태국
2013	39/163	• 아시아: 브루나이, 캄보디아, 인도, 카자흐스탄, 대한민국, 말레이시아, 몽골, 파키스탄, 필리핀, 싱가포르, 스리랑카, 대만, 태국, 동티모르, UAE, 베트남 • 유럽: 체코, 그리스, 세르비아, 우크라이나 • 중남미: 아르헨티나, 콜롬비아. 코스타리카, 엘살바도르, 과테말라, 멕시코, 파나마, 파라과이, 우루과이 • 아프리카: 카메룬, 케냐, 말라위, 모로코, 나이지리아, 르완다, 남아프리카공화국, 토고, 우간다 • 오세아니아: 파푸아뉴기니 • 장애참가국: 케냐, 대한민국, 말레이시아, 태국
2014	39/159	• 아시아/오세아니아: 브루나이, 캄보디아, 인도, 인도네시아, 카자흐스탄, 말레이시아, 몽골, 파키스탄, 파푸아뉴기니, 필리핀, 스리랑카, 태국, 베트남, 대한민국 • 유럽: 세르비아, 우크라이나 • 중남미: 아르헨티나, 코스타리카, 에콰도르, 엘살바도르, 과테말라, 멕시코, 파나마, 파라과이, 우루과이 • 중동아시아/아프리카: 카메룬, 가봉, 이라크, 케냐, 모로코, 모잠비크, 나이지리아, 카타르, 르완다, 남아프리카공화국, 시리아, 토고, 우간다, 짐바브웨 • 장애참가국: 에콰도르, 케냐, 르완다, 우간다, 베트남, 대한민국
2015	42/169	• 아시아: 브루나이, 인도, 인도네시아, 말레이시아, 몽골, 아프가니스탄, 파키스탄, 투르크메니스탄, 스리랑카, 태국, 베트남, 홍콩, 대한민국 • 유럽: 세르비아, 우크라이나 • 중남미: 아르헨티나, 코스타리카, 에콰도르, 엘살바도르, 과테말라, 멕시코, 파나마, 파라과이, 우루과이, 온두라스 • 중동아시아/아프리카: 카메룬, 가봉, 이라크, 케냐, 모로코, 모잠비크, 나이지리아, 카타르, 르완다, 남아프리카공화국, 시리아, 토고, 우간다, 가나, 예멘, 오만, 콩고민주공화국 • 장애참가국: 에콰도르, 케냐, 르완다, 베트남, 몽골, 홍콩, 대한민국
2016	44/179	• 아시아: 몽골, 방글라데시, 베트남, 브루나이, 스리랑카, 싱가포르, 우즈베키스탄, 인도, 인도네시아, 중국, 카자흐스탄, 캄보디아, 태국, 파키스탄, 홍콩, 대한민국 • 유럽: 세르비아 • 중남미: 멕시코, 브라질, 아르헨티나, 에콰도르, 엘살바도르, 온두라스, 우루과이, 코스타리카, 콜롬비아, 파나마, 파라과이

- 중동아시아/아프리카: 가나, 가봉, 나이지리아, 남아공, 르완다, 모로코, 시리아, 아랍에미리트, 에티오피아, 이집트, 카메룬, 케냐, 코트디부아르, 콩고민주공화국, 토고
- 장애참가국: 에콰도르, 홍콩, 케냐, 대한민국, 몽골, 파키스탄, 르완다, 아랍에미리트, 베트남

출처: 드림 프로그램 홈페이지 http://www.dreamprogram.co.kr/?sub_num=25
검색일: 2018년 3월 30일.

드림 프로그램의 진행과정은 <그림 12-3>와 같다. 지원서는 해당 국가의 올림픽 위원회NOC와 대사관이 협의과정을 통해 분배/교부하며, 각국 NOC가 해당 국가 내 11~15세의 유망주 중 참가자를 추천하게 된다. 각국 NOC는 이를 한국 외교부에 제출하고 외교부는 이를 검토한 후 마지막으로 강원도의 최종 확인을 받음으로써 참가자를 확정한다.

그림 12-3 ▷ 드림 프로그램 진행과정 참가자 프로세스

출처: 드림 프로그램 홈페이지 http://www.dreamprogram.co.kr/?sub_num=25
검색일: 2018년 3월 30일.

장애인 참가자의 경우는 대한장애인체육회가 해당 국가의 장애인체육회NPC와 협력하여 선정업무를 맡게 된다. 각 NPC는 해당 국가 내 14~19세의 유망주 중 참가자를 추천하며, 지원서 검토 후 참가자는 마지막으로 강원도의 최종 확인을 받음으로써 확정된다(<그림 12-4> 참조).

그림 12-4 ▷ 드림 프로그램 진행과정 장애인 참가자 프로세스

출처: 드림 프로그램 홈페이지 http://www.dreamprogram.co.kr/?sub_num=25
검색일: 2018년 3월 30일.

지금까지 이 프로그램에 참가했던 '꿈나무들'은 각국의 꿈을 이루는데 보탬이 되었다. 인도의 '만걀 스탄진', 몰도바의 '브라이 일리애' 등 5개국 9명의 꿈나무는 자국 주니어대표 또는 국가대표로 선발돼 쇼트트랙 월드컵, 2006 토리노 동계올림픽 크로스컨트리, 2008 4대륙선수권 피겨 선수 등으로 출전했다. 또 2010년 밴쿠버 동계올림픽에 국가대표로 출전했던 케냐의 필립 보이트, 이란의 마르얀 칼러, 체코의 페트르 신델라르도 드림 프로그램의 수혜자다. 드림 프로그램을 통해 스키와 스케이트를 처음 접한 청소년 중에서 동계올림픽을 비롯해 각종 국제 대회에 참가한 선수의 숫자는 점점 늘어나고 있다.

2. 평창 스페셜 올림픽

평창은 드림 프로그램에 장애인 선수들을 포함시켰을 뿐만 아니라, 2013년 동계스페셜 올림픽 세계 대회(이하 평창 스페셜 올림픽) 또한 개최하였다. 2013년 1월 29일, 111개국의 3,000명이 넘는 선수들이 참가하여 서로 기량을 겨루었다.

스페셜 올림픽Special Olympics은 올림픽, 패럴림픽과 더불어 세계 3대 올림픽으로 꼽힌다. 패럴림픽이 신체 장애인들의 대회라면 스페셜 올림픽은 지적·자폐성 장애가 있는 이들을 대상으로 한다. 첫 스페셜 올림픽 세계 대회는 1968년 시카고에서 개막했으며, 동계 대회는 1977년 콜로라도에서 시작해 2013년 평창 동계 스페셜 올림픽 세계 대회로 10회를 기록했다.

평창 스페셜 올림픽에는 평창 드림 프로그램의 영향으로 겨울 스포츠를 접해본 적 없는 몽골, 네팔, 태국, 캄보디아, 파푸아뉴기니, 베트남, 파키스탄 등에서도 선수들이 참가했다. 스페셜 올림픽 동계 대회 종목은 알파인·크로스컨트리 스킹, 스노보딩, 스노슈잉, 쇼트트랙 스피드 스케이팅, 피겨 스케이팅, 플로어하키까지 총 7개이다. 장애 정도와 무관하게 만 8세 이상의 모든 지적 장애인들이 참가할 수 있으며, 이로 인해 스페셜 올림픽 경기일정에는 '디비저닝divisioning'이 존재한다. 본 경기 전 디비저닝 경기를 거치며 선수들의 그룹을 나누게 되는 것이다. 또 대회에 참가한 모든 선수들은 상을 받게 된다. 1등부터 3등까지는 금·은·동메달을 차지하고 4등부터는 리본을 받는다. 경기에 참가하면 순위와 무관하게 모두 시상대에 설 수 있게 되는 것이다.

소프트 파워로서의 드림 프로그램

국제관계 속에서 국가이익은 국가를 움직이는 주 동인이며, 이러한 국가이익은 대외정책 혹은 외교정책이라는 실행도구를 통하여 실현된다. 외교정책은 국제관계정책이라고도 지칭되며, 특정한 국가가 주로 다른 국가 혹은 비국가행위자와 경제·정치·사회·군사적으로 어떻게 상호작용할 것인가를 대처하기 위해 대강의 방향을 그려 주는 일련의 목표들이라고 규정할 수 있다.

외교정책은 그 국가의 국가이익을 실현 혹은 보존하는데 도움이 되도록 설계된다. 이러한 국가이익의 범주에는 국가의 안전보장, 이념적 고양, 경제적 번영 등 다양한 것들이 포함된다. 즉 국가이익이라는 목표가 외교라는 수단을 통해 외교정책으로 구현되고 이것이 국제관계 혹은 국제정치의 무대에서 국가의 이익실현 혹은 보존을 가능케 하는 것이다.

이러한 외교정책의 고안과 실행에 있어 명분은 대단히 중요한 의미를 갖는다. 한 국가를 움직이는 것은 국가이익이지만, 이러한 국가이익은 날 것으로 드러나기 보다는 대부분의 경우 '명분'이라는 당의糖衣로 포장되어 있다. 국제관계의 역사를 검토해 보면 이러한 명분이 대단히 효율적으로 사용된 여러 경우들을 발견할 수 있다. 특히 명분은 강대국에 의해서 뿐만이 아니라 약소국에 의해서도 매우 강력한 도구로서 활용된다. 외교에 있어 명분의 활용은 소프트 파워 외교의 강화와 연결된다.

오늘날의 세계에서 소프트 파워는 매우 강력한 외교적 수단으로 평가받는다. 나이(Joseph S. Nye 2015, 93-94)에 의하면 국가의 소프트 파워는 크게 세 가지 요소로 만들어진다. 문화, 정치적 가치, 그리고 대외정책이다. 다른 나라들에게 호감을 주는 문화를 보유해야 하고, 국내외적으로 표방하는 가치가 호소력이 있어야 하며, 또한 대외정책 면에서 정당하고, 도덕적으로 다른 나라들로부터 인정받을 만한 정책을 추구해야 한다.

현대 외교에 있어 소프트 파워의 강조가 차지하고 있는 비중은 결코 작지 않다. 그리고 대부분의 소프트 파워 외교 프로그램들은 이미지와 정보의 표출과 관련되어 있다. 국가가 소프트 파워 확장의 대상으로 삼는 것이 목표집단의 구성원이라고 한다면, 사람과 사람의 교류를 강조하는 교환 프로그램은 직접적으로 '인간적 요소human factor'

를 겨냥함으로써 이러한 정책목표 달성에 크게 기여한다고 볼 수 있다. 즉 인간적 교류를 통해 참여자의 개성과 심리에 작용함으로써 주변에 영향을 끼치고 궁극적으로는 자국에 대한 긍정적 인식을 확장시키는 것이 그 핵심인 것이다.[157] 여기에 명분이 함께 한다면 그 효과는 더욱 강력해진다.

외교를 통해 자국의 모습을 타국에 어떻게 전달하는가 하는 것은 단지 한 국가의 '전략'적 차원에 머물지 않는다. 오히려 특정한 국가 자신을 어떻게 '정의'할 것인가 하는 문제와 관련된다. 특정한 실체에 의해 만들어지는 전략에 따라 한 국가의 이미지가 전파되는 것이 아니라 그러한 전파과정을 통해 역으로 실체가 만들어질 수도 있다. 이런 의미에서 소프트 파워 외교는 단순히 한 국가의 매력을 어떻게 전달할 것인가 하는 차원을 넘어서 급변하는 세계적 공간 속에서 어떻게 한 국가가 스스로를 정의하는가 하는 문제이기도 하다(김명섭 2012, 118-119).

이러한 관점에서 봤을 때 평창의 드림 프로그램은 매우 효율적이면서도 강력한 외교정책수단으로 평가받을 수 있을 것이다. 무엇보다도 드림 프로그램은 명분을 갖고 있다. "겨울이 없는 국가의 청소년에게 꿈을, 가난한 국가의 청소년에게 꿈을" 준다는 취지에서 시작된 이 프로그램의 슬로건은 "You are Champs! We are Friends!"이다.

투흐(Hans N. Tuch)는 한국 복합외교의 중요한 한 축을 이루고 있는 공공외교를 "자국의 국가적 목표와 정책뿐 아니라 사상과 이상, 제도와 문화에 대한 이해를 증진시키기 위하여 정부가 타국의 대중과 의사소통하는 과정"이라고 정의하고 있다(Tuch 1990). 이와 같은 정의에 비추어 보았을 때, 평창의 드림 프로그램은 공공외교이자 스포츠 외교로서의 매우 훌륭한 본보기로 작동한다고 볼 수 있다. 평창의 드림 프로그램은 스포츠 활동을 통해 호의적이고 선진적인 국가 이미지를 형성하고, 국제 사회에 대한 책임 있는 국가로서의 한국의 이미지를 형성하고 있으며, 프로그램을 지속시킴으로써 일회적이고 이벤트적인 행사가 아닌 지속적이고 반복적인 행사의 진행을 통해 지한파 인사를 형성하는 것과 같은 다양한 목적을 동시에 충족시키고 있기 때문이다.

그러나 사실 아쉬움도 남는다. 무엇보다도 참여자의 수가 절대적으로 부족하다. 예로서 2016년에는 44개국 179명의 선수가 참여하였다. 일률적으로 평균을 내면 한 국가 당 4명 정도의 선수가 참가하였다는 결론이 나온다. 예산과 상황의 문제가 있겠지

---

157 소프트 파워 외교의 여러 프로그램들 속에서 인적 교환 프로그램이 갖는 특별한 가치에 대해서는 Scott-Smith 2009, 50-56.

만, 참가국과 참여자의 수를 확대시킬 필요가 있다. 필요하다면 IOC의 지원을 받는 방법도 모색할 필요가 있다.

IOC의 지원 근거는 올림픽 연대에서 찾을 수 있다. 올림픽 헌장 제5조는 올림픽 연대solidarity에 대하여 규정하고 있다.[158] "올림픽 연대는 각별한 도움을 필요로 하는 NOCs를 지원하는 것을 그 목적으로 한다. 이러한 지원은 IOC와 NOCs가 공동으로 수립한 프로그램의 형태를 취하며, 필요한 경우 IFs의 기술적 도움을 받는다." 이러한 연대 프로그램의 연장으로서 평창의 드림 프로그램을 운영하는 방법 또한 모색해 볼 수 있을 것이다.

참조할만한 좋은 예로서 FIFA의 아벨란제가 사용했던 세계청소년축구대회의 개최를 생각할 수 있을 것이다. 코카콜라와 손잡고 코카콜라의 막대한 재정적 후원으로 추진된 세계청소년축구대회의 궁극적인 목적은 아시아와 아프리카 국가들로 하여금 그동안 유럽과 남미국가들만 가능했던 세계 무대를 경험시키고 또 그 무대로의 지속적인 참여를 확대시키는데 있었다. 이를 위하여 아시아와 아프리카 청소년 대표팀에 대한 물적·제도적 지원이 제공되었는데, 대회참가를 위한 지원뿐만 아니라 축구기술의 전파, 축구관련 업무지원, 그리고 의료기술과 관련된 지원 등 해당 지역의 축구기술의 향상과 제도적 지원 체제 확립을 위한 전반적인 영역을 포함하였다. 결과적으로 세계청소년축구대회는 아프리카와 아시아 국가 팀들이 유럽과 남미의 세계적 수준의 팀과 경기할 수 있는 획기적 계기가 되었다(김방출·권순용 2007, 80).

피파가 코카콜라를 끌어들여서 성공한 것처럼 평창도 더 많은 스폰서를 끌어들여 명실상부하게 많은 숫자의 선수를 키워낼 필요가 있다. 꼭 사기업일 필요는 없다. ODA 차원에서 대한민국 정부로부터의 후원, 올림픽 연대 프로그램을 통한 IOC의 직접적 후원, 아니면 UN과 같은 국제 기구의 후원 또한 검토할 수 있을 것이다. 현재는 참여국 수에 비해 참여인원의 수가 너무 작다. 세계청소년축구대회는 기존의 세계축구계 변방에 있던 아시아와 아프리카 국가들에게 귀중한 국제 경기 경험을 마련해준 계기가 되었고 이러한 경험은 이후 해당 지역에서의 월드컵과 올림픽에 대한 관심과 투자로 직결되었다. 평창이 동계올림픽의 부흥을 이끌지 말란 법은 없으며, 드림프로그램은 이미 오랜 시간동안 훌륭히 진행되어 왔다. 발상의 전환이 필요하다.

---

158 올림픽 연대에 대해서는 본서의 제14장에서 좀 더 자세히 다루고 있는 까닭에 여기서는 개략적인 설명에 그친다.

소결: 정책적 제언

평창의 드림 프로그램은 지금까지 진행된 한국의 스포츠 외교 중 가장 발전된 형태의 결과물이라고 할 수 있다. 그러나 우려되는 것은 평창 올림픽이 종결된 이후에도 이와 같은 프로그램이 지속될 수 있을 것인가에 대한 의문이 남는다. 현재 경기장의 존속과 유지·보수조차 의문시되는 상황에서 막대한 예산과 준비가 필요한 드림프로그램이 경기 종료 후에도 지속될 수 있을 것인가에 대한 의문이 제기될 수밖에 없는 것이다.[159]

드림 프로그램과 같은 성공적 결과물이 더욱 다양하게 개발되고 지속되기 위해 필요하다고 생각되는 몇 가지 제언을 행함으로써 소결에 대신하고자 한다.

첫째, 스포츠 외교 전문 기구의 수립이 필요하다. 한국 공공외교의 대표기관인 KOICA와 KF는 외무부 산하에 속해 있지만, 독립된 재원을 갖는 정부출연기관으로서 일관된 방향 하에서 독립적인 활동을 벌이고 있다. 스포츠 외교에 있어서도 KOICA와 KF와 같은 성격을 갖는 독립적 전문 기구의 수립이 요청된다. 그리고 그 소속을 문화체육관광부로 하는 것 보다는 스포츠 외교를 전담한다는 의미에서 외교부 산하로 지정할 필요가 있다. 제안하자면 '한국 스포츠 교류 재단KSF: Korea Sports Foundation'과 같은 명칭을 부여할 수 있을 것이다. 국제 경기에 관한 사항은 현재의 조직을 유지시키고 국제교류에 관한 항목은 전적으로 새로운 독립 기구를 창설함으로써 업무의 분담이 이루어지도록 하고, 공공외교 분야와의 일관성을 추구하는 것이 보다 효율적일 것이라고 생각한다.

둘째, 민간 부문과 정부 부문으로 나뉘어져 있는 스포츠 관련 업무를 통합하여 단일화 시킬 필요가 있다. 현재 정부 부문은 문화체육관광부 체육국 국제체육과가 담당하고 있으며, 민간 부문은 KOC와 각 경기단체, 국민생활체육협의회와 임시조직으로서 주요 국제 대회 조직위원회가 주요 행위자들이다. 이와 같은 행위주체의 분산은 효과적인 정책의 조율을 어렵게 할뿐더러, 재원의 집중적 투자와 사용을 불가능하게 한다.

---

159 2017년 드림 프로그램은 진행되지 않았으며, 2018년 4월 현재의 상황에서 평창 드림 프로그램의 존속 여부는 결정되지 않았다. 평창군에 문의한 결과 예산과 조직에 대한 논의가 좀 더 이루어진 이후에야 결정될 것이라는 답변을 들을 수 있었다.

갈수록 커져가는 스포츠 시장과 공공외교적 성격을 감안한다면 정부 부문의 창구확대와 민간 부문의 통폐합을 통한 단일화가 반드시 필요하다.

셋째, 지역 차원에서 추진되는 메가 스포츠 이벤트 유치 운동에 반드시 정부차원의 조정이 존재해야 한다. 이는 전술한 첫 번째와 두 번째의 항목이 실현된다면 자동적으로 해결될 것이다. 사실 공공외교에 있어 국가의 역할에 대해서는 다양한 견해가 존재할 수 있다. 공공외교가 국가행위를 강조하고 있긴 하지만, 공공외교 또는 외교행위 전반을 국가행위만으로 규정하기는 힘들다는 입장 또한 존재한다. 오늘날의 세계에서는 크고 작은 비국가 행위자들과 초국가적supranational 혹은 국가 내부subnational의 행위자들도 그들 자신의 공공외교정책들을 개발하고 있다는 것을 인지할 필요가 있다(Olins 1999).

세계시장에서 활동하는 국제적 기업들도 자신들의 사회적·윤리적 책임을 자각하고, 자신들의 공공외교정책을 가다듬기도 하고, 일부 기업의 경우에는 전문성과 신속성을 갖추고 공공외교의 최선봉에 서기도 한다. 즉, 오늘날의 세계에서 외교는 위계적인 국가중심의 국제관계 모형에서보다 네트워크 환경에서 더 효율적으로 기능한다는 것이 확실해 지고 있다. 그러나 외교의 영역이 아무리 다양화되고 비정부 행위자들의 힘과 영향력이 확대되었다고 할지라도 그 방향성을 제시하는 것은 국가행위자들이다. 국가가 어떠한 모습으로 외교정책을 추진하고 있는가 하는 것은 그 국가에 속한 많은 기업들과 비국가 행위자들에게 영향을 미칠 수밖에 없다. 따라서 스포츠 외교와 공공외교에 있어 국가행위자에 의한 주도적 조정은 필수불가결한 과정이라고 판단된다.

평창 동계올림픽은 한국 스포츠 외교가 한 단계 더 도약할 수 있는 좋은 기회가 될 것으로 기대되는 바, 이를 현실화시키고 그 효과를 장기화시키기 위한 실천적 노력이 뒷받침되어야 한다.

참 고 문 헌

강규형. 2003. "한국과 냉전: 제2냉전 성립기의 KAL기 격추 사건과 그 종식기의 서울 올림픽이 냉전에 미친 영향을 중심으로." 『정신문화 연구』 26-2.

김명섭. 2012. "외교정책과 문화." 김계동 외. 『현대외교정책론』 제2판. 서울: 명인문화사.

김방출·권순용. 2007. "스포츠 민족주의 재인식: 전지구화, 스포츠, 기업 민족주의." 『체육과학연구』 18-1.

김은혜. 2011. "2016년 도쿄 올림픽의 좌절과 도시의 정치경제." 『공간과 사회』 21-3.

서유석. 2013. "'연대'(solidarity) 개념에 대한 철학적 성찰." 『철학논총』 72.

임태성·박재우. 2011. "스포츠정책 결정과정에서의 미디어 역할." 『한국체육학회』 50-1.

정기웅. 2010a. "전두환 정부의 외교정책과 1988년 서울 올림픽." 함택영·남궁곤 편. 『한국 외교정책: 역사와 쟁점』. 서울: 사회평론.

정기웅. 2011. "남북 협상의 전략적 선택 구조와 스포츠: 평창 동계올림픽 남북한 공동개최 논의를 중심으로." 『국제지역연구』 15-3.

평창군 올림픽추진단. 2016. 『눈물겨운 도전 아름다운 성공: 12년의 동계올림픽 유치 도전사』.

현대경제연구원. 2011. 『현안과 과제』 11-17. 서울: 현대경제연구원.

Cha, Victor D. 2009. *Beyond the Final Score: The Politics of Sport in Asia*. New York: Columbia University Press.

Close, Paul, David Askew and Xu Xin. 2007. "The Olympic Games as a 'coming out party': Tokyo, Seoul, Beijing and the Asian Olympic discourse." Paul Close, David Askew and Xu Xin. *The Beijing Olympiad*. New York: Routledge.

Manheim, Jarol B. 1990. "Rites of Passage: The 1988 Seoul Olympics as Public Diplomacy." *The Western Political Quarterly*, 43-2.

Nye, Joseph S. 2015. 이기동 역. 『미국의 세기는 끝났는가』. 서울: 프리뷰.

Olins, Wally. 1999. *Trading Identities: Why Countries and Companies are Taking on Each Others' Roles*. London: Foreign Policy Centre.

Preuss, Holger. 2004. *The Economics of Staging the Olympics*. Northhampton, Massachusetts: Edward Elgar Publishing, Inc.

Preuss, Holger. 2008. "The Olympic Games: Winners and Losers." Barrie Houlihan. ed. *Sport and Society*. London: Sage.

Scott-Smith, Giles. 2009. "Exchanges Programs and Public Diplomacy." Nancy Snow and Philip M. Taylor. eds. *Handbook of Public Diplomacy*. New York: Routledge.

Tuch, Hans N. 1990. *Communicating with the World: U.S. Public Diplomacy Overseas.* New York: St. Martin's Press.

Zubok, Vladslav. 2001. "The End of the Cold War in Europe: Lessons for Korea?" Chung—in Moon, Odd Arne Westad, Gyoo—hyoung Kahng. eds. *Ending the Cold War in Korea.* Seoul: Yonsei University Press.

http://www.dreamprogram.co.kr/?sub_num=25 검색일: 2018년 3월 30일.

13

남북한 공동개최, 단일팀 구성, 선수단 공동입장

본서의 제7장에서 다루고 있듯이 한국과 북한 사이에는 스포츠를 활용하여 두 국가 사이의 긴장상태를 완화하고 관계를 증진시키고자 하는 여러 시도가 있었다. 역사 속에서 수차에 걸쳐 이루어진 이러한 남북 협력은 정치적 지지와 환호를 필요로 하는 정치인들에게는 언제나 활용 가능성 높은 의제였다고 볼 수 있다. 남한과 북한의 스포츠 교류와 관련하여 단골로 등장하는 것이, 남북 단일팀 구성, 올림픽 개막식 공동입장, 그리고 가장 규모가 큰 것으로는 올림픽 공동개최의 문제가 있다.

남북한 공동개최의 아이디어는 이미 88 서울 올림픽, 월드컵 등 남한이 개최하는 메가 스포츠 이벤트가 결정될 때마다 제시되었던 아이디어다. 때로는 공동개최라는 이름으로, 또 때로는 분산개최라는 이름으로 등장하여 남북의 거리를 좁히고자 하였지만, 실제에 있어서는 시기적 상황과 여러 현실적 어려움으로 수차에 걸친 회담 후에 무산되곤 하였다.

그러나 남북한 공동개최와 남북 단일팀이라는 의제는 마치 남북정상회담만큼이나 사라지지 않고 참여자들의 주목을 끄는 주제로서 존재해 왔다. 가장 최근에 이루어진 공동개최 논의는 평창 올림픽 개최결정 직후 등장하였으나 이 또한 북한의 무반응과 시기적 상황으로 인하여 그 이전의 다른 논의들처럼 무산되었다.[160]

---

160 본고의 작성 시기는 2017년이다. 평창 동계올림픽 개최를 전후한 2018년의 상황에 대해서는 본 장의 마지막 절에서 다루고 있다.

본 장에서는 지금까지 양국 간에 제안되어온 스포츠 교류 협력의 이야기들과 그 진전 상황 등을 토대로 분석을 행함으로써 이러한 주장의 현실성과 실현가능성 등에 대하여 검토하고자 한다.

평창 동계올림픽 유치와 남북한 올림픽 공동개최

평창의 동계올림픽 유치가 확정된 직후 민주당 손학규 대표는 평창 동계올림픽의 남북공동개최를 주장하고 나섰다. 손 대표는 2011년 7월 11일 강원도 평창 알펜시아 리조트에서 열린 최고위원회의에서 "우리는 남북 단일팀 구성과 공동 훈련기반 조성을 넘어서 평창 동계올림픽을 준비할 것"이며 "강원도에서 평창 동계올림픽을 남북 공동으로 개최하는 방안을 심각하고 진지하게 검토하겠다."고 발언하였다. 손 대표의 발언이 보도된 이후 사회 각 분야로부터 광범위하고도 다양한 반응이 표출되었으며, 이 사안에 대한 찬과 반 양 진영 간의 격렬한 논쟁이 시작되었다.

극도로 경색되어 있었던 당시의 남북관계를 고려해 보았을 때 손대표의 발언은 남북관계의 진전에 많은 영향을 미칠 수 있는 가능성을 갖고 있었다. 이명박 정부 출범 후 남북관계가 순조롭지 않았음에 대해서는 큰 이견이 없을 것이다. 특히 이명박 정부 기간 동안 발생한 금강산 관광객 피살 사건, 천안함 폭침 사건, 연평도 포격 사건 등은 남측으로 하여금 북한과의 관계개선에 앞서 반드시 해결해야 할 족쇄로서 작용하고 있었다(정기웅 2011, 251).

남북관계의 경색 기간이 길어지면 길어질수록 이러한 관계를 해소시켜야 한다는 주장이 강하게 제기되고 또한 설득력을 얻기 마련이다. 그러나 이명박 정부로서는 천안함과 연평도에 대해 어떠한 형태로든 북한 측의 사과가 있기 전에는 북한과의 관계진전을 모색하기가 쉽지 않았을 것이다. 이러한 상황에서 평창 동계올림픽 공동개최 제의는 경색된 남북관계를 해소시키고, 한반도의 평화를 증진시키며, 궁극적으로는 평화적 통일을 위한 디딤돌이 될 것이라는 공동개최 찬성론자들의 주장은 일견 설득력 있어 보인다. 찬성론자들의 주장은 "무대화와 대결보다는 의미 없는 사소한 대화라 할지라도 유지하는 것이 낫다."는 논리에 근거하며, 평창 동계올림픽 공동개최는 북한과의 대화를 재개하기 위한 훌륭한 명분이 될 수 있다는 것이다.

그러나 올림픽 공동개최라는 사안이 단지 남북한이 필요로 하고 양자가 합의한다고 해서 쉽사리 성사될 수 있는 것은 아니다. 공동개최가 성사되기 위해서는 넘어야할 수 없이 많은 장애물이 존재한다. 공동개최를 제안하고 찬성하는 측에서도 이러한 사실을 모를 리가 없다. 그럼에도 불구하고 왜 이러한 제안이 이루어진 것이며, 왜 광범위한 반향을 불러일으켰는가? 또 이와 같은 남측의 적극적 제안과 논란에 대해 북한은 왜 아무런 공식적 반응을 보이지 않았는가? 2011년이 시작된 이래 북한은 매우 적극적인 대화의 제스처를 취해왔고, 그간 남북관계의 경험 속에서는 북한이 항상 공세적 자세를 취해 남한에 적극적인 제안을 해 온 것이 사실이다. 이러한 점들을 감안한다면 당시 민주당 손학규 대표의 제안에 대한 북한의 무반응은 낯설고 기이하기까지 했다.

Ⅱ 평창 동계올림픽 공동개최 가능성에 대한 검토

1. 찬성과 반대의 입장

평창 동계올림픽 공동개최를 논의할 때 가장 먼저 확인해야 할 것은 이미 평창으로 결정이 난 동계올림픽 개최가 남북한 공동개최로 변경될 수 있느냐의 문제일 것이다. 만약 올림픽 헌장161의 규정에 따라 법리적으로 남북한 공동개최가 불가능하다면 이는 더 이상 논의의 대상이 되어서는 안 되며, 공동개최 논의를 둘러싼 논쟁은 중지되는 것이 맞다. 그러나 만약 남북한 공동개최가 가능한 여지가 조금이라도 있다면, 이는 여러 후속적 사고와 매우 복잡한 게임의 양상을 초래하게 된다.

먼저 공동개최 논의에 대한 찬과 반 양 진영의 입장을 살펴보자. 공동개최를 제안하고 지지하는 쪽에서는 남북한 공동개최가 경색된 남북관계를 해소하고, 남북의 평화적 통합에 긍정적 역할을 할 것이라는 논리를 내세우고 있었다. 또한 공동개최가 평창

---

161 올림픽 헌장은 올림픽과 관련된 조직의 규칙이나 가이드라인을 정하며 올림픽에 관한 활동을 규정한다. 가장 최근의 개정은 2017년 9월 15일에 이루어졌다. IOC에서 채택하며, 공식 언어는 프랑스어와 영어이다. 하지만 IOC총회 기간 중에는 독일어, 스페인어, 러시아어, 아랍어로 번역된다. 만약 언제라도 번역서에 관한 충돌점이 일어나면 프랑스어판을 기준으로 삼는다.

의 미래비전의 아이콘으로서 작동할 수 있고, '평화'라는 올림픽 정신을 구현하는데 적합하며, 전 인류에게 남북통일의 당위성과 통일에 대한 한민족의 의지를 내세움으로써 진정한 한반도의 평화를 촉진할 수 있다고 주장했다. 평창 스스로도 개최 목적에 "통일한국의 최일선에 위치하여 급속도로 발전하는 남북관계로 기대되는 '남·북 공동개최'의 최적지라는 점 등이 고려됐다(평창군 올림픽추진단 2016, 17)."라고 밝힘으로써 남북공동개최가 전혀 새로운 아이디어가 아니라는 점을 보여주고 있다.

'1국가 1도시 개최'를 규정하고 있는 올림픽 헌장과 관련한 논란에 대해서 공동개최 찬성론자들은 "남과 북은 1992년 기본합의서를 통해 특수관계임을 상호 합의했고, 개성공단에서 생산된 제품이 한국산으로 인정되고 있는 점 등을 감안할 때 IOC를 설득하는 것이 충분히 가능하다."고 주장하면서, 구체적 안으로서 몇 가지 경기를 금강산이나 개마고원 등에서 분산개최하는 방안 등을 제시하였다.162

한편 반대하는 쪽에서는 올림픽 헌장이 올림픽의 개최를 '1국가 1도시'로 한정하고 있다는 점, 평창의 개최는 국제 사회와의 약속이라는 점, 북한의 무임승차는 결코 용납할 수 없다는 점, 공동개최를 이유로 오래도록 땀흘려온 우리 선수들의 국제 대회 참가 기회를 박탈해서는 안 된다는 점 등을 그 근거로 제시하였다.163 또한 무엇보다도 금강산을 비롯한 북한 지역을 방문하는 인원의 안전 문제에 대한 우려 등을 근거로 들었으며,164 순수한 스포츠 행사를 정치적 안건으로 만드는 것에 대하여 강한 거부감을 표명하였다.165

역사 속에서 스포츠는 언제나 비정치성을 표방해 왔다. 그러나 이러한 비정치성의 표방은 오히려 스포츠가 정치적으로 활용될 수 있는 가능성을 높여 왔던 까닭에 국가 간의 관계진전이나 외교적 의사표명에 있어 스포츠는 훌륭한 도구로서 사용되어 왔

---

162 김근식, "평창올림픽을 위해서라도 금강산 관광길은 열려야 한다"『프레시안』2011년 7월 25일; 김재홍, "평창 올림픽, 남북 분산개최해야"『한겨레』2011년 7월 13일; 평화연구원, 『현안진단』제30호, 2011년 7월 26일 등을 참조할 것.

163 최문순 강원지사 7월 18일 선거공약 실천 로드맵 기자회견, "평창 동계올림픽에 대해 새로운 제안을 할 단계가 아니며, 변경은 적합하지 않고 실현가능하지도 않다"『조선일보』2011년 7월 19일; 박상현, "평창, 누구를 위한 공동개최인가"『동아일보』2011년 7월 18일; 신지호 의원 인터뷰, "평창 동계올림픽 공동개최 주장은 국민에 대한 모독"『Daily NK』2011년 7월 18일 등을 참조할 것.

164 통일부 이종주 부대변인은 7월 13일 정례브리핑에서 "남북 공동행사에 앞서 북한에서의 신변 안전이 보장돼야 한다."고 강조했다. 『연합뉴스』2011년 7월 13일.

165 박용성 대한체육회장(KOC: Korean Olympic Committee)의 인터뷰, "현행 올림픽 헌장을 볼 때 공동개최는 할 수 없다. IOC는 대한민국 평창에 개최권을 주었다. 스포츠는 스포츠이고, 스포츠와 정치를 섞을 수는 없다."『연합뉴스』2011년 7월 14일.

다. 남북관계에 있어서도 스포츠 활동은 남과 북 모두에 의해 정치적 수단으로 활용된
바 있으며, 특히 역대 남북한 스포츠 협상은 상대방에 대한 비방과 선전의 장으로 사용
되어 온 것이 사실이다.[166] 이는 스포츠가 어느 사회에서나 잠재적인 정치적 이슈이
며, 스포츠에 내재된 문화적 주제는 언제나 정치적 의미로 전환될 수 있는 이데올로기
적 잠재력을 갖는 동시에(Hoberman 1984, 20), 사회적 통합의 촉진, 국가정체성의 형
성, 해외에서의 국가 이미지 고양과 같은 목적 달성에 있어 매우 효과적인 수단으로 간
주되기 때문이라고 할 수 있을 것이다(Houlihan 2007, 215-217).

이러한 맥락에서 본다면 평창의 2018 동계올림픽 개최지 선정 직후 남북공동개최
문제가 제기된 것은 정권 획득의 의지를 갖고 있는 야당의 입장에서는 지극히 당연한
정치적 선택이라고 볼 수 있다. 문제는 이와 같이 정치로부터 전혀 자유로울 수 없는
공동개최 논의가 평창 동계올림픽의 성공적 개최에 어떠한 영향을 미칠 것이며, 또 남
북관계에 던지는 함의는 무엇인가 일 것이다.

2. 올림픽 헌장에 대한 검토

올림픽 공동개최의 가능성 검토를 위해 무엇보다도 먼저 확인해야 할 것은 올림픽
헌장이다.[167] 올림픽 헌장 제5장은 올림픽 경기와 관련된 사항들을 규정하고 있는데,
1절 33조 2항에서는 "올림픽 개최의 영예와 책임은 IOC에 의해 주최도시로 선정된 한
도시에 부여 된다."고 명시하고 있다. 제5장 3절 35조는 올림픽 개최지와 장소, 회장에
관해 밝히고 있는데, 그 1항에서는 "모든 경기가 주최 도시에서 개최되어야 하며, IOC

---

166 남북한 스포츠 협상과 정치적 의미, 그리고 남북한의 전략적 상호작용에 대한 분석은 박상현 2007; 유호
  근 2007; 정기웅 2010b 등을 참조할 것.
167 본문에 제시된 올림픽 헌장은 개정 이전인 2011년 당시의 것을 기준으로 하고 있다. 2015년 8월 개정된
  올림픽 헌장은 다음과 같이 규정하고 있다. 제5장 1절 33조 1항 "개최도시 선정은 총회의 결정사항이다."
  제5장 1절 34조는 개최지, 개최장소 및 경기장에 관해 다음과 같이 규정하고 있다. "모든 스포츠 경기 및
  개/폐회식은 원칙상 올림픽 대회 개최도시에서 열려야 한다. IOC 집행위원회는 재량에 따라 다음을 승인
  할 수 있다. ―주로 지속가능성을 이유로 개최도시 밖에 위치한 도시(여러 도시) 또는 예외적인 경우 개최
  국 이외의 국가에서 예선 경기가 열리도록 조직한다. ― 주로 지리적 위치 및 지속가능성을 이유로 개최도
  시 밖에 위치한 도시(여러 도시) 또는 예외적인 경우 개최국 이외의 국가에서 전체 종목, 세부 종목 또는
  세부 경기가 열리도록 조직한다." 34조의 부칙에서는 "1. 개최도시 이외의 다른 도시 또는 지역에서 세부
  경기, 세부 종목 또는 기타 경기를 조직하기 위한 요청서에는 반드시 그러한 요청의 이유를 포함하고, 승인
  을 받기 위해 서면 요청서를 IOC 집행위원회에 제출해야 한다. IOC 집행위원회가 달리 합의하지 아니하는
  한, 이러한 요청은 IOC 평가위원회가 후보도시를 방문하기 전에 이루어져야 한다."고 규정하고 있다.

집행위원회executive board는 특정한 경기를 개최국의 다른 도시나 장소에서 개최하는 것을 허락할 수 있다."고 규정하고 있으며, 2항에서는 "동계올림픽의 경우 지리적 혹은 지형적 이유로 인하여 개최도시host city에서 경기가 불가능할 경우 IOC는 예외규정을 적용하여 주변국bordering country에서 경기를 진행하는 것을 허락할 수 있다."고 밝히고 있다.[168] 따라서 올림픽 헌장의 자구만을 놓고 해석한다면 IOC 집행위원회의 승인을 얻어 예외규정이 인정될 때 몇 개의 경기장을 주변으로 옮길 수는 있으나, 공동개최는 논의의 대상이 될 수 없음을 알 수 있다.[169]

평창 동계올림픽 남북한 공동개최와 관련하여 당시 IOC 위원장이었던 자크 로게(Jacques Rogge)는 7월 14일 도쿄에서 열린 기자회견에서 "IOC는 한 국가의 한 도시에 올림픽 개최권을 준다. 두 국가의 분산개최는 현행 올림픽 헌장에 맞지 않는다."고 말함으로써 올림픽 공동개최에 반대한다는 입장을 밝힌 바 있으며, "자칫 조직을 복잡하게 만들 수도 있기 때문에 올림픽 헌장을 바꾸지도 않을 것"이라고 못 박음으로써 더 이상의 논의가 진전되는 것을 원치 않음을 명확히 하였다.[170]

그러나 자크 로게의 입장은 올림픽 헌장의 정신을 충분히 반영하고 있다고 보기는 힘들다. 올림픽 헌장 전문Preamble에 이어지는 올림피즘의 기본 원칙Fundamental Principles of Olympism 제2항은 다음과 같이 밝히고 있다. "올림피즘의 목적은 스포츠를 통하여 인간의 균형적 발전에 기여하는 것이며, 이는 인간 존엄성의 보존이라는 견지에서 평화로운 사회를 증진시키고자 하는 관점을 갖는다." 또한 제5항에서는 "국가, 개인, 인종, 종교, 정치 그리고 성에 관계한 모든 형태의 차별은 올림픽 운동에 위배되는 것이다."라고 규정함으로써 올림픽의 규범적·이상적 측면을 강조하고 있다. 이 조항들은 해석에 따라 "인간 존엄성의 보존과 평화로운 사회를 증진시키고자 하는 올림피즘의 목적 아래 평창 동계올림픽 남북한 공동개최를 허락할 수도 있다."라는 결론을 도출해낼 수도 있다. 이와 같이 올림픽의 규범적·이상적 측면에 대한 강조와 이에 따른 올림픽 헌장의 해석은 평창 동계올림픽 공동개최 논의가 올림픽 헌장과 배치되는 무의미

---

168 기실 동계올림픽 분산개최 아이디어는 환경보호 측면에서 시작된 것이었다. 1994년 릴레함메르(Lillehammer) 동계올림픽에 참가한 후 귀국한 김운용 당시 대한올림픽위원회 위원장 겸 체육회장은 귀국회견에서 "IOC가 동계올림픽에 한해 2개국 이상에서 분산개최하는 방법을 검토하고 있는 것으로 안다."고 밝힌 바 있다. 『매일경제』 1994년 3월 3일. 또한 학계에서도 일찍이 동계올림픽 남북한 공동개최가 검토된 바 있다. 이에 대해서는 김동선 2001을 참조할 것.
169 2015년 8월 개정된 올림픽 헌장은 해석에 따라 공동개최가 가능하다는 주장을 할 수 있는 여지가 존재한다.
170 『연합뉴스』 2011년 7월 14일.

한 행동으로 취급되어서는 안 된다는 것을 보여준다.[171]

3. 역대 올림픽의 분산개최 사례

전절에서 검토한 바와 같이 공동개최는 해석에 따라 가능과 불가능에 대한 입장이 바뀔 수밖에 없다. 특히 올림픽 헌장이 개정된 이후 해석에 유연성을 줄 수 있는 여지는 더 커졌다. 따라서 우리가 평창 동계올림픽 공동개최 논의를 대하는 입장은 좀 더 신중해져야 한다. 만약 올림픽 헌장에 대한 모든 해석이 명확한 '불가'를 보여준다면, 공동개최 논의는 더 이상 진전되어서는 안 된다. 그러나 해석에 따라 공동개최 가능성의 여지가 남아있고, 그 목적이 남북관계의 개선이든 혹은 세계평화의 진전이든 무엇이 되었건 간에, 북한을 평창 동계올림픽에 참여시켜야 한다는 국민적 합의가 이루어질 가능성이 있다면 북한을 참여시킬 수 있는 현실적 방안을 검토해볼 필요가 있다.

2011년의 상황에서 올림픽 개최까지 남은 시간과 남북의 특수한 관계, 북의 경제적 상황과 내부사정 등을 고려할 때 가장 현실성 있는 방안은 공동개최를 추진하기 보다는 북의 일정구역을 지정해 몇 개 경기를 분산개최 하는 것이다. 물론 이와 같은 분산개최가 실현되기 위해서도 먼저 한국내부의 합의 도출과 북한의 수락, IOC의 승인 등 수없이 많은 해결해야 할 장애물들이 존재함을 굳이 부언할 필요조차 없을 것이다.

그렇다면 역대 경기에서 분산개최의 예는 있는가? 전절에 밝힌 바와 같이 올림픽 헌장 제5장 3절 35조 2항에 따르면 동계올림픽의 경우 분산개최가 가능하다. 그러나 역대 동계올림픽에서 분산개최가 이루어진 적은 단 한 번도 없다. 오히려 하계올림픽의 경우 1956년 호주 멜버른Melbourne 올림픽 당시 전염병으로 인해 승마가 스웨덴 스톡홀름Stockholm에서 개최된 바 있고, 1980년 모스크바Moskva 올림픽의 경우 요트경기가 탈린Tallinn에서, 축구 조예선이 민스크Minsk와 키예프Kiev에서 개최되었다. 1988년 서울 올림픽의 경우 요트 경기가 부산에서 개최된 바 있으며, 2008년 베이징 올림픽의 경우 북경을 비롯한 칭다오(靑島: 요트), 홍콩(香港: 승마), 친황다오(秦皇島: 축구), 톈진(天津: 축구), 샹하이(上海: 축구), 선양(瀋陽: 축구) 등에서 분산개최되었다. 이때 베이징 올림픽 조직위원회는 '중국 대륙 전역에서 올림픽 열기를 고조시키기 위해서'라는 분

---

171 올림픽 헌장의 규범적 확대해석에 의한 공동개최 가능성 이외에도 "남북관계는 특수관계인 까닭에 1국가 개최원칙에 어긋나지 않는다."는 주장 또한 언급되어야 할 것이다.

산개최의 이유를 제시하였다.

따라서 '환경보호적 측면에서의 동계올림픽 분산개최가 IOC 차원에서 논의된 바 있다는 점' 그리고 '역대 하계올림픽에서 경기 종목의 특수성으로 인하여 분산개최가 이루어진 바 있다는 점' 등을 감안한다면, (2011년을 기준으로 했을 때) 남북한 간의 합의가 이루어지고 IOC의 승인을 득한다면 평창 동계올림픽의 분산개최는 충분히 가능하며, 상황의 진전에 따라 공동개최도 가능했다고 볼 수 있을 것이다.[172]

그러나 사실 이러한 가정은 지나간 사건에 대한 무의미한 반추일 수도 있다. 2011년의 공동개최논의는 초반의 반향을 제외하고는 지속적 반응 창출에 실패하였으며, 그 이후 오늘에 이르기까지 여전히 남북관계는 경색국면을 벗어나지 못하고 있기 때문이다.

Ⅲ 남북 스포츠 교류

분단 이후 오늘에 이르기까지 남북 간에 많은 스포츠 교류가 발생하였다. <표 13−1>은 역사 속에서 이루어진 남북 스포츠 교류 및 체육 경기 대회 현황을 보여준다.

---

172 지구촌 스포츠 최대의 축제인 올림픽은 1896년 그리스 아테네 1회 대회를 시작으로 116년의 역사를 거치며 2012년 런던 올림픽까지 30회 대회를 맞고 있다. 그리고 2016년 브라질의 리우데자네이루대회까지 헤아리면 모두 31번의 개최지가 확정된 셈이다. 물론 하계 대회를 전제로 해서이다. 올림픽은 월드컵 축구대회와 달리, 개최국을 결정하는 게 아니라 개최도시를 정한다. 한 도시에서 모든 경기를 치르는 종합대회이다. 2016년 대회까지를 범위로 하면, 지금까지 18개국에서 대회가 열렸으며, 도시의 수는 이보다 6개가 많은 24개이다. 그러니까 한 나라의 두 개 도시 이상에서 개최된 경우가 있음을 뜻한다. 가령 4차례로 가장 많은 올림픽을 개최한 미국은 세인트루이스(1904년), 로스앤젤레스(1932년, 1984년), 애틀랜타(1996년) 3개 도시에서 대회가 열렸다. 그리고 독일(1936년 베를린, 1972년 뮌헨)과 호주(1956년 멜버른, 2000년 시드니)가 있다. 반면 한 도시에서 두 번 이상 올림픽을 개최한 도시들도 있다. 올해 대회가 열리는 런던은 1908년, 1944년, 1948년까지 지구상에서 가장 많은 4차례나 올림픽을 유치했고, 이 가운데 2차세계대전으로 개최가 무산된 1944년을 빼고도 가장 많은 3차례를 개최하는 기록을 남기게 된다. 다음으로는 그리스의 아테네(1896년, 2004년)와 프랑스 파리(1900년, 1924년)가 있다. 즉 2016년 대회까지 18개 나라 24개 도시의 개최지가 결정됐다. 그런데 올림픽을 개최하기 위해 도전했던 나라는 이보다 꼭 두 배나 되는 36개국이며, 이 가운데 실패의 경험을 맛본 나라와 도시의 수는 29개국 44개 도시에 이른다. http://terms.naver.com/entry.nhn?docId=3574358&cid=58906&categoryId=58919 검색일: 2018년 3월 30일.

표 13-1 ▷ **남북 스포츠 교류 및 체육 경기 대회 현황**

연도	날짜	명칭	내용
1962	6.14	제59차 모스크바 IOC총회	동경 올림픽 남북 단일팀 구성 촉구
1963	1.24	제1차남북체육회담	동경 올림픽 단일팀 구성 회담 (결렬, 남북한 별도 참가)
1963	5.17	제2차남북체육회담	동경 올림픽 단일팀 구성 회담 (결렬, 남북한 별도 참가)
1963	7.26	제3차남북체육회담	동경 올림픽 단일팀 구성 회담 (결렬, 남북한 별도 참가)
1963	12.20~12.30		동경 올림픽 배구 예선전(인도 뉴델리)
1979	2.27	제1차남북한탁구협회대표단회의	제35회 평양 세계탁구선수권대회 남북 단일팀 구성 문제회의 (남북 단일팀 구성 결렬, 한국 참가 무산)
1979	3.5	제2차남북한탁구협회대표단회의	제35회 평양 세계탁구선수권대회 남북 단일팀 구성 문제회의 (남북 단일팀 구성 결렬, 한국 참가 무산)
1979	3.9	제3차남북한탁구협회대표단회의	제35회 평양 세계탁구선수권대회 남북 단일팀 구성 문제회의 (남북 단일팀 구성 결렬, 한국 참가 무산)
1979	3.12	제4차남북한탁구협회대표단회의	제35회 평양 세계탁구선수권대회 남북 단일팀 구성 문제회의 (남북 단일팀 구성 결렬, 한국 참가 무산)
1984	4.9	제1차남북체육회담	LA 올림픽 남북 단일팀 구성 문제회의 (단일팀 구성 결렬, 북한 불참)
1984	4.30	제2차남북체육회담	LA 올림픽 남북 단일팀 구성 문제회의 (단일팀 구성 결렬, 북한 불참)
1984	5.25	제3차남북체육회담	LA 올림픽 남북 단일팀 구성 문제회의 (단일팀 구성 결렬, 북한 불참)
1985	10.8~10.9	제1차남북체육회담	서울 올림픽 공동개최 협의와 올림픽 단일팀 구성 논의(북한의 IOC수정안 거부, 북한 불참)
1986	1.8~1.9	제2차남북체육회담	서울 올림픽 공동개최 협의와 올림픽 단일팀 구성 논의(북한의 IOC수정안 거부, 북한 불참)
1986	6.10~6.11	제3차남북체육회담	서울 올림픽 공동개최 협의와 올림픽 단일팀 구성 논의(북한의 IOC수정안 거부, 북한 불참)
1989	3.9	제1차남북체육회담	북경 아시안게임 남북 단일팀 구성 논의 (단일팀 구성 결렬, 남북한 별도 참가)
1989	3.28	제2차남북체육회담	북경 아시안게임 남북 단일팀 구성 논의 (단일팀 구성 결렬, 남북한 별도 참가)
1989	10.20	제3차남북체육회담	북경 아시안게임 남북 단일팀 구성 논의 (단일팀 구성 결렬, 남북한 별도 참가)

1989	11.16	제4차남북체육회담	북경 아시안게임 남북 단일팀 구성 논의 (단일팀 구성 결렬, 남북한 별도 참가)
1989	11.24	제5차남북체육회담	북경 아시안게임 남북 단일팀 구성 논의 (단일팀 구성 결렬, 남북한 별도 참가)
1989	12.22	제6차남북체육회담	북경 아시안게임 남북 단일팀 구성 논의 (단일팀 구성 결렬, 남북한 별도 참가)
1990	1.19	제7차남북체육회담	북경 아시안게임 남북 단일팀 구성 논의 (단일팀 구성 결렬, 남북한 별도 참가)
1990	2.7	제8차남북체육회담	북경 아시안게임 남북 단일팀 구성 논의 (단일팀 구성 결렬, 남북한 별도 참가)
1990	2.29	제9차남북체육회담	북경 아시안게임 남북 단일팀 구성 논의 (단일팀 구성 결렬, 남북한 별도 참가)
1990	10.11	제1차 남북통일축구대회	북한팀 2:1 승리
1990	10.23	제2차 남북통일축구대회	남한팀 1:0 승리
1990	11.29	제1차 남북체육회담	남북통일축구정례화, 국제 경기 대회 남북 단일팀 구성 논의
1991	1.15	제2차 남북체육회담	제41회 세계탁구선수권대회, 제6회 세계청소년축구대회 남북 단일팀 구성 합의
1991	1.30	제3차 남북체육회담	제41회 세계탁구선수권대회, 제6회 세계청소년축구대회 남북 단일팀 구성 합의
1991	2.12	제4차 남북체육회담	제41회 세계탁구선수권대회, 제6회 세계청소년축구대회 남북 단일팀 구성 합의
1991	4.24-5.6	제41회 세계탁구선수권대회 - 단일팀 출전	여자단체전 우승
1991	5.8	남북청소년축구 단일팀 1차 선발전	
1991	5.12	남북청소년축구 단일팀 2차 선발전	
1991	6.14-6.30	제6회 세계청소년축구선수권대회 단일팀 출전	8강 진출
1999	8.12	남북노동자축구대회(1차전)	북한팀 5:4 승리
1999	8.13	남북노동자축구대회(2차전) - 남북 혼합팀(연대, 연합)경기	4:4 무승부
1999	9.28	통일농구경기평양대회(1차전) - 남북 혼합팀(단결, 연합)경기	남자: 단합팀, 여자: 단결팀 승리
1999	9.29	통일농구경기평양대회(2차전)	남녀 북한팀 승리
1999	12.23	통일농구경기서울대회(1차전) - 남북 혼합팀(단결, 단합)경기	남녀 단합팀 승리
1999	12.24	통일농구경기성울대회(2차전)	남자: 북한팀, 여자: 남한팀 승리
2000	6.30-7.4	제1차 금강산자동차 질주경주대회	사업대가 100만 불 지불

2000	7.28	통일탁구경기대회	남녀 북한팀 승리
2000	9.15	2000 시드니 올림픽	개막식 공동입장
2000	10.1	제81회 부산 전국체전 금강산성화채화	주관: 부산광역시 – 금강산관광총회사
2000	6.30 – 7.4	제1차 금강산자동차질주경주대회	사업대가 100만 불 지불
2000	7.26 – 7.30	삼성통일탁구경기대회	남북대결과 남북 혼합팀 구성 경기
2001	5.1	남북노동자축구대회 – 남북 혼합팀(자주,단합) 경기	1:1 무승부
2001	7.29 – 7.31	제2차 금강산자동차질주경주대회	사업대가 지불
2002	8.17 – 8.19	제14회 부산 아시안게임	제14회 부산 아시안게임 북한 참가를 위한 실무접촉
2002	9.6 – 9.8	2002 남북 통일축구대회	
2002	9.15 – 9.17	남한 태권도 시범단 공연	
2002	9.22 – 10.15	제14회 부산 아시안게임	북한 선수단/북한 응원단
2002	10.23 – 10.26		북한 태권도시범단 서울 공연(서울)
2003	2.1 – 2.8	아오모리 동계아시안게임	개폐회식공동입장
2003	8.17 – 8.21	남북태권도교류협의 및 대구하계유니버시아드참관	3명
2003	8.20 – 9.1	제22회 대구 하계 유니버시아드대회	524명(선수단 197/응원단 327)
2003	10.6 – 10.7	정주영 체육관개관식 및 통일축구대회	경의선 임시도로 방북, 농구 대회 중계
2003	10.23 – 10.28	제주민속평화축전	190명
2004	8.13 – 8.29	아테네 올림픽 공동입장	남한 136명/북한 50명
2005	7.31 – 8.7	제2회 동아시아축구 선수권대회	북한 선수단 65명
2005	8.14 – 8.16	남북통일축구대회	남녀 선수단
2005	10.29 – 11.6	제4회 마카오 동아시아경기대회 공동입장	남북 선수단
2006	3.2 – 3.5	6 · 15공동선언실천남북강원도 겨울철체육경기	선수단 35명
2006	12.1 – 12.15	도하 아시안게임 개폐회식 공동입장	남북 선수단
2007	3.20 – 4.20	북한청소년축구선수단 상호교류	북한 선수단 23명
2007	4.3	남북노동자통일축구	
2007	4.6 – 4.9	북한 태권도 시범단 방남	북한 시범단 46명
2007	6.1 – 6.14	북한청소년축구선수단 상호교류	북한 선수단 34명

2007	6.23－7.3	북한청소년축구선수단 상호교류	남한 선수단 26명
2007	8.18－9.9	2007 FIFA청소년 월드컵 대회	북한 대표팀의 한국에서의 최장 기간 이루어진 민간교류에 의한 전지훈련
2007	10.13－10.25	제2회 국제청소년친선축구대회	북한 선수단 22명
2007	11.3－11.14	북한청소년축구선수단 상호교류	남한 선수단 22명
2007	11.9	평양시체육단축구장준공식	축구장 시설개선사업/남한대표단 145명
2008	3.16－3.24	아시아 시니어 레슬링선수권대회	북한 선수단 15명
2008	3.26	2010 FIFA 남아공 월드컵 3차 예선전	남북축구대표팀
2008	4.26－4.27	2008 아시아유도선수권대회	북한 선수단 17명
2008	6.14－6.26	남북체육교류협회	유소년축구선수단
2008	6.28－7.1	2008 남북태권도 교류행사	(사)ITF태권도협회 남측대표단 60명
2008	6.22	2010 FIFA 남아공 월드컵 3차 예선전	남북축구대표팀
2008	8.10－8.14	2008 베이징 올림픽 코리아 응원단	응원단 400여명
2008	9.1	2010 FIFA 남아공 월드컵 최종예선	남북축구대표팀
2008	10.8－10.15	유소년축구단 교류	경수유소년축구단
2009	2.25－2.28	남북체육교류협회	협회 관계자 17명
2009	3.29－4.2	2010 FIFA 남아공 월드컵 남북예선전	북한 선수단 43명
2014	9.19－10.4	인천 아시아경기대회	북한 선수단/북한 응원단

출처: 저자 작성.

남북대화 속에서 스포츠 교류가 어떠한 역할을 하였는지는 이미 본서의 제7장에서 다룬 바 있으므로 본 장에서는 <표 13-1>에 제시된 남북 스포츠 교류의 역사 속에서 각별한 의미를 갖는다고 여겨지는 것들을 중심으로 살펴보고자 한다.

1. 1984년 LA 올림픽 단일팀 출전을 위한 남북체육회담

북한은 1983년 아웅산 테러 사건을 일으킴으로써 외교적 궁지에 몰려 있었다. 물론 북한으로서는 그러한 외교적 궁지에 몰린 것이 새삼스러운 일은 아니었지만, 언제나 그렇듯이 스스로 열세에 처할 경우에는 공세적 대화를 제시함으로써 국면을 전환하고자 시도한 것이 북한의 협상전략이기도 했다.

1984년 LA 올림픽은 좋은 기회였고, 북한은 1984년 LA 올림픽, 1986년 서울아시아 경기대회, 1988년 서울 올림픽에 출전한 선수단을 남북 단일팀으로 만들자고 제안하면서 이를 위한 남북체육대표단 회담을 제의하고 나섰다. 북한은 이미 1983년 1월 10일 미국과 남한에게 북미평화협정 체결, 남북불가침선언 등을 내용으로 하는 '3자회담'을 제의해 놓은 상황이었다. 따라서 남북 단일팀 구성 제안은 이러한 공세적 입장을 더욱 강화하기 위한 수단으로서 택해졌다고도 볼 수 있다.

남측은 북측의 제의를 수락했다. 남한으로서는 이미 1986년 아시아경기대회, 1988년 올림픽을 유치한 상황에서 북의 방해공작을 두려워하고 있었다. 비단 남한 정부만이 아니라 IOC와 국제 사회도 북의 위협을 우려하고 있었다. 따라서 LA 올림픽을 계기로 남북 단일팀을 구성할 수 있다면 여러 측면에서 긍정적 효과를 기대할 수 있었을 뿐만 아니라, 설혹 실패한다고 할지라도 손해 볼 게 없는 상황이었다. 남북한은 1984년 4~5월 세 차례 회담을 개최했으나 결과는 긍정적이지 못했다. 남북한은 아웅산 테러 사건과 최은희·신상옥 납치 사건에 대한 시인과 사과 문제에 대한 다툼에서 벗어나지 못하였으며, 결국 북한이 6월 2일 LA 올림픽 불참을 공식 선언함으로써 아무런 성과를 거두지 못하고 끝나게 되었다.

2. IOC 중재하의 '88 서울 올림픽' 관련 로잔 남북체육회담(1985~1988)

서울 올림픽 개최가 결정된 이후 한국 정부와 IOC에게 있어 북한의 참가 혹은 방해 행위는 가장 중요한 고려 대상 중의 하나였다. 한국 정부로서는 올림픽의 성공을 위해 북한의 침략 및 테러 행위가 발생하지 않는 것이 중요했고, IOC의 입장에서는 이미 두 번이나 동서 양 진영의 보이콧으로 인하여 반쪽 대회로 치러야만 했던 올림픽을 원상 복구시키는 것이 필요했다. 이를 위해서는 사회주의권 국가들의 참여가 절실했는데, 북한의 참여는 사회주의권 국가들에게 참여의 좋은 명분을 제기할 수 있었다. 이러한 양측의 의도가 맞아 떨어져 북한을 서울 올림픽에 참가시키기 위한 남북체육회담이 IOC의 중재 하에 1985년부터 1988년까지에 이르는 기간 동안 스위스 로잔에서 개최 되었다.

북한의 주장은 올림픽 '공동개최'였다. 북한의 주장은 "올림픽의 서울 개최는 한반도의 분단고정화를 초래하고, 이는 올림픽 기본정신에도 배치된다."는 것이었다. 북한

이 진실로 공동개최의 의지가 있었는지에 대해서는 확언하기 힘들지만, 1989년 막대한 예산을 들여 세계청소년 축전을 개최했던 것을 감안한다면 공동개최의 의지가 있었다고도 추측할 수 있을 것이다.

북한의 공동개최 제의는 한국 정부의 입장에서는 수용하기 힘든 것이었으나, 문제는 IOC와 국제 사회가 서울에서의 안전한 올림픽 개최에 대하여 확신하지 못하고 있었다는 것이다. 서구 국가들은 개최지 변경 문제를 빈번히 제기하였다. 따라서 한국 정부는 이러한 국제 사회의 우려를 불식시킬 필요가 있었고, 공동개최까지는 아니더라도 북한에 일부 경기 종목 배당을 허용하는 것까지는 고려하지 않을 수 없었다. 동시에 한국 정부는 남북체육회담이 '남북정상회담'으로 이어질 것을 희망했다. 정권의 정통성이 취약했던 전두환 정권으로서는 '남북정상회담'의 개최는 이러한 정통성 논란을 희석시킬 수 있는 강력한 카드로 인식되었을 것이다. 이러한 맥락에서 전두환 대통령은 1987년 남북체육회담에 참석하는 김종하 대한체육회장에게 '올림픽 수익금'을 북한에 미리 양도하는 형식으로 3천만 달러의 파격적인 재정지원을 북측에 약속하도록 지시하기도 했다.

수차의 회의 끝에 북한은 공동개최 논의를 접고, 최종제안으로서 '축구를 포함'하여 '인구비례에 따른 8개의 완전경기'를 배정해 줄 것, 대회명칭을 '제24회 올림픽 경기대회조선 평양·서울 올림픽'으로 할 것, 평양에 별도로 조직위원회를 구성할 것, 개·폐회식은 서울과 평양에서 균등 실시할 것, TV 중계권료를 배분할 것 등을 요구했다. 그러나 이는 한국 정부로서는 받아들이기 어려운 제안이었다.

1987년 10월 23일 북한 올림픽위원회는 사실상의 회담 중단을 선언했고, 1988년 1월 12일 서울 올림픽 불참을 공식 선언하였다. 한국은 북한을 참여시키는 데는 실패하였지만, 마지막까지 최선을 다했다는 것을 국제 사회에 보여줌으로써 사회주의권 국가들이 서울 올림픽에 참가할 수 있는 명분을 제공했다고 볼 수 있다.

3. 서울-평양 통일축구대회(1990)

노태우 정부 시기였던 1990년 9월 초 역사적인 제1차 남북고위급회담이 서울에서 개최됐다. 이러한 분위기를 타고, 대한축구협회와 조선축구협회는 그해 10월 11일과 23일에 각각 평양과 서울에서 '남북통일축구대회'를 열기로 합의했다. 양측은 각각 평양과 서울을 상호 방문하여 축구 경기를 갖고, 유니폼에는 국가표시를 하지 않으며, 방문 기간 동안 상대방에 대해 신분보장을 하기로 약속했다. 통일축구대회는 합의대로 이행됐다. 1946년 해방 후 서울운동장에서 마지막으로 열렸던 경평京平축구대항전이 44년 만에 되살아난 셈이었다. 제1차전은 1990년 10월 11일 평양의 5·1 경기장에서 15만 명에 이르는 관중이 운집한 가운데 열렸다. 이날 경기에서 2:1로 북한이 이겼다. 2차전은 1990년 10월 23일 서울의 올림픽 주경기장에서 열려 남한이 1:0으로 이겼다. 비록 이 통일축구대회는 정례화 되지 못하고 중단되었지만, 그 후 각종 국제대회에 남북 단일팀을 구성하는 등 남북교류협력의 길을 확대시키는 성과를 남겼다 (백학순 2014, 10).

경평축구나 통일축구대회는 아니었지만, 1999년 9월 12~13일 평양 양각도 경기장과 김일성 경기장에서 총 20만 명의 관중들이 응원하는 속에 남한의 전국민주노동조합총연맹민노총과 북한의 조선직업동맹총동맹직총 간에 '통일염원 남북한노동자축구대회'가 개최되었다. 또 같은 해 10월 28~29일에는 평양에서 통일농구대회가 개최되기도 하였다.

4. 제41회 세계탁구선수권대회 / 제6회 세계청소년축구선수권대회 / '코리아' 단일팀 구성 참가(1991)

1991년 2월 12일 판문점 평화의 집에서 열린 제41회 세계탁구선수권대회(4월, 일본 지바) 및 제6회 세계청소년축구선수권대회(6월, 포르투갈) 남북한 단일팀 구성 참가를 위한 제4차 남북체육회담이 개최되었다. 이 회담에서 선수훈련과 선수단장 문제를 놓고 갈등하던 끝에 양측이 상대방의 의견을 수용함으로써 두 번의 대회에서 남북 단일팀이 '코리아'라는 팀 명칭을 달고 국가 대신 '아리랑'을 부르면서 참가할 수 있게 되었다.

1991년 4월 일본 지바현千葉縣에서 열린 제41회 세계탁구선수권대회에 분단 후 최초로 남북한 단일팀이 남북한 단일기를 들고 출전했다. 특히 남한의 현정화, 북한의 리분희와 유순복이 대활약을 한 남북한 여자 단일팀이 1975년부터 세계정상을 지켜오면서 단체전 9연패에 도전한 중국을 3:2로 꺾고 우승을 차지했다. 전국은 감동의 물결로 넘실거렸고, 여자탁구 단일팀의 이야기는 2012년 영화 《코리아》로 만들어져 다시 한 번 한국 국민들의 마음을 자극하였다. 1991년의 우승은 남한여자 단체팀이

1973년 유고 사라예보 세계탁구선수권대회에서 우승한 이후 18년만의 일이었다.

한편, 제6회 세계청소년축구선수권대회 또한 단일팀 참가가 결정된 상황에서 단일팀 구성을 위해 서울과 평양에서 평가전을 개최하였다. 평가전 결과를 바탕으로 남북한이 같은 수의 선수를 선발하여 남북 단일팀을 구성하였고, 평양과 서울을 오가면서 강화훈련을 실시하였다. 평양과 서울의 강화훈련을 마친 후에는 프랑스에서 강화훈련을 실시한 후, 포르투갈에 도착하여 현지적응 강화훈련을 실시하였다.

코리아 단일팀은 1991년 6월 포르투갈에서 개최된 제6회 세계청소년축구선수권대회에서 강호 아르헨티나를 1:0으로 꺾고 8강에 오르는 기염을 토했다. 그러나 브라질에 패하여 세계 4강 진출에는 실패했다. 결단식은 서울에서, 해단식은 평양에서 실시했다.

5. '한반도기'와 '코리아(Korea)' 이름으로 공동입장(2000~2006, 2011)

2000년 시드니 올림픽에서 남북한은 단일팀 구성에는 실패하였지만, 올림픽 개막식에서 최초로 '한반도기'를 들고 '코리아'(Korea)라는 이름으로 함께 입장했다. 이후 남북한은 2006년 토리노 동계올림픽까지 모두 7차례 공동 입장했다.

2007년 개최된 제2차 남북정상회담에서 2008년 베이징 올림픽을 위한 남북공동응원단을 구성하는 데 합의하였지만, 남한에서 정권이 교체되면서 북한과의 관계에 변화가 초래되었고 결국 합의했던 단일팀 구성은 성사되지 못하였다. 이 시기 그다지 우호적이지 않았던 남북한관계 속에서도 2011년 11월 카타르 도하에서 개최된 국제탁구연맹 '피스 앤드 스포츠컵'에서는 남북한이 공동입장 함으로써 관계개선의 희망을 갖게 하였다.

한편, 단일팀이나 선수단 공동입장과는 별개로 북한은 2002년 부산 아시아경기대회, 2003년 대구 유니버시아드대회, 2005년 인천 아시아육상선수권대회에 소위 '미녀응원단'을 파견하였다.

상기한 사례들을 포함하여 남북한 단일팀 구성이나 선수단 교류 현황을 정리하면 다음과 같다.

표 13-2 남북 선수단 교류 국제대회

국제대회명	남북 선수단 교류내용
1991년 일본 제41회 세계탁구선수권대회	첫 단일팀 구성(단체전 우승)
1991년 포르투갈 세계청소년축구선수권대회	단일팀 구성(8강 진출)
1998년 방콕 아시아경기대회	북측 거부로 무산
2000년 시드니 하계올림픽	첫 남북 선수단 공동입장
2001년 제46회 세계탁구선수권대회	공동응원단 성사(단일팀 무산)
2002년 부산 하계아시안게임	남북 선수단 공동입장
2003년 아오모리 동계아시안게임	남북 선수단 공동입장
2003년 대구 하계유니버시아드	남북 선수단 공동입장
2004년 아테네 하계올림픽	남북 선수단 공동입장
2005년 마카오 동아시안게임	남북 선수단 공동입장
2006년 토리노 동계올림픽	남북 선수단 공동입장
2006년 도하 하계아시안게임	남북 선수단 공동입장
2007년 창춘 동계아시안게임	남북 선수단 공동입장
2008년 베이징 하계올림픽	공동입장 무산
2011년 카타르 도하 피스앤드 스포츠컵(탁구)	남북 단일팀 구성(복식 우승)

출처: 저자 작성.

Ⅳ 소결 및 함의

2017년 문재인 정부 출범 이후 6월 24일부터 30일까지의 일정으로 전라북도 무주에서 개최된 무주 WTF 세계태권도선수권대회에는 북한의 장웅 IOC 위원이 국제태권도연맹ITF 태권도 시범단과 함께 방문하였다.

문재인 대통령은 24일 개막식에 참석해 행한 축사에서 "평화를 만들어 온 스포츠의 힘을 믿는다. 이번 대회를 통해서 새 정부의 첫 남북 체육교류협력이 이뤄진 것을 기쁘게 생각한다."며 "특히 한국에서 치러지는 세계태권도연맹 대회에서 국제태권도연맹이 시범을 보이는 것은 역사상 처음 있는 일이다. 양 연맹의 화합과 친선은 물론 남북 화해협력과 한반도 평화에도 큰 도움이 될 것"이라고 말했다. 문 대통령은 "스포츠는 모든 장벽과 단절을 허무는 가장 강력한 평화의 도구다. 함께 흘리는 땀은 화해와 통합을 만드는 촉매제가 되고 있다."며 "적대국이었던 미국과 중국, 미국과 베트남이 핑퐁 외교로 평화를 이뤘다. 남아프리카공화국에서 흑백 통합리그가 출범할 수 있었던 것도 세계축구연맹FIFA의 노력이 있었기 때문"이라고 언급하면서 스포츠를 매개로 한 글로벌 화합이 한반도에서도 이어지길 바라는 희망을 표명했다.

문 대통령은 또한 "태권도에서 이뤄낸 이번 성과가 내년 평창 올림픽으로 이어지기를 기대한다."며 "평창 올림픽에 북한 선수단이 참여한다면 인류화합과 세계평화증진이라는 올림픽의 가치를 실현하는데 크게 기여하리라 생각한다."고 밝혔다. 특히 "최초로 남북 단일팀을 구성해 최고의 성적을 거뒀던 1991년 세계탁구선수권대회와 세계청소년축구대회의 영광을 다시 보고 싶고, 남북 선수단 동시입장으로 세계인의 박수갈채를 받았던 2000년 시드니 올림픽의 감동을 다시 느껴보고 싶다."면서 "북한 응원단도 참가해 남북 화해의 전기를 마련하면 좋겠다."고 제안했다(『연합뉴스』 2017년 6월 24일).

문대통령의 이와 같은 제안에 대해 북한의 장웅 IOC 위원은 "1991년 지바 세계 탁구선수권 당시 단일팀 구성을 위한 회담만 22번 했으며, 다섯 달이 걸렸다. 쉽지 않다."고 말하면서 스포츠를 통해 교류한다기보다는 정치적 상황이 돼야 스포츠 교류가 가능하다는 상황인식을 내비쳤다.

"(미국과 중국 수교 직전) 핑퐁 경기(핑퐁외교)가 중·미관계를 개선한 것도 정치적 지반이 다져졌기 때문입니다. 핑퐁으로 (미·중 수교가) 됐다? 아닙니다. 정치적 환경이 해결돼야 합니다. 스포츠 위에 정치가 있습니다(『조선일보』 2017년 6월 26일)."는 장웅 위원의 언급은 스포츠와 정치에 대한 현실인식을 극명히 드러내 보여주고 있다.

많은 연구들이 지적하고 있듯이 스포츠는 그것을 통제하려는 정치권력의 의지에 따라서 정치적으로 순기능일수도 역기능일수도 있으며, 본질적으로 스포츠의 정치적 기능은 정치적 의지의 결과이지 원인이 아니다. 즉 '국가의 정치적 결단이 스포츠의 정치적 기능을 발생하게 하는 것이지 스포츠가 정치적 결정에 선행하는 것은 아니다(이강우 2002, 191)'는 사실을 명확히 인식할 필요가 있다.

문재인 정부의 입장에서는 경색된 남북관계의 개선을 위해 북한과의 관계개선을 위한 가능한 모든 방법을 동원하고 싶을 수도 있다. 단일팀 구성이 어려울 경우 차선으로 북한 팀의 참가를 기대할 수도 있다. 그러나 북한 팀의 참가가 현실적으로 쉽지 않다는 것은 굳이 반복해 설명할 필요조차 없다. 무엇보다도 북한 팀이 동계올림픽에 참가하려면 경기력이 일정 수준에 도달해야하지만 현재 북한 팀이 평창 동계올림픽에 참가할 수 있는 종목은 단 하나도 없다. 특별 배려가 없다면 북한 팀의 참가는 현실적으로 불가능한 형편이다. IOC가 동계 스포츠 기량이 떨어지는 국가에 와일드카드를 배분해 참가자격을 주고 있는 까닭에 이러한 와일드카드를 통한 북한 팀 참가를 유도할 수도 있겠지만, 이는 북한과의 관계개선에 대해 회의적인 집단에 의한 또 다른 반발과 어려움들을 불러일으킬 수 있다.

결국 남과 북의 관계에서 정치와 스포츠의 관계는 언제나 정치우위의 기조를 유지해 왔음을 부인할 수 없다. 본서의 제7장에서 이미 분석한 바 있듯이 스포츠 교류는 남북의 정치적 관계의 종속변수였을 뿐, 남북의 정치적 관계를 결정짓는 독립변인은 아니었던 것이다. 이 원칙은 평창에도 변함없이 적용될 것이며, 남의 제안에 대한 북의 정치적 결단 없이는 남북 단일팀 성사는 요원한 일이라고 할 수 있다.

평창은 어떻게 기억될 것인가?

본서의 마무리 작업에 열중하고 있던 2018년 2월과 3월, 2018 평창 동계올림픽과 동계패럴림픽이 개최되었고 모두 성공적이었다는 세계의 찬사 속에서 그 막을 내렸다.[173] 1988년 서울 올림픽 이후 30년 만에 유치한 동계 메가 스포츠 이벤트를 과연 성공적으로 진행할 수 있을 것인가에 대한 우려 섞인 전망들이 쏟아지는 가운데 개최된 경기에 대한 평가는 전반적으로 성공적이라는데 모아지고 있지만, 대회 기간 중 스포츠 이벤트만큼이나 세계인의 이목을 잡아 끈 것은 북한이 관계된 일련의 사건들이었다. 북의 핵 개발로 인한 엄혹한 제재가 진행되는 와중에 발생한 북의 동계올림픽 참가와 북한 예술단 및 응원단의 방남은 기대치 않았던 사건이었으며, 이후 진행된 일련의 남북 접촉의 결과 지금은 남북정상회담과 북미정상회담의 성사를 고대하고 있다. 이러한 결과를 가져온 2018년 2월 한반도에서 개최된 올림픽은 오래도록 인구에 회자될 것이다. 여기서 우리가 던지게 되는 질문은 "그렇다면 평창은 어떻게 기억될 것인가"이다. 2018년의 평창은 성공으로 기억될 것인가, 실패로 기억될 것인가?

---

173 아래의 내용은 정기웅 2018을 다시 정리한 것임을 밝힌다.

올림픽을 개최한 도시들을 이야기할 때면 어떤 도시는 뚜렷한 성공의 기억으로, 또 어떤 도시는 처참한 실패의 사례로 언급되는 것을 부인할 수 없다. 예로서 나찌의 휘장으로 뒤덮인 베를린, 검은 구월단의 테러로 기억되는 뮌헨, 도시를 파산직전까지 몰리게 했던 몬트리올의 경제적 실패, 반쪽짜리 올림픽이었지만 운영엔 성공한 LA 등을 제시할 수 있다. 평창이 성공의 사례로 기억되기 위해서는 대회 그 자체의 성공적 운영은 물론이요, 평창이 매개체가 되었던 남·북, 북·미 대화의 성공적 종결이 필요하다. 일단 대회 운영 자체에 대해서는 성공적이었다는 평가가 중론이지만, 향후 남북대화와 북미대화가 어떤 식으로 전개될 것인지에 대해서는 누구도 확언할 수 없다. 또한 이제 곧 정산서를 받아들게 될 평창의 경제적 손익에 대한 평가 또한 중요한 역할을 하겠지만, 평창의 경우 다른 그 어떤 올림픽보다도 뚜렷한 정치성의 노정이 있었기에 남·북과 북·미의 관계 진전의 방향이 향후 평창에 대한 기억의 형태를 결정짓는데 핵심적 역할을 할 것이다.

국제 무대에서 스포츠의 활용에 있어 국가들은 크게 세 가지 방식을 채택한다. 첫째, 국가들이 스포츠 경기에의 참여나 메가 스포츠 이벤트의 개최 등을 통해 스스로의 이미지를 다듬어나가거나 소모함으로써 국가 브랜드의 확장을 꾀하는 '이미지 확장'의 측면에서이다. 둘째, 스포츠 경기에의 참여를 적극적 외교적 의사표명의 방식으로 사용하는 것이다. 즉 자국이 찬성하거나 반대하는 국제적 사건에 대하여 경기의 참여 여부를 통해 의사를 표명하는 방식이다. 셋째, 타국과의 스포츠 경기를 통하여 의도적 대립각을 형성함으로써 국가정체성을 형성하거나 강화하는 방식, 혹은 스포츠 경기를 타국과의 관계개선을 위한 도구로 사용하는 방식이다.

평창의 경우 특히 주목할 만한 것은 세 번째 방식이다. 평창 동계올림픽이라는 세계적 스포츠 메가 이벤트를 기회로 경색되어 있는 남북관계를 완화하고 당면한 문제인 북의 핵 프로그램을 해결하고자 하는 기회로 사용되었기 때문이다. 이 과정에서 발생한 몇 가지 사건들은 우리 사회에 많은 반향을 일으켰으며, 그 중 가장 논란이 되었던 것은 국기 사용의 문제였다.

국기는 국가의 상징으로서 사용되며, 국제 무대에서는 국가에 대한 국제적 승인의 문제를 스포츠를 통해 해결하고자 하는 시도들이 지속적으로 존재해 왔다. 자국의 국기를 앞세우고 세계적 수준의 대회에 참가한다는 것은 그 국가가 국제 사회로부터 승인받고 있다는 증거로서 사용된다. 냉전 시절 한국, 중국, 독일과 같은 분단된 국가들의 경우 그 반대편에 존재하는 국가적 수준의 조직체가 존재하였다. 이와 같이 경쟁해야 하는 조직체들 간의 다툼에서 자국의 정당성 혹은 정통성을 드러내는 데 있어 국제무대에서의 수용성은 매우 좋은 선전의 수단이 되는 것이다. 예로서 1969년에는 오직 13개국만이 동독을 승인했으며, 2000년 올림픽 이후 대만 선수들은 '중화공화국 − 대북'이라는 깃발 아래 행진해야 했다. 1970년대 한국도 북한과의 정통성 다툼을 위해 연례행사처럼 유엔에서 표 대결을 벌였고, 국제스포츠 행사에의 참여를 통해 꾸준히 국가의 정통성을 주장해 왔다. 그런데 평창 올림픽에서는 태극기 대신 한반도기를 사용함으로써 일각으로부터의 강한 반발을 불러 일으켰다.

평창 동계올림픽에서 러시아는 약물 스캔들로 인해 자국 국기를 사용하지 못했고, 대회가 끝난 이후 귀국하는 선수들이 비행기 안에서 벌인 퍼포먼스로 인하여 우리는 러시아 단복 안에 러시아 국기가 숨겨져 있었음을 알 수 있었다. 어떤 국가는 이토록 사용이 금지된 국기를 사용하기 위해서 트릭을 쓰는데 우리는 개최국이면서도 스스로 우리 국기의 사용을 포기하고 한반도기의 사용을 택했으니 어떤 면에서는 불만이 제기되는 것도 당연하다고 여길 수도 있다.

그러나 이미 2000년 시드니 올림픽과 2004년 아테네 올림픽을 비롯해서, 한반도기를 사용한 국제 경기 대회 공동입장의 경험이 9차례나 있었음을 감안한다면, 평창에서 불거진 논란은 새삼스러운 감이 있다. 무엇 때문인가? 몇 가지 해석이 가능하다. 먼저 지난 몇 년간 경색된 남북관계와 북의 지속적 도발로 인해 북한을 대하는 우리의 태도가 변했다는 것이다. 남북관계가 순항할 것으로 예측하고 남과 북의 협력에 대하여 긍정적 기대가 있었던 2000년대 초반과 비교했을 때 현재 북한을 대하는 태도는 훨씬 경직되어 있음이 사실이다. 문재인 정부의 출범이 없었더라면 북한과의 관계는 아직도 경색의 상태를 벗어나지 못했을 것이다. 다음으로, 여론 형성에 가장 적극적인 현재의 20대와 30대의 경험을 들 수 있다. 이들 세대가 경험한 지난 10년의 북한은 연평도 포격과 천안함 폭침, 핵 미사일 개발 등으로 일종의 적대적 세력으로 인식되어왔다는 점이다. 같은 맥락에서 북한과 통일에 대한 세대 간 인식의 격차가 존재한다는 점 또한 지적될 필요가 있다. 여러 주체에 의해 진행된 통일에 관한 여론조사의 결과를 살펴보면 통일에 대해 가장 부정적 여론을 표출하고 있는 것이 20대 학생층임을 확인할 수 있다. 통일의 당위성을 당연한 것으로 받아들였던 기성세대와는 달리 현재의 세대는 북한을 반드시 통일해야할 대상으로 인식하지 않고 있으며, 그러한 인식이 북한과의 협력에 대한 접근을 평가함에 있어 현실적 계산을 우선시하는 결과를 가져왔다는 것이다. 따라서 앞으로의 국제 대회에서도 한반도기의 사용에 대한 부정적 여론이 형성될 가능성이 존재한다고 보아야 한다.

결국 한반도기 사용의 문제는 향후 사태의 진전에 따라 결정될 것이다. 만약 남북정상회담과 북미정상회담이 순조롭게 개최되고 진행되어 북한의 비핵화를 포함한 관계개선이 이루어진다면 평창은 핑퐁외교와 더불어 스포츠 외교의 역사 속에서 빛나는 성공의 사례로 기억될 것이며, 한반도기의 사용 역시 적절하고 훌륭한 선택으로서 기억될 것이다. 그러나 그 반대의 경우가 발생할 가능성 또한 상존한다.

분단 이후 오늘에 이르기까지 남북 간에 이루어진 스포츠 교류 협력의 역사를 돌이켜 볼 때 그 첫 가시적 성과는 1991년 일본에서 개최된 제41회 세계탁구선수권대회였다. 이 대회에서 남북한은 첫 단일팀을 구성하여 단체전 우승이라는 성과를 거두어 냈다. 이후 축구에서의 단일팀 구성, 올림픽에서의 남북 선수단 공동입장, 공동응원단 구성 등의 성과가 이루어진 시기들을 살펴보면 예외 없이 남북관계가 순항 중이던 시기였음을 확인할 수 있다.

그러나 평창의 경우는 정반대의 사례이다. 남북관계가 최악인 순간에 스포츠를 매개로 한 남북 간의 교류가 발생했다는 것은 북한이 지금까지와는 전혀 다른 입장에 처해있다는 반증이거나, 혹은 앞으로의 관계가 순항할 것이라는 예시일 것이다. 앞으로의 관계는 과연 어느 쪽으로 흘러갈 것인가?

필자는 다음과 같이 예측한 바 있다. "평창 동계올림픽과 관련하여 제기되었던 '남북한 공동개최, 남북한분산개최, 남북한 단일팀 구성, 남북한 선수단 동시입장, 남북한 공동 응원단 구성' 등의 여러 아이디어들은 단 하나도 성사되지 못했으며, 이는 주로 경색된 남북관계와 동북아의 전략 환경 악화에 기인한다고 볼 수 있다. 이러한 실패의 현실은 스포츠의 도구적 유용성이란 결국 정치적 결단이 이루어진 이후에야 가능하다는 것을 다시 한 번 명확하게 드러내 보여준다(정기웅 2017, 196)."

그러나 결과적으로 남북한 단일팀이 구성되었고, 남북한 선수단이 동시입장하였으니 필자의 예측은 완전히 틀렸다고 보아야 하는가? 아니면 남북한 선수단 동시입장과 남북한 단일팀 구성은 온전히 남과 북의 정치적 결단에 의해 이루어진 것이니 정확한 예측이라고 보아야 하는가? 한 가지 확실한 것은, 우리가 현재 목도하고 있는 결과가 보여주듯이 스포츠의 정치·외교적 도구로서의 역할은 결국에는 연관된 행위자들의 정치적 결정이 이루어진 이후에야 성공적으로 작동가능하다는 것이다. 평창이 성공의 기억으로 남기 위해서는 남과 북의 지속적인 협력을 가능케 할 정치적 행위들이 계속되어야 한다. 남북대화와 북미대화의 성공을 간절히 기원하는 또 다른 이유이다.

참 고 문 헌

김근식. 2011. "평창 올림픽을 위해서라도 금강산 관광길은 열려야 한다." 『프레시안』 2011년 7월 25일.

김동선. 2001. "2010 동계올림픽 남북한 공동개최를 위한 전략 탐색." 『한국체육학회지』 40 – 4.

김재홍. 2011. "평창 올림픽, 남북분산개최해야." 『한겨레』 2011년 7월 13일.

박상현. 2011. "평창, 누구를 위한 공동개최인가." 『동아일보』 2011년 7월 18일.

백학순. 2014. "남북 스포츠 협력의 역사와 인천 아시아경기대회." 『정세와 정책』 2014년 10월호.

신지호 의원 인터뷰. 2011. "평창 동계올림픽 공동개최 주장은 국민에 대한 모독." 『Daily NK』 2011년 7월 18일.

이강우. 2002. "미디어 스포츠: 그 정치적 담론." 『한국스포츠사회학회지』 15 – 1.

이강우 · 김석기. 2006. "메가 스포츠 이벤트의 정치경제학." 『한국체육철학회지』 14 – 2.

정기웅. 2011. "남북 협상의 전략적 선택 구조와 스포츠: 평창 동계올림픽 남북한 공동개최 논의를 중심으로." 『국제지역연구』 15 – 3.

평창군 올림픽추진단. 2016. 눈물겨운 도전 아름다운 성공: 12년의 동계올림픽 유치 도전사.

평화연구원. 2011. 『현안진단』 30. 2011년 7월 26일.

정기웅. 2017. "평창 동계올림픽의 정치 · 외교." 『국제관계연구』 22 – 2.

정기웅. 2018. "올림픽과 국제정치: 평창 동계올림픽은 어떻게 기억될 것인가?" 『서울대학교 국제문제연구소 이슈브리핑』 30호.

『매일경제』 1994년 3월 3일.

『연합뉴스』 2011년 7월 13일.

『연합뉴스』 2011년 7월 14일.

『연합뉴스』 2011년 7월 14일.

『연합뉴스』 2017년 6월 24일.

『연합뉴스』 2017년 6월 24일. "문대통령 1991년 영광을 다시… 평창 올림픽 남북 단일팀 제안."

『조선일보』 2011년 7월 19일.

『조선일보』 2017년 6월 26일. "91년 탁구 단일팀 회담만 22번."

Hoberman, John. 1984. *Sports and Political Ideology*. Austin: Univ. of Texas Press.

http://terms.naver.com/entry.nhn?docId＝3574358&cid＝58906&categoryId＝58919
검색일: 2017년 6월 15일.

세계 스포츠 기구와 글로벌 거버넌스

Ⅰ 세계 스포츠 기구(GSOs)와 국가

오늘날 세계화의 진전과 더불어 세계정치의 무대에서 주된 행위자로 취급받는 행위자의 수와 종류는 증가하였으나, 국가 행위자의 중요성은 여전히 높이 평가받고 있다. 더불어 국가 간의 상호연계 및 경제적 상호의존이 증가함에 따라 이를 관리, 규율하기 위한 국제제도가 급속히 발달하게 되었다. 그 결과로서 각국은 국가의 자율성에 있어 상당한 부분을 양보하게 되었으며, 여타의 다른 영역, 즉 안보, 자본규제, 인구이동, 환경, 공중위생, 문화, 언어 등의 영역에 있어서도 그 통제권이 상당 부분 약화되었다(최영종 2004, 333). 오늘날의 국제제도는 국가 간의 관계 조절의 역할 뿐만 아니라 다기한 세계정치 무대의 행위자들 사이의 분쟁해결, 경제안정, 인권보호 등을 명분으로 간여함으로써 각국의 국내정치와도 긴밀히 연결되어 있다.

스포츠의 무대는 범세계적이며, 전통적으로 스포츠 세계는 자율적 행동을 보장받아왔다. 스포츠 세계는 그 계서의 정점에서 휘하의 조직들을 다스리는 소위 세계 스포츠 기구GSOs: Global Sport Organizations에 의하여 지배된다.[174] 전 세계의 사람들은 그러한 GSOs의 이름이나 그들이 주관하는 행사에 익숙하다. 대표적인 것이 IOC와 FIFA이다.

---

[174] 국제 스포츠 기구ISOs: International Sport Organizations라는 용어 또한 널리 사용되고 있으나 본서의 서장에서 밝히고 있듯이 '오늘날의 세계는 다양한 행위자에 의해 세계화된 세상'으로 전제하고 있는 까닭에 세계 스포츠 기구라는 용어로 통일하여 사용하고자 한다.

　예로서 IOC는 올림픽과 관련한 막강한 권한을 보유하고 있다. 올림픽 헌장 제1장 제1조 2항은 "올림픽 운동의 3대 구성원은 국제올림픽위원회IOC: International Olympic Committee, 국제경기연맹IFs: International Sports Federations, 국가올림픽위원회NOCs: National Olympic Committees이다."라고 규정하고 있다. 이어서 3항은 "상기의 3대 성원 외에도, 올림픽 운동에는 올림픽조직위원회, 국가별 협회, 클럽, 특히 선수와 같이 IFs와 NOCs에 소속된 개인, 심판 및 코치를 비롯하여 기타 체육관련 임원 및 전문위원과 기술위원이 포함되며, 이들의 이해는 올림픽 운동 활동의 기본 요소를 구성한다. IOC가 승인한 기타 조직이나 기구도 올림픽 운동에 포함된다."라고 규정하고, 4항에서는 "어떠한 방식으로든 올림픽 운동에 속한 모든 사람과 기구는 올림픽 헌장 규정을 준수해야 하며, IOC의 결정에 구속된다."라고 밝힘으로써 IOC가 올림픽 운동의 최고 결정권자임을 명확히 하고 있다.

　그러나 이러한 GSOs라고 할지라도 국가 행위자의 간섭으로부터 자유로울 수 있는 것은 아니다. 국가가, 특히 민주주의 체제를 유지하고 있는 국가가, 스포츠 거버넌스에 대한 직접적 영향력을 행사하는 것을 피해온 것은 사실이지만, 스포츠의 경제적 중요성의 증가와 비례하여 그 간섭을 보다 빈번히 늘려온 것 또한 사실이다(Croci and Forster 2006, 2).

　스포츠 세계에 대한 국가우위를 보여준 가장 명확하면서도 유명한 사례는 바로 유럽공동체EC: European Community의 사법재판소ECJ: European Court of Justice가 결정한 '보스만 규칙Bosman ruling'이다. '보스만 규칙'은 계약이 끝난 선수의 이적에 관한 FIFA와 UEFA의 규칙들을 무효화시켰다(Blanpain 1996; Parrish 2003). "계약이 끝난 선수는 구단의 동의와 이적료에 관계없이 자유롭게 팀을 옮길 수 있고, 외국인 쿼터제는 위법이다."라고 판시함으로써 선수에 대해 GSOs가 가한 제약들을 무효화시켰다.

　이 판결을 통해 EC의 국가행위자들은 스포츠 세계의 행위자들에게 스포츠가 경제적 행위로서 존재할 때 GSOs의 규칙들은 EC가 수립한 법률들과 상충되어서는 안 된다는 것을 명확히 함으로써 누가 우위에 있는가를 명확히 하였던 것이다.

Ⅱ   스포츠 세계의 행위자들

사실 스포츠 세계에 있어 영향력의 강도, 그리고 그 작동방향에 따라 지배적 행위자가 누구인가를 묻는 질문은 오래도록 존재해왔다. 그러나 이에 답하는 것은 쉽지 않다. 스포츠 세계, 혹은 스포츠 무대에 대한 명확한 개념 정의가 쉽지 않고 복합적이듯이, 이 무대에서 행동하는 행위자들 또한 다양하고 복합적일 수밖에 없다.

일반적으로 규정하자면 세계정치의 무대에서 전통적인 주된 행위자로 여겨져 온 행위자들이 스포츠 외교의 행위자로서 작동한다고 말할 수 있다. 세계정치의 무대에서 전통적 주요 행위자인 국가, 그리고 국가만큼의 영향력을 가진 GSO들이 먼저 제시될 수 있을 것이다. 그러나 세계화의 진전, 그리고 국가행위자의 영향력 약화와 스포츠의 경제적 중요성 증대는 스포츠 외교 무대에 있어서의 주요 행위자들에게 있어서도 변화를 초래하였다. 새로운 무대의 영향력 있는 행위자로 등장한 것은 스포츠 미디어 그룹과 스포츠 용품 집단으로 대표되는 초국적 자본이라고 할 수 있다.

모든 사회적 집단이 그러하듯이 스포츠 세계 또한 권력을 가진 자와 갖지 못한 자로 분류될 수 있다. 스포츠 세계에서의 권력자가 누구인가 하는 질문은 몇 가지 분기를 갖는다. 그 분기의 기준은 여러 가지가 가능하겠지만, 영향력의 작동방향이 좋은 기준이 될 수 있을 것이다.

본 장에서는 스포츠 세계의 권력자를 파악함에 있어 정치와 스포츠 간 영향력의 작동방향을 주된 분류의 기준으로 삼는다. 즉 정치와 스포츠 간 영향력의 작동방향에 따라, 그리고 그 과정에서 누가 더 결정적 행동 동인을 제공하는 행위자인가에 따라 크게 국가 우위론, GSOs 우위론, 초국적 자본 우위론으로 분류할 수 있을 것이다.

본 장에서는 이에 대한 검토를 바탕으로 세계화된 세상에서의 스포츠 행위자들과 국가 행위자들, 그리고 그에 대응하는 초국적 행위자들 간의 관계 및 스포츠 세계의 거버넌스에 대하여 살펴본다.

1. 국가 우위론

국가는 전통적으로 세계정치의 무대에서 가장 주요한 행위자로서 간주되어 왔다.

따라서 스포츠 외교의 무대에서도 국가는 중요한 행위자로서 취급되는 것이 적합하다
고 할 것이다. 국가 우위론은 스포츠의 정치적 도구성을 설명하는 가장 전통적인 방법
이며, 스포츠의 정치적 활용 가능성이야 말로 국가 우위론의 명확한 증거이다.

정준영(2003)은 스포츠의 의미를 결정하는데 일차적 힘을 발휘하는 것은 국가, 대중
매체, 상층계급 등이라고 규정하고 있다. 이들은 스포츠 활동의 틀을 적극적으로 만들
고 규칙을 제정하며 스포츠의 특정한 의미를 정립하여 확산시킨다는 것이다. 대중매
체와 상층계급을 국가와 분리시키고는 있지만 넓은 의미에서 집합적 행위체로서의 국
가행위자에 강력한 영향을 미치는 존재로서 상정하고 있다는 점에서 "국가가 스포츠
의 의미를 결정하는데 일차적 힘을 발휘한다."라고 해석해도 큰 문제는 없을 것이다.

국가가 스포츠의 의미 결정에 일차적 힘을 발휘함으로써 정치적 목적을 달성하고자
시도하였던 수없이 많은 사례들이 존재한다. 특히 역사적으로 개발도상국가에서는 그
들의 팀, 국가, 그리고 정치시스템에 대한 우월성을 나타내기 위하여 정치지도자에 의
해 스포츠가 장려되어 왔다. 세계 강대국들과 겨루어 승리한 스포츠의 성공은 애국심
을 함양시키고, 다민족 사회에서는 민족을 초월한 통합에 도움을 준다(조문기 2007,
130-131). 이와 같은 이유로 많은 개발도상에 있는 사회에서 스포츠는 중요하게 여겨
지고 있으며, 스포츠와 국력의 크기는 비례한다는 일상적 통념에 들어맞지 않는 많은
일탈적 사례들, 즉 모두가 약소국이라고 생각하는 국가의 대표팀이 국제 경기에서 좋
은 성적을 거두거나 우승을 차지하는 경우를 간혹 발견할 수 있다. 그러나 그렇다고 해
서 그 국가의 국력이 상승한 것으로 비쳐지는가 하는 것은 또 다른 고찰을 필요로 하는
문제이다.

각국이 스포츠를 외교적 관계에 있어 다양한 방식으로 사용해 왔음은 이미 본서의
제2부와 제3부에서 구체적인 실례를 들어 설명한 바 있다. 이러한 맥락에서 국가 우위
론을 주장하는 이들은 스포츠란 단지 국가의 도구일 뿐이며 그 이상의 역할을 수행하
기란 어렵다는 입장을 견지한다. 단적인 예로서 2017년 6월 이루어진 대한민국 문재
인 대통령의 남북 단일팀 성사 제의에 대해 "정치적 환경이 해결돼야 한다. 스포츠 위
에 정치가 있다."라고 말한 북한 장웅 IOC 위원의 답변을 들 수 있을 것이다(『조선일보』
2017년 6월 26일).

이와 같은 국가우위론적 논의들은 스포츠가 국가의 의도에 의해 정치적 도구로서
사용되고 있다는 점을 강조하고 있으며, 스포츠와 정치와의 관계에 있어 국가에 의해

수행되는 정치의 역할을 강조한다.

2. 세계 스포츠 기구(GSOs) 우위론

GSOs는 전통적으로 자체적인 운영의 규칙을 가지고 작동되어 왔으며, 상당한 정도로 일단의 계서적 조직에 의하여 통치되어 왔다. 이들은 스포츠 세계에서 매우 주요한 역할을 담당한다. 가장 주요한 역할은 국제 경기의 규칙을 제정하고, 무대를 마련(선정)하며, 경기를 진행하는 것이다.

예로서 올림픽을 주관하는 IOC는 어떠한 스포츠가 올림픽 경기에 지정되고, 여러 스포츠들 중에서 어떠한 것이 올림픽 경기에 포함될 것인가를 선택한다. 아울러 올림픽 대회 장소 선정에 대한 온전한 권한을 갖고 있다. 따라서 이러한 국제적 성격의 무대를 주관하고 이러한 스포츠 무대의 정상적인 지속성을 유지하기 위해서 GSOs는 강력한 국제정치적 힘을 추구하고 발휘한다. 룰 셋팅rule setting, 즉 규칙 제정이 갖는 힘은 새삼 되풀이하여 언급할 필요조차 없을 것이다.

GSOs 우위론은 또한 세계화 현상과 밀접한 연관을 갖는다. 세계화는 국제스포츠 무대에 있어 국가가 갖는 우월적 지위를 약화시켜 왔다. 스포츠의 국제 체계 내에서 국가들의 중요성은 과거에 비해 훨씬 감소하였으며, 그 결과 스포츠에 있어서 국가들은 일반적으로 그리고 상당한 정도로 초국적 기업들과 국제적 스포츠 비정부 기구들에 의하여 설정된 의제 내에서 서로 경쟁하고 있다(정기웅 2008, 47).

물론 그 이전에도 GSOs의 힘이 미약하였던 것은 아니다. 그러나 국가행위자의 약화, 이슈의 위계의 붕괴, 시장경제에 있어 경제적 이득의 우선시 등은 경기의 개최와 개최지 선정에 절대적 영향력을 가질 수밖에 없는 GSOs의 힘을 강화시켰다고 할 수 있을 것이다.

세계화를 통한 스포츠 시장의 확대와 메가 스포츠 이벤트에 대한 관심의 증가, 이와 결합한 상업주의에 더하여 GSOs 조직의 거대화와 세력의 강화는 국가가 스포츠를 정치적 도구로서 사용하고자 하는 시도를 어렵게 만들기도 한다. 국가의 힘이 압도적으로 강하거나 강대국이 아닐 경우 국가의 의사가 GSOs의 의지를 변경하게 만드는 경우는 드물다. 소위 말하는 스포츠 외교력이다. 이 스포츠 외교력에 있어서의 주된 수혜자가 주로 전통적 강대국임을 새삼 부언할 필요는 없을 것이다.

GSOs의 영향력을 보여주는 단적인 예가 회원국의 숫자이다. IOC나 FIFA와 같은 국제 스포츠 기구에 참여하고 있는 회원국들의 숫자는 국제연합의 회원국 수보다 많다. 2018년 3월 기준으로 IOC에 가입한 회원국은 206개국이며, FIFA 회원국 숫자는 210개에 달한다. 반면 UN 회원국 숫자는 193개로 IOC나 FIFA의 회원국 수보다 작다.

일부 논자들은 그 규모나 조직을 감안할 때 IOC나 FIFA와 같은 GSOs들은 국가의 통제에서 벗어나 '자율적' 권위를 갖는 '국제 체제'로 파악되어져야 한다(Bairner 2005, 87–100; 임현진·윤상철 2002, 125–127)고 주장한다. 즉 '관세와 무역에 관한 일반협정 GATT: General Agreement on Tariffs and Trade', '국제통화기금IMF: International Monetary Fund', '세계무역기구WTO: World Trade Organization' 등의 대표적인 국제 체제와 같이 파악되어져야 한다는 것이다.

이들 기구들은 자체 조직의 이해와 목적을 위해 활동하며, 이미 국가의 통제로부터 벗어나 작동하고 있다. IOC나 FIFA와 같은 GSOs가 이와 같은 국제 체제로서 작동할 수 있는 힘은 막대한 회원국의 숫자와 함께 소수에 권한이 집중된 피라미드식 조직, 그리고 올림픽이나 월드컵 같은 메가 스포츠 이벤트의 개최에 대한 독점적 권한에서 발생한다. 지구상의 많은 국가들이 때로는 정치적인 이유로, 때로는 경제적인 이유로 인하여, 이와 같은 메가 스포츠 이벤트의 개최를 희망하는 까닭에 개최국의 선정에는 항상 치열한 경쟁이 뒤따르며, 각종 로비가 판을 치기도 한다. 이들 국제 스포츠 기구들은 개최국의 선정에 결정적 영향력을 행사할 뿐만 아니라, 개최국이 선정된 이후에도 대회의 개최에 따르는 중요한 재정적 사항, 예로서 TV 방영권이라든지 공식후원업체의 선정 등에 대해서 개최국과는 무관하게 독점적인 권한을 행사하는 것이다. 대회의 개최와 관련하여 개최국이 행사할 수 있는 권한이란 유명무실한 것이나 마찬가지이며, 이러한 과정을 통하여 이들 GSOs는 국가와 국경을 초월하는 정치·경제적인 권력을 획득하게 되는 것이다(정기웅 2008, 50).

IOC나 FIFA는 개최지 결정권을 최대의 자산으로 활용하고 있는데 횟수를 거듭할수록 행사규모가 확대되는 것에 맞추어 유치비용도 증가하고 있다(Leeds and Allmen 2001, 169) 또한 국가나 지방 정부가 메가 스포츠 이벤트를 관장하는데 있어 자본의 이익은 어떤 경우에도 침해되지 않는다(송해룡·최동철 1999)는 점도 기억될 필요가 있다.

하지만 근년에 이르러 확대되고 있는 각국 시민 사회의 역량(1994년 노르웨이의 릴레함메르 동계올림픽과 2002년 시드니 올림픽의 환경 올림픽의 예)과 스포츠 행사에서 노출되는 관객들의 거대한 결집력은 엘리트 스포츠에 기초한 상품 스포츠를 지양하고 메가 스포츠 이벤트를 통하여 건전한 스포츠 문화를 회복할 수 있는 잠재력에 대한 희망적 전망을 던지는 것을 가능하게 하기도 한다(이강우·김석기 2006, 180).

그러나 결국 GSOs의 강대화·거대화와 더불어 이와 결합한 상업자본의 영향력 확대는 스포츠 무대에서 국가의 영향력이 작동하기 어렵게 함으로써 메가 스포츠 이벤트를 통해 국가의 정치적 목적을 달성하고자 하는 각국 정부의 목표를 더욱 달성하기 어려운 것으로 만들고 있으며, 이에 따른 GSOs의 국제정치적 위상과 역할이 강화되고 있다는 것이 GSOs 우위론의 입장이다.

3. 초국적 자본 우위론

초국적 자본 우위론은 대개 스포츠에 대한 정치·경제적 접근을 시도하는 학자들에 의해 주장된다(김방출·권순용 2007; 이강우·김석기 2006; 정희준 2008). 이 입장을 지지하는 이들은 GSOs의 강대화를 가져온 세계화와 상업화, 그리고 스포츠 경기와 거대자본의 결합은 GSOs의 힘을 강화시키고 조직을 거대화시켰지만 결국에는 이와 같은 국제 스포츠 기구의 권력을 약화시키는 역할을 하게 될 것이라고 주장한다.

그 이유는 매우 간단하다. 바로 자본의 논리이다. GSOs 또한 조직이며, 조직은 사람에 의해 작동된다. 이 조직이 존속하고 팽창하기 위해서는 자본이 필요하고 이는 필연적으로 거대자본의 눈치를 볼 수밖에 없는 구조를 형성한다. GSOs의 권력, 그리고 GSOs를 장악하고 있는 스포츠 지도자들의 권력이란 것은 결국 스포츠 부문에 한정되어 있는 특수하고 전문적인 것에 지나지 않기 때문이다. 따라서 이들은 결국 초국적 거대 자본 앞에 약자일 수밖에 없다는 논리이다.

<그림 14-1>은 IOC의 수입 구조를 보여준다. 방영권과 스폰서십이 전체 수입의 92%를 차지하는 구조에서 GSOs의 초국적 거대자본에 대한 의존은 어쩌면 너무나 당연한 귀결일 수밖에 없다.

그림 14-1 IOC의 수입 구조

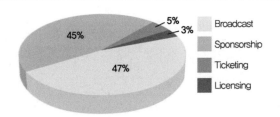

출처: https://www.olympic.org/ioc-financing-revenue-sources-distribution 검색일: 2018년 3월 30일.

오래전의 일이긴 하지만, 한 예로서 미국의 스포츠 전문 주간지인 스포팅 뉴스Sporting News는 1998년 스포츠계에서 가장 영향력 있는 인물들을 선정한 바 있다. 선정된 인물들의 면면을 살펴보면 가장 강력한 영향력을 갖는 인물들로는 대부분 언론기업인들과 스포츠 관련 기업인들이 선정되었다. 반면 당시 IOC 위원장이었으며 IOC 절대권력의 상징과도 같았던 사마란치(Juan Antonio Samaranch)의 순위는 29위에 불과하였다 (Bourg 1999, 51).[175]

사마란치의 낮은 순위와는 대조적으로 언론계와 산업계의 인물들인 News Corporation의 머독(Keith Rupert Murdoch), Disney−ABC의 아이스너(Michael Eisner), Time Warner의 터너(Ted Turner), Nike의 나이트(Phil Knight), IMG의 맥코맥(Mark Hume McCormack) 등은 상대적으로 높은 순위에 올라 있음을 확인할 수 있다.

IOC와 FIFA에 의한 스포츠의 상품화가 정도 이상으로 심화되고 있는 현 상황에서 이들 초국적 거대 자본들이 스포츠 세계에 대한 영향력을 넓히게 되는 것은 너무나 당연한 귀결이다. 자본은 탐욕적이며 끝없이 팽창하고자 하는 속성을 갖는다.

스포츠 구단의 경우에도 자본의 논리는 똑같이 적용된다. 몇몇 인기 종목의 경우 프로구단들이 국가대표팀 보다 더 큰 힘을 갖게 되었으며, 선수의 차출을 위해서는 구단

---

[175] 사마란치는 1980년에 처음 선출되어 2001년에 물러날 때까지 21년간 재임했다. 그야말로 IOC의 절대권력이라고 부르기에 부족함이 없었다. 그러나 1998년 12월, 2002년 제19회 솔트레이크시티 동계올림픽 대회유치를 둘러싸고 일어난 IOC 위원들의 뇌물 수수라는 사건이 벌어지면서 IOC의 권위는 땅에 떨어지고 그 수장인 위원장이 미국 국회 상원의 청문회에 출석하여 증언하는 수모를 겪는 등 개혁의 길에 들어서지 않을 수 없게 되었다. 결국 IOC는 창립 이후 최초로 특별위원회를 구성, 자아 비판적인 개혁을 위한 작업에 착수, 비리관련 IOC 위원들을 조사한 뒤 위원 4명의 자퇴와 6명의 축출, 그리고 10명이 경고를 받는 사상 초유의 진통을 겪은 끝에 2011년 7월 14일 제112차 총회에서 올림픽 헌장을 개정하게 되었다(방광일 2005, 589−590).

의 협조가 필수적이라는 점은 이러한 힘의 원천이 된다. 또한 똑같이 자본의 논리가 지배하는 스포츠 무대에서는 구단의 경우에도 자산 규모가 큰 구단들만이 살아남을 수 있다.

거대 구단들은 국가적 경계를 넘어 선수를 확충하고 구단을 운영함으로써 일종의 초국적 기업으로서의 성격마저 갖게 된다. 특히 스포츠 미디어 산업을 장악하고 있는 다국적 자본가들에 의해 구단이 운영될 때 상업주의는 더욱 기승을 부리게 되며, 이는 메가 스포츠 이벤트와 결합할 때 절정에 달하게 된다.

메가 스포츠 이벤트는 국가의 정치·경제 영역에 막강한 영향력을 갖는다. 경제 영역에 있어서는 재정 지출 및 민간 투자에 의한 국내 경기의 활성화를 유발할 수 있고, 간접적으로 국가의 홍보를 통한 기업 및 상품 이미지의 제고를 가져온다. 정치 영역에 있어서는 국내의 정치적 어려움을 잠시나마 덮어둘 수 있는 국민적 관심 전환의 기회를 제공하며, 국가 위상 제고를 통한 정권의 정당성 확보에까지 영향을 미칠 수 있다(정기웅 2008, 48). 이 기회를 계산 빠른 초국적 거대 자본들과 구단들이 놓칠 이유가 없다.

메가 스포츠 이벤트는 시간이 흐를수록 그 행사규모를 확대하고 관객 수를 늘리고 있으며, 이는 동시에 스포츠 마케팅 분야 다국적 기업들의 영향력을 증가시키는 결과를 가져왔다. IMGInternational Management Group, ISLInternational Sports and Leisure,[176] ProServe 등은 국제적 스포츠 마케팅을 독점하고 있는 대표적 다국적 기업들이다. 자본가의 입장에서 볼 때 국제적 스포츠 행사는 자국 내의 문제 해결을 위해 타국의 자본가들을 압박하는 자본 간의 경쟁이 행해지고 있는 영역이라고 할 수 있다. 요한 갈퉁(Johan Galtung)이 지적하듯이, 스포츠는 "팽창주의적인 서구중심적 우주론에 전형적인 결합물을 완벽하게 전달하는 기능"을 수행할 것이며(Galtung 1991, 150; 양순창 2003, 66에서 재인용-), 따라서 후진지역의 상대적으로 열악한 자본들에 대한 세계적 대자본의 지배도 심화될 것이다. 이와 같이 초국적 자본 우위론은 국제적 스포츠 행사가 갈수록 대자본의 경제적 이해관계에 의해 더 강한 제약을 받게 될 것임을 시사하며, 이 과정에서 국가 또한 자본의 지배에 휘둘리는 종속적 존재일 뿐인 것으로 간주한다.

---

176 FIFA의 TV와 스폰서 마케팅 파트너였던 ISL은 2001년 5월 공식적으로 파산을 선언하였으며, ISL의 파산 이후 FIFA가 ISL로부터 뇌물을 받았다는 이유로 감사가 진행되기도 하였다. 2006년 5월 영국의 언론인인 제닝스(Andrew Jennings)는 *Foul!* 이라는 책의 출판을 통해 FIFA의 부패와 타락, ISL과의 관계 등을 폭로하였다. 이 책은 한국에서는 2007년 파프리카 출판사에서 『피파의 은밀한 거래』라는 제목으로 출간되었다(조건호·최보윤 역 2007).

세계 스포츠 기구(GSOs)를 어떻게 규정할 것인가?

1. IGO, INGO, 국제 체제 혹은 제도

베일리스 등은 지구정치란 기업이나 초국가 기구를 포함하며, 지구정치에서 활동하는 주요 행위자는 크게 다섯 가지로 구분된다고 밝힌 바 있다(Baylis, Smith, and Owens 2011, 328).

1. 지구상에 존재하는 200개가량의 정부. 이 중에는 국제연합에 가입한 192개 정부가 포함된다.

2. 보다폰(Vodaphone), 포드(Ford), 셸(Shell), 마이크로소프트(Microsoft), 네슬레(Nestlé) 같은 82,100개의 다국적 기업. 이들 모기업들은 807,400여개의 해외지사를 갖고 있다.

3. 영국의 Population Concern이나 미국의 Sierra Club과 같은 9,500개의 단일 국가 비정부 기구. 이들은 비록 단일 국가 내에서 조직되었지만 아주 중요한 국제적 활동을 한다.

4. 246개의 정부 간 기구. 국제연합, 북대서양조약기구, 유럽연합, 국제커피기구(International Coffee Organization) 등이 이에 속한다.

5. 7,600개의 비정부 간 기구. 국제사면위원회(Amnesty International), 침례교 세계동맹(Baptist World Alliance), 국제해운회의소(International Chamber of Shipping)와 같은 단체가 이에 속한다. 또 비슷한 숫자의 NGO들의 국제모임이나 네트워크도 있다.

이들 모든 행위자들은 지구정치에서 정례적인 역할을 담당하고, 개별 정부들도 다양한 종류의 비국가 행위자들과 긴밀한 관계를 맺고 있다. 게다가 비록 합법적인 조직으로 대우받지 못하지만 게릴라집단과 범죄집단도 국제 체제에 참여하여 일정한 영향을 미치고 있다. 이밖에도 많은 기업이나 NGO가 단일 국가 내에서 활동하고 있고, 이들은 언제라도 다른 나라에 영향을 미칠 잠재력을 갖고 있다.

그렇다면 IOC나 FIFA와 같은 GSOs는 이들 중 어디에 속하는가? 국제 기구를 분류하는 방법에는 여러 가지가 있지만, 국제 기구를 하나의 체제로 볼 때는 정부의 참여 여부를 기준으로 세 유형으로 분류한다. 통상적으로 정부 간 기구IGO: Intergovernmental Organization와 국제비정부기구INGO: International Non－Governmental Organization 사이에는 정부의 공식적인 참여 여부를 두고 명확한 차이가 있다. 그래서 보통 국가 간 관계와 초국가관계를 구분하여 전자는 IGO가, 후자는 INGO가 주로 담당하는 국제관계 유형으로 생각한다. 하지만 실제 세계에서는 정부의 참여 여부가 이들을 명백하게 구분하는 기준이 되지 못할 때가 있다. 국제 기구에는 여러 유형의 국제관계가 혼용되어 존재하기 때문이다. 일종의 혼합적 INGO 조직인 셈이다. 혼합적 INGO에서는 정부가 NGO와 긴밀하게 협조한다. 중요한 혼합적 INGO로는 국제적십자사, 세계자연보존연합, 국제과학연합위원회, 국제항공운송협회, 그리고 각종 연합체나 정부와 일반 기업체를 정식 회원으로 받아들이고 있는 기구 등이 있다(Baylis, Smith, and Owens 2011, 328–340). <그림 14－2>와 <14－3>은 이러한 국제관계의 상호연결 모습을 보여주고 있다.

그림 14-2 ▷ **국제관계 개관도**

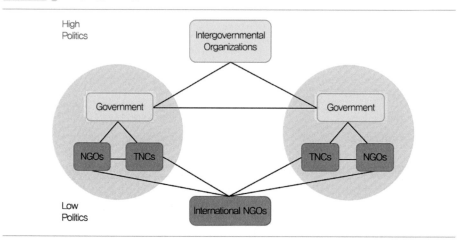

출처: Baylis, Smith and Owens 2011, 339.

상기한 분류에 따르면 GSOs는 혼합적 INGO 조직이라고 볼 수 있다. 그러나 다른 한편으로 본 장의 제2절 제2항에서 언급하고 있듯이 GSOs를 국제 기구, 국제 체제나 제도로 보는 시각 또한 존재한다.

그림 14-3 국제연계의 범위

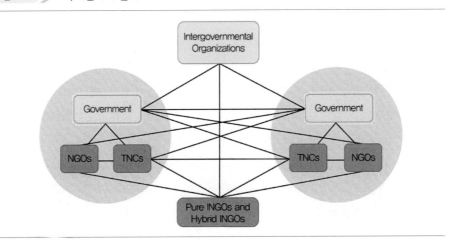

출처: Baylis, Smith and Owens 2011, 339.

<그림 14-2>나 <그림 14-3>에서 나타나고 있는 것처럼 INGO의 기능과 역할이 평면적이고 상호적이라면 GSOs는 전형적인 위계적 구조를 띠고 있다. <그림 14-4>는 이러한 GSO의 글로벌 네트워크의 위계적 모습을 보여준다.

그림 14-4 GSO의 글로벌 네트워크 모델

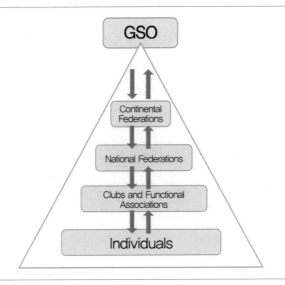

출처: Sage 2010, 31.

로버트 키오헤인(Robert O. Keohane)은 국제 기구international institutions의 중요한 특성을 "국가의 행동역할을 규정하고 활동범위를 제한하거나 국가행위의 기대치를 형성하는 지속적이고 공식, 비공식적으로 연계된 일련의 규칙"으로 정의한다(Keohane 1990, 732). 레짐이론Regime theory은 논자들의 다양한 관점의 차이에도 불구하고 대체로 국제관계를 정부 간의 관계에 기초한 국제적 권위 구조로 이해한다(Hasenclever et al. 2000; Martin and Simmons 1998). 레짐이론가들은 주요 분석대상으로 NGO나 초국적 기업transnational corporations의 역할에 주목하지만 여전히 국가를 중심적인 것으로 이해한다. 이들은 국제 체제international regime가 일정한 자율성을 누리지만(Kratochwil and Ruggie 1986, 760), 그것이 국민국가로부터 '차용된 권력'이라는 점을 분명히 한다. 따라서 이러한 분류에 따르자면 GSOs 또한 국제 기구, 국제 체제나 제도로 분류하는 것도 가능할 듯하다.

그러나 크로치와 포스터(Croci and Forster 2006)가 "글로벌 거버넌스(세계적 행위를 통제하는데 공헌하는 조직기제과정)에 대한 많은 논문이 쏟아져 나오고 있으며, 여기서 GSOs의 중요성이 강조되고, 그리고 곧 무시되고 있다."고 지적하듯이 GSOs가 갖는 힘과 역할에 대한 심도 있는 논의가 부족한 것 또한 사실이다.

무엇보다도 GSOs의 조직이 매우 위계적이라는 점은 오늘날의 세계정치 무대에서 추구되어야 할 개념으로 받아들여지고 있는 다층적 거버넌스 개념과 상충한다는 것에 주목할 필요가 있다. 유럽통합 연구를 위해 고안된 다층적 거버넌스multi-level-governance 개념은 "초국적·국가적·지역적·지방적 수준에서 구축된 다양한 제도에 근거하여 협상되는 비위계적 교환"에 주목한다(Pierre and Peters 2000, 131-132; Hooghe and Marks 2001). 그러나 대개의 GSOs는 위계적이고 보수적이다.

글로벌 거버넌스의 중요성을 강조하면서 국가를 분석하는 대부분의 이론가들은 국제관계에서 비국가적 행위자들non-state actors의 주도적인 역할(Commission on Global Governance 1996; Held and Koenig-Archibugi 2005)을 강조한다. '글로벌 공공정책' 개념에 근거하여 개별 국민국가를 넘어서 조직화되고 당면한 문제를 효율적으로 해결하려는 글로벌 네트워크의 행위자들이 그러한 비국가적 행위자에 속한다(Reinicke, et. al. 2000). 여기서 국민국가는 국제관계에 개입하는 다양한 행위자들 중의 하나인 것으로 간주된다. 글로벌 거버넌스를 둘러싼 논쟁은 종종 정치컨설팅을 염두에 둔 규범적·분석적·기술적 전망이 혼재된 상태에서 관련된 주제별로 행위자의 상이한 역할을 강조한다.

신자유주의는 국제레짐을 포함하는 광의의 국제제도가 국가들의 행위를 좀 더 투명하게 하고, 불확실성과 거래비용을 줄이고, 상호작용의 기간을 연장하고, 평판이 중요한 의미를 갖도록 하고, 이슈들을 서로 연계시키고, 그리고 제한적이나마 합의가 지켜지는지를 통제·집행하는 역할을 수행한다고 보았다(최영종 2004, 335). 이러한 역할을 수행함으로써 평화의 유지에 공헌한다는 것이다.

또 합리적 제도주의 연구는 국제제도가 지향하는 목표로 국가의 행위가 수렴되도록 하는 효과convergence effect는 당면한 협력 문제cooperation problem가 커다란 외부효과externalities를 지니면서 동시에 제도가 집단적 딜레마collective dilemma를 해결할 수 있는 적절한 집행기제를 보유할 때 클 것이라는 점을 잘 보여주고 있다. 구체적으로 제도의 효과는 국제제도가 추구하는 목표가 구성원들에 얼마만큼 잘 반영되었는가를 구체적인 척도를 통해 측정함으로써 알 수 있을 것이다. 제도의 효과를 측정하는데 또 중요한 것은 구성원들의 국내정치이다. 국내정치와 정치제도는 국가가 행하는 국제적 약속의 신뢰성에 영향을 미치고, 이것은 또한 국제제도가 이행을 담보하기 위해 설치하는 집행기제의 권한에 영향을 미친다. 국내정치에서 제도가 구현하고자 하는 가치를 공유하고 지지하는 이익집단의 힘이 클수록 제도의 효과가 크다(최영종 2004, 344).

2. IOC의 위상과 GSO

IOC의 예를 들어 GSOs의 위상에 관해 검토해보자. 사실 IOC의 출범은 사조직으로 시작되었다. 1894년 IOC가 설립될 당시 어떠한 공적인 도움도 없이 뜻을 같이 하는 몇몇 인사들과 올림픽의 부활을 추진했던 쿠베르탱이 만든 사조직이라고 볼 수 있다. IOC는 스스로 선정Self-selecting하고 스스로 영구화Self-perpetuating를 도모하는 조직이라는 특성을 갖고 있어 '세계에서 가장 배타적인 클럽the most exclusive club in the world'이라고 불리우기도 한다(방광일 2005, 582).

IOC는 각국의 대표성 요구를 완강히 거절하고 스스로 동료를 선출하는 전통을 고수해 왔다. 올림픽 헌장에서 규정하고 있듯이 IOC 위원은 "IOC에서 소속 국가를 대표하는 것이 아니라 소속 국가에서 IOC를 대표하는 것"이다.[177] 초기 이 원칙은 엄격히

---

177 The members are volunteers who represent the IOC and Olympic Movement in their country (they

준수되었으나, 강대국의 간섭으로 깨지게 된다. 이 원칙이 깨진 것은 1951년 소련이 IOC 위원 자리를 요구하면서이다. IOC는 소련이 IOC내 자리를 요구하며 후보자를 통보해오자 이를 수락하였다(방광일 2005, 582–583).

따라서 초기의 IOC는 '사적인 국제조직private international organization'이라고 규정할 수 있을 것이다. IOC 조직에 대해 동조하는 사람들은 각국 또는 각 NOC에게 개방되었을 때 필연적인 정치적 논쟁을 피할 수 있는 체계라며 쿠베르탱의 선견지명에 찬사를 보내지만, 비판자들은 현 세계에 대한 그 어떤 이해도 없이 오직 소속 위원들의 자기 만족self–gratification을 위해 존재하는 '죽어가고 있는 조직'이라고 공격하기도 한다(방광일 2005, 583).

IOC가 스스로를 올림픽 운동에 대한 최고의 권위기관으로 자처하고 있고 또 올림픽 대회 주최자이며 주인이라고 말하지만, IOC 스스로는 대회를 조직할 체제를 갖추고 있지 못하며 오직 대회 개최지 결정 및 대회 종목과 종목별로 수여될 메달의 수를 정할 뿐이라는 한계를 갖고 있다. 즉 경기를 운영하는 국제경기연맹IFs과 대회의 주역인 선수를 보유하고 있는 국가올림픽위원회NOCs의 협조 없이는 올림픽 대회는 성사될 수 없다(방광일 2005, 584). 따라서 올림픽 대회의 개최를 위해서는 NOC 및 IF와 밀접한 협력관계를 구축할 필요가 있으며, 이 과정에의 협업을 통해 IOC는 혼합적 INGO의 형태를 띠게 되었다고 정리할 수 있을 것이다. 이 논리는 (상호작용의 대상은 비록 다르지만) FIFA를 비롯한 다른 GSOs에도 적용될 수 있다.

그러나 그럼에도 불구하고 IOC는 여전히 폐쇄적이고 비개방적인 조직이다. 현재 IOC의 조직은 매우 한정된 소수에 의한 결사의 형태를 띠고 있다.

솔트레이크 스캔들로 몸살을 앓은 1998년 IOC는 어쩔 수 없이 개혁을 단행할 수밖에 없었다. 이 개혁의 결과 개정된 규칙으로 1999년 12월 이후 IOC 위원의 수는 115명으로 한정되어있다. 개인위원 70명, 선수위원 15명, IFs(국제경기단체) 대표 15명, NOC 대표 15명. 1966년 이전 선출된 위원들의 임기는 무제한이고, 1967년에서 1999년 사이에 선출된 위원들의 임기는 80세, 그리고 1999년 이후 선출된 위원들의 임기는 70세까지이다.[178]

---

are not delegates of their country within the IOC). https://www.olympic.org/about–ioc–institution 검색일: 2018년 3월 30일.

[178] 2018년 4월 현재 IOC 위원들의 명단은 다음의 사이트에서 확인할 수 있다. https://www.olympic.org/ioc–members–list 검색일: 2018년 4월.

<표 14-1>은 역대 IOC 위원장의 이름과 임기를 보여주며, <그림 14-5>는 GSOs가 올림픽 네트워크 속에서 맺고 있는 관계의 흐름을 보여준다.

표 14-1 역대 IOC 위원장[179]

구분	이름	국적	재임 기간
1대	디미트리오스 비켈라스	그리스	1894 – 1896
2대	피에르 드 쿠베르탱	프랑스	1896 – 1925
3대	앙리 드 바예 라투르	벨기에	1925 – 1942
4대	시그프리드 에드스트룀	스웨덴	1842 – 1952
5대	에이버리 브런디지	미국	1952 – 1972
6대	마이클 모리스	아일랜드	1972 – 1980
7대	후안 안토니오 사마란치	스페인	1980 – 2001
8대	자크 로게	벨기에	2001 – 2013
9대	토마스 바흐	독일	2013 – 현재

출처: 저자 작성.

그림 14-5 GSOs의 올림픽 네트워크

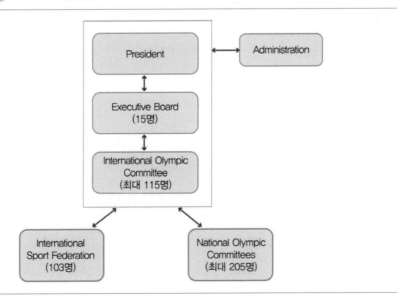

출처: Sage 2010, 37.

---

179 현재 IOC 위원장의 임기는 8년이며, 한 차례에 한해 4년 중임할 수 있다.

IOC와 올림픽 연대(Olympic Solidarity)

<그림 14-6>이 보여주듯이 오늘날 INGO의 숫자는 갈수록 증가하고 있다. 이와 같이 증가하는 NGO 속에서 지배적 위치를 차지하고 세계정치에 영향을 미치는 주도적 역할을 담당하기 위해서 GSOs는 꾸준히 산하조직에 대한 통제의 끈을 늦추지 않고 있다. 이 위계적 조직질서야 말로 GSOs가 갖고 있는 정당성과 영향력의 원천이라고 할 수 있기 때문이다.[180]

위계적 조직질서의 유지를 위해서는 또한 적절한 자금의 수혈과 분배의 묘가 필요하다. IOC는 이와 같은 수익과 배분의 순환 구조를 공고히 함으로써 그 지배적 위치를 굳건히 유지하고 있다.

그림 14-6 ▷ UN에서 NGO의 증가현황

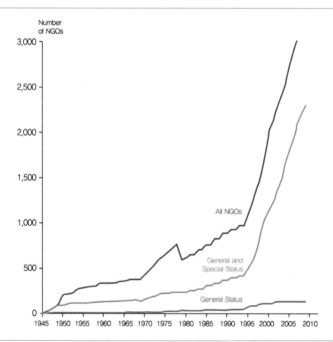

출처: Baylis, Smith and Owens 2011, 335.

---

180 GSOs의 정통성 및 정당성에 대한 탐구로는 Croci and Forster 2006을 참조할 것.

그림 14-7 >> 올림픽 기금의 사용처와 2017-2020 예산 구조

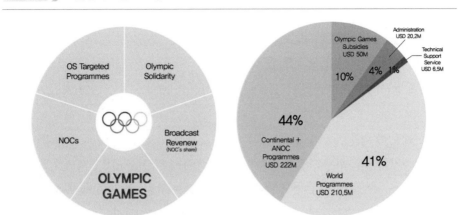

출처: https://www.olympic.org/olympic-solidarity/finances 검색일: 2018년 3월 30일.

<그림 14-7>에서 확인할 수 있듯이 올림픽 연대Olympic Solidarity는 올림픽 기금의 사용처의 주요한 한 부분을 차지한다. 여기서 우리는 올림픽 연대의 의미를 짚고 넘어갈 필요가 있다.

일반적 의미에서의 '연대'란 무엇인가? '연대'의 개념과 사상, 그리고 그 구현을 위한 운동은 프랑스 혁명 이래로 매우 중요한 도덕적, 정치철학적 의미를 지녀왔다. 특히 19세기 이래의 거의 모든 정치운동, 사회운동, 시민운동이 '연대'를 운동의 핵심 강령 내지 사회정치적 이상으로 내걸어 왔다.

'연대'는 프랑스 혁명 이래로 사회의 변화에 따라 그 내포가 달라져 왔다. 시대상황에 따라 또 사회적 맥락에 따라 연대 개념과 운동의 의미가 달라지고 또 확장되어 온 것이다(서유석 2013, 388).

연대는 근현대를 거치면서 해체되어 온 '공동체community', 그리고 '인류애humanity' 내지 '형제애fraternity'의 사상과 밀접한 연관을 맺고 있다. '연대'는 경우에 따라 '사회적 결속/안정social cohesion/stability', '사회적 협동social cooperation', '인간 상호 간의 애착 mutual attachment', '공동체 정신community spirit', '자선charity', '형제애brotherly love', '인류애love ofmankind' 등 다양한 의미로 사용되어 왔다. 또 사실적factual 개념으로도 사용되고 당위적normative 개념으로도 사용되었다. 부정의injustice에 맞서는 투쟁의 과정에 필요한 덕목(연대 투쟁)으로 사용되었으며 동시에 궁극적으로 도달해야 할 사회적 이상social ideal으로도 사용되었다(서유석 2013, 386−387).

하지만 '연대'는 처음부터 '공동체'나 '형제애' 개념과 밀접한 연관을 맺고 있었고 그 자체 '본원적 가치'를 담는 개념이기도 하였다. 이 점은 대표적으로 셸러(Scheler)에 의해서, 그리고 20세기의 공동체주의자들에 의해서 개진된다(서유석 2013, 389).

올림픽 운동에서의 연대는 그렇다면 어떠한 의미에서 이해될 수 있는가? 사실 올림픽 운동에서의 연대의 사용은 조금은 다른 의미를 갖는다. 이는 IOC와 국제경기단체, 그리고 NOC의 헤게모니 다툼과도 연관이 있다. 일부의 논자들은 IOC가 올림픽 연대를 도입한 것이 올림픽 운동에 대한 통제권을 강화하기 위한 시도의 결과였다고 말한다(Croci and Forster 2006, 367). 즉 올림픽 시스템을 운영함에 있어 경기의 규칙을 제정하고 실제적 운영을 담당하는 IFs와 NOCs의 지지를 확보하는 동시에 이들과 협력, 혹은 이들을 통제하기 위함 이었다는 것이다. 그것은 예산의 분배를 통한 압력의 중화라는 형태를 띠고 실현 되었다. IOC가 사용하는 올림픽 연대의 상당 부분이 개발도상국가들에 향하고 있음은 이러한 시도가 어떠한 목적으로 이루어졌는지를 짐작하게 한다.

<표 14−2>는 올림픽 헌장 중에 기재되어 있는 올림픽 연대와 관련한 규정이다. 이 규정의 내용을 살펴보면 올림픽 연대란 상기한 바와 같은 철학적 인문학적 의미에서의 연대라기보다는 연대의 탈을 쓴 구속이요 세력의 확장으로도 해석될 여지가 있음을 부인할 수 없다. 그 이면을 들여다 볼 때 보조금과 재정지원을 통해 IFs와 NOCs를 IOC의 그늘 안에 잡아 두려는 시도가 읽히기 때문이다.

표 14-2 ▶ **올림픽 연대 관련 규정**

제5조 올림픽 솔리다리티
올림픽 솔리다리티는 각별한 도움을 필요로 하는 NOCs를 지원하는 것을 그 목적으로 한다. 이러한 지원은 IOC와 NOCs가 공동으로 수립한 프로그램의 형태를 취하며, 필요한 경우 IFs의 기술적 도움을 받는다.

제5조 부칙
올림픽 솔리다리티가 채택한 프로그램은 다음 사항에 기여하는 것을 그 목적으로 한다.
1. 올림픽 이념의 기본 원칙 증진
2. NOCs의 올림픽 대회 참가를 위해 선수와 팀의 준비 지원
3. 선수 및 코치의 전문적인 스포츠 지식 발전
4. 장학금 등 NOCs와 IFs와의 협력을 통한 선수 및 감독의 기술 수준 향상
5. 스포츠 행정가 육성

6. 동일 목적을 추구하는 조직 및 단체와의 올림픽 교육과 스포츠 홍보를 통한 협력

7. 국가 혹은 국제 기구와의 협력 하에 단순하고 기능적이며 경제적인 스포츠 시설 설치

8. NOCs의 권한과 후원 하에서 국가적, 지역적, 대륙적 차원의 대회 조직을 지원하고 NOCs의 지역별 및 대륙별 경기 조직, 준비, 참가를 지원

9. NOCs의 양자 혹은 다자간 협력 프로그램 장려

10. 스포츠를 공적개발원조Official Development Assistance에 포함하도록 정부와 국제단체에 촉구

상기의 프로그램들은 올림픽 솔리다리티 위원회가 관장한다.

그림 14-8 ▷▷ Olympic Solidarity 예산의 증가

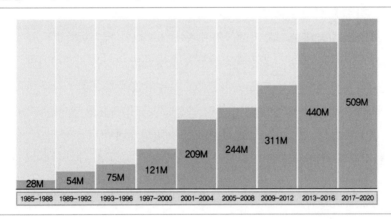

출처: https://www.olympic.org/olympic-solidarity 검색일: 2018년 3월 30일.

그 결과 <그림 14-8>과 <그림 14-9>에서 확인할 수 있듯이 올림픽 연대의 예산은 꾸준히 증가하여 왔으며, 예산 사용의 목표는 바로 NOCs 임을 알 수 있다.

그림 14-9 ▷▷ Olympic Solidarity 예산 사용 내역

출처: https://www.olympic.org/olympic-solidarity 검색일: 2018년 3월 30일.

소결 및 함의

스포츠와 정치의 영향력 흐름의 방향에 따라 본 장에서는 스포츠의 정치적 도구성에 대해 국가 우위론과 스포츠 국제 기구 우위론, 초국적 자본 우위론의 세 가지를 제시하였다.

스포츠가 정치적 도구로서 사용될 수 있음은 이미 수차에 걸쳐 지적한 바와 같다. 그러나 스포츠가 정치적 도구로서 작동되는 것이 내부적 동인에 의한 것인지 외부적 요인에 의한 것인지에 대해서는 아직도 많은 고찰이 필요하다.

예로서 스포츠 국제 기구의 세계화와 방송 상업주의가 세계화를 촉진시키고 기업민족주의의 활성화를 통한 스포츠에의 열광을 불러일으킨 것은 사실이지만, 각국의 내부적 정치적 필요에 의해 스포츠가 수단으로 사용되었던 것 또한 사실이다. 2008 베이징 올림픽의 경우에서 볼 수 있듯이 중국 공산당은 국가목표의 달성을 위해 올림픽을 적절히 활용하였다. 그러나 스포츠와 정치의 역학관계에 있어 내부적 요인과 외부적 요인 중 어느 한 요인이 더 강력하게 작용하고 있다고 평가하는 근거로 삼기에는 충분하지 않다.

스포츠와 국가와의 관계에 있어 전통적으로 국가 우위론이 주류적 입장이었던 것이 세계화의 진전과 더불어 많은 변화가 있었고, 오늘날에 이르러서는 스포츠가 도구나 주변적인 것이 아니라 현대 사회의 핵심이요 중심에 자리 잡고 있으며, 종교와 같은 것이라는 주장까지 제기되고 있다. 레데커(Redeker 2008)는 현대 사회에 있어 스포츠는 오직 종교에 비견될 수 있으며, 주변적인 것이 아니라 중심적인 것이라고 주장한다. 스포츠는 이미 국가의 도구로서 사용되는 하부적인 것이 아니라 정치와 외교를 지배하는 상위적 개념의 지위에 도달한지 오래이며, 그 자체가 목적이 되었다는 것이다. 그 증거로서 그는 세계화를 들고 있다. 상업적 세계화가 준비되고 촉진된 것은 스포츠의 세계화에 의해서이며, 지난 50년간 개최된 올림픽과 월드컵과 같은 스포츠 경기들이 사람들로 하여금 세계화를 당연한 것으로 받아들이도록 만들었다는 것이다(Redeker 2008, 494-500).

국가들은 그들이 스포츠를 스스로의 목적을 위해 사용하고 있다고 생각한다. 예를 들자면 어떤 전략적 목적을 촉진시키기 위해서 말이다. 그러나 실제에 있어서는 정반대인 경우가 많다. 2012년의 올림픽 게임 개최를 둘러싸고 벌어졌던 외교적 무대의 소란스러움 속에서 승리자로 등장한 것은 누구인가? 그 승자는 런던시도 아니고, 영국 정부도 아니고 토니 블레어(Tony Blair)도 아닌 바로 IOC와 올림피즘과 스포츠였다. 그들이 국가보다 우위에 있는 것으로 비쳐졌던 것이다. 스포츠는 이미 정치를 집어 삼켰으며, 그로써 정치 이후로 나아가는 문을 열었다(Redeker 2008, 498-500).

레데커의 주장은 충분히 설득력을 갖고 있다. 그러나 국가들은 그들이 기초하고 있는 국내 사회와 국제 사회의 관계에 따라 그 성격이 다르고, 국가들의 국제적 행위는 이러한 관계를 반영한다. 모라브직(Moravcsik 1997, 516)에 따르면, "국가들과 국가들이 배태돼 있는 국내적·국제적 사회와의 관계가 국가의 선호가 기초하고 있는 사회적 목적들에 영향을 미침으로써 국가들의 행위를 결정적으로 형성한다." 즉 <국가-사회 관계 → 국가의 사회적 목적 → 국가의 선호 → 국가행위>의 방향으로 영향력이 행사된다. 국내외의 상이한 사회집단들은 상이한 목표를 가지고 있고, 상이한 정도로 국가의 정책결정에 영향을 미친다. 국가의 행위는 특정한 시점의 국가-사회관계(즉, 정권의 성격)에 따라 특정한 사회집단들의 이익을 반영하여 이루어지기 마련이다(정진영 2004, 397).

모든 사회 현상은 역사적·유기적 사건이라고 할 수 있다. 오늘날 올림픽은 단순한 스포츠 행사가 아니다. 올림픽은 그 시대의 사회, 경제, 문화, 산업 구조 등 모든 영역과 밀접하게 연관되어 있을 뿐만 아니라 당대의 철학, 과학, 이념, 문화사조 등에 많은 영향을 받으며, 시대적 상황과 더불어 발전하는 것이다(조문기 2007, 130).

스포츠와 정치의 관계에 있어 누가 우위에 있는지, 그 도구적 성격의 영향력이 의도한 방향대로 움직이는지에 대해서는 성급한 결론을 내리기 힘들다. 정치가 스포츠에 미치는 영향, 스포츠가 정치에 미치는 영향은 그 국가가 처한 대내적·대외적 역학관계에 따라 달라질 수밖에 없는 것이기 때문이다.

고대 그리스 시대부터 오늘에 이르기까지 스포츠와 정치는 불가분의 관계를 맺어왔다. 그런 까닭에 오늘에 와서 스포츠가 정치에서 완전히 분리되기를 바라는 것은 비현실적이며, 그 역의 경우 또한 마찬가지다. 오히려 스포츠와 정치의 상호연관성을 당연한 것으로 받아들이고, 이것이 어느 한 방향으로 쏠리는 극단적인 것이 되지 않도록 조절하는 것이 현실적인 지향점일 것이다. 아무리 아마추어리즘을 강조하고, 공정한 경쟁을 찬양한다고 할지라도, 올림픽의 무대가 국가 간 경쟁의 무대라는 것을 부인하지 못하는 것처럼, 국가가 스포츠 국제 기구나 초국적 자본의 영향력으로부터 독립적이지 못하다는 것 또한 사실이다. 그렇다면 차라리 이를 현실로 받아들이고, 스포츠와 정치의 관계가 어느 한 극단으로 흐르지 않도록 조절하는 것이 중요할 것이다. 스포츠와 정치는 결국 상호작용하는 것이며, 상황에 따라 그 영향력의 정도가 변화할 뿐이기 때문이다.

이는 결국 거버넌스의 등장을 요구한다. 이미 GSOs는 이러한 거버넌스의 기능을 담당하는 국제 기구, 체제, 혹은 제도로서의 역할을 담당하고 있다. 약화된 국가행위자와 강화된 비국가행위자들, 그리고 세계정치 및 경제의 무대와 스포츠의 무대, 이를 아우르는 거버넌스의 창출이 어쩌면 이미 이루어져 있는지도 모른다. 지속적 관찰과 분석이 필요한 이유이다.

참고문헌

김방출·권순용. 2007. "스포츠 민족주의 재인식: 전지구화, 스포츠, 기업 민족주의."『체육과학연구』18-1.

박성배. 2016. "평창 동계올림픽과 앰부시 마케팅."『인물과 사상』. 2016년 4월.

방광일. 2005.『아테네에서 아테네까지』. 서울: 도서출판 홍경.

송해룡·최동철. 1999.『미디어 스포츠와 스포츠 커뮤니케이션』. 서울: 커뮤니케이션북스.

양순창. 2003. "스포츠의 정치적 상징성과 상징조작 기제에 관한 연구."『국제정치논총』43-3.

우철구·박건영 편. 2004.『현대 국제관계이론과 한국』. 서울: 사회평론.

이강우·김석기. 2006. "메가-스포츠 이벤트의 정치경제학."『한국체육철학회지』14-2.

정기웅. 2008b. "스포츠의 정치적 도구성에 대한 재고찰: 2008 베이징 올림픽을 중심으로."『한국시민윤리학회보』21-2.

정준영. 2003.『열광하는 스포츠 은폐된 이데올로기』. 서울: 책세상.

정진영. 2004. "자유주의 국제정치경제이론." 우철구·박건영 편.『현대 국제관계이론과 한국』. 서울: 사회평론.

정희준. 2008. "스포츠 메가 이벤트와 경제효과-그 진실과 허구의 재구성."『한국스포츠사회학회지』21-1.

조문기. 2007. "2008년 베이징 올림픽 슬로건("One World One Dream")의 중화민족주의적 성격에 관한 연구."『한국사회체육학회지』31.

최영종. 2004. 국제제도론. 우철구·박건영 편.『현대 국제관계이론과 한국』. 서울: 사회평론.

Baylis, John, Steve Smith and Particia Owens, 하영선 외 옮김. 2009.『세계정치론』. 서울: 을유문화사.

Baylis, John, Steve Smith and Particia Owens. 2011. *The Golbalization of World Politics*. New York: Oxford University Press.

Blanpain, R. 1996. *L'affaire Bosman*. Leuven: Editions Peeters.

Bourg, Jean François. 1999. "Le sport à l'épreuve du marché." *Géopolitique*, 66.

Commission on Global Governance. 1996. *Our Global Neighbourhood*. Oxford: University Press.

Croci, Osvaldo and John Forster. 2006. "Sport and Politics: the question of legitimacy of international sport organizations." First Draft Prepared for the 2006 ISA Annual Convention, San Diego, CA, 22-25 March.

Galtung, Johan. 1991. "The Sport System as a Metaphor for the World System." in F. Lindry, M. Lindry and M. Yerles. eds. *Sport: The Third Millenium*. Quebec: Univ. of Laval Press.

Hasenclever, A., Mayer, P., and Rittberger, V. 2000. "Integration Theories." *Review of International Studies*, 26−1.

Held, David, and Koenig−Archibugi, M. edited, 2001, *Global Governance and Public Accountability*. Malden: Blackwell.

Hooghe, L., and Marks, G. 2001. *Multi−Level Governance and European Integration*. Lanham: Rowan and Littlefield Publishers.

Keohane, Robert O. 1990. "Multilateralism: An Agenda for Research." *International Journal*, 45−4.

Kratochwil, F., and Ruggie, J. G. 1986. "a State of the art on an art of the state." *International Organization*, 40−4.

Martin, Lisa L., and Simmons, B. A. 1998. "Theories and Empirical Studies of International Institutions." *International Organization*, 52−2.

Moravcsik. A. 1997. "Taking Preferences Seriously: A Liberal Theory of International Politics." *International Organization*, 51−4.

Parrish, R. 2003. *Sports Law and Policy in the European Union*. Manchester: Manchester University Press.

Pierre, Jon, and Guy B. Peters. 2000. *Governance, Politics and the State*. New York: St. Martin's Press.

Rebeker, Robert. 2008. "Sport as an opiate of international relations: The myth and illusion of sport as a tool of foreign diplomacy." *Sport in Society*, 11−4.

Sage, George H. 2010. *Globalizing Sport: How Organizations, Corporations, Media, and Politics are Changing Sports*. New York: Routledge.

『조선일보』 2017년 6월 26일. "91년 탁구 단일팀 회담만 22번."

https://www.olympic.org/olympic−solidarity/finances 검색일: 2018년 3월 30일.
https://www.olympic.org/olympic−solidarity 검색일: 2018년 3월 30일.

세계정치 그리고 스포츠 - 교착과 조화를 넘어 협력으로

세계화의 물결이 전 지구를 휩쓸면서 사람들은 평평한 세상을 꿈꾸었다. 그러나 세계화 흐름이 시작된 이후 한 세대가 지난 지금, 꿈꾸었던 평평한 세상은 잡힐 듯 말 듯하는 신기루처럼 우리 앞에 머물다 어느새 사라지고 오히려 온통 울퉁불퉁한 차별과 차이가 가득한 세상, 테러리즘과 폭력이 난무하는 세상, 무차별적인 증오의 발산으로부터 스스로의 안전을 도모해야 하는 세상 속에 우리는 살고 있다.

스포츠는 언제나 평화와 화합의 미소를 띠며 인류 역사 속에서 존재해 왔다. 그러나 그 평화와 화합의 미소는 때로는 힘을 갖춘 정치적 집단에 의해, 때로는 스포츠 세계를 다스리는 권력자들에 의해, 또 때로는 그 무대 속에서 자신의 뜻을 널리 알리고자 하는 개인적 행위자들에 의해 일그러지고 상처받은 모습을 드러내기도 하였다.

본서는 다음과 같은 연구질문들에서 시작되었다.

"스포츠 외교란 어떻게 정의될 수 있을 것인가? 세계정치 무대에서 행위자로서의 국가의 위상 약화, 이슈의 위계(hierarchy of issues)의 붕괴, 정치적 사안들과 경제적 사안들의 결합, 비국가행위자들의 발언권 강화와 같은 현상들은 스포츠 세계와 스포츠 외교에 어떠한 영향을 미칠 것인가? 역사 속에서 이루어졌던 스포츠 외교의 성공과 실패의 원인은 무엇이었는가? 앞으로의 스포츠 외교는 어떠한 방향성을 추구해야 할 것인가? 스포츠 외교의 주된 자원과 행위자들은 누가 되어야 하는가? 스포츠 세계의 새로운 권력자들은 누구인가? 스포츠 국제 기구는 현재의 위상과 영향력을 유지할 수 있을 것인가?"

저자는 이 연구질문들에 충실히 답변하고자 노력하였다. 스포츠 외교에 대한 개념 정의에서부터 시작하여, 세계정치 무대에서의 행위자들의 변화, 정치경제적 의제들의 다양·다기화 및 그 중요성의 상승과 결과들에 대하여 답하였다. 스포츠 외교 성공과 실패의 사례들을 선별하여 그 원인과 결과를 분석함으로써 역사 속에서의 교훈 획득 과 더불어 향후 스포츠 외교가 지향해야 할 방향성을 탐색하고자 하였다. 또한 새롭게 대두된 세상에서의 스포츠 세계의 주된 행위자들과 권력자들, 기존의 지배자로서의 GSOs의 위상과 글로벌 거버넌스의 문제 등에 대해 고찰하고 답함으로써 앞으로의 세 상에서 스포츠가 갖게 될 위상에 대하여 의미 있는 전망을 시도하였다.

이러한 분석의 과정에서 사안에 따라 필요한 분석의 틀을 사용하였지만, 전체를 통 괄하는 분석의 틀은 주어진 환경 속에서의 관계된 행위자들 간의 상호작용이라는 기 본 접근 방법을 유지하고자 하였다. 그러한 접근이 얼마나 효과적이며 분석적이었는 지에 대한 평가는 온전히 독자의 몫일 것이다.

우리가 살고 있는 세상의 어떤 문제도 정치의 영역으로부터 자유로울 수는 없다. 흔히 기능적으로 정의하듯이 정치란 "한 사회 속에서의 가치의 권위적 배분an authoritative allocation of values for a society"을 담당하고 있는 까닭에 이 가치의 배분으로부터 철저 히 소외당하고 싶지 않다면 정치의 과정을 관심 갖고 주시해야만 한다. 스포츠 세계 또 한 이러한 정치의 영역으로부터 완전히 자유롭지 못함은 당연한 사실이다. 특히 오늘 날 세계 스포츠 무대의 활동들로 인하여 발생 가능한 수익의 규모가 적지 않은 이때, 스포츠 세계에서 이루어지는 가치의 권위적 분배를 둘러싼 행위자들의 관심과 집중 또한 갈수록 그 강도를 높여갈 것이다.

올림픽과 월드컵으로 대표되는 메가 스포츠 이벤트는 오늘날 매우 중대한 기로에 서있다. 끝없이 높아가는 선수들의 몸값과 자본의 논리가 지배하는 시장은 스포츠가 더 이상 스포츠로서만 존재할 수는 없음을 명확히 보여주고 있으며, 수없이 많은 행위 자들이 스포츠 세계에 관여하고자 함은 이러한 전망에 힘을 실어준다.

그러나 동시에 모든 스포츠 경기들이 아닌 인기 있는 스포츠 경기들을 한 자리에 모 아 놓고 최고 수준의 경쟁을 펼침으로써 지구촌의 이목을 집중시켜왔던 올림픽의 경우 조직의 문제점과 운영상의 어려움, 그리고 국가행위자들과 스포츠 세계 행위자들의 이해관계의 상충 등으로 인하여 미래의 영광에 대한 확신이 쉽지 않은 형편이다.

또 월드컵으로 대표되는 단일 국제경기단체가 주관하는 메가 스포츠 이벤트들 또한 조직의 폐쇄성과 자본에 대한 의존 심화의 문제, 경기개최를 둘러싼 국가행위자들과의 이익의 배분 문제, 안전보장의 문제, 후속세대 양성의 문제 등으로 인하여 향후의 전망이 낙관적이지만은 않다.

비국가적 행위자들의 영향력이 점점 더 강해지고, 국가행위자와 비국가행위자의 구분이 갈수록 희미해지는 지금 이 시점에서 다른 어떤 무대보다도 더 비국가행위자들의 영향력 행사가 가능할 수 있는 메가 스포츠 이벤트의 무대가 기존과 같은 모습을 유지할 수 있을 것인가에 대해서도 확신에 찬 답변을 내놓기 힘들다.

앞으로의 세상이 수없이 많은 변화를 겪게 되리라는 것은 굳이 중언하여 강조하지 않아도 충분할 것이다. 이때 우리의 관심은 이렇게 변화된 세상에서의 스포츠 세계는 어떤 모습을 띠게 될 것인가에 집중될 필요가 있다.

스포츠의 정치·외교적 도구로서의 사용은 국가 행위자의 영향력이 강대했던 시절 그 절정에 달하였으나, 앞으로의 세상에서도 지금까지와 같은 정치·외교적 도구로서의 효용성이 유지될 수 있을 것인지, 혹은 그 도구적 사용을 주관할 국가 행위자들의 영향력이 유지될 수 있을 것인지 등에 대해서는 매우 다양한 견해가 존재한다.

한 가지 전망할 수 있는 것은 스포츠의 중립성 표방에도 불구하고 그 도구적 유용성이 널리 인정받아 왔듯이 향후의 모습도 이러한 틀 속에서 크게 벗어나지 않을 것이라는 점이다. 단 그 속에서 지배적 행위자나 그와 관련된 행위자들의 단위나 관계에 있어서의 변화는 피할 수 없는 일이다.

그럼에도 불구하고 모두는 여전히 스포츠가 만드는 아름답고 평화로운 세상을 꿈꾼다. 세계화의 물결이 우리에게 평평한 세상을 가져다주기를 꿈꾸었듯이 스포츠를 통한 화합과 조화가 평화로운 세상을 가져다줄 수 있으리라는 꿈과 희망은 여전히 유효하다.

오늘날의 세계에서 벌어지는 많은 사건들이 협력과 협상, 대화를 통한 문제의 해결에 이르기 보다는 관계된 행위자 모두의 양보 없는 입장 표명으로 인한 교착deadlock의 상태, 혹은 상대방이 어떤 행동을 하던 관여하지 않는 무관심이나 이해관계에 따른 무조건적인 수용인 조화harmony의 상태에 머무르고 있는 경우가 많다. 이러한 교착과 조화의 상태를 넘어 상호 간의 협상과 협력에 의한 평화로운 세상의 창출에 스포츠가 일익을 담당하기를 기대한다.

무엇보다도 오랜 기간 교착의 상태를 벗어나지 못하고 있는 남북한의 긴장된 상태를 완화시키는데 스포츠가 한 역할을 담당할 수 있었으면 하는 바람이다. 본서에서 지적하고 있듯이 스포츠가 정치를 움직이는 것이 아니라, 정치적 결단이 행해진 이후에야 동원할 수 있는 것이 스포츠라는 견해가 존재하지만, 그럼에도 불구하고 답답한 교착의 상태를 해소하는데 한 줄기 숨통을 틔워줄 수 있는 역할을 스포츠는 충실하고도 훌륭하게 수행해 낼 수 있을 것이다. 단 그와 같은 결과를 도출해 내기 위해서는 정책결정권자와 입안자를 비롯한 관련 행위자 모두가 같은 목표와 방향성을 갖고 방안을 강구하고 실천전략을 수립해야 한다는 것은 새삼 강조하기에는 너무나 당연한 주장이라고 할 것이다.

본서에서 다룬 스포츠 외교의 사례에 대한 분석들이 향후 대한민국의 외교정책수립과 메가 스포츠 이벤트 개최에 좋은 정책적 지침이 될 수 있기를 기대한다. 본서에서 마저 다루지 못하였던 여러 문제들과 지금 이 순간에도 이루어지고 있는 스포츠 외교와 스포츠를 둘러싼 역학의 작동에 대해서는 앞으로의 연구에서 분석할 수 있기를 기대하며, 결론에 대신한다.

사항 색인

저자약력

정기웅

정기웅은 한국외국어대학교 정치외교학과에서 "투ー레벨 게임에 대한 새로운 모색: 1993년~1994년 미·북 핵 협상 과정을 중심으로" 라는 논문으로 정치학 박사학위를 취득하였다. 한국정경연구소, 한국국제교류재단, PRIO(Peace Research Institute Oslo) 등에서 근무하였으며, 현재 한국외국어대학교 국제지역연구센터에 소속되어 있다. 한국외국어대학교, 서울교육대학교, 연세대학교, 서강대학교, 경희대학교, 서울시립대학교, 명지대학교 등에서 강의하였으며, 글로벌교육연구학회장, 미네르바정치학회장, 스포츠정치외교연구회장 등을 역임하였다. 스포츠 외교는 오랜 연구의 주제이며, 그밖에도 국제협상, 외교정책, 평화연구 등에 집중하고 있다.

스포츠 외교의 신화: 성공과 실패, 그리고 그 밖의 이야기들

초판발행   2018년 8월 17일

지은이   정기웅
펴낸이   안종만

편 집   조보나
기획/마케팅   송병민
표지디자인   조아라
제 작   우인도 · 고철민

펴낸곳   ㈜ **박영사**
               서울특별시 종로구 새문안로3길 36, 1601
               등록 1959. 3. 11. 제300-1959-1호(倫)
전 화   02)733-6771
f a x   02)736-4818
e-mail   pys@pybook.co.kr
homepage   www.pybook.co.kr
ISBN   979-11-303-0584-4   93340

정 가   28,000원